基督教经典译丛

何光沪 主编
副主编 章雪富 孙 毅 游冠辉

An Essay on the Development of
Christian Doctrine

论基督教教义的发展

【英】约翰 亨利 纽曼 著 王雪迎 译

Simplified Chinese Copyright © 2014 by SDX Joint Publishing Company.
All Rights Reserved.
本作品简体中文版权由生活·读书·新知三联书店所有。
未经许可,不得翻印。

图书在版编目(CIP)数据

论基督教教义的发展/(英)纽曼著;王雪迎译. —北京:生活·读书·新知三联书店,2014.9 (2022.5 重印)
(基督教经典译丛)
ISBN 978-7-108-04992-6

Ⅰ. ①论… Ⅱ. ①纽… ②王… Ⅲ. ①基督教-教义-研究 Ⅳ. ① B972

中国版本图书馆 CIP 数据核字(2014)第 073373 号

本书根据 John Henry Newman, *An Essay on the Development of Christian Doctrine*, Image Books edition, 1960 译出

丛书策划	橡树文字工作室
特约编辑	刘 峣
责任编辑	张艳华
装帧设计	罗 洪
责任印制	董 欢
出版发行	生活·讀書·新知三联书店
	(北京市东城区美术馆东街 22 号 100010)
网 址	www.sdxjpc.com
经 销	新华书店
印 刷	北京隆昌伟业印刷有限公司
版 次	2014 年 9 月北京第 1 版
	2022 年 5 月北京第 3 次印刷
开 本	635 毫米 × 965 毫米 1/16 印张 25.75
字 数	341 千字
印 数	10,001-13,000 册
定 价	55.00 元

(印装查询:01064002715;邮购查询:01084010542)

基督教经典译丛
总　序
何光沪

在当今的全球时代,"文明的冲突"会造成文明的毁灭,因为由之引起的无限战争,意味着人类、动物、植物和整个地球的浩劫。而"文明的交流"则带来文明的更新,因为由之导向的文明和谐,意味着各文明自身的新陈代谢、各文明之间的取长补短、全世界文明的和平共处以及全人类文化的繁荣新生。

"文明的交流"最为重要的手段之一,乃是对不同文明或文化的经典之翻译。就中西两大文明而言,从17世纪初以利玛窦(Matteo Ricci)为首的传教士开始把儒家经典译为西文,到19世纪末宗教学创始人、英籍德裔学术大师缪勒(F. M. Müller)编辑出版五十卷《东方圣书集》,包括儒教、道教和佛教等宗教经典在内的中华文明成果,被大量翻译介绍到了西方各国;从徐光启到严复等中国学者、从林乐知(Y. J. Allen)到傅兰雅(John Fryer)等西方学者开始把西方自然科学和社会科学著作译为中文,直到20世纪末叶,商务印书馆、生活·读书·新知三联书店和其他有历史眼光的中国出版社组织翻译西方的哲学、历史、文学和其他学科著作,西方的科学技术和人文社科书籍也被大量翻译介绍到了中国。这些翻译出版活动,不但促进了中学西传和西学东渐的双向"文明交流",而且催化了中华文明的新陈代谢,以及中国社会的现代转型。

清末以来,先进的中国人向西方学习、"取长补短"的历程,经历了两大阶段。第一阶段的主导思想是"师夷长技以制夷",表现为洋务运动之向往"船坚炮利",追求"富国强兵",最多只求学习西方的工业技术和物质文明，结果是以优势的海军败于日本，以军事的失败表现出制度的失败。第二阶段的主导思想是"民主加科学"，表现为五四新文化运动之尊崇"德赛二先生"，中国社会在几乎一个世纪中不断从革命走向革命之后，到现在仍然需要进行民主政治的建设和科学精神的培养。大体说来，这两大阶段显示出国人对西方文明的认识由十分肤浅到较为深入，有了第一次深化，从物质层面深入到制度层面。

正如观察一支球队，不能光看其体力、技术，还要研究其组织、战略，更要探究其精神、品格。同样地，观察西方文明，不能光看其工业、技术，还要研究其社会、政治，更要探究其精神、灵性。因为任何文明都包含物质、制度和精神三个不可分割的层面，舍其一则不能得其究竟。正由于自觉或不自觉地认识到了这一点，到了 20 世纪末叶，中国终于有了一些有历史眼光的学者、译者和出版者，开始翻译出版西方文明精神层面的核心——基督教方面的著作，从而开启了对西方文明的认识由较为深入到更加深入的第二次深化，从制度层面深入到精神层面。

与此相关，第一阶段的翻译是以自然科学和技术书籍为主，第二阶段的翻译是以社会科学和人文书籍为主，而第三阶段的翻译，虽然开始不久，但已深入到西方文明的核心，有了一些基督教方面的著作。

实际上，基督教对世界历史和人类社会的影响，绝不止于西方文明。无数历史学家、文化学家、社会学家、艺术史家、科学史家、伦理学家、政治学家和哲学家已经证明，基督教两千年来，从东方走向西方再走向南方，已经极大地影响，甚至改变了人类社会从上古时代沿袭下来的对生命的价值、两性和妇女、博爱和慈善、保健和教育、劳动和经济、科学和学术、自由和正义、法律和政治、文学和艺术等等几乎所有生活领域的观念，从而塑造了今日世界的面貌。这个诞生于亚洲或"东方"，传入了欧洲或"西方"，再传入亚、非、拉美或"南方"的世界第一大宗教，现在因为信众大部分在发展中国家，被称为"南方宗教"。但是，它本来就不属于任何一"方"——由于今日世界上已经没有一个国家没有其存在,所以它已经不仅仅在宗教意义上,而且是在现实意义上展现了它"普世宗教"的本质。

因此,对基督教经典的翻译,其意义早已不止于"西学"研究或对西方文明研究的需要,而早已在于对世界历史和人类文明了解的需要了。

这里所谓"基督教经典",同结集为"大藏经"的佛教经典和结集为"道藏"的道教经典相类似,是指基督教历代的重要著作或大师名作,而不是指基督徒视为唯一神圣的上帝启示"圣经"。但是,由于基督教历代的重要著作或大师名作汗牛充栋、浩如烟海,绝不可能也没有必要像佛藏道藏那样结集为一套"大丛书",所以,在此所谓"经典译丛",最多只能奢望成为比佛藏道藏的部头小很多很多的一套丛书。

然而,说它的重要性不会"小很多很多",却并非奢望。远的不说,只看看我们的近邻,被称为"翻译大国"的日本和韩国——这两个曾经拜中国文化为师的国家,由于体现为"即时而大量翻译西方著作"的谦虚好学精神,一先一后地在文化上加强新陈代谢、大力吐故纳新,从而迈进了亚洲甚至世界上最先进国家的行列。众所周知,日本在"脱亚入欧"的口号下,韩国在其人口中基督徒比例迅猛增长的情况下,反而比我国更多更好地保存了东方传统或儒家文化的精粹,而且不是仅仅保存在书本里,而是保存在生活中。这一事实,加上海内外华人基督徒保留优秀传统道德的大量事实,都表明基督教与儒家的优秀传统可以相辅相成,这实在值得我们深长思之!

基督教在唐朝贞观九年(公元635年)传入中国,唐太宗派宰相房玄龄率官廷卫队到京城西郊欢迎传教士阿罗本主教,接到皇帝的书房让其翻译圣经,又接到皇官内室听其传讲教义,"深知正真,特令传授"。三年之后(公元638年),太宗又发布诏书说:"详其教旨,玄妙无为,观其元宗,生成立要。……济物利人,宜行天下。"换言之,唐太宗经过研究,肯定基督教对社会具有有益的作用,对人生具有积极的意义,遂下令让其在全国传播（他甚至命令有关部门在京城建造教堂，设立神职，颁赐肖像给教堂以示支持）。这无疑显示出这位大政治家超常的见识、智慧和胸襟。一千多年之后，在这个问题上，一位对中国文化和社会贡献极大的翻译家严复，也显示了同样的见识、智慧和胸襟。他在主张发展科学教育、清除"宗教流毒"的同时，指出宗教随社会进步程度而有高低之别，认为基督教对中国民众教化大有好处："教者，随群演之浅深为高下，而常有以扶民性之偏。今假景教大行于此土，其能取吾人之缺点而补苴之，殆无疑义。且吾国小民之众，往往自有生以来，未受一言之德育。一旦有人焉，临以帝天之神，时为耳提而面命，使知人理之要，存于相爱而不欺，此于教化，岂曰小补！"（孟德斯鸠：《法意》第十九章十八节译者按语。）另外两位新文化运动的领袖即胡适之和陈独秀，都不是基督徒，而且也批判宗教，但他们又都同时认为，耶稣的人格精神和道德改革对中国社会有益，宜于在中国推广（胡适：《基督教与中国》；陈独秀：《致〈新青年〉读者》）。

当然，我们编辑出版这套译丛，首先是想对我国的"西学"研究、人文学术和宗教学术研究提供资料。鉴于上述理由，我们也希望这项工作对于中西文明的交流有所贡献；还希望通过对西方文明精神认识的深化，对于中国文化的更新和中国社会的进步有所贡献，更希望本着中国传统中谦虚好学、从善如流、生生不已的精神，通过对世界历史和人类文明中基督教精神动力的了解，对于当今道德滑坡严重、精神文化堪忧的现状有所补益。

尽管近年来翻译界出版界已有不少有识之士，在这方面艰辛努力，完成了一些极有意义的工作，泽及后人，令人钦佩。但是，对我们这样一个拥有十几亿人口的千年古国和文化大国来说，已经完成的工作与这么巨大的历史性需要相比，真好比杯水车薪，还是远远不够的。例如，即使以最严格的"经典"标准缩小译介规模，这么一个文化大国，竟然连阿奎那（Thomas Aquinas）举世皆知的千年巨著《神学大全》和加尔文（John

Calvin)影响历史的世界经典《基督教要义》，都尚未翻译出版，这无论如何是令人汗颜的。总之，在这方面，国人还有漫长的路要走。

本译丛的翻译出版，就是想以我们这微薄的努力，踏上这漫长的旅程，并与诸多同道一起，参与和推动中华文化更新的大业。

最后，我们应向读者交代一下这套译丛的几点设想。

第一，译丛的选书，兼顾学术性、文化性与可读性。即从神学、哲学、史学、伦理学、宗教学等多学科的学术角度出发，考虑有关经典在社会、历史和文化上的影响，顾及不同职业、不同专业、不同层次的读者需要，选择经典作家的经典作品。

第二，译丛的读者，包括全国从中央到地方的社会科学院和各级各类人文社科研究机构的研究人员，高等学校哲学、宗教、人文、社科院系的学者师生，中央到地方各级统战部门的官员和研究人员，各级党校相关教员和有关课程学员，各级政府宗教事务部门官员和研究人员，以及各宗教的教职人员、一般信众和普通读者。

第三，译丛的内容，涵盖公元1世纪基督教产生至今所有的历史时期。包含古代时期（1—6世纪）、中古时期（6—16世纪）和现代时期（16—20世纪）三大部分。三个时期的起讫年代与通常按政治事件划分历史时期的起讫年代略有出入，这是由于思想史自身的某些特征，特别是基督教思想史的发展特征所致。例如，政治史的古代时期与中古时期以西罗马帝国灭亡为界，中古时期与现代时期（或近代时期）以17世纪英国革命为界；但是，基督教教父思想在西罗马帝国灭亡后仍持续了近百年，而英国革命的清教思想渊源则无疑应追溯到16世纪宗教改革。由此而有了本译丛三大部分的时期划分。这种时期划分，也可以从思想史和宗教史的角度，提醒我们注意宗教和思想因素对于世界进程和社会发展的重要作用。

中国人民大学宜园
2008年11月

目　录

中译本导言 ……………………………………… 陈佐人　1
纽曼与教义的发展（序言）………………… 希里尔·欧里根　1

第一部分　从教义自身看教义的发展

导论 ………………………………………………………………… 3
第一章　论观念的发展 ……………………………………… 27
　　第一节　观念发展的过程 …………………………………… 27
　　第二节　观念发展的种类 …………………………………… 33
第二章　之前关于基督教教义发展的论证 ……………… 44
　　第一节　可预见的教义的发展 ……………………………… 44
　　第二节　对无谬误之权威的预期 …………………………… 59
　　第三节　现存的教义发展与可能实现的期许 ……………… 71
第三章　从历史的角度看现存的发展 …………………… 76
　　第一节　论证的方法 ………………………………………… 76
　　第二节　论证的状态 ………………………………………… 85
第四章　实例剖析 …………………………………………… 94
　　第一节　粗略地举几个例子 ………………………………… 95
　　第二节　基督的道成肉身以及圣母和所有圣徒的尊贵 …… 104
　　第三节　教宗至上 …………………………………………… 114

第二部分　教义的发展与蜕变之对照

第五章　真正的发展与蜕变之比照 …………………… 131

第一节　真正发展的第一个特征：模式的保持 …………………… 133

   第二节　真正发展的第二个特征：原则的连续性 ………………… 138

   第三节　真正发展的第三个特征：同化力 ………………………… 143

   第四节　真正发展的第四个特征：逻辑上的连贯性 ……………… 146

   第五节　真正发展的第五个特征：对未来的预见 ………………… 150

   第六节　真正发展的第六个特征：对过去的保守 ………………… 153

   第七节　真正发展的第七个特征：历时持久的活力 ……………… 156

第六章　把上述七个标准应用到现存基督教教义的发展 ………… 159

第一个标准的应用：模式的保持 ……………………………………… 159

   第一节　前几个世纪的教会 ………………………………………… 160

   第二节　4世纪的教会 ……………………………………………… 191

   第三节　五六世纪的教会 …………………………………………… 212

第七章　真正发展的第二个标准的应用：原则的连续性 ………… 254

   第一节　基督教的原则 ……………………………………………… 254

   第二节　信仰的至高无上性 ………………………………………… 257

   第三节　神学 ………………………………………………………… 265

   第四节　圣经及其神秘阐释 ………………………………………… 266

   第五节　教理 ………………………………………………………… 273

   第六节　另外的话 …………………………………………………… 278

第八章　真正发展的第三个标准的应用：同化力 ………………… 281

   第一节　教义真理的同化作用 ……………………………………… 282

   第二节　圣事恩佑的同化作用 ……………………………………… 291

第九章　真正发展的第四个标准的应用：逻辑上的连贯性 ……… 303

   第一节　宽恕 ………………………………………………………… 304

   第二节　忏悔与补赎 ………………………………………………… 305

   第三节　赎罪与补偿 ………………………………………………… 306

   第四节　炼狱 ………………………………………………………… 307

   第五节　善工 ………………………………………………………… 311

   第六节　隐修制度 …………………………………………………… 312

第十章　真正发展的第五个标准的应用：对未来的预见 ………… 317

> 第一节　身体复活与圣徒遗物 …………………………… 317
> 第二节　童贞生活 ………………………………………… 323
> 第三节　对圣徒与天使的尊崇 …………………………… 325
> 第四节　圣母马利亚的特殊地位 ………………………… 329

第十一章　真正发展的第六个标准的应用：对过去的保守 …… 332

> 第一节　多个例子 ………………………………………… 333
> 第二节　对圣母马利亚的尊崇 …………………………… 337

第十二章　真正发展的第七个标准的应用：历时持久的活力 …… 347

结论 …………………………………………………………………… 354
人名与主题索引 ……………………………………………………… 355

中译本导言

陈佐人[*]

纽曼的生平

纽曼（John Henry Newman）于 1801 年 2 月 21 日出生于英国伦敦的一个银行家家庭，他在六个兄弟姊妹中排行最长。纽曼母亲具有法国更正教（新教）胡格诺派的背景。他自小受外祖母的影响，熟读圣经。纽曼自幼在寄宿学校中接受了优良的古典教育，熟谙拉丁语，同时也受了一些加尔文主义老师的影响。青少年期迎向了启蒙思潮，追捧休谟、伏尔泰与潘恩等人的著作。1817 年纽曼进入牛津大学三一学院，虽然他三年后因重病而未能毕业，却锲而不舍地钻研学问，在 1822 年他获得牛津大学奥里尔学院院士荣衔。1824 年他获英国圣公会圣职，并在牛津大学圣克莱门教堂任职。自 19 世纪 20 年代起，纽曼开始结交一些"牛津运动"的领军人物，如基布尔（John Keble）和皮由兹（Edward Pusey）等。牛津运动是英国国教中的一支革新派，他们提倡透过回溯早期教义与采用近似罗马天主教的仪式来重振英国教会。牛津运动对纽曼的影响极深，从此革新的精神贯穿了他一生的事迹，横跨了他的更正教与天主

---

[*] 作者为博士，美国西雅图大学神学与宗教系助理教授。

教时期。基布尔在1833年以《大叛教》的讲章揭开了运动的序幕。同年纽曼出版了他的第一部专著:《第四世纪的阿里乌派》(*The Arians of the Fourth Century*)。此书虽为神学史,却是借古喻今,相近于《论基督教教义的发展》(以下简称《教义的发展》)一书的意图。

纽曼与英国国教关系恶化的白热化时期,可以追溯至他在1842年搬到距牛津两英里半之外的利特尔穆尔镇(Littlemore)为起点,1843年他在牛津大学以《论宗教教义发展的理论》为题作了他最后一篇宣道,此篇讲章便是《教义的发展》一书的前奏。同年他离开了英国国教的牧职工作。1845年10月他先辞去了牛津奥里尔学院院士的教席,10月9日于伦敦皈依罗马天主教。

在《教义的发展》中,纽曼多次申明自己不是神学家。事实上不论从本书的内容,或是他自己的申诉,纽曼的著作哲理性多于传统的教义性,在论述中带有尖锐的针对性。他一生的著述均像《为吾生辩》(*Apologia Pro Vita Sua*, 1845)一般,带有浓厚的自传式风格。从他生平事迹来看,纽曼是一位教会改革家。从他的著作来看,我们可以干脆称他为护教士或辩道学家。纽曼一生可以说是结合了"出世默观生活"(vita contemplativa)与"入世行动生活"(vita activa)的古典理念。

《教义的发展》一书的撰写于1844年至1845年间,跨越了纽曼的信仰皈依期,可说是他百感交集心路历程的告白。他在首版的跋中,交待了此书的"发展"背景,纽曼的原意是将此书呈交于罗马教廷审阅,但教廷却以他动笔始于皈依之前为由而婉言拒绝其请求。1846—1847年他在罗马期间,此书却成了烫手山芋。纽曼的发展观似乎引申三一教义是由后期教会历史演化而生,并非基于圣经的启示,另外亦有部分罗马教廷神学家认为,纽曼并不坚持托马斯式的自然神学,即人的自然理性具有知道上帝的条件。纽曼为此极为忧心,甚至一度害怕此书会被教廷判为异端之说,而列于《禁书目录》中。为此他找人着手翻译《教义的发展》的法语译本,以便供不谙英语的梵蒂冈神学家检阅。后来有人提早将《大学讲章》译成法语，解燃眉之急。结果纽曼与教廷学者冰释前嫌，1847年5月30日纽曼在罗马晋铎为天主教神父，地点为罗马的拉特朗圣若望总主教座堂（St. John）。这是罗马四大座堂中最古老的教堂，亦是教宗本人的教区总堂。教宗庇护九世一直致力重振天主教在英国的声势与据点，纽曼的皈依是教廷神学外交战争的一场胜仗，最后导致天主教在英国重设教区。但在个人思想的发展上，纽曼并未受教廷的左右，他始终坚持自己的教义发展观，依然故我。

纽曼的三焦点

纽曼不是一位系统式的思想家，但若要整理他生平思想的轮廓，可以集中于三个焦点：转化性、古典性、大公性。

顾名思义，《教义的发展》一书的核心观念是发展。究竟纽曼如何理解基督信仰上的改变、转化和发展？纽曼在书的第一章尝试设定他的发展观。他简略地综述了三种形式的发展：数学的推论、生物的成长、社会的建设。他主要是以生物成长来类比他的发展观，故他将发展、萌芽与成熟视为同义词。纽曼认为真正的发展必须像生物的成长一般，具有同构性。故此基督信仰的发展，不是衍生了异化的概念，而是将本质相同的教义予以发挥。纽曼爱以政体为例，指出共和政体不是君主制的发展。两者有本质的差异，而非程度上的不同。

在20世纪90年代的英美神学界中，耶罗斯拉夫·帕利坎（Jaroslav Pelikan, 1923—2006）的《基督教传统：教义发展的历史》被公认为神学史的现代典范之作。帕利坎经常引用一句无法稽查的名言："传统是死人的活信念，传统主义是活人的死信念。"(Tradition is the living faith of the dead; traditionalism is the dead faith of the living.)[①]帕利坎此言具有多重

---

① Jaroslav Pelikan, *The Christian Tradition: A History of the Development of Doctrine*. vol. 1, The University of Chicago Press, p. 5. 参见该书中文版《大公教的形成》，华东师范大学出版社，1996年，第13页。

含义：首先，在文化思想与宗教信仰上，传统不是坏事，更是人类文化之必要条件。其次，好的传统必是活的传统，是生机勃勃地在历史中不断繁盛。第三，我们所面对的共同问题是传统主义，即纽曼所说的与发展对立之腐化（corruption）。如何使传统得以保持纯洁与活力，这是我们共同努力的目标。第四，纽曼与帕利坎两人均认同基督教信仰是一种活传统，故此教义的发展不单不是病征，更是生命力的表现。

套用在纽曼的发展观上，我们可以说基督教是一个活信念，在历史中像有机体般成长，在不同文化区域中茂盛地成长，但因着年代的久远，"便进入到陌生的地域，分歧的观点改变着它的方向，不同的派别因它而兴衰。在新的关系中，出现了危机，也出现了希望。而且旧原则在新形式之下复行出现。它亦随着变迁，以保持其本来面目。在高层的境界中情形是不同的，但在下界，生存就是变迁，要完善就要常常变迁"。(To live is to change, and to be perfect is to have changed often.)

纽曼的名言"生存就是变迁"可说是他一生的缩写，这不只是他早期参与牛津运动到皈依罗马天主教的巨变，事实上纽曼的转变从未停止，他在加入罗马天主教后，仍然倡导内部的转化。作为一位英语作家的大师，纽曼用字浅白，却寄意深邃。他所用的改变（change）与发展（development）绝无现代汉语或英语中的机械式含义。他在书中多次重申发展像是萌芽（germination）与成熟（maturation）一般，是内部本质意义的自然生长。我们若能另创新词来描述基督教信仰的成长，或许我们可更恰当地了解纽曼，亦可避免一些对基督教教义史的误解。

纽曼在《教义的发展》一书中提出了七个著名的标准来描述基督教教义的发展。这些标准是：模式的保持、原则的连续性、同化力、逻辑上的连贯性、对未来的预见、对过去的保守，以及历时的长久。读者若以为明白此七准则，便可轻易掌握基督教教义的发展规律，我相信大家会更加失望。许多研究纽曼的专著，特别是出自当代天主教学者的研究，均对此七准则作出巨细靡遗的论述。帕利坎毫不客气地指出纽曼的准则是"混乱和重叠"的。牛津教会史家查德威克（Owen Chadwick）则说纽曼的陈述欠缺内在的一致性，甚至说他是"半心半意的"（half-hearted）①。

而至终纽曼的历史论述无法解决教义的冲突。帕利坎指出在纽曼的七个标准中，更正教的神学家几乎在每点上均有异于天主教观点。纽曼固然希望他的教义发展观自然地对等于天主教教义的发展，但本人相信，在此书面世的19世纪乃至今天神学多元主义的语境中，它都不是大多数神学学者的共识。

纽曼思想的第二个焦点是，他对早期教会史的重视，可见他在1833年出版的首部学术专著：《第四世纪的阿里乌派》。当时纽曼正值投身牛津运动，以此书来表明他的心迹，祈盼英国国教可以回归原始的教义。此书是神学史的专著，亦可视为他的信仰告白。对于纽曼来说，从新约圣经到公元451年的卡尔西顿大公会议，我们已经可以从历史角度看见一定程度上的教义发展。故此纽曼质疑英国国教与更正教为何一方面接纳卡尔西顿信条的权威，另一方面却拒绝16世纪的特兰托会议。作为神学史学者的纽曼，本于教义发展的信念，认同卡尔西顿会议与特兰托会议在发展教义上的地位。当然此看法无法见容于更正教神学家，特别是以路德、加尔文神学为圭臬的学者。

但是纽曼绝不是在推销复古主义。他在第一章中指出流水越接近泉源越清澈的坊间之说，是不能用于哲学史与信仰的传统中的，因为伟大的观念需要时间来充分展现其完美性，故此"生存就是变迁，要完善就要常常变迁"。但因着纽曼的学术是始于对早期基督教神学思想史的研究，结果造成了他思想中极大的张力。他经常要从公元4世纪的早期教父，横跨中世纪，跳跃至现代的天主教，有点像穿上了黑格尔的一步七里的飞毛腿靴，需要跳越漫长的时空，才能铺陈出纽曼自己的洞见。

纽曼思想的第三个焦点是大公性。纽曼尝言，假若公元4世纪的阿

---

① Owen Chadwick, *From Bossuet to Newman*, Cambridge University Press, 1987. p. 155.

塔那修与安波罗修回到现代，他们会选择罗马天主教作为正统信仰的代表。显而易见，对大公性的关注，是驱使纽曼皈依罗马天主教的原因。但是，纽曼从一开始便不接纳5世纪勒林的文森特（Vincent of Lerins）的名言，以基督教信仰为"到处、一直并为众人所信奉"。由此而引申出纽曼的教义发展观。对纽曼而言，普时性（Quad Semper，拉丁语）并不是指一成不易，永恒而不变只存于高层的境界中，完美却会呈现于不断的转化中。纽曼一生的事迹与思想可说是在转变与恒定二极间的摆动，可以相比于赫拉克利特的"濯足流水，已非前水"的经典悖论。

纽曼是19世纪的时代之子，19世纪是后期黑格尔与达尔文的时代，虽然纽曼并不认同达尔文的进化论，因为纽曼的发展有异于进化观，前者为同质的，后者则包含了突变的异质。然而，纽曼却分享了19世纪强调转变的世界观。对于纽曼来说，发展是同质而非异质的，这是单指基督教信仰而言。发展不是基督信仰的变异，反而是真正信仰生命的必要条件。借用基督教文学的经典作为示例，如奥古斯丁《忏悔录》与纽曼《为吾生辩》一般，悔悟（conversion）不单不是对信心的否定，更是真正信仰的必要条件。纽曼的发展观具有浓厚的悔悟色彩，是一种生物式有机的成长。此种在时间流逝中转变迈向完美的永恒，正如他在书末所多次重复的那样：时间短暂，永恒长流。

结　语

"生存就是变迁，要完善就要常常变迁"，这是我的博士论文中的引文之一。纽曼的提纲是我神学思考的主题之一。纽曼《教义的发展》中的诠释与观点极富争议性，但即使在纽曼最强硬的批评者中，相信有不少人会同意此话的内蕴智慧。用现今21世纪后现代式的多元主义角度来看，此话切中我们的时代精神，纽曼的贡献正在于此。他的一生事迹正是此种转化的写照，而他所有的著作都好像是《为吾生辩》的续篇。纽曼是一位一生以转化与变迁为志业的思想家。

从学术研究的角度来看，我们若将《教义的发展》对比于最新的基督教教义史的研究，自然会显示出在半世纪以前出版的这部著作存有许多过时的立论，甚至因纽曼高度选择性地处理教会史，给人的印象是，作者将一些教会历史时期抛弃（jettison），而不是全面地探讨历史的全貌。特别因着过去十年来在英美神学界出现了中世纪研究的热潮，其中特别延伸至宗教改革运动的研究。这些最新的研究，刷新了我们对教义传统的固有概念，使任何尝试撰写教义史的学者，必须重新检视自己的历史观点。不过，纽曼《教义的发展》在当时的学界中确是成了热点，犹如一石激起千层浪。该书独特之处乃在其不依附于任何学派，完全是作者个人的立论，真是书如其人。纽曼是独立地建构了他的教义发展论，特别是独立于同代的德国图宾根天主教教义学派之外，但两者却有许多异曲同工之处。这不单因为纽曼不熟德语，更是他作为一代才子的独有文风。

最后，我想扼要地处理纽曼《教义的发展》与更正教神学之间的关系。纽曼在《教义的发展》中不多提及路德与加尔文。对于这些改教家与改教运动，纽曼以其一贯的辩驳文笔予以批判。他在引言中即表明他皈依天主教的决心说："要是进深于历史，就不能再做更正教徒。"（To be deep in history is to cease to be a Protestant.）纽曼在书中所言，固然是囿于19世纪的意识形态，更正教的学者与读者无须重燃战火。其次，纽曼《教义的发展》的主旨是处理英国国教与罗马天主教之间的教义分歧，而非整个更正教与天主教的对话，故此纽曼没有正面面对路德宗与改革宗的神学挑战。第三，从基督教神学史的角度来看，纽曼《教义的发展》的贡献或失败取决于他的中心提纲：论基督教教义的发展。

从基督教最早的历史开始，就有人声称：只有异端有历史。此种非历史的观点一直遍见于基督教的三大传统之中：罗马天主教、东正教与更正教。作为最晚开始的传统，更正教一直面对教义正统性的质疑。更正教的首要回应是"唯独圣经"，但随之而来的却是经文诠释的冲突，结果更正教一样要诉诸教会传统来作为解经的权威,正如天主教一般。其次,更正教旧称为复原教,强调回到本源,追溯至新约的教会为信仰的基础。但在更正教的圈子中,十分容易衍生出一种教义退化论的看法,甚至在中国神学界中亦有此现象。从热衷于 16 世纪欧陆宗教改革运动来看,教义退化始于中世纪。从热衷政教分离主义的角度看,教义退化始于君士坦丁,于 325 年定基督教为可容忍的宗教。最后从极端神学还原主义来看,一切在圣经正典之后的神学思维均为信仰的异化。总的来说,对各种形式的还原主义者来说,只有异端有历史,正统教义必然是无发展与无处境,真理是不食人间烟火的。

面对以上各种偏差的历史主义,纽曼提出了他的教义发展观,帕利坎重新定义基督教传统为"教义发展的历史"[1]。这些努力均代表了现代西方神学的历史转向,尝试以历史来重构基督教教义。在此我们要区分"历史的神学"(theology of history)与"历史神学"(historical theology),前者是建构思想家对基督教信仰的历史观,后者则是以历史的层面来叙述与展示神学的脉络,正如历史哲学与哲学史的区分。如是观之,纽曼应属前者,因《教义的发展》主要是他申明自己对历史的神学之解释(见其七准则),而帕利坎则属后者,以历史的层面来叙述与展示教义的发展。

今天中国神学界急切需要此两方面的著述,以展示基督信仰在具体历史长廊中的发展,这可说是继承圣经中道成肉身的精神。若基督教的信仰传统是前人的活信念,那我们就应该还历史之真貌,将此活信念的故事娓娓道来,使人在尘世中得听那敬虔的真道。

---

[1] Jaroslav Pelikan, *Development of Christian Doctrine: Some Historical Prolegomenon*. Yale University Press, 1969. p. 13.

纽曼与教义的发展(序言)

希里尔·欧里根[*]

《论基督教教义的发展》(1845,以下简称《教义的发展》)在很多意义上可称为分水岭。本书是纽曼在其挣扎是否要离开安立甘教会,皈依罗马天主教会的最后阶段写成的。他皈依的同年出版了这部著作,那一年几乎是他漫长的一生(1801—1890)的中点。这本书是他最伟大的为天主教辩护的著作之一,在思想性上堪与其认识论方面的巨著《同意的语法》(*An Essay in Aid of a Grammar of Assent*, 1870)相媲美。然而《教义的发展》一书不仅是纽曼个人因为皈依罗马天主教而震惊整个英国的分水岭,更是天主教会对待传统的分水岭。不论是天主教的朋友还是敌人都不会否认,传统是天主教自我界定的关键因素,事实上,对传统的尊崇从公元2世纪就开始了。但是宗教改革之后,在一个越来越世俗化的现代社会里,天主教会一直到19世纪始终不知道如何恰当地对待传统,如何维护传统。19世纪图林根天主教学派的约翰·亚当·默勒(Johann Adam Moehler, 1796—1836)和约翰·瑟巴斯蒂安·德瑞(Johann Sebastian Drey, 1777—1853),以及后来的纽曼,方才开始从历史发展的角度探讨传统。纽曼对传统的理论虽然与图林根学派有很多相似之处,但是他的理论对他们并没有直接的

---

[*] Cyril O'Regan,是美国圣母大学神学系教授。他的研究领域集中在现、当代天主教神学和系统神学。其主要著作有《诺斯替主义在现代的回归》(2001)、《异端黑格尔》(1994)等。

依赖关系。的确，他写作的动机和论证的风格与图林根派的学者都有很大的不同。他们的目的在于解释为什么天主教会是普世的教会。出于这个考虑，他们从基督和圣灵保证教义的历史延续性的角度论证了教会的普世性。而写作《教义的发展》一书的首要目的是，解释安立甘教会当时最著名的学者为什么决定皈依天主教会。这本书可以说是纽曼在加入天主教会时给她的献礼。很显然，图林根学派和纽曼的思想都对后来的教会产生了巨大的影响。用发展的眼光看问题，这虽然是在第一次梵蒂冈会议时提出的，但这种立场和方法论到了第二次梵蒂冈会议，才开始真正地开始引起人们的重视。另外，几乎所有重要的现、当代神学家都在一定的程度上受到了纽曼的影响。他们有时候会把他的思想追溯到图林根学派，而有时候则非如此。纽曼对20世纪的主要天主教神学家伊乌斯·孔加（Yves Congar, 1904—1995）、埃里希·普雷兹瓦拉（Erich Pryzywara, 1889—1972）、伯纳德·郎奈尔干（Bernard Lonergan, 1904—1984）和汉斯·乌尔斯·冯·拜尔斯萨（Hans Urs von Balthasar, 1905—1988）的影响是最明显的。除此之外，受到纽曼影响的还有东正教的思想家，如耶罗斯拉夫·帕利坎（Jaroslav Pelikan, 1923—2006）、路德宗神学家乔治·林德百克（George Lindbeck, 1922—   ），以及安立甘教会现任的坎特伯雷大主教若安·威廉姆斯（Rowan Williams, 1951—   ）。最后要提到还有教宗本笃十六世（Pope Benedict XVI, 1927—   ），他不但赞赏纽曼关于教义发展的理论，而且也十分赞赏纽曼对现代社会的世俗化的分析。

从大的轮廓上看，《教义的发展》一书有三个主要任务：一是回应对19世纪英国一些反天主教派别提出的反传统的理论，这些派别大致上认为当代罗马天主教会的教义与基督教早期的原始教义相背，是原始教义的一种蜕变；二是提出天主教关于传统是不断变化的，而非一成不变的概念；三是迫使诋毁天主教的人检验他们把发展和蜕变相对等的假设，与此同时承认可以用检验的方法对某个命题证真或者证伪。下面，我将逐一对这三个命题进行分析。

如前面已经提到的,《教义的发展》针对的是英国安立甘教会内部的三个派别,他们在不同的程度上敌视天主教尊崇传统,以及天主教认为教会拥有权威的立场。这三个派别分别是福音派、自由派和保守派,纽曼自己曾是安立甘保守派中的一员。这三个派别都认为原始的基督教会代表了最"纯正"的基督教。这个观点并没有经过辩论,而是被当作理所当然的。无须赘言,这个观点对于安立甘教会中的福音派具有基础性的重要意义,因为宗教改革的基本信条之一,就是因为教义的语言不完全出自圣经,所以所有的教义都在一定的程度上是对纯粹的圣经神学的扭曲。以这个观点看,中世纪的教会无异于一场灾难,因为从2世纪晚期就开始变化的教义,到了中世纪已经几乎找不到原始教会的影子。安立甘教会中的自由派可以追溯到约翰·洛克(John Locke)和18世纪英国一些比较极端的宗教人物。尽管他们与福音派在圣经的性质和释经方面有很多分歧,但他们在关于原始教会和纯正的基督教的认识上,与福音派的立场是基本一致的。然而他们在这一点上,与福音派仍然有一定的差别,即他们不认为与启示相等同的圣经应该"压倒"理性。自由派对在现代社会如何运用理性解读圣经尤为重视,他们乐于探讨圣经是否宣扬了一个伦理意义上的宗教,以及圣经能不能帮助人们建立有助于和平的政治体制。安立甘教会自由派教义的极端形式——宗教狂热主义——导致压迫和暴力。虽然说所有的基督教团体都包含一定形式的权威主义和暴力的倾向,但是对于自由派基督徒来说,天主教成了这两种倾向的典型。我将在下文继续探讨纽曼对自由派或者理性派宗教的反驳,因为与其他两个派别所受到的批评相比,《教义的发展》一书对安立甘自由派的批评是最强烈的。纽曼要批评的第三个派别是安立甘教会中的保守派。与主张"唯独圣经"(*sola scriptura*)的福音派与认为教义会侵犯基督徒个人的宗教自由的自由派不同,保守派在一定程度上认可教义,然而他们认为仅有前三个世纪的教义是纯正的和有效的。

纽曼在《教义的发展》一书中并没有对这三个反对天主教的派别进

行逐一的批驳。但是我们可以在《教义的发展》中找到一些论点，后来纽曼在《为吾生辩》（Apologia pro vita sua，1864,）中对这些论点作了进一步的展开。虽然安立甘的保守派在一定程度上认可教义的发展，但是在具体实施的过程中，他们表现出了相当的不连贯性。名义上他们把真正的教义的发展局限在前三个世纪，但是实际上他们默许了后来出现的、得到安立甘教会认可的教义。比如三位一体（Trinity）的教义，虽然是4世纪的产物，但是它仍然在保守派认可的范围之内。另外，保守派也不能提供接受或者拒绝一个教义的标准。比如，纽曼指出，教宗至上的教义虽然既有圣经经文的支持，又有悠久的历史，而且在4世纪的时候，这条教义显然比三位一体的教义得到了更多的支持，但是保守派仍然选择不接受这条教义。纽曼对传统的安立甘主义最基本的批评，是它代表着一个非常不稳定的、所谓的"中间路线"。如果因为三位一体的教义，我们把他们关于原始教义的标准放宽到4世纪甚至5世纪，那么他们又有什么理由不把这个标准继续放宽呢？6世纪及以后的教义与前四（五）个世纪的教义有什么本质上的区别呢？这个问题对于纽曼有着至关重要的意义。在《为吾生辩》中，纽曼进一步写到对这个问题的思考，为他的皈依提供了大公意义上的背景，而具体原因是，前两个世纪的确有支持教宗权威的教义的证据。

纽曼非常清楚地知道，他关于教义发展的言论会为他招致安立甘教会自由派的非难和指责。对这个派别来说，"唯独圣经"是一条公理。对这条公理的坚守，促使他们认为所有的教义都是对圣经的歪曲，不用说3世纪以后发展出来的教义，就连3世纪之前的，被安立甘保守派所接受了的教义也难逃其咎。从这个意义上说，纽曼与福音派意见截然相左，因为对于福音派来说，教义的发展不但是错误的，而且简直是无法想象的。其实，在写《教义的发展》之前的很多年，纽曼已经指出了"唯独圣经"即使在受到安立甘教会推崇的前三世纪也是没有立足之地的。另外，纽曼指出，如果在释经上没有权威，完全个人化的释经会导致教会成为一盘散沙，最终致使教会变得完全没有意义。对于这些问题，纽曼在《教义的发展》中只是略微地提了一下。纽曼突出强调的是宗教改革关于"圣经的含义是透明的"这一断言，他从两个方面分析了这一立场。首先，圣经的含义显然不是透明的，纽曼进而从三方面说明这一点：第一，纽曼认为圣经的每个章节都很深奥，而其中的一些章节意义是非常模糊的，需要大量的学习和解读的工作才能理解。第二，有很多重要的问题在圣经上找不到直接的讲述，因此需要从别的资料中寻找帮助。第三，在决定对圣经进行阐释的合理界限之前，我们必须认定释经的目的是什么。福音派本质上认为启示和圣经的文本是相等的。纽曼对这一观点提出了质疑。基督教在拥有所有的经文之前，已经有了基督教的核心信息，即关于道成肉身、十字架、基督复活的事实和信息。从这个意义上说，圣经是对这些事实的见证，但并不能穷尽这些事实。纽曼并非要否认圣经是有关启示的最重要的来源，与道成肉身等事实也有着最直接的联系，但基督教的目的不是圣经的文本本身，而是基督的事实或者现象。如果忘了这一点，圣经就成了偶像。有趣的是，纽曼的观点预见了教宗本笃十六世在梵蒂冈第二次会议之后多次表明的立场，尤其是在两卷本的《拿撒勒人耶稣》一书中的观点。

纽曼的《教义的发展》与其别的著作一样，反对的主要目标是安立甘教会内部逐渐占上风的自由派，又叫理性派。纽曼在其皈依天主教会二十年以后回顾自己的生涯时，在《为吾生辩》中说，解读他的整个生涯业的关键，是他对自由派或者理性派基督教的反驳，因为这个派别本质上反对所有的教义和传统。对纽曼来说，理性主义或自由主义是安立甘教会内部最强大的肢解基督教的力量，他们的主张无异于基督教的分崩瓦解。自由派在接受圣经作为基督教基础的同时，与福音派站在一起，否认教义传统。然而，他们与福音派的不同之处在于，他们认为圣经是需要阐释的。但阐释不能是天主教的那种典型的解经法，因为天主教的释经学实际上允许甚至推动了教义的形成。于是，对他们来说，唯一合理的解经法是，通常意义上的把圣经当成道德手册的方法——圣经能帮助人成为一个好公民。也就是说，在最好的情况下，基督教有两个权威——圣经和理性；但是在最坏的情况下——纽曼认为这种情况是不可避免的，理性将取代圣经，成为最高的权威。比较温和的自由派基督教的主要理论来源于洛克，他们在原则上采取包容的态度，但是对天主教采取不包容的态度。洛克的理论最终促使一些自由派的基督徒放下把圣经当作最高权威的伪装。纽曼认为，这种危险的现代理性主义的反天主教版本，最终在历史学家吉本（Gibbon）的《罗马帝国兴亡史》中表现得淋漓尽致。根据吉本的描述，基督教不过是迷信、狂热和对权力的贪欲的混合物。纽曼相信，吉本所描绘的、被扭曲了的画面属于新教英国的集体无意识。由于这种意识形态已经根深蒂固，纽曼充分地了解要想把它拔除将会非常困难。

很明显，纽曼看到他所维护的"发展"的概念如果出现在一般的理论体系、政治建构或者群组认同等领域内，是可以被自由派的基督徒所接受的。纽曼并非凭空构造了一组论据。这些论据也不具有柏拉图意义上的普世性，而是有针对性地让他的对手和他的朋友共同看到自由派基督教的不连贯性的论据——"发展"在其他的事例中毫无疑问是真实的，而在基督教里却被认为是要坚决杜绝的。下面我将逐步讨论这些问题。但在展开讨论之前，我们应该注意的是，《教义的发展》一书维护基督教的性质，使它看起来不像是一部神学作品，更像法庭上的论战，当然，我不是要否认这本书有非常重要的神学意义。我要说的是，该书的目的并非要为基督教的传统提供系统的神学论证。如果我们回顾一下从爱任纽到阿奎那的神学思考，以及19世纪图林根学派和20世纪伊乌斯·孔加的主要著作，从神学角度进行的辩护，会把有组织形式的教会作为基督的真正记忆的载体，同时也通常认为圣灵是使传统前进的力量。纽曼不能从前者的角度进行辩护，因为这一点本身就受到了质疑。纽曼本人当然赞同从神学的角度为维护传统的传统进行辩护，但是在《教义的发展》一书中，纽曼局限于讲教义发展的可理解性——而不涉及传统在神学上的必然性，因为那必然会把它卷入理性主义者不愿意辩论的实质性的神学辩论中去。于是纽曼把所有的假设和先验都转移到了认识论的层面。反对天主教对传统看法的人自认为自己在认识论上是站得住脚的，而实际上从一开始，教义的发展就在没有任何根据的情况下被当作不可接受的排除了。天主教的方方面面，天主教的信条和做法究竟是真正的发展还是蜕变，这是应该经过理论的检验才能下结论的。理论检验的标准不必是完全透彻的，也不必是决定性的，但至少检验能够给天主教会一个机会为自己辩护，而这个机会一开始就被剥夺了。

这一点把我带到了纽曼的第二个任务。尽管从辩论的角度上说，纽曼不想痛批安立甘教会的所有三个派别关于教义和教会权威的立场，但是，如果天主教徒从总体上误解了罗马教宗的重要性的话，纽曼与鄙视天主教会的人的辩论就会变得毫无意义。纽曼与 19 世纪的图林根学派及 20 世纪的孔加一样清楚，盲目排斥传统的另一面，是认为所有的教义都是从一开始就有的，或者以基要主义的态度对待罗马的权威，认为对罗马的至高无上性不能作任何考察。虽然这两种态度都是对宗教改革带来的对传统的敌对态度和日益强大的世俗主义的反应，因此都是可以理解的，但是纽曼认为这些态度无助于对天主教的维护。对传统和罗马教会的至高权威采取基要主义的态度，其实正中了反对者的下怀。反天主教的人可以毫不费力地指出，三位一体和基督一体二性的教义（尼西亚会议），都不是直接出自圣经。同样，饼和酒变体成为基督的身体和宝血，既非出自圣经，又非原始教会的教义。纽曼很清楚地看到，历史没有必要成为天主教的敌人，事实上，它应该被当作天主教的朋友来对待。纽曼像其他的支持者一样，迫切地想要维护天主教的普世性，这一点促使他最初接受了当时很有影响力的"文森特原则"，即信条和崇拜礼仪的合理性在于在所有的地方、在任何时候被所有的人所接受。纽曼皈依以后，他希望能够敦促他的新家——罗马天主教会——对文森特原则作出比特兰托会议（1548—1556）更强烈的回应，并在新的回应中作出涉及宗教改革以后被习惯性接受的阐释。对文森特原则的阐释需要将明确的和隐含的内容加以区分。比如，应用文森特原则的时候，必须加以说明，有些教义（像三位一体的教义）是隐含在圣经的文本和早期教会的教义中的。然而，虽然我们能找到比较明确的关于圣父、圣子和圣灵的语言，在新约里的一些地方也能找到关于圣子和圣灵与圣父有密切关系，以及关于圣子和圣灵在救赎与圣化中所做的工作的见证，但是圣经中和早期教会的文献中的确找不到关于父、子、圣灵三位都属神性的记述。实际上，对于罗马教宗的至高无上性，我们也完全可以作同样的论断。虽然最早的文献没有直接提及这条教义，但是，圣经和早期教会都暗示了罗马教会的重要性，而且到了第三、第四世纪，罗马的教会在众多教会中的领导地位已经非常明确了。这种现象是通过变化而得到的维持的连续性，而不是从一个时期到另一个时期的不变的重复。纽曼关于"发展"的概念可以说是"有机"的。这是很恰当的，因为他关于"发展"最基本的比喻，寓意着有生命的事物是在成长中逐渐成形的。以回顾的视角看，基督教历史上较晚形成的教义，的确是从一开始就潜在地存在了。但是我们必须指出，纽曼并不认为潜在的教义是无声无息的存在。事实上，从他的角度来看，虽然历史上有些群体看问题比其他的群体全面一些，但教会的历史总是正统教义的最全面、最忠实的见证。学习教义，理解教义是基督徒的使命。基于教义对于教会和基督徒个人的重要性，基督徒必须花时间和精力弄明白上帝恩赐的教义是什么。对于纽曼来说，奥古斯丁的"信仰寻求理解"是对教会的自然和合理的活动的恰当描述。于是，对于纽曼来说，文森特原则从"有机"生长的角度来看意义更明确，也不容易受到攻击。

纽曼写作《教义的发展》的第三个任务是，考察一个没有偏见的头脑是否可以对天主教会支持的种种教义，包括罗马教宗的至高无上性的教义，作出公允的判断。检验的标准是这些看起来"新"的教义是圣经和使徒传统的发展抑或蜕变。检验的标准并不是随意确立的,而是如前文所提到的,是对基督徒在非宗教的机构、惯例和训导中确立的合理标准的征引。纽曼在《教义的发展》一书的第六章到第十二章分别以七个标准,检验了在教义和习惯性做法中出现的变化是否可以定义为真正的发展。从严格的意义上说,纽曼在这里使用的检验标准,不能等同于自然科学中实验的方法。能不能把一个教义作为合理的发展来接受,在很大程度上取决于一个人的理解力,也取决于一个人是否有足够开明的头脑来被"说服"。如纽曼早年在《牛津大学讲演录》(1828—1843)中所提到的,且在其《同意的语法》一书中充分展开的,在有关宗教的题材中,像伦理和政治问题一样,人们总是在应对"可能性"。判断既是不可或缺的,又是不能用机械的原则来替代的。纽曼认为,他的反天主教的敌对者要取得一个全面、压倒性的胜利是不可能的。他更希望把证明天主教教义的发展并非真正的发展的这个重担,从天主教方面转向天主教的敌对势力方面。

在《教义的发展》一书中,纽曼使用了七个著名的标准来证实天主教的教义、做法、机构代表着真正的发展。这些标准是:一、模式的保持;二、原则的连续性;三、同化力;四、逻辑上的连贯性;五、对未来的预见;六、对过去的保守;七、历时的长久。在这篇简短的前言中,我们不能全面地讨论这些标准,但是我们可以举一个例子,以窥全貌。对于第一项标准,纽曼说,证据显示现在的天主教会的确保持了基督教最初的模式。纽曼以基督教早期和现代社会中蔑视基督教的人为例来说明这一点。这两个时代的文化精英都因为基督教关于罪和赦免的教义而批评基督教过于阴暗,并且嘲笑基督徒是一群迷信的人,理由是他们热情地拥护他们的教义,甚至把教义当成生死攸关的大事。他们坚定地相信教义很重要,是值得争辩的,并应该以其中的真理来说服别人。对他们来说,教义中的真理甚至比一般意义上的伦理道德更为重要。最后,他们甚至混淆了宗教的权威和世俗的权威。而纽曼认为,今天人们对当代天主教会的印象与对早期教会的印象大体一致。因此,天主教会就是他愿意委身的教会。于是，天主教通过纽曼，为检验真正的发展设置了第一项测验。

纽曼还认为，当代的天主教会能够通过第二项检验——原则的连续性。能否理解纽曼所知的"原则"对理解这一项检验非常关键。对于纽曼来说，"原则"指的是引向其他论证和立场的基础性视角或者立场。在实际的教义中，人们经常能够从外在的论证和得到了明确的表述的立场中发现它们所隐含的原则。尽管理性主义的基督徒坚持认为所有的立场都是通过论证得出的结论，但纽曼说，即使是这些基督徒，也难以避免以一些无可争辩的原则为基础进行论证。通过对比早期教会和19世纪的天主教会，纽曼指出早期教会至少预见了将要在后来出现的九条原则。我觉得我们在这里考察其中的三条就够了。对于纽曼来说，早期教会和当代的天主教会对于神学的理解也有很大的相似之处。这两个时期的教会都把神学当成审查而不是质询的过程。对这两者作区分是很有必要的，因为从培根以来的现代哲学，把质询当成一种不作任何前设的过程，人设置实验，然后再看证据把人带到哪里。纽曼认为培根模式是不能应用在神学中的，因为应用这个模式的结果很可能得出基督教信仰本身是荒谬的结论。相比较而言，审查是在通过启示获得的信仰的基础上，对一些概念进行阐释和研究。在指出神学研究应该是审查而不是质询的同时，纽曼从本质上表明了，"信仰寻求理解"的神学模式是早期教会的奥利金、阿塔纳修和奥古斯丁提供的模式，它与当代天主教会的模式是一致的。

另外，纽曼还指出，圣事的原则为早期教会和现代的天主教教会所坚持，而当代的新教教会，特别是自由派的新教，基本上已经忽略了这条原则。传统的安立甘教会至少承认早期教会与天主教会一样，都遵循圣事的原则，只是因为政治原因而拒绝承认圣事原则属于基督教基础原则的范畴。纽曼说，实际上他们已经在这一点上承认了这条原则在早期教会和当代天主教会的连续性，而安立甘教会自由派的人，因为他们遵循的唯物主义和自然主义而看不到这一点。

纽曼为证实早期教会和当代的天主教会的连续性所考察的第三条原则是，圣洁的原则。纽曼清醒地知道，一个自由派的新教徒是很难接受圣洁的原则的，但是在圣经和早期教会的文献中，我们的确能找到充分的证据。因为罪是圣洁的对立面，所以除了基督（和马利亚）以外的人，都是罪人。纽曼谨慎地强调，人的圣洁是以上帝的恩惠为前提的，只有通过基督与上帝达成和解，一个人才能实现真正意义上的圣洁。但是纽曼重申了他在《论称义》（*Lectures on Justification*，1938）中的观点，即在当代的天主教会和早期教会一样，称义指的是人的圣化，即神恩和人的自由意志之间的持续的对话。

为了论证的方便，纽曼假定安立甘教会内部的三个派别都能接受他所提出的原则。当然，纽曼知道，即使这样，这三个派别也不会完全接受他的论证。于是纽曼指出，人们需要另一种更重要的、关于发展的必然性的论据。除了上述简单提到的三个鉴别发展的标准以外，纽曼还提到了教义和信仰的原则，而教义和信仰的原则必然与神学的原则、对圣经的神秘主义阐释的原则、圣事的原则，以及与神恩、罪联系在一起的称义的原则密不可分。当年纽曼在牛津大学结交的仍在安立甘教会的朋友——基布尔（Keble）、皮由兹（Pusey）、沃尔德（Ward）——实际上都同意这些原则，他们缺乏的唯一一个原则是，保护上述原则的机构的必要性——对于纽曼来说，这个机构只能是罗马天主教会。我的论述将很快回到这一点。福音派和自由派的情形有所不同，主要原因是他们对待历史的态度与保守派不同。福音派支持纽曼把信仰本身作为原则，并把神学的原则应用到对圣经的阐释中，但是他们不同意从某些教义的原则和神学出发，能够产生或者确定进一步的教义。福音派中支持圣事的力量较弱，而且他们完全不能接受对圣经的神秘主义阐释。同时，福音派支持神恩、罪和称义的原则，但他们不认可成圣或者圣洁的原则。纽曼假定福音派能够接受所有这些原则，而实际上他们不能。因此，尤其是在如何对待历史的问题上，纽曼与福音派对话的方式是有限的。最后，纽曼的启发式论证没有把自由派或者理性主义新教徒考虑在内，因为他认为他们所相信的一套原则与他完全不同，对他来说，这两派在实质上对所有形式的基督教都采取敌对的态度。

纽曼对在天主教会或者罗马天主教会里是否有原则的连续性的论证引出了一个更加重要的问题，即在当代的世界是否有一个自由派或者理性主义基督教与历史的基督教之间深层次的分裂。纽曼在皈依以后，越来越多地注意到这个分裂，并且很关注如果当代基督徒完全抛弃了以前"普世的"基督教的心态以后，将会出现什么情况。如纽曼在《为吾生辩》一书中指出的，挑战是巨大的，历史的基督教和世俗的基督教越来越难交流。但是，天主教作为最忠实于原始教会的一种基督教的形式，有责任与世界对话，虽然世界不完全接受它的基本原则。另外，教宗本笃十六世在这个方面是纽曼的追随者，他认为现代社会的整个视野和气质对天主教而言十分陌生，因为缺乏共同的前提，皈依甚至辩论都成了很困难的事情。

正如我们上文提到的，纽曼给出了七个判断变化是否真正发展的标准，并证明了天主教会和罗马教宗是正统的。我们仅能介绍其中的两个标准，但这两个是七个标准中最重要的。作为总结，我在这里再回到安立甘教会所有三个派别的反天主教问题——不论他们是保守派、福音派还是自由派或者理性派。纽曼写作《教义的发展》一书的目的是回应这三个派别对天主教提出的挑战。纽曼的论证隐含的是，在当代的世界，唯一一种足够强大、能够应对世俗主义挑战的基督教形式，就是罗马天主教。在纽曼看来，只有罗马天主教是忠于教会历史的，也只有这个教会具备充分的组织形式。纽曼认为，安立甘教会中的保守派已经失败，而福音派也将要失败。真正的战斗存在于天主教与世俗主义之间。教会面临的这次挑战可能是有史以来最严峻的，因为世俗主义有势不可当的架势。虽然唯有上帝许诺了人类的救赎，教会仍然要做好准备迎接挑战。

第一部分　从教义自身看教义的发展

导 论

1.

基督教悠久的历史为我们把它看作世界历史上不争的史实提供了依据。正如我们不能简单化地对待斯巴达体制和穆罕默德的宗教，我们也不能把基督教的创造力、特性、教义、戒规和对象仅当作某些个人的观点或者推论。当然，我们可以合理地讨论它的理论主题，例如它在道义和政治上的优越性何在，它在我们所用的观念和事实中占有什么地位，它是上帝赐的还是人为的，原初的还是折衷的，抑或二者兼有？它对文明或文学的贡献何在，它是一种跨时代的宗教还是仅属于某种特定的社会形态——这些问题中不论是关于事实的，还是试图为事实提供解答的，都属于观点的范畴。问题必须与事实相关，或者直接以某个事实为依据，而这个特定的事实必须能被其他的事实所证实，并能在总体上被证实，否则多个世纪的见证就成了子虚乌有。基督教不是在书斋或者修道院里发明的理论。它早已超越了卷宗上的文字和个人理性的推理，成了公共财产。"他的量带通遍天下，他的言语传到地极"（诗19:4）。从诞生之日起，它就客观存在，成为各种人评判的对象。它的家园是整个世界。要弄清楚它究竟是什么，我们必须在全世界追寻它的足迹，倾听世界对它的见证。

2.

几个世纪以来，许多人理所当然地认为基督教不属于历史的范畴：

一个人把它当成什么，它便是什么。这样，基督教就被简化成了一组教派的总称，这些教派各不相同，但是采用了同样的名称，不是因为它们在客观上依赖某个教义作为其共同的基础，而是因为人们能在它们中间找到一些这样或那样的共同点，而这些共同点又分别与各自教派的其他教义相关。也有人认为，现存的所有基督教教派都是错误的，都与耶稣基督及其使徒所传授的教理相背。"原初的基督教"已经衰退或者已腐化；更有甚者，有人认为基督教在它诞生之日就已经消亡，流传下来的仅是冠名为"基督教"的赝品。这些赝品充其量只不过继承了某些基督教教义的断章残篇。还有人认为基督教既没有衰退，也没有消亡，因为基督教从来就没有过它自身的历史性存在，从一开始，就仅仅是一堆来源于外界的混合物——它的教义和实践或者来自东方宗教、柏拉图主义、多神论宗教，或者来自于佛教、艾赛尼教义和摩尼教。有人虽然承认真正的基督教确实存在，却把它局限于个人生活的范畴，认为基督教作为一种文学或者哲学，只存在于信徒的心里——这种存在完全不能证实它是从上帝而来，它只是关于至上的存在和人类使命的种种学说之中的一种，讲述了一个陌生的神祇在自然界或者世界上创造人类的故事。

3.

所有诸如此类的观点都暗示着基督教没有足够的历史证据来干预或至少影响关于它的种种毫无根据的、互不相干的假设。但是这个立场并非不言自明，而是需要证实。如果我们作一个最自然的假设，以使其最符合我们在并列的事例中推进的思维模式，并优先于其他假设，我们首先应该考虑到的是使徒们留在世界上的基督教组织。名称、誓言和教徒组织的外在一致性都为教义的连续性提供了证据，也就是说，正因为基督教一开始就以一定的形态和气质呈现在全人类面前，所以它才能继续地向世界展示自己。更进一步说，考虑到预言已经决定了它将在世界上成为一股引人注目的力量，甚至成为世界的主宰，我们应该顺理成章地把"历史的基督教"这一名称给予在人类历史上获得了实现的基督教。这并不是一个狂妄的假定,而是避免导致最令人烦恼的、荒谬的怀疑论的基本前提。笔者认为2世纪、4世纪、7世纪、12世纪、16世纪的基督教,其本质与耶稣基督及其使徒所传授的基督教是一致的,尽管时间的流逝和世事的变迁在基督教的身上留下了或好或坏的印记。

当然,我不否认发生极端变化的抽象可能性。我们可以想象基督教被一种假冒的基督教所取代;一定的时间、地点、人物的巧合,有可能取代原来的基督教——借用一个熟悉的比喻来说明一下,如果将一把刀的刀锋和刀柄换位的话,尽管还存在一定的连续性,而这把刀却已然丧失了它原来的身份。基督教发生这样的变化是可能的,但是这种变化不能仅仅建立在假设的基础上。为不切实际的假设提供证据的负担,应该落在提出这些假设的人身上,仅仅指出变化的可能性不能成为不接受历史的基督教的正当理由。

4.

于是,有的人从历史中为自己不诉诸历史寻找理由。他们断言,当他们查考关于基督教的历史文献时,发现教义的表述互不相同,有很多前后不一致的情况,所以不论用历史的方法研究基督教是多么的自然,在历史中寻找上帝对人类的启示是没用的;如果查考历史,他们就不会是历史的基督徒。他们引用奇林沃思(Chillingworth)的话说:"教宗与教宗不一致,会议与会议不一致,教父反对其他的教父;即使是同一个教父,不同时期的学说也不一致;一个时期教父的共识与另一个时期教父的共识不一致;一个时期的教会与另一个时期的教会不一致。"因此,他们被迫回到圣经作为启示的唯一来源,并且依赖他们自己的个人判断作为解释圣经教义的唯一根据。如果这一点能够被证实的话,就是一个合理的论点,也正是这一论点,促使我写成这本书。我的目的不是为了证明这是一个错误的论点,事实上,这一论点只是对历史的基督教提出了一些巧妙而肤浅的控诉。我也不会为这些控诉一一提供反驳。相反，我承认基督教的教义中存在明显的变化，这些变化需要作出合理的阐释。我所要做的是，证明这些变化与基督教教义总体上的一致性、直接性和连贯性是不矛盾的。

5.

同时，在本书开始之前，我先对奇林沃思和他的朋友们作一个答复：请他们考虑一下，如果他们能够批判历史的话，历史事实一定能反驳他们。历史的反驳可能没有他们想要的那么清晰。历史不是一个信条或者教理手册，它给予的是教训而不是教条。但是，关于这个话题，不论人愿意接受与否，没有人能够误会历史的基本教导。从历史的记录中很容易看出基本的线条和轮廓。线条可能是模糊的，可能是不清晰的，然而是确定的。至少有一点是肯定的：不论历史的教导是什么，不论历史遗漏了什么，夸大或者轻视了什么，不论历史说了什么还是没说什么，至少历史的基督教不是新教（Protestantism）。这是不争的事实。

就连新教也感觉到了这一点。我并不是说每个新教神学家都感觉到了这一点，因为从新教诞生之初，从历史中寻找证据反驳罗马教廷成了一种时尚。但是从总体上说，新教已经感受到了这一点。新教的感受恰恰从某些新教人士完全抛弃历史，仅在圣经的基础上建造基督教的主张中反映出来。如果不是对历史完全绝望，他们绝不会对历史置之不理。英格兰人早已忽略了教会史，就连英格兰教会也同样如此。我们的大众宗教几乎意识不到尼西亚会议和特兰托会议相隔了悠长的十二个世纪；除了偶尔找出几段来展示基督教会议对圣保罗和圣约翰的阐释是多么的荒唐以外，我们对它们很少有所提及。说来可悲，或许唯一一个称得上教会史家的英国人正是不信者爱德华·吉本。深入了解历史就意味着不再做新教徒。

6.

新教——不论早期的或者后期的，都与历史的基督教存在着根本的断裂,这是一个显而易见的事实。新教既不能承载尼西亚会议以前的,也不能承载特兰托会议以后的历史。我曾在别处作过这样的评论:"新教徒必须承认,如果他所宣扬的教义在古代曾经存在过,它已经被一次大洪水突然地、悄无声息地、不留痕迹地带走。大洪水在夜里来临,在鸡叫以前就已经完全地浸透、毁坏和卷走了这种教义在教会留下的所有痕迹。于是'当他们早晨起身的时候',教会的种子'已经都成了尸体',它们已经死去并被埋葬在一个没有墓碑的坟墓里。'大水浸过它们,没有一个幸免于难,它像铅一样沉在浩瀚的水中。'这实在是以色列早期过红海的经历的反式(antitype)!敌人被淹没了,以色列人看见他们的尸体横列在海岸上。而现在,洪水'从蛇的口中喷出',遮蔽了所有的证据,就连他们的尸体也消失得无影无踪。新教徒可以随心所欲地持有任何教义——他们关于自义(self-righteousness)、礼节(formality)、迷信(superstition)的独特见解,关于信仰或者关于宗教崇拜中的属灵特质(spirituality)的观点,他们对圣礼实在性(virtue of the sacrament)、神职委任或者有形教会(visible church)的否认,或者他们关于圣经作为唯一教义来源的教义,但他们应该考虑,从古代流传到我们的教义是否支持他们的见解。答案是否定的,他们必须承认,大洪水已经完成了它的使命;是的,大洪水已经消失;无情的洪水已经被无情的土地所吞噬。"①

因此,新教不是历史的基督教——这一点是很容易断定的。然而,一味地批驳却不是解决争议的明智之举。不论奇林沃思这样的作者如何出言不逊,夸大其词,如果他们指出了真正的问题所在,就值得我们认真回答了。我们必须断定基督教是否依然是来自上帝的明确教导,或者它一直变化无常,以致我们不得不依赖自己的判断来决定上帝的启示是什么,甚至判断是否存在启示这回事。

---

① Church of the Fathers[Hist. Sketches, vol. i. p.418].

7.

在这里，我向质疑历史的基督教的人承认，在基督教一千八百年的历史上出现过教义和崇拜的变更和不统一，这些都不可避免地吸引了质疑者的注意力。虽然这些变更不足以干扰基督教的整体性质和进程，但它们的确引发了如下问题：变更是如何发生的？它们又意味着什么？这些变更也因此为一些假设提供了素材。

比如，其中的一个假设是，基督教从最初到现在一直在不停地调整自己，以适应不同时代的不同环境。但是这个假设与启示的观念格格不入，于是这个假设的支持者或者逐渐地放弃了它，或者放弃了对基督教超自然属性的信念，所以这个假设不应该成为阻止我们的障碍。

另一个看起来更合理的假设来自于英国国教会的诸位神学家，他们通过革除所有在早期教会没有被制度化的方式、做法、观点、信条来塑造现在繁荣的英国国教会。他们主张，历史最初呈现给我们的是东方和西方的纯洁的教会，后来这个教会蜕变了。于是，区分什么是纯正的，什么是蜕变的，以及确定从什么时候开始由好变坏，成了他们理所当然的职责。他们认为在文森特（Vincent of Lerins）的《教义记录》（*dictum*）中找到了这种"划分界限"的根据，即使徒的教义是"在所有时代、所有地点，为所有人所相信的"（*quod simper*, *quod ubique*, *quod ab omnibus*）。于是这个原则成了在整个历史领域中绝对无误地划分观点、权威教义，以及排斥错误观点的试金石，再将之与他们所认为正确的教义结合在一起，他们就找到了真正的神学。"基督教是永恒的、无处不在的、为所有人所信奉的"——这的确给人提供了解决困惑的一个答案，以及对意义和历史的解读。有什么能比那些神学家们所说的话听起来更理所当然？——他们一会儿凭自己说，一会儿又诉诸传统。有什么能比他们个人所说的更自然，不论是出于冲动，或兴奋，或猜测，或无知？有什么能比他们上教义入门课的时候所学的《使徒信经》（Creed of the

Apostles)更肯定?有什么能比他们"个性化"的观点更显而易见,尽管他们的观点跟他们教友同样的"个性化"的观点有所不同?又有什么能比大家共同感兴趣的、被证明是出自使徒的"公共财富"更具有决定性,尽管有些观点与他们自己的观点不尽相同?于是,我们就有了一个简捷的方法,把教会历史中的各种信息囊括在"先前的可能性"这一标题之下,而恰恰是这些信息自身的变化,为我们提供了忽视它们的绝好理由。为了只读前几个世纪的历史而忽略后面的,我们就有了一个多么恰逢其时的、令人满意的理由——我们的确需要一个理由来肯定某些教义而否定其他的,接受《三十九条信纲》(Thirty-nine Articles)而否认《庇护四世信条》(Creed of Pius IV)。

8.

这就是英格兰学派的先贤所谓的阐释历史的原则。它包含着崇高的真理,提供了清楚明白的原理,具有理性的态度。它是合宜的。或者说,它天生符合英国人的性情,因为它走的是中间路线,既不抛弃教父,又不承认教宗。它为衡量所有历史事实的价值制定了一个简单的原则,于是它既提供了防御罗马教宗的堡垒,又为攻击其他教派的新教留了一条出路。这是英国国教会所提供的期许,但是把它应用到具体事例却存在着困难。这个原则在决定什么不是基督教比决定什么是基督教方面管用。对于反对新教的人,这个原则具有不可抵制的诱惑力;对于反对罗马教宗的人,它具有同样的吸引力。而且在某种意义上,它甚至可以用于反对英国——因为它通过英国的支持来反对罗马教宗。它认可两种对它的阐释和应用:如果把它的目的缩减到反对《庇护四世信条》,那么它也同样反对《阿塔那修信经》(Athanasian);如果把它扩展到认可所有英国国教会所保留的教义,那么它就不能把被这个教会所排斥的天主教教义排除在外。换句话说,它不能既攻击托马斯·阿奎那(Thomas Aquinas)和伯纳德(Bernard),又维护阿塔那修(Athanasius)和纳西盎的格列高利（Gregory of Nazianzus）。

那些凡事诉诸英国国教会原则的人并不是没有感觉到它在应用性上的缺陷。他们中的一个作者这样写道："文森特原则（Rule of Vincent）并不像数学公式一样明晰，它实际上是一条道德规则，要应用它需要很强的、实践的判断力。比如说，'在所有时代'是什么意思？是不是在每个世纪、每年、每个月？'所有地点'的意思，是不是所有的国家和所有的地区？'教父的共识'，是不是要求我们把他们所有相关的文本都列举出来？究竟多少位教父，多少个地区，多少个事例才能使'教父共识'的测试得以完成？所以，从实践的角度来看，这是一个永远无法完全得到满足的条件。于是，在不同的事例中，我们在不同的程度上应用我们的原则；至于应用到何种程度，我们只能想想在生活的方方面面的标准，比如政治、贸易、战争，哪一样能让我们接受上帝的启示（这一点对我们来说是最难的），甚至哪一样能让我们在存在中接受一个有理性的创造者。"①

9.

以上是这位作者所能容许的，但是他接着又写道："文森特原则的这一特点不可避免地被巴特勒学派（School of Butler）所利用，因为两者的本质是相同的。但是，新教和天主教中那些不愿意被说服的人却找到并利用文森特原则中的漏洞。"

这样的语言显然出自一个在争辩中太迫切地攻击别人，却忘了为自己辩护的人，仿佛英国国教会一定没有类似的漏洞。

他又在另一处说："有一个完全不是出自于教父，并且不沾染一点儿天主教色彩的信条，即圣彼得和他的继承者是普世的主教。他们把整个基督教世界当作自己的教区，这使得他们与其他的使徒和主教有所不

---

① Proph. Office[Via Med. vol. i. pp. 55, 56].

同。"①很显然,对这位作者来说,一个教义如果要成为天主教的教义,必须从最初找到它的源头。然而,英国国教会却可以宣称他们的教义出自使徒,却"不沾染一点儿天主教色彩"。

这位作者并不是没有意识到他自己所属学派遇到的特殊困难,他尝试解决困难的方法却是否认困难的存在。他的主张是,英国国教会所吸收的神圣的教义虽然出自使徒,别人却看不出这些恰巧就是天主教的教义。

在另一部作品中,他说:"我们自信地断言,使徒时期与诺斯替派(Gnostics)的争论已预见了所有《阿塔那修信经》包含的关于道成肉身的教义。阿波利拿里(Apollinarian)和聂斯脱利(Nestorian)异端所提出的问题,早已在伊格纳修(Ignatius)、爱任纽(Irenaeus)、德尔图良(Tertullian)的话语中得到了解答。"②

10.

这些言论或许被认为是正确的。至少在尼西亚会议之前的教会,人们普遍接受有关于耶稣基督与圣父同质(Consubstantiality)、同永恒(Coeternity)的教义。我们容许这样的可能性:所有关于耶稣基督的教义都在原初教会(Primitive Church)得到了一致的、统一的承认,尽管后来才在会议上得到正式的认可。但是至少有一个教义反驳这种观念,那就是基督教关于三位一体的教义。我认为原初教会的教父在这一点上没有达成任何意义上的共识,后来罗马教会的许多其他教义也是如此。这是前面提到的那位作者应该更加仔细考虑和衡量的。但是他似乎幻想布尔主教(Bishop of Bull)证实了天主教关于三位一体和其他关于上帝的教义的原始性。

现在我们应该思考一下那些要证明三位一体教义之原始性的人

---

① Proph. Office[Via Med. vol. i. p. 181].
② British Critic, July, 1836, p. 193. Vid. supr. vol. i. p. 130.

的想法。当然，关于耶稣基督神性的教义部分地隐含和推崇三位一体；而隐含和暗示属于另一种尚未经过讨论的论据。另外，某个特定的教父或者神学家的著作里包含有某些重要意义的字句，但个别并不等于整体。我们必须拥有由一个完整的教会所阐明的完整的教义。我们所讨论的三位一体的教义由一系列的命题组成，把其中的任何一个与其余分割开来都会成为某种异端。所以，要证明尼西亚会议前的教父已经提出了三位一体的教义，仅证明有人因为持有某个其中的命题而被判为异端是不够的，仅证明某个人曾经提出圣子是上帝也是不够的——撒伯里乌派异端（Sabellian）和马其顿派异端（Marcedonian）都曾持有这样的观点。同样，关于圣父不是圣子的观点（阿里乌派异端［Arians］也有这样的观点），圣子与圣父同等的观点（三位神论者［Tritheists］也有此观点），仅有一位神的观点（神体一位论异端［Unitarian］也有此观点）——所有这些在某种意义上提及有三个位格之全能上帝的观点，都不能自然地引出三位一体的教义。几乎所有的异端，只要他们承认新约，都不可避免地、或多或少地提出过这些观点。但是，这些出自不同文本、不同作者的论点，不能构成所谓的"神学家们的共识"。的确，大公教会对教义的阐明，容许我们认为在正式阐明教义之前，已经有人持有这样的教义；我们也可以用后来的教义阐释早期教父。不仅仅是三位一体的教义，其他的许多教义也是如此。但是英国国教会的先贤们所理解的那种"在所有时代、所有地点、为所有人所相信"之真理的可能性是不存在的，更不应该被用来反对后来的教会和罗马教宗。如果一定要应用文森特原则的话，我们所能寻求的只是大量尼西亚会议以前的观点，它们各自从不同的角度预见了《阿塔那修信经》。

11.

现在我们来看一下三位一体教义中的重要事实，来澄清我并无意把异端之名加在圣洁的教父头上，尽管通常他们的某些话语不能完全地排除这样的归咎。首先，早期教会的信经在字面上完全没有提到过公教会关于三位一体的教义。他们提到过上帝的三个位格，但是从他们的作品中我们看不到，也无从推论三位一体是上帝不可知的奥秘，看不到圣父、圣子、圣灵是统一的上帝，是平等的、永恒的、非被造的、全能的、不可知的上帝。当然，我们相信早期教父的著作中隐含了或者默认了这些学说。上帝禁止我们作出别的解释！但从字面上来说，他们没有明确地提出这些学说。要找到字面背后更深的含义，我们必须借助后来的阐释。

另外，尼西亚会议以前有一次，而且仅有一次关于教义的重大会议，那就是3世纪中期在安提阿召开的、讨论如何应对叙利亚异端的会议。在这次会议上，教父们聚集在一起，不知道出于什么原因，批判或者至少避免使用"Homoüsion"（同质）一词，而尼西亚会议恰恰接受了这个词，并把它作为反对阿里乌异端的特殊标志。①

尼西亚会议以前的六位伟大的主教和圣徒是：爱任纽、希坡律陀（St. Hippolytus）、西普里安（St. Cyprian）、行奇迹者格列高利（St. Gregory of Thaumaturgus）、亚历山大的狄奥尼修斯（St. Dionysius of Alexandria）和美多迪乌（St. Methodius）。其中，狄奥尼修斯被后来的巴西尔（St. Basil）指责种下了阿里乌异端的种子。②巴西尔这位博学的教父还指出，可以允许格列高利使用关于主基督的语言，只是需要他简明扼要地解释清楚。③希坡律陀似乎不知道耶稣是圣父永恒的儿子；④美多迪乌

---

① 当然，正如其他所有纷争的解决，关于三位一体教义的问题也存在着争议。但是，我认为没有必要特别地注意那些对公认的解决方案的反对意见。比如，我们都知道优西比乌的确使用了类似阿里乌异端的词汇。
② Ep. ix. 2.
③ Bull, Defens. F. N.
④ "以下作者认为圣子的受生是暂时的，除此之外没再说别的：查士丁、阿萨纳戈拉斯、提阿非罗（Theophilus）、塔提安（Tatian）和希坡律陀。"见 Waterland, vol. i. part 2, p. 104。

关于道成肉身的说法是错误的,①而西普里安完全没有对神学作过论述。很显然,尽管他们在自己的时代是永恒圣子(Etneral Son)的忠实的见证人,而这些圣徒的学说却是不完整的。

阿萨纳戈拉斯(Athanagoras)、克莱门(St. Clement)和德尔图良是仅有的能使我们联想到《阿塔那修信经》的作者,他们使用的语言始终是精确和系统化的。如果我们把视野局限在他们自己的正式表述上,伊格纳修可以说是圣父受苦说(patripassianism)的支持者,查士丁(Justin)有阿里乌异端的嫌疑,而希坡律陀则是福提努派(Photinian)。

另外,我们还有一种说法,即认为尼西亚会议以前最重要的三位神学家是德尔图良、奥利金,再加上优西比乌(Eusebius),尽管他活到了4世纪。德尔图良关于耶稣神性的学说是异端②,并且他最终陷入了异端和分裂主义。奥利金至少也有可质疑之处,我们要捍卫和阐释他的思想,而不应当作权威来直接引用;优西比乌则是半个阿里乌主义者。

12.

另外,值得质疑的是,尼西亚会议前的教父是否明确地认识到以下两点的其中一点:上帝三个位格的统一性,或各个位格之间的平等性。也许唯一的一个例外是德尔图良,他在成为孟他努主义者之后的一部作品中曾经提到过类似的概念。③但是为了满足英国国教会所宣扬的"在所有时代被相信"这一标准,我们当然不能把这么重要的教义当作原初教会之后的见证。

---

① 马然(Maran)为他辩护说:"据说这本书中,他关于神圣的三位一体所犯的错误并不是很严重,仅比关于道成肉身的教义上犯的错误严重一些。"见 Div. Jes. Christ. p. 527。在后文他又说:"在第三篇布道中,我们读到一些关于基督道成肉身的思考,这些我承认是有些荒谬的,但我不认为作者的动机是不虔诚的。"(p. 530.)
② 布尔主教对他的态度比较温和,他说:"在我看来,情况是德尔图良所说的在很多问题上与瓦伦廷派或其他的诺斯替派别有某种程度的相似,然而在这个问题上,他与大公教会是一致的。"见 Defens. F. N. iii. 10, §15。
③ Adv. Praxeam.

布尔主教更进一步地指出:"几乎所有古代的、阿里乌以前的公教徒从表面上来看,都忽略了圣子的不可见性和不可知性。"① 这一点在《阿塔那修信经》中遭到咒诅。

另外一个必须提出的问题是,尼西亚以前有多少教父直接地、在字面意义上指出了圣灵的神性?至少需要单独指出的一点是,4世纪的巴西尔发现,如果他把上帝的第三位格当作上帝的话,就会被阿里乌派的教徒驱逐出教会。所以当敌人在场时他没有那样说。当一些公教徒也在这一点上与他为敌的时候,阿塔那修与他站在了一起。② 这样的行为,若放到后来的世代看,能称为真正的基督徒——更不用说是圣徒——的所为吗?也就是说,如果我们诚实地对待早期教会的见证的话,难道它本身不是对文森特原则的反证吗?

13.

请不要认为我的目的是抨击早期教父的正统性,或他们言论的一致性。我考究他们的目的只是为了证明安立甘圣贤对文森特原则的阐释是不公正的,而正是这种不公正的解释,使得文森特看上去是反对罗马教会立场的。现在,教父们关于三位一体的教义所提供的、与天主教教义一致的证据,已经由伯顿博士(Dr. Burton)提出并归在两个标题之下。一是"荣耀一同归与"上帝的三个位格;教父和教会在这一点上立场一致,并共同构成了从最早期教会开始的连续的传统。落在第二个标题之下的是"个别教父的独特言论"。于是我们发现提阿非罗、克莱门、希坡律陀、德尔图良、西普里安、奥利金和美多迪乌都使用了 Trinity(三位一体)一词。最具有天主教会特点的权力以及实体的统一性,都或多或少地被阿萨纳戈拉斯、爱任纽、克莱门、奥利金和两个狄奥尼修斯所提到。差不

---

① Defens. F. N. iv. 3, §1.
② Basil. ed. Ben. vol. 3. P. xcvi.

多这些就是所有的证据。

14.

可能有的人会说,我们应该把尼西亚会议前的教父当作一个整体来对待,用他们中的一个来解释另一个。这种做法实际上假定了他们同属一个派别,当然他们的确是一个派别,但在争辩中这一点是需要证实的。即便如此,这样的做法能否支持文森特派的论点,也令人怀疑。比如,在伯顿博士的第二个标题下的积极证据中,德尔图良在正统天主教义的陈述中是最有条理、最详尽的。在引用了其中的一段后,伯顿指出:"就连阿塔那修自己,或者《阿塔那修信经》的撰写人也很难有比这个更有力的关于三位一体教义的陈述。"①但是德尔图良在关于耶稣降生之永恒性的教义上必须被称为异端。②如果我们把德尔图良的例子推广到其他的教父,那么我们将不得不得出这样的结论:即便是教父们最精确的陈述,其价值也仅仅体现在字面意义上,超出字面的含义不能保证其正确性,而且即使仅从字面理解,正确的教义也有可能与出自同一作者的、被称为异端的教义有关。

至于从荣耀颂而来的论证,我们不能忘记,查士丁的"荣耀归于"的对象不仅包括了圣父、圣子和圣灵,而且包括了天使。他这样写道:"我们崇拜和敬仰上帝、从上帝而来教导我们的圣子,那些跟随他并且效仿他的好天使以及说预言的圣灵。"③根据这一段话,神体一位论者可能会说,早期教会归与耶稣基督的崇拜和归与被造物的崇拜没什么两样。

---

① Antenicene Test. to the Trinity, p.69.
② "不能因为圣父是上帝,审判者也是上帝,就认为圣父和审判者同是永恒的,因为上帝是永恒的。就像没有圣子就没有圣父一样,没有人的犯罪就没有审判者。曾经有一段时间,人的过犯和圣子都不存在,因为圣父是在人的过犯之后才创造了审判者。"见 *Contr. Herm.* 3。
③ Vid. infra, 本书的第十章将进一步讨论这段话。

15.

关于三位一体的讨论就到这里。现在我们来看另一个例子。有两个教义——炼狱（Purgatory）和原罪（Original Sin）——通常与4世纪和5世纪一位"教父"的名字联系在一起。在他之前，关于这两则教义的见证是不明确的，至少是不全面的。文森特原则可以接纳这两者，也可以排斥这两者——皆视应用该原则的严格程度而定。但是，如果应用亚里士多德的"柔韧原则"（Lesbian Rule）①的话，英国国教会希望仅接纳原罪而否认炼狱。

另一方面，某些关于信徒死后要经历苦难、痛苦和惩罚的概念，以及对炼狱模糊的表达方式，几乎是前四个世纪教会的共识，尽管有些教父表达得明确一些，有些教父表达得模糊一些。单从字面来看，我们可以从以下教父的作品中找到炼狱的概念：亚历山大的克莱门、德尔图良、佩尔培图阿（St. Perpetua）、西普里安、奥利金、拉克唐修（Lactantius）、希拉利（St. Hilary）、耶路撒冷的西里尔、纳西盎的格列高利、尼撒的格列高利、克里索斯托（St. Chrysostom）、哲罗姆（St. Jerome）、保利努斯（St. Paulinus）和奥古斯丁。并且，从1世纪以来，教父一致认为亚当的罪给人类带来了一定的劣势。

16.

接下来让我们更明确地思想以下两则教义：一是死亡和审判之间有一段惩罚的时间或状态；二是所有从堕落的亚当自然繁衍的人类都丧失了原初的义。我们会发现，一方面，有几位早期的神学家，如德尔图良、佩尔培图阿、西里尔、希拉利、哲罗姆、尼撒的格列高利，至少从字

---

① 《牛津英语词典》把这个词组解释为："石匠或者砖瓦匠用的一种尺子，用铅制成，柔软有韧性，用于量拐角或者其他不是笔直的地方。"最早出现于亚里士多德的《尼各马可伦理学》。——译者注

面上来讲，明确地阐发了关于炼狱的教义。而关于原罪的教义，在早期教会则没有这么有力的证据，但是在这里，我们不能简单地、不经过对这一个主题的讨论就判断他们的教义。

大体上说，关于炼狱有两派观点：希腊教父认为在最后审判的时候，每个人都要通过审判的火焰；非洲教父则持与现在的罗马天主教会相似的观点。关于原罪也有两种主要的观点，即希腊教父的观点和非洲或者拉丁教父的观点。在希腊教父中，胡克（Hooker）的论断闻名于世，尽管不能从字面上理解："自由意志（freewill）的异端是卡住帕拉纠派脖子的磨石；难道我们应该因此把所有的希腊教父都判处死刑吗——因为他们在自由意志的言论上被误导？"[①]泰勒主教（Bishop Taylor）在为一个相反的教义辩护的时候，提出了一个类似的证明，他说："原罪不是原初教会的教义。但是当帕拉纠把溪水搅浑了的时候，奥古斯丁极其愤怒，以至于跺脚踩踏而把水搅得更浑。事实上……我认为那些怂恿我反对奥古斯丁的人，没有考虑到我承认我追随奥古斯丁之前的教父。正如在这个问题上奥古斯丁摒弃了他的前人，我也摒弃了他。"[②]由于不同学派的人——詹森（Jansenius）、佩塔维乌（Petavius）、沃尔赤（Walch）[③]——或者默认，或者作出了类似的论断，我们可以把他们之间达成的共识当作事实的证据。后来的一个作者在一个一个地查考了教父的论证之后，得出结论说，首先，"希腊教会完全不赞同奥古斯丁，唯一的例外是死亡来自亚当的堕落这一教义，并且，（美多迪乌时代之后，）他们也赞同奥古斯丁关于非同寻常和非自然感官的观点（extraordinary and unnatural sensuality）"。接着他又指出："另外，拉丁教会确认，灵魂的玷污和堕落通过生

---

① Of Justification, 26.
② Works, vol. ix. p. 396.
③ "他们说，正如帕拉纠派受了欺骗，原罪的教义是从奥古斯丁那里来的，古代的教会完全不知晓这个教义。但是没有人能够否认，在希腊教父的作品中，可以找到一些段落倾向于赞同帕拉纠主义。詹森说：'如果我们不仔细地阅读和理解希腊教父的作品，他们的教义很容易导致帕拉纠主义。佩塔维乌说：'希腊人很少讨论或者在他们的作品中提及原罪的教义。'"见 Walch, Miscell. Sacr. p. 607。

殖传递给后代。"①最后，希腊教会和拉丁教会都不曾持有归算（imputation）的教义。此外，我们还可以看出，尽管使徒保罗在这个问题上采取了强有力的立场，关于原罪的教义既没有出现在《使徒信经》，也没有出现在《尼西亚信经》中。

17.

下面给出的例子将成为很多其他例子的样本。我走到祭坛前领圣餐，对于这个圣礼所包含的上帝的恩赐，我毫不怀疑。我心里默念着我的信念；当我走上台阶的时候，我的信念更加坚固。"基督真实地在这里存在，基督在神父献祭（Consecration）之后开始真实地在这里出现；献祭是神父的特权；神父是被授予圣职（Ordination）的特殊人员；而授予圣职的权柄则直接来自于使徒统绪（Apostolic Succession）。不论发生过什么不幸的事，这个链条上的每一个环节都是安全的；我们有使徒统绪，我们有献祭的正确形式，所以，我们得到了伟大的恩赐。"这时我的心里有了一个问题："关于这个伟大的恩赐的情况，你是从哪里得知的？"我回答说："我是从教父那里得来的：我相信真实的临在（real presence），是因为他们为真实的临在做了见证。伊格纳修叫它'灵魂不死的良药'，爱任纽说，'我们的肉体不再朽坏，因为它分享主的生命，并有了复活的盼望'，因为'主的身体和宝血是身体的营养'。他还说，'圣餐由两部分组成：地上的和天上的。'②或者奥利金，或者他之后的麦格尼斯（Magnes）说，'它不是主的身体的象征，而是主的身体本身。'而且西普里安用可怕的语言咒诅那些亵渎圣餐的人。所以我把我的命运和他们联系在一起，我相信他们所相信的。"我这样回答的时候，心里响起了另一个声音："难道教父们没有为另一个被你摈弃的教义做见证吗？你只听你想听

---

① Horn, Comment. de Pecc. Orig. 1801, p. 98.
② Hær. iv. 18. §5.

的，不想听的则充耳不闻，你这样做不是很虚伪吗？你只跟随了教父一半，你怎么能把你的命运和他们联系在一起呢？圣餐中真实的临在和教宗的至高无上（Pope's Supremacy）这两者中他们哪个强调得更多呢？你接受了证据较少的，却拒绝了证据较多的。"

18.

事实上，尽管尼西亚会议以前的教父较少提到教宗的至高无上，但是与关于真实临在的证据相比，教宗至高无上的教义则显得更加肯定，并且出现得更频繁。真实临在的证据仅出现在刚才提到的几个段落中。另一方面，凯主教（Bishop Kaye）对查士丁作品中的一段评论说："勒·努里（Le Nourry）认为查士丁宣扬了化质论（Transubstantiation），而我认为，更合理的解释是同质论（Consubstantiation），因为查士丁把已经献祭过的元素称为饼和酒，尽管不是普通的饼和酒①……我们可以由此看出，当他把饼和酒称为耶稣的圣体和宝血时，他使用的是比喻。"他还曾评论说："克莱门说圣经称酒为神圣宝血的神秘象征……关于《约翰福音》6章中耶稣有关他的身体和宝血的表述，克莱门给出了多种解释，但没有一个是字面上的解释……他的理解似乎是，通过分享圣餐中的饼和酒，信徒的灵魂与圣灵联合，通过这一联合，永生被传递到人的肉体上。"②沃特兰（Waterland）指出："有些人认为，德尔图良仅把《约翰福音》6章理解为信仰，或者教义，或者灵修的行为，另一些人则极力反对。"引用了这段话以后，他又写道："从这个模糊的段落中，我们所能得出的只能是德尔图良把《约翰福音》6章中有关生命的饼的段落与'道'（Word）混乱地联系在一起，有时候指的是话语上的道，有时候指的是存在意义上的道。所以在理解《约翰福音》6章所包含的教义这个问题上，德尔图良不是一个可以依

---

① Justin Martyr, ch. 4.
② Clem. Alex. ch. 11.

赖的权威。我们所能知道的仅是,他认为道成了肉身,而6章与成了肉身的道有关。"① "奥利金关于6章总的看法是,这一段不能从字面上理解,只能当作比喻理解。"② 而且,"很显然,优西比乌在这个问题上跟随了奥利金,他们都倾向于作比喻和神秘意义上的阐释。至于他们在这个问题上的立场是不是一致和连贯的,无须我在此赘述。"③ 但是,我在这里要补充一个后来偶然出现的例证,即英国国教会关于圣餐的教义在多大程度上依赖尼西亚会议以前的证据,可以从一次令人回味的布道上看出来,④ 当这个布道发表以后,长达140页的有关教父的注释,并非作为正式的证据,而是作为阐释。其中,只有15页出自尼西亚会议以前的教父。

有了这样的证据,尼西亚会议前的、用来证明天主教圣座之权威的证据就不必怯于比较。虽然单独看来,它们很微弱,但是我们毕竟有十七个来自不同时期、不同地区的证据,它们之间可以互相支持,并作为一个统一的证据发挥作用。虽然我不认为有人能对这一事实提出反驳,总体上,我仍然认为,诸多证据支持罗马在世界范围内享有教义上的权威,这些证据强于同一时期的关于真实的临在之教义的证据。本文第四章我将把这些证据一一列举出来。

19.

有人说,四五世纪的圣礼中体现的真实的临在的教义,好像一直是早期的教义,因为这些圣礼仪式很可能在1世纪的崇拜中就已经出现。所以,这无疑是一个很重要的事实。但是,以下一点同样是事实:四五世纪的作者也无畏地断言或坦率地承认了罗马的特殊权威来自于使徒时

---

① Works, vol. vii. pp. 118 – 120.
② 同上,p. 121。
③ 同上,p. 127。
④ 皮由兹博士(Dr. Pusey)1843年的大学布道。

代。罗马享有权威，因为它是圣彼得的圣座。

另外，有人指出西普里安和菲尔米里安（Firmilian）在容许异端施洗一事上反对罗马教会，或者指出更早的以弗所的波利克拉底（Polycrates of Ephesus）对罗马的抵制，以此当作反对罗马早期权威的证据。如果这样，这人应该考虑如下几个问题：第一，是不是所有的权威都不可避免地导致对权威的抵制；第二，西普里安自己倾向于教会权威的教义，是不是比他反教会的行为更有分量；第三，他自己在我们讨论的问题上是不是已经陷于谬误，菲尔米里安的情况也是如此；最后，也是问题的关键之处，是不是我们不一定要从德尔图良的话语中看到对真实临在的反对——"这是我的身体"指的是"这是我的身体的比喻"，以及奥利金所说的"我们不仅在圣餐的时候喝基督的宝血，在聆听他话语的时候也喝他的宝血"①，以及"道（God the Word）所说的饼是他的身体，意思是道是我们灵魂的营养"②；我们不批判这样的段落，是因为一旦天主教的教义得到证明，这些表面看起来与教义相背的言论实际上是拥护天主教教义的。

现在看来，我们很难避免这样的结论：不论协调早期和后期教会记录和文献的关键是什么，文森特原则从抽象的意义上讲是正确的。在文森特自己的时代，或许向最早的几个世纪索要证据是可能的，但是现在这个原则已经不可能给我们带来任何满意的结果。它所提供的解决方案和最初的问题一样难解。

20.

试图解释早期的基督教和后来的基督教之间存在不一致的另一个假说是"秘传教规"（*Disciplina Arcani*），即假定自始至终教会的教义从未

---

① Numer. Hom. xvi. 9.
② Interp. Com. in Matt. 85.

有过不同。秘传教规认为，在后来的教会出现的教义，其实在最初的教会就已经存在，但是没有被公开宣布。不公开的原因有许多种，比如，为了避免异教徒的亵渎，或者为了初信者着想，防止他们因为不能一下子接受全盘的真理而忧虑或者动摇。当然，故意隐藏部分教义是不争的事实，不同的人和不同的地区教义被隐藏的程度不同。特别是隐藏圣礼的做法，几乎在所有地方都执行过，以至于成了一个规则。隐藏其他方面教义的做法，从其性质来看，也很明显，并且在护教者的著作中有很明确的证据。米努西乌·菲利克斯（Minucius Felix）和阿诺比乌（Arnobius）在与异教徒的争辩中，暗示基督徒不使用祭坛，但德尔图良则明确地指出，教堂里有上帝的祭坛。我们的解释只能是，护教者是在嘲讽异教徒的祭坛这层意义上否认使用祭坛，或者他们认为基督徒不能容忍异教徒的祭坛。类似地，米努西乌声称基督徒没有圣堂，而事实是，戴克里先（Diocletian）时期的法令，明确地承认了圣堂的存在，甚至在那之前就早已存在。每一个占统治地位的体系，比如在尼西亚会议以前的几个世纪占统治地位的异教（Paganism），都会迫使自己的反对者采取最敌对和最嫉妒的态度，以使他们抛弃他们自然而然地感觉到的恐惧。他们担心，如果不这样，比如含混自己的教义，他们就会受到权威的误解和压制。英国国教会的教士在力图使自己的实践符合英国国教会规则，以及使自己的教义与17世纪的先贤保持一致的同时，犯了一个错误。这个错误就是，不论他们有没有意识到，事实上，他们是在认同和推动罗马公教。罗马公教有着与他们类似的教义和实践，所不同的只是罗马公教的教义和实践更明确，并且更有影响力。于是，无论如何，他们发现，至少在当时，把确切的教义说成是错误的，是不明智的。也就是说，他们不得不执行"秘传教规"，即使在天主教会一方，对教义的保留也难以避免，至少曾经有一个时期，神父、祭坛和祭坛周围的宗教仪式都是邪恶的、不可救药的迷信。对他们来说，虽然否认基督教的仪式是错误的，但作保留却是一种义务。护教者可能有些时候想要在绝对的意义上否认只能有条件地否认的教义，拜偶像的异教则倾向于压制基督教的外在表现。而今天，虽然原因不同，新教的存在，可谓是压制了罗马天主教的表现形式。

　　出于不同的理由，教会体系的部分内容肯定在最初的时代有所保留，当然，这个事实可以在某种程度上解释教义上明显的变更和发展——正是这些变更，常常让我们在从历史中寻求基督教的真实概念的时候感到尴尬。但秘传教规的概念绝不是解决整个困难的关键，原因很明显：因为在秘传教规的原则出现之后，教义的变更还在继续；另外也因为，变更的显现是有规则的，不是突然的；看得见的发展一直持续到今日，并且没有要停止的迹象。①

21.

　　下文致力于解决所提出的困难，即我们在关于基督教教义和崇拜的争议中如何借鉴一千八百年的历史所提供的见证。欧洲一些杰出的神学家，如德·迈斯特（De Maistre）和穆勒（Möhler），已经潜移默化地采用了这些观点，也就是说，基督教教义和崇拜仪式的增长和发展，以及任何在大范围内占主导地位的哲学和政策，必然伴随着个别神学家和教会的不同意见。从人类思想的本质来看，时间是理解和完善伟大思想的必然条件；最高和最精彩的真理，尽管由领受上帝启示的教会圣师一劳永逸地传递给世间，却不能被世人一下子接受。那些没有直接受到上帝启示的人，需要很长的时间和深入地思考来理解教义的阐释。我们可以把这些称为教义发展的理论。在作进一步的探讨之前，我先在这里作一点说明。

　　我的解决方案无疑也是试图解决困难的一种假说，正如从托勒密到牛顿的天文学家对天体运行所给出的不同解释一样，读者完全可以合情

---

① Vid. Apolog., p. 198, and Difficulties of Angl. vol. i. xii. 7.

合理地对其中的一种提出异议。即使读者认为我的理论太过新奇,这也没有什么好奇怪的。万有引力定律和火成派地质学理论不是也招致了许多非议吗?毫无疑问,秘传教规的理论和教义发展的理论都是权宜之计,文森特原则也不例外。正如我们使用语法和象限仪一样,我们应用不同的法则来解决棘手的、令人头痛的问题。三百年以来,基督教的文献和史实招致了无数出于嫉妒的调查,曾无条件接受的著作现在被证明是赝品,曾经在论证中充当公理的事实被抛弃和修改,新的事实和原则被揭示出来,关于不同趋势的哲学讨论和争辩获得了或多或少的成功。尽管我有责任保持乐观的态度,但是我必须指出,不单是争议和神学的相对位置发生了转换,就连对基督教不信仰的态度也与以前不同。尽管实质上没有发生变化,上帝启示给我们的宗教比从前更容易受到各式各样的攻击,因此就需要使用新的方法和论证来捍卫基督教信仰。曾几何时,人们可以通过诉诸亚略巴古人(Areopagite)的托各著作、或古代的诫命、或狄奥尼修斯对保罗的答复,以及西普里安关于圣餐的著述找寻不同问题的答案,但是形势已经今非昔比。教义的攻击者已经开始攻击任何教义的拥护者,他们把哲学应用到对教义的批评中,这对于我们在拥有适当的武器之前就要进入战场的恐惧,并非没有道理。非信徒也已经形成了自己的观点和猜测,并在此基础上组织教会历史上的事件。而且,由于没有遇到有力的反驳,非信徒把反驳的缺乏当成了自身真实性的证据。我将要采用的假设既能解释《阿塔那修信经》,又能解释庇护教宗信经,这样做并不是采用该假设者的错。毕竟我们在自己所采用的原则的问题上无能为力,我们常常无法忠实于自己的论证,仅仅按自己的主观喜好进行论证。但是,除非基督教甘愿放弃自己论证的阵地,否则我们在这里必须拿出有力的论证来。那些对我在这里将要提供的、对历史现象的解释吹毛求疵的人,将有责任拿出他们自己的论证来。

正如此处的论证并非单单针对罗马天主教的教义,同样,对天主教教义的接纳也不一定以该论证的结果为基础。将发展的理论小心地应用到教父的著作上，应用到争议和基督教会议的历史上，并因此用来证明罗马所作的决定的合理性，将耗费一个神学家一生的精力。承担这样的一项任务，对于一个已届中年而才开始其新生的人是不可想象的。但是，本文将尽可能地对罗马公教的一些著名的——教义上的或者实践上的——讹误提供解释，以便为尚未得到探讨的问题提供可供比较的证据支持。

第一章 论观念的发展

第一节 观念发展的过程

1.

对过去的事情作判断是我们头脑的本能。一旦知道了某件事的存在，我们马上就开始了判断的过程，我们不会让事情孤立地存在，而是比较、对比、抽象化、概括、连接、调节、分类。人类的知识总是与不同的判断过程联系在一起。

在作判断的过程中，有些判断成了事物留给我们的印象，有些仅仅是转瞬即逝的观点。不论当时带给我们什么样的影响，一旦有新的事件发生，这些印象就悄然逝去。另一些判断则在我们的头脑中根深蒂固——不论出于何种原因，这些判断对我们有相当的控制力。这些判断或者是关于某个事实，或者是关于行事的原则，或者是人生观和世界观，或者是偏见、幻想或者信念。这些论断中有许多与同一个客体有关，但是，不但不同的主体可以针对相同的客体作不同的论断，就连同一个主体在不同的情况下作出的判断也不尽相同。这些判断有时候紧密相连，甚至可以互相隐含；有些判断彼此贯通一致，因它们出自同一来源；有些观点互不相容，原因是其中的某个观点在我们的脑海中与客体发生了错误的关联。无论如何，所有的判断仅仅是观念，而我们常常错把观念当成事物本身。

这样看来，犹太教曾经是一个客观的观念，而诺斯替主义则从来不是。这两者都包含着不同的方面：比如犹太教是一神教，涉及一个特定的伦理体系，一个针对神祇复仇的宗教仪式体系，它是对基督教的准备。诺斯替主义的教义则包含两个原则："流溢"（emanation）的教义和物质本身是罪恶的教义。至于不同版本的诺斯替主义所宣扬的另外两个教义——感官放纵并非罪恶的教义以及任何感官上的享乐，都是罪恶的教义。显然，其中的一个必定是错误的、主观的信条。

2.

不论观念在个人的意识中有多大的差异，表现客体或者想象之客体的观念都是多方面的。决定一个人对某个客体之理解程度的是其思想的深度和力度，以及其对客体现实性的认知。通常情况下，我们只能借助一个观念自身的多样性，才能认识其客观本质。比如，对于有形体的物质，人的认识从它的外观开始，然后转过身来，从相反的一端，从不同的角度进行观察来证实其现实性。例如，对一个物体，如果分别从很远的位置和正对着的位置进行观察，乍看起来很容易得出不一致的结论；如果观察者被物体不成比例甚至怪异的影子所迷惑的话，情况将更加糟糕。但是，一旦选定了恰当的视角和投影面，所有的异常都会消失，所有貌似相反的图像都会得到恰当的调节。同理，一个观念乍看起来可能存在不能兼容的方面，但是如果加以恰当的解释，貌似不能共存的方面，就会成为这一观念的真实存在性和统一性的证据，也会成为其功效和独创性的有力证明。

3.

没有一个方面深刻到能穷尽一个观念的内容，没有一个术语或者命题能完美地对它进行定义。尽管观念非常复杂，我们仍然可以找到一个最恰当的视角，也就是比其他的视角更恰当的视角。如果一个观念过于复杂，为了方便起见，我们可以从不同的视角来分别考察同一个观念的不同方面。比如，尽管我们掌握了很多关于动物生活的知识和个别动物结构的知识，但我们仍不能对任何一种动物给出真正的定义，所以我们只能通过描述的方式，列举它们的习性和各种非本质的属性。同样，我们既不能以给出的某个公式或者某个思想体系来定义柏拉图哲学，也不能以给出的包含某种教义或行为的历史现象来定义孟他努（Montanus）或摩尼（Manes）的异端。另外，如果说新教的根基是个人审判（private judgment）的理论，路德派的根基是因信称义的教义，这种说法显然与事实接近。但是，如果说这两点能在与其他事实分离的情况下对其宗教的形式作出充分的解释，则是一个严重的错误。有时候，人们企图找出基督教的"核心观念"，可即使是对看得见的创造物和人类自己的发明，这样的设想都是不可能实现的。所以，对于同一个观念，一些人把它说成是对堕落人类的拯救（restoration of our fallen race），另一些人把它说成是博爱，或者有关永生的消息，或者真正的侍奉上帝的属灵品质，或者对选民的拯救，或者精神的自由，或者灵魂与上帝的合一。出于方便的考虑，如果我们必须选择其中的一个观念，而把其他的观念囊括在这个观念之下，则是无可非议的。在这个意义上，对于我来说，道成肉身是基督教的核心观念，因为其他三个方面的教义——关于圣礼、等级和禁欲的教义——都是从道成肉身的教义发展而来的，但上帝所启示的某一个方面绝不可能排斥或者混淆其他的方面。基督教同时具有教条、灵修和实践的性质。基督教既是秘传的又是公众的；既是宽容的又是严格的；既是鲜明的又是阴郁的；基督教是爱也是畏惧。

4.

不论是正确的还是错误的观念，如果它占据了一个人的头脑，就可以说它在人的头脑中获得了生命。从这个意义上说，即使是正确的数学概念也很难在一般人的头脑中获得生命。但是当某个伟大的解释被公之于众的时候，不论是有关人的本性、现实的好处、政府、义务还是宗教的观念，不论正确与否，这个被解释的观念不只是被动地以这样或者那样的形式为听众所接受，而且常常变成他们头脑中一个积极的原则，引导他们不停地思想这个观念，在不同的方向上应用它，并全方位地宣传它。这样的观念有君权神授、人权、司祭的反社会性、功利主义、自由贸易、慈善机构的义务、芝诺或伊壁鸠鲁的哲学，等等。这些观念具有吸引和影响他人的本质，迄今为止具有表面的真实性。不同的人，从不同的方面接触这些观念，将会使其产生极为不同的看法。如果这样的一个观念占据了公众或者一个群体中大多数人的思想，其结果如何则不难想象。最初人们不会意识到是什么力量在左右他们，使他们不恰当地表达和解释自己的思想。接着他们会有思想的焦躁，并在头脑中反复思考。然后会有困惑期——想法和错觉互相冲突，思路的去向不确定，哪个观点引发另一个观点也不确定。但是慢慢地，新的闪光点会出现在原有教义的陈述上，判断将会逐渐积累起来。一段时间以后，某个确定的学说就会出现。于是，随着时间的发展，一个观点将被另一个观点所更改和扩展，这两个观点融合之后又将产生第三个观点，直到一个涵括各个方面的观念最终得到个人单独地接受。探索的对象还包括这个观念与其他的教义或者事实的关系，以及与其他的自然法则、习俗成规、不同时间和地点的不同情况、其他的宗教、政策和哲学之间的关系。这个观念如何影响其他的系统，又如何被其他的系统所影响，在多大的程度上可以与它们融合，在多大的程度上可以容许它们存在，所有这些都会在这个观念与其他系统交锋的时候逐渐地显明出来。它的敌人将提出质疑和批评，而支持者将为它辩护。围绕这个观念形成的多种观点将被收集、比较、分类、过滤、挑选、抵制。逐渐地，在个人和群体的思想中，有些观点成为这个观念的附加成分，有些则与它分离。这个观念自身所具有的活力和精妙之处，将决定它在什么程度上被社会生活的体系和细节所接受，改变公众的观点，增强或者削弱已经建立起来的秩序。因此，根据其力量大小的不同，这个观念最终会变成一个伦理的法则，或者一个管理体系，或者一套神学，或者一个程式。这个历经千辛万苦得来的思想体系最终将不止于一个观念。它源自对一个观念的探究，它的完整形象则是一个多方面的综合体，承载着多人对它的建议和更正以及多种经验所提供的例证。

5.

我把一个观念的不同方面结合成统一的共同体的过程称之为发展。发展在时间上可以是漫长的，也可以是短暂的。从本质上说，发展是某种真理在广阔的精神领域萌芽和成熟的过程。从另一方面说，只有在最终形态的特征与最初形态的观念仍保持一致的情况下，中间的过程才能称之为发展。比如，共和国虽然在时间上发生于君主专制之后，但共和国并不是君主专制发展的产物，而古希腊的"僭主"则包含在民主的概念之内。另外，观念只有在繁忙的人类生活中，通过侵袭、破坏、更改现存的东西，并把先存的思维和操作方式融于自身，才能获得真正的发展。观念的发展不是纸上谈兵式的纯理论研究，不是从先前已有的东西进化成为新的进步，而是借助一群人及其领袖和导师而得以实现。它把人的头脑作为工具，在依赖头脑的同时，又使用着头脑。通过与它所侵占的人群中已经存在的观点、原则、标准和制度建立关系，它获得自身的发展。在赋予已经存在的观点新的意义和方向的同时，观念应用其自身，并因此获得对已存事物的权柄。同时，它把自己不能同化的事物清除出去。它通过收纳其他事物来获得自身的增长。它的身份不建立在隔绝的基础上，而建立在连续性和统治权的基础上。它易引起骚动和争论的特征，最容易在国家和宗教历史上留下印记。这可以解释为何人们会发生争论——不论是学派之间，还是议会上各派别之间的争斗。各种争夺控制权的争斗，实质上是观念之争，不同的观念都怀着雄心壮志，引人入胜，盛气凌人，或多或少地不能相容，在有关信仰、偏见、党派和阶级利益的问题上，既能招聚盟友，又能树立敌人。

6.

另外，一个观念不仅可以改变其他事物，也可以被其他的事物所改变，或者至少在应用的过程中以不同的方式受到周围环境的影响，并在一定程度上依赖周围环境。观念的发展过程或快或慢，而且接替的过程在不同的发展阶段有所不同；在不同范围内发生作用时有不同的表现形式；发展的过程可以被外部的力量所中断、延迟和打乱，也可以被内部的敌对力量削弱；可以染上它所接触的思想的色彩，或者被外来的某种原则所腐化，或者最终因为内在的某个错误而崩溃瓦解。

7.

然而，不论被外界腐化的风险有多大，一个伟大的观念如果要得到正确的理解或者充分的展示，就必须应对这种风险。它通过试炼得到扩展和升华，通过较量来获得完美和权威。在某个观念的开始阶段，尽管它不受外界变化的侵扰，但是也不能免于观点的碰撞，更不具有强大的论证体系维系自己的身份。的确，有时候我们说，越靠近源头，溪流就越清澈。不论我们怎样理解这个比喻，至少它不适用于描述哲学或者信仰的历史。相反，对于哲学或者信仰来说，河床越深、越宽广，水流就越平缓、清澈、有力。观念必然来源于已经存在的事物，并在一定的时间内还保留着它涌出时的土壤的味道。只有把它的关键要素从无关的、临时的要素中分离出来，它才能获得自由。随着时间的增进，它才会变得成熟和有活力。观念的开端不是衡量其能力的标准，更不代表它的视野。最初的时候没有人知道它是什么，或者它的价值是什么。可能有一段时间，它处在休眠的状态；它试探着伸展肢体，摸索着寻找自己前进的方向。开始时它犹豫不决，后来终于找到了一个确定的方向。有时候它撞到陌生的领地里，引发各种争议，不同的派别围绕着它跌宕起伏，它的前途交织着危险和希望，旧的原则以新的形式再度出现。它以变化来维持不变。在更形而上的世界中形势固然不同，但是在我们日常生活所处的这个世界，生存就是变化，完美就是不断地变化。

第二节　观念发展的种类

1.

对思想的发展过程给出一个准确的分析和完整的列举，不论是思辨性的还是实践性的，都远远地超出了本文的范围。但是，如果我们不给出一个概论，来统称多种被称为"发展"的思想活动的话，在推理的过程中就难免混乱，并必然招致批评。

（1）首先，我们应该知道，本文使用的是"发展"一词的通常含义，它同时涵盖三个方面：第一，发展的过程；第二，发展的结果；第三，要么是普遍意义上的发展——不论真正的发展与否（即是否忠实于起初的观念），要么单指符合该词真正意义的发展（也就是真正意义上的发展）。虚假的或者非实质的发展更应该被称为腐化。

（2）接下来，很显然，数学意义上的发展，也就是从数学定义和公式中推导出来的真理体系，尽管与我们讨论的"发展"类似，但是不属于本文的范畴。这类发展不具有腐化的可能性，因为数学的发展根据严格的演算规则进行，所得出的结论与最初的概念也不会有偏离。

（3）当然，物理意义上的发展，如动植物的生长，也不属于本文所讨论的范畴，除非我们有时利用这一题材来阐明一些问题。

（4）我们也不讨论物质的发展，尽管这一类型的发展是人为的，但一般情况下，它仍然是一种物理的发展，就像我们讨论国家资源的发展一样。比如，我们说爱尔兰、美国或者印度河的某个流域获得了很大的发展，我们实际上说的是，那些国家有富饶的土地、宽广深邃的河流、有利的贸易条件、便利的港湾、创造财富的资源……关于这类发展的列举可以无穷无尽地进行下去。在这个意义上，推动发展的方式有建立市场、开凿运河、修铁路、建工厂、修码头和类似的工程，从而某个国家的自然资源可以带来最大的回报，并产生最大的影响力。从这个意义上说，艺术是自然的发展，即艺术是效用和美的结合体，而人类的智慧则是发展的动力。

2.

（5）当社会和社会中的各个阶层和不同利益成为观念的主题时，所涉及的发展是政治的发展，正如国家的成长或宪法的改善。蛮族出于贪欲侵占了欧洲南部，他们凭借的是手中的武器。这个过程中没有才智的成分，也与文明社会展示的发展模式有根本的不同。有文明存在的地方，理性——以这样或那样的形式表现出来——常常是发展的动机或者借口。当一个帝国扩张的时候，国王所用来招聚盟友的理由常常是权力的均衡，或者展示实力的必要性，或者是对敌人的畏惧。一个帝国为自己局限的疆土感到不安，它内部结构畸形，疆土的划界不明确，各个主要地区之间缺乏沟通，或者面对着防御无力或局面混乱的邻国。所以，古时候，雅典必须拥有优卑亚岛，斯巴达必须有塞西拉；奥古斯都给他的后代留下建议，或者遗产，说他帝国的界线是：西至大西洋，北至莱茵河及多瑙河，东至幼发拉底河，南至阿拉伯和非洲的沙漠。直至今日，我们还在说莱茵河是法国南部的自然边界，印度河划定了我们的东方帝国的边界。我们预言说，在未来的战争中，普鲁士将改变欧洲的地图。这种发展是物质的，但是观念为物质发展的实现提供了统一性和动力。

从国家政治的角度来看，一位已故作者评论1628—1629年的议会时说，在与查理（Charles）的斗争中，议会完全忽略了对自身安全的必要考虑。然而，"长达十二年的连续侵犯，"他补充说，"最终使整个议会领受了几个有先见之明的人早已认识到的事实，也就是，他们必须把自己古代的传统从遗忘中挖掘出来，他们必须采取新的安全措施来掩盖自己的弱点。为了让君主政体的存在与自由共存，他们不但需要去除君主政体所滥用的东西，甚至必须放弃君主政体自身所拥有的一些东西。"[①]不

[①] Hallam's Constit. Hist. ch. vii. p. 572.

论这位作者的理论有多大的价值，他所陈列的事实和表述都阐释了政治发展的一种形式。

时至今日，人们仍对爱尔兰的现状非常不满：人们有一套信念，而教会信奉另外一套。这种不满促使所有的人认为，或者人民应该加强自己的力量，或者议会应该加强自身的影响力。

政治上的发展，虽然实质上是观念（ideas）的发展，但是由于其自身的性质而变化多端，反复无常。发展的影响因素包括政权的性质、政客的沉浮、斗争的结果，以及世界上无数的兴衰和变迁。吉本说："如果国王的战马没有跌倒的话，或许希腊人还困在基督一性论（Monophysites）的异端中。因为狄奥多西撒手人寰，他的信仰正统的妹妹就继承了王位。"①

3.

经常出现的一种情况是，政治甚至哲学的起步阶段，存在着许多个别的、互相排斥的元素，其中一些必须被排斥，才会出现任何令人满意的发展。一般来说，弱的元素会被逐渐增强的元素所排斥。查理一世的统治为这一点提供了一个方便的例证。

有时候，不一致的观念会被共同的表现形式或者名称联系在一起，其中一些观念被隐藏其中。这通常是政治和宗教中冲突的导火索，从中不会产生任何好的结果。寻求不同观念的联合也是很多委员会和组委会的功能，所有调和与让步的唯一目的，就是让互相冲突的观念达成表面上的一致，从而在不可能达成统一的情况下制造表面上的统一。

在国家的历史上，哲学派别之间，各种发展、反应、改革、革命以及各种形式的变化错综复杂，所以很难用任何科学的方法对它们进行分析。

思想的发展过程常常与实际的发展相分离，并具有滞后性。所以伊丽莎白进行改革以后，胡克才提出了教会即国家，国家即教会的理

---

① ch. xlvii.

论——两者只在观念上不同。并且,在英国革命和它的政治后果发生之后,瓦伯顿(Warburton)才写下了《教会与国家的结盟》(*Alliance between Church and State*)一书。现在,这位钻研宪法的律师需要一种新的理论,来协调政治事务的现状和宗教的正当要求。同样,在议会的冲突中,在还未确知的情况下,人们常常因为事件的外部压力或者原则的力量先得出结论,然后再为自己的结论寻求论据和解释——比如发行一些有关议题的小册子,或者在评论刊物上发表一篇文章,来与公众寻求共同之处。

其他的发展,虽然带有政治性,却在更严格的意义上隶属于它们所代表的那些观念。比如洛克(Locke)的哲学是革命时期的真正向导,而不仅仅是为革命辩护的作品。在洛克生前和死后,他的理论都对教会和政府有很大的影响。类似的还有 20 世纪末在法国以及其他国家的旧政权被推翻之前出现的各种理论。

当然,有的政治形态完全不建立在观念的基础上,而仅仅建立在风俗习惯的基础上——比如亚洲的国家。

4.

(6)有些发展,因为具有很强的思想性,所以被称为逻辑的发展。比如英国国教会中皇权至上的教义,是在法庭上,而不是在内阁或者战场上产生的。因此,这条教义在应用上展现出来的细微之处是宪法的历史所无法比拟的。它不仅存在于法律条文、文献、誓约中,还在细节上得以实现,比如主教任命书上的"准许选举主教通知"(*congé d'élire*)和主教委任状,还有公祷书的特殊安排——虽然理论上教会高于国王,但是国家教会或者任何存在的教会实体却要服从国王。国王的名字以大写字母引出,而所有圣徒的名字则是小写。教会中悬挂的是象征国王武力的徽章而非耶稣受难像。所以在连祷文(Litany)中"煽动、密谋和叛变"的罪名远比"错误教义、异端和分裂教会"严重,这也就不足为怪了。

另外，当某种新的哲学或它的某些部分被引入立法的时候，当一个政党作出某些妥协，或者制定商业或农业政策的时候，常说的是："我们还不能看到将要产生的结果"、"这是我们在未来的时代获得承认的保证"、"我们的子孙后代将会看到"，等等。我们于是感觉到，这种新的变化包含着不可知的意义和问题。

近来，为接纳犹太人进入内政办公室辩护①的人指出，这并不是引入一个新的原则，而是发展一个已经被接受了的原则。这项原则的前提早已被决定，只是现在到了下结论的时候了。我们不能只顾在理论上讨论应该怎么做，因为别的国家不能为我们提供无谬误的成规。变化仅仅是时间问题，任何事情的发生都有其恰当的时间。原则的应用不能超越实际的案例，既不能超前，也不能滞后于迫切的需要。就事实而言，犹太人已经被接纳到政府职位上；就原则而言，法律不能拒绝进行相关的立法。

5.

(7) 还有一种发展叫作历史的发展，是关于人、事实和事件的观点逐渐形成的过程。一些判断，最初仅局限于少数人，然后逐渐扩展到一个社区，并随着证据的积累最终被普遍接受。于是一些权威的说法渐渐消失，另一些说法则开始立足，并最终作为真理而被接受。法庭、议会、报纸、信件和其他在作者死后出版的文献、历史学家和传记作者的著作、淡化党派之争和偏见的时间的流逝，都是这种发展的工具。因此，诗人说真理是时间的女儿。②最后，近似的评价被发展成关于人物和事件的正确认识。历史只能在有关的人和事发生过一段时间之后才能书写。新约正典就是这样形成的。同样，公众人物满足于把关于自己的评论留给后人去做。有时候，有些观点在提出的人死后还能引起强烈的反

---

① *Times* newspaper of March, 1845.

② Crabbe's Tales.

应；有的人在死后会最终战胜对他们的反对和羞辱。比如，圣徒都是在安息多年之后，才被教会封为圣徒的。

6.

（8）伦理的发展不是辩论和争议的题材，而是自然的和有关人性的，它以协调、合宜、虔诚、恰当、慷慨的特性取代逻辑推论。巴特勒主教在他的《宗教的类比》的第二部分为我们提供了一个引人注目的例子。他告诉我们说，正如原则隐含着应用，普遍的论点概括了个别的论点，同样，一定的联系中隐含着相对应的责任，某些客体要求一定的行为和感情。他指出，即使我们没有被要求崇拜三位一体中的第二和第三位格，圣经中关于圣子和圣灵的表述，已经为我们的崇拜提供了足够的保障和一个间接的命令，甚至一个理性上的根据。他说："从理性的角度讲，难道对上帝的第二和第三个位格的敬拜，不是自然源于他们位格的本质以及位格之间关系的本质吗？正如我们对其他人的善意和良好的动机，来自于我们与他们正常的关系。"他又进一步指出，他所讨论的是崇敬、尊重、爱、信仰、感恩、畏惧和希望的内在宗教含义。"内在的崇拜以什么样的外在形式来表现，纯粹是一个关于上帝启示之诫命的问题，而对圣子和圣灵的内在崇拜自身却不纯粹属于上帝启示的诫命，正如两个位格与我们的关系，也不属于纯粹启示之命令，因为一旦这一关系被启示给我们，对圣子和圣灵内在崇拜的义务就由我们与两者的关系决定了，这是一种理性上的义务。"这是从教义到崇拜的发展，在罗马公教中类似的例子很多。

7.

接下来我们要涉及的发展与巴特勒所谈到的发展恰恰相反。正如某些事物能激发特定的情绪和感想，感想也暗含着事物和责任。于是，我们所无法否认的良心的存在，为上帝是道德统治者的教义提供了有力的证据，并赋予其含义，规定了其范围。也就是说，审判者将会来以及将会有审判的教义是良心的现象发展的产物。很显然，在感情和感觉的对象出现之前，我们的头脑中已经有潜在的感情和感觉，而它们的被激发理所当然地成了客体真实存在的证据。另外，内在于人类社会的原则赋予社会和公民的政府以神圣的认可。为死者所做的祈祷蕴含着这些祈祷者对死后的状态的理解，而仪式则是释放祈祷和忏悔情绪的自然途径。有时候，对伟大、崇高和肉眼不可见之上帝的敬畏和爱，可以引导一个人放弃自己的宗派，转而追求与天主教的形式更加类似的教义。

亚里士多德在关于幸福之人的描述中，也为我们所讨论的这种发展提供了例证。在解释了幸福的定义自身包括愉快的情绪——最明显也是最受欢迎的幸福的定义——之后，他接着指出外在的财富，虽然没有包括在定义中，却是必需的。也就是说，虽然不具有逻辑上的必然性，道德上的良好状况是一个人获得幸福的必要条件。"拥有一定的财富是执行高道德标准的必要条件之一。很多行为都是通过朋友的帮助、财富和政治权力来实现的。某些事物的缺乏则是幸福的阴影，比如高贵的出身、有前途的孩子甚至好的长相——这些都能带来幸福。但相反，一个有残疾、出身低微或者没有子嗣的人不可能非常幸福。如果他的孩子和朋友都毫无价值，或者他们虽然是好人却过早离世，这个人的幸福度就会降得更低。"①

8.

一位仍在世的法国作者在一组关于欧洲文明的讲座中很好地描述了这种发展的过程，值得在此相当详细地引用。他写道："如果我们把宗教化约为一种纯粹的宗教感情，它显然是，也必须是，而且应该是纯个人的关怀。但是，要么我是错的，要么宗教感情不是人的宗教性的完整表现。我

---

① Eth. Nic. i. 8.

认为，宗教远远超出了宗教感情。人的性质和人的命运中的某些问题，在今世不能得到解答，因为答案只能在看得见的世界之外寻找。但是这些奥秘的事物不停地刺激人脑去探索它们。这类问题的解决就构成了所有宗教的起源。宗教首要的任务就是寻找包含这些问题的答案的教义和信条。

"另一个促使人类信奉宗教的问题是，道德的起源何在？道德的终点在哪里？这个自然存在的做好事的义务将会在没有发起人、没有目的的情况下自动地带来好处，还是向人类展示一个超越这个世界的起源和目的？通过这些本能的、不可避免的问题，伦理科学引导人类跨越宗教的门槛，并向人类展示他们尚未到达的层面。所以，宗教确定的起源一方面是与人的本性有关的问题，另一方面反映了一种必然性——为道德寻求认可、起源和目标。所以，除了宗教感情以外，宗教还有许多其他的表现形式，比如说宗教是教义、概念和应许的集合。这才是宗教的真正成分，这才是宗教的根本性质。它不仅仅是感性的一种形式，是想象的冲动，或丰富的诗情画意。

"当我们认识到宗教的真正成分和实质时，宗教就不再只是个人的关怀，而是连接人与人的强大的和卓有成效的力量。难道宗教不应被作为一个信念的系统和教条的系统看待吗？真理不是任何个人的遗产，而是绝对的和普遍的。人类应该共同追求和宣告真理。难道宗教不也可以被视作与其教义相关的律例吗？一个人有义务遵循的法则，也就是所有人都有义务遵循的法则。我们有责任制定法则，并把全人类带到它的统治之下。这与宗教以信条和律例的名义所作的应许是一个道理，所有人都应该分享这些应许所带来的好处。所以，宗教团体是宗教的本质要素的自然产物，也是其最有力的社会情感的表现形式。最强烈的推广理念和扩展团体的愿望表现在改宗（*proselytism*）的现象上，这个概念一方面专门被用来表达宗教信仰；另一方面，又因为宗教而被神圣化。

"当一个宗教团体建立以后，一定数量的人就被共同的宗教信仰统一起来，受同样宗教规范的管辖，并分享同样的救赎盼望，一定的管理体制便是必需的。一个没有管理体制的团体，连一周甚至一个小时的时间都不能维持。事实上，一个团体在形成的那一刻起，就已经在呼唤管理——管理机构需要公布把这个团体统一在一起的真理，并促进和维持与这一真理相符的教义。正如在任何其他团体中一样，宗教团体也必然要求某种更高的权力，即某种管理机构的存在。

"管理体制不但是必需的，而且是自然形成的……在事物遵循自然法则的情况下，在外力不加干预的情况下，权力会落入最有能力、最值得尊重、最能执行原则（社会以之为基础）的人手中。在军事行动陷入混乱时，最勇敢的人发号施令。在以从事科学研究或者学术研究为目的的组织中，最博学的人将成为领导者……能力和影响力的不平等是社会生活中权力的基础，而在宗教组织中它也有同样的效应……宗教一旦在人的思想中诞生，一个宗教社会也就马上形成；而宗教社会一形成，马上就会有管理体制。"①

9.

（9）尽管"形而上"的概念有多重含义，并且在使用的时候常常模糊不清，接下来，我还是需要谈论形而上的（metaphysical）发展这一概念。"形而上学"是指对思想进行纯粹的分析，并以精确和完整的描述为目标。亚里士多德以形而上的方式描述一个高尚、慷慨的人；莎士比亚也以这种方式塑造了哈姆雷特和爱丽儿；瓦尔特·司各特（Walter Scott）在故事情节的发展中塑造了詹姆斯和达吉提；而在神学这一神圣的领域里，人的智慧被用来探索神圣的理念，而神学的理念却从不止于理性的思考和推理。

我已经在以前的一篇文章中对这个至高的神学问题有过长篇的论述，在此仅需从中引用一些段落作为解释：

---

① Guizot, Europ. Civil., Lect. v., Beckwith's Translation.

"习惯于思考上帝、基督和圣灵的头脑,在了解自己思路的去向和程度之前,就已经自然而然地带着虔敬的好奇心来思考自己仰慕的对象,并开始形成自己的观点。一个论题必然引向第二个,而第二个又引向第三个;然后需要做一些限制;后来,一些有所冲突的论点成了原来的论题获得新发展的契机……这个过程可以说是永无止境的。这个过程就是发展,其结果是一系列的教义陈述,直到最初看起来像幻想的叙述,最终成了理性的系统或者信条。

"现在,这些像幻想的叙述显然是个人的和完全在其他的神学观念之上的,因为这些叙述的主题是神学的客体——上帝。通常,观念本身并不能等同于观念的发展,因为发展指的是观念形成的过程。比如说,忏悔的教义是洗礼教义的发展,但它仍然是一个独立的教义。而三位一体和道成肉身的教义中的发展过程,都是最初概念的发展以及对它的不同表达方式。因为上帝是独一的,所以他给我们的关于他自己的观念也是独一的,不是由多个部分组成的个体,也不是一个系统,更不是一个因为不完美而需要补充的个体。神学是关于单一客体的学科。当我们祷告的时候,我们不是向着一组观念的集合和一组信条祷告,而是向着一个有位格的存在祷告。当我们谈论上帝的时候,我们谈论的是一位神,而不是一条诫命或者上帝的某一次显现。信仰宗教的人,根据其信仰的程度,对于三位一体、道成肉身和上帝的同在有不同的理解,他们理解的对象却不是一组关于上帝的性质和行为的论述,也不是一组命题,而是单一的,独立于语言的,超越感性的……信念和教条都依附于一个观念之下,唯有这个观念有实质的存在。同时,信念和教条又是必需的,因为人的头脑唯有通过理解不同的部分,才能理解这个独一的观念,唯有把这个单一的观念分解成不同的方面和关系,才能对它进行消化。"①

---

① Univ. Serm. xv. 20-23, pp. 329-332, ed. 3.

10.

关于在不同题材中的观念的发展就谈论到这里。有必要补充的是，在许多情况下，发展指的仅仅是发展的表现形式，正如在上述例证中所表明的那样。因此可以说，加尔文主义和神体一位论（Unitarianism）都可以称得上是对个人的审判教义的发展，尽管作为教条来看，它们之间并没有共同点。

对基督教而言，如果承认其教义可以有所发展的话，它的发展只能属于上文列出不同发展种类中的后五种。我们把道成肉身作为其首要的教义，伊格纳修所提出的主教制是政治上的发展；上帝之母（*Theotokos*）的教义是逻辑的发展；确定圣子降生的日期是历史的发展；圣餐是道德意义上的发展，而《阿塔那修信经》则是形而上的发展。

第二章　之前关于基督教教义发展的论证

第一节　可预见的教义的发展

1.

（1）如果基督教是个历史事实，作为一种观念呈现在我们的脑海中，并成为理性思考的主题，这个观念将随着时间的流逝扩展为一组观念，包含着互相关联和协调的不同方面。不同的方方面面自身具有确定和不可变更的特点，作为一个客观的事实存在并采取相应的表现形式。人类头脑的特点是不能纯粹、整体地理解某个客体。我们只能以定义或描述的形式理解客体；整体的客体不能在头脑中创造整体的概念。相反，如果借用一个数学过程来表示，客体被分解为不同的级数，再被分解为多个陈述，在各个陈述相互增强、阐释、纠正的过程中，对客体的认识越来越精确。在这个积累的过程中，我们逐渐获得对客体的准确认识。这个过程是学习和传授的唯一途径。除了分析不同的方面和观点，我们没有其他传授知识的途径，尽管这些方面和观点并非完全等同于我们所传授的概念本身。两个人可以通过不同的表述和方法，把同样的知识分别传授给第三个人。同一个人可以在文章和讲座等不同体裁的作品中，根据场合与受众的要求，对同一个论点做不同的表述，而论点在实质上仍然可以保持不变。

一个观念越有活力，就有越多的方面值得考虑；它的社会性和政治性越强，所涉及的问题就越复杂越微妙，历程也越长久越充满变故。一些特殊的观念因为其深度和丰富性而不能一下子被人们理解和接受，但是随着时间的流逝，人们给予这些观念越来越清晰的表述和传授。这些观念承载着相互关联的很多方面，已有的方面又滋生新的方面，但是所有的方面仍然属于一个整体，相互协调与不断变化的世界保持步调一致——形态多样、丰富甚至永不枯竭。作为基督徒，我们显然不会拒绝基督教是这样的一种观念。在考虑基督教于诞生之初所取得的成就时，我们必须期待它日后必要经历发展变化。

2.

我们可以否认的是，圣经——作为启示的文本——一下子就决定了其使命的界限，以后再也不会有任何麻烦。然而，观念存在于启示的作者和读者，而不是文本本身。那么我们的问题是，作者在文本中所传递的观念一下子就被读者所完整而精确地接受，还是读者随着历史的演进逐渐地完善对观念的理解？我们甚至可以毫不夸张地否认，新约或者圣经上的任何经卷可以为上帝的信息提供一个包含所有可能性的、完整的载体。

我们甚至可以说，《启示录》成书的时候，读者所领会的启示与最初的《创世记》读者所领会的信息有所不同。到了特定的时候，圣经的受众不再获得新的启示，但是他们仍然承载着解读已有的启示的责任。就像其他的事情一样，虽然他们得到的是真理，但开始的时候，他们所获取的信息是模糊的、粗略的，只有通过发展，这些信息才得以完善，并变得清晰起来。

即使把基督教的信息分解为不同的宗派和教义也是可以接受的。或许这一现象恰恰反映了人类思维的不完美性。从人的角度看，教义分裂显然是对上帝启示之信息的羞辱，然而分裂并不意味着不虔诚，因为我们的主——启示的作者和护卫者——也曾亲身经历羞辱。基督教传递的是与其他的宗教和哲学不同的信息，并非种类不同，而是来源不同；并非性质不同，而是个性不同——因为传递信息的不是人的才智，而是上帝的灵亲自传递。使徒保罗把基督教的外在形式称为"瓦器"，意指基督教是人的宗教。并且，作为人的宗教，它的"智慧和身量"都不断成长。它所显现出的力量，它口中的话语，都见证了它超自然的来源。

除了个别的例外，基督教作为一种教义和崇拜的体系，显然在受众的头脑中经历了一个发展的过程，正如在其他方面，它外在的传播和所在的政治环境的发展符合一般事物的发展规律一样。

3.

（2）另外，基督教作为普世的宗教，并非仅仅适合于某个特定的地点或者时期，而是适合于所有的时代和地点，并根据具体情况的不同对外界作出不同的反应。也就是说，基督教教义不是一成不变的，而是发展的。理论上的原则根据具体人和事的不同而得到不同形式的应用，并根据所在的社会形态采取不同的表现形式。因此，所有形态的基督教，不论是正统还是异端，都发展着基督教的教义。可以保证的是，路德"因信称义"的观点在他之前几乎没有出现过：路德的措辞和立场，不论是否出于实际情况的要求，完全是标新立异的。同样可以肯定的是，特兰托会议所定义的称义的教义，也是史无前例的。对谬误的纠正和补救不能在发生谬误之前出现，因此，错误的发展或腐化总是与相应的正确教义有关。另外，所有的派别都诉诸圣经，即在圣经的基础上争论，但争论意味着推理和演绎，也就是发展。在这一点上，早期教会和现在没有差别，教宗和任何一个新教徒也没有差别，只是他们的权威有所不同。在双方的任何一方，对圣经权威的诉诸是相同的，发展的过程也是相同的。

相应地，新教徒对罗马教会的不满在于：她不仅仅是对原始教义和圣经教义的补充（新教徒当然也做了自己的补充），甚至与原始教义相冲突。另外，她还把自己的补充作为基础真理固定下来，并以对持异议者处以绝罚（anathema）的形式加以圣化。他们自己其实同样演绎出了一套方法，并与天主教学者一样按照隐含的、过去不存在的教义行事。最明显的例子是取自新约的"君王至上"(Royal Supremacy)原则、携带武器的合法性、参与公共崇拜的义务、把一个星期的第七天当作第一天的做法、婴儿受洗,更不用说圣经作为新教徒的唯一准则的原则。这里讨论的教义和教义的应用,无论正确与否,绝不是所谓的对经文的直接应用,也不是直接在圣经字句的基础上讨论问题,而是依据特定的思维方式对圣经字句的不自觉的解读。

4.

(3)如果我们考虑圣经特别强调的某些教义,我们会发现,如果经文想要超越纯文字的层面,以便向人传递某个具体的概念,那么,它就绝不可能仅仅停留在字义的层面上。比如我们说"道成了肉身",马上就面临三个问题:"道"、"肉身"、"成了"分别是什么意思?这三个问题的答案牵扯着一个探究的过程,而探究的过程正是发展的过程。另外,问题得到回答之后,又会有一系列新的问题;最后演化成以经文为中心的一系列的论题,其外在的形式是教义,内在的含义是对经文的深入理解。

的确,就经文揭示的某些奥秘来说,它们之于我们是固定的字句,不能成为发展的对象。但是,正如奥秘意味着部分经文不可能被理性所理解,或者至少是不可知的,它同时也意味着,不是所有的经文都是奥秘,人类可以在一定的程度上理解经文。在可以理解的范围内,对经文的理解是可以发展的,尽管发展的结果总是摆脱不了最初的那种模糊、神秘的印记。

5.

(4)还有一点我们必须予以考虑——经文提出了一些它本身并没有回答的问题。这些问题是如此的真实和实际,以至于我们必须找到答案。答案只能借助我们拥有的另一种启示去寻找,即借着发展去寻找。这是经文正典本身所提出的问题:基督教是否像犹太教一样依赖一个文本？如果是的话，它依赖的是哪些著作？圣经可以为自己提供诠释还是要求一定的注释，抑或要求权威的注释和注释者？启示自身和启示的文本是对等的还是启示超越文本？这些问题显然不能在圣经的表面得到解答，即使是经过了长期、深入的研究，多数人也无法找到恰当的答案。这些困难也不能完全依赖权威来解决，特别是在基督教的萌芽阶段。我们可以想象，如果上帝认为他应该回答这些问题的话，某个使徒可能三言两语就把困难排除了。然而事实是，上帝把问题留给了人——使其在漫长的历史中思想、争论，并促成观点的发展。

6.

再举一个刚才我们已经提到的例子：一种从基督教早期就存在的宗教责任，即父母对子女的责任。在没有成规的情况下，任何一个基督徒父亲都很自然地认为，作为基督徒的父母应该让子女接受洗礼，这种做法是出于对基督的信仰和对后代的爱。尽管如此，这种做法仍然是一种发展，因为对此圣经并没有直接的启示。

另一个充满了实际考虑的领域，是洗礼在我们身上的作用和效力。使徒对此仅给出了部分的说明。毫无疑问，忏悔自己的罪并接受基督信仰的人获得赦免；但是有没有途径赦免洗礼之后的罪呢？我们寄希望于使徒保罗的书信，然而却找不到明确的答案。书信的内容不能帮助我们解决困难——保罗说，首先，洗礼的目的是赦免先前的罪，而不是洗礼以后的罪；第二，已经接受了洗礼的恩典的人过的是圣洁的生活，而不能仍然活在罪中。这样的陈述怎么能帮助我们解决实际的教会生活中所遇到的问题呢？

关于天国的预言，一方面，天国像渔网一样网罗各种人；另一方面，稗子和麦子共存到收割的时候。一个无比实际的问题出现了：两种说法之间的差别何在？给人类启示的上帝还留有尚未决定的空间吗？从字面来看，所有认为圣经是信仰准则的人，包括所有的新教徒，都必须接受:"我们中没有人超越圣礼,正如我们不能抛弃福音书,直接接受基督的爱。"① 正因为经文需要补充,经文字面上的不一致或者缺陷成为发展的契机。

7.

另一个主题圣经做了一些暗示,但是对于死亡和复活的中间状态的主题并没有做充分说明。鉴于基督第一次和第二次降临之间的间隔,我们期待圣经会明确谈及以下问题,即无数忠实信徒对复活的期待,以及每一个基督徒对该问题之本质的密切关注。然而,在这个问题上,经文是简略而模糊的。我们或许可以说,经文有意保持沉默,并不鼓励读者对此进行思考,除非情况像有关洗礼之后的罪的问题那样,即这条教义似乎建立在一个无法在教会生活中得到应用的假设之上。正如圣经不把基督徒当作倒退的人,乃是当作圣徒。同样,圣经显然也指出最后的审判是迫切的,对我们来说,中间的等待便被遗忘了。我们头脑中的大致印象是,基督马上就会再临,时间短暂,世俗的缠累被对基督再临的迫切期待所取代。基督徒,作为基督无罪的、圣洁的肢体,不把俗世当作自己的家园,而是仰望天国。但是外在的形势发生了变化,这种变化要求对启示的真理做不同的应用,而不同的应用则构成了发展。随着许多国家归信基督教,以及抵抗力量不断增长,于是教会便备受关注。教会一方面被看作暂时的机构,另一方面被看作补救的体制。两者都能在圣经的不同章节中找到支持的字句。因此,悔罪的教义是对洗礼教义的补充,而炼狱的教义则是对死亡和复活中间状态的一种解释。对最初教义的扩展是如此合理,以至于当洗礼的教义在我们中间扩展,而忏悔的教义完全没有被提及时,很多人把我们的教师指责为诺瓦替安

---

① Doctrine of Justification, Lect. xiii.

派（Novatianism）。① 另一方面，历史上的异端曾主张，我们必须相信，信徒死后灵魂处于沉睡状态，因为这是避免炼狱教义的唯一途径。

8.

因此，正如我们运用理解力推断物质世界的规律一样，通过理性获得的基督教教义的发展是上帝神圣计划的一部分。如果说世界上自然存在的需求和供给之链条是上帝之计划存在的证据，那么，教会起初教义中的"缺口"（如果可以用该词描述的话）也为以后的发展留下了余地，因为缺口的存在正是发展的空间，而发展就是用与缺口紧密相关的真理来填补缺口本身。

在此，我们的论点并不像某些人所说的那样，直接与伟大的哲学家巴特勒的观点相冲突。巴特勒说："上帝通过启示赐给我们灵性和智慧，作为补充，他还赐给我们理性和经验。至于两者之间的界限，我们无法断定上帝以何种方式，在多大的程度上赐给我们超自然的灵性和智慧，因为上帝的启示在我们的判断之前。"② 巴特勒在这里说的是我们关于启示的判断力，他说："我们不能用理性提前判断：启示将以什么形式发生，什么最符合上帝的计划。"我们在这里讨论的是上帝赐下启示之后，我们可以凭借"理性的原则"判断教义是否需要进一步的发展。从他的一篇著名的文章来看，巴特勒并没有否定渐进发展的原则。

9.

（5）从圣经中所看到的启示方法充分地证实了发展的可能性和必要性。预言（prophecy）就是一个很好的例子。假如预言早已发生，就不必提供一个有关发展的标本了；某些看似互不相干的预言，随着时间的发

---

① 3 世纪由诺瓦替安（Novatianus）提倡的严格派，肯定教会的神圣性，认为叛教者不得重归教会，教会的定罪权、赦罪权并非无限。但此主张被教会弃绝。——译者注
② Butler's Anal. ii. 3.

展,可能被联系起来揭示同一个事实,传递同一个信息。比如《约翰福音》和使徒保罗的书信看似与符类福音书不相关,但两者都是在前三个福音书基础上的发展。然而,预言性的《启示录》实际上并不是这种特点,因为预言的启示是发展的过程:先前的预言暗示着后来的预言;换句话说,预言其实是预表(type)。预言的方式不是先给出一个真理,再给出另一个;而是所有的预言——以萌芽的方式——都指向同一个真理,但是在启示的过程中逐步扩展和完善。女人的后裔要踩碎蛇的头;圭必不离犹大,直等细罗来到,万民都必归顺;他将被称为奇妙、策士、和平之君①。读者很自然地开始问埃提阿伯的太监提出的问题:"请问先知说这话是指着谁?"(徒 8:34)圣经上的每一个字都需要解释。相应地,不信者普遍认为,弥赛亚的概念是犹太人按照传统的思维习惯长期思考的结果。这个概念的形成,完全是一个人为的过程。在不违背启示教义的情况下,《智慧书》和《传道书》是先知著作的发展,把先知讲述的概念以希腊哲学的语言表达出来,这些概念又被使徒在《希伯来书》中接纳和认可。

10.

不仅是预言部分,整部圣经都是遵循发展的原则写成的。启示本身历久弥新。给启示画上句号的使徒约翰说,他写给他的弟兄的"不是一条新命令,乃是你们从起初所受的旧命令"(约一 2:7)。然后他又写道:"再者,我写给你们的,是一条新命令。"(2:8)耶稣的登山宝训也同样体现了发展的精神:"莫想我来要废掉律法和先知……乃是要成全。"(太 5:17)耶稣并非要撤销,而是要完善以前的预言。福音书中关于献祭的观点认为,献祭最初来自于摩西。后来撒母耳说,"听命胜于献祭"(撒上

---

① 参《以赛亚书》9:6—7。——译者注

15:22）；接着先知何西阿写道，"我喜爱良善，不喜爱祭祀"（何6:6）；以赛亚说："香品是我所憎恶的"（赛1:13）；玛拉基把福音的时代称为"洁净的供物"（玛1:11）；最后耶稣完成了发展的过程，说："必须用心灵和诚实拜他。"（约4:23）后来对这句经文的理解在教会的崇拜中表现出来，献祭并没有被废除，而心灵和诚实则被增加到最初的教义上。

而且，耶稣及其门徒的所作所为具有一个典型的结构，它与以上提到的预言的宣告是一致的。预言与诫命之间也紧密相关。如果先知的话语能在后来的启示和事件中得到发展，新约中有关教义、政治、教礼以及伦理的教导同样可以在历史的应用中进一步得到诠释和发展。比如，耶稣说"这是我的身体"（可14:22）；"你是彼得，我要把我的教会建造在这磐石上"（太16:18）；"温柔的人有福了，因为他们必承受地土"（太5:5）；"让小孩子到我这里来"（太19:14；路18:16）；"清心的人有福了，因为他们必得见神"（太5:8）。

11.

关于主基督教诲的这一特点，以下引用一位前面引用过的作者的话："基督在地上的言语和行为，对我们来说，是立法者的声明。在旧约里，全能的上帝先在西奈山上口授十诫，后来才把十诫记录下来。耶稣也先在山上口授他的福音——既有应许，又有诫命——再由福音书作者把福音记录下来。另外，当耶稣传授福音的时候，他把福音与旧约的十诫做类比。他采用的风格符合他的权威——他的教诲严肃、慎重、严厉，除了他以外，没有人能以这样的风格教诲。他的登山宝训就体现了这种无法模拟的风格。如果说登山宝训是人的语言的话，说话的人只能是成了肉身的上帝。

"这种风格并非只在登山宝训中体现，我们很容易从福音书觉察到它与其他书信的不同。在福音书中，耶稣独特的风格无处不在——耶稣严正的告诫、信条、宣判,都成了立法者阐释的对象和司法者及文士评论的对象。我们的救主所做和所说的一切,无不带有简单和神秘的特点。他的行为充满了象征意义,他所行的神迹、他的寓言、他的回答、他的诘责——这一切都是立法的萌芽,并预示着后来的发展。上帝的真理以这样的形式显现在人类的面前,成为人类研究和阐释的对象以及争议中的向导。'我实实在在地告诉你们'和'只是我告诉你们',这都是一位至高的教师和先知的标记。

"教父们就是这样评论耶稣的教诲的,"殉道者查士丁说,"他的教导是简洁明了的,因为他不是雄辩家。他的话语中有上帝的力量。"巴西尔(Basil)说:"我们的救主耶稣基督的一言一行都是虔诚和道德的典范。你听到他的话语或者听说他行为的时候,不要粗略地一晃而过,而要仔细地领会他深邃的思想,这样你才能明白上帝的真理。"

12.

一方面,启示的发展从旧约时代一直持续到耶稣在地上使命的结束;另一方面,如果我们在耶稣升天之后把注意力转移到使徒的教导,我们会发现,我们找不到启示停止的一个特定时间点,也就是说,我们找不到一个所有信仰准则一下子尘埃落定的时间点。五旬节不是启示的终止,因为后来圣灵又在约帕启示彼得,他应该起身去为哥尼流施洗(徒10:1、7);启示也没有停止在约帕和凯撒利亚,因为保罗之后又写了很多书信;启示也没有停止在最后一位使徒约翰身上,因为伊格纳修在他之后确立了主教制;伊格纳修也不是启示的终止,因为在他之后的几个世纪,新约还没有完全成形;《使徒信经》也不是启示的终点,因为它并不是定义的集合,而是像主祷文和十诫一样,仅是对基本信条的不完整的概括。没有一条教义是一下子就制定好,没有经历过发展的。所有的教义都经历过异端的攻击和不懈的探索。教会匆忙地离开了旧世界,正如以色列人离开埃及一样——"拿着没有酵的生面,把抟面盆包在衣服中，扛在肩头上"（出 12:34）。

13.

再者，圣经记载的历史中，政治的发展与预言、教义的发展一样显著。哪位历史学家的著作能比我刚才提到的以色列民族的兴起和发展更具有人类历史的色彩呢？上帝永恒不变的计划，上帝在荆棘的火焰中向摩西传达的计划（出3:2），以一系列突发事件的形式得以实现。摩西在荆棘丛中听到宣告以色列民将离开埃及，进入迦南地的声音（出3:8）。上帝说了以下的话来表示他的决心坚定："你将百姓从埃及领出来之后，你们必在这山上侍奉我，这就是我打发你去的证据。"（出3:12）从整个出埃及的事件来看，这里说的在山上的祭祀（service，或作侍奉）只不过是一个偶然、次要的片段，然而在一段时间内，这件事确实是摩西向法老提出的最终请求。"你和以色列的长老要去见埃及王，对他说：'耶和华希伯来人的神遇见了我们，现在求你容我们往旷野去，走三天的路程，为要祭祀耶和华我们的神。'"（出3:18）上帝又补充说，法老一开始将拒绝摩西的请求，但是上帝行神迹之后，法老将最终答应他们的请求，甚至不得不让他们带着"金器、银器和衣裳"离开埃及（出3:22）。

相应地，一开始摩西的请求是，"求你容我们往旷野去，走三天的路程，祭祀耶和华我们的神"（出5:3）。上帝降下青蛙的灾害之前，又重复警告说："容我的百姓去，好侍奉我。"（出8:1）之后法老说："请你们求耶和华使这青蛙离开我和我的民，我就容百姓去祭祀耶和华。"（出8:8）苍蝇的灾害发生之前又重复了一次，之后法老说可以容许以色列人在埃及祭祀，但是摩西拒绝了，他的理由是，"我们要把埃及人所厌恶的祭祀耶和华我们的神。"（出8:26）他又接着说："我们要往旷野去，走三天的路程，照着耶和华我们神所要吩咐我们的祭祀他。"（出8:27）于是法老准许他们在旷野中祭祀，条件是他们"不要走得很远"（出8:28）。

同样的请求又在牲畜的瘟疫、冰雹、蝗灾之前各重复了一次,但是一直没有提出任何在旷野祭祀之外的请求。在一次对话中,法老要求摩西给他一个解释,摩西提出了进一步的请求:"我们要和我们老的少的、儿子女儿同去,且把羊群牛群一同带去,因为我们务要向耶和华守节。"(出10:9)。请求的增加可以从法老的回答中很容易地看出来:"你们这壮年人去侍奉耶和华吧!因为这是你们所求的。"(出10:11)遍地黑暗的灾祸发生之后,法老批准了增加了的请求,只是不允许他们带走牲畜。但是摩西提醒他说,这个请求早就隐含在最初的请求中了,因为"你总要把祭物和燔祭牲交给我们,使我们可以祭祀耶和华我们的神"(出10:25)。直到最后,摩西也没有提出永远离开埃及的要求,以色列人要永久地离开的计划是埃及人自己判断出来的。摩西说:"你这一切臣仆都要俯伏来见我,说:'求你和跟从你的百姓都出去',然后我要出去。"(出11:8)所以耶和华对埃及所有头生的人和牲畜降灾以后,以色列人半夜带着他们的羊群和牛群、无酵的面团和从埃及掳掠的财物从埃及离开。摩西知道离开是永久性的,所以他带走了约瑟的尸骨。摩西也知道法老很快就会改变主意,"我们容以色列人去不再服侍我们,这做的是什么事呢?"(出14:5)这一系列的事件,尽管有神迹的发生,但始终是模糊和不确定的。然而,上帝正是通过这些不确定的事件,一步一步地执行他确定的计划。整件事的结束是在过红海的时候,法老派出的军队在追赶以色列人时被全部淹死。

另外,四十年以后,当他们进入应许之地时,最初的分地计划似乎不包括约旦河以东的地域,但是这片地最终被流便、迦得和玛拿西部落的一部分所占据。至少占据西宏是不在摩西计划之内的,但是摩西清楚地知道,如果他不允许以色列人占据西宏,以色列人一样会违背他的命令。

14.

(6)我们也应当关注圣经的结构和风格。圣经采用的是不对称的结构和多种体裁，充满了隐喻，与直接说理的文体截然不同。甚至没有人能一下子说出圣经到底说了什么，或没有说什么。没有人能对圣经的内容作简单的归类。不论我们多么勤恳地研究和探索，到我们生命结束的时候，甚至到整个教会的生命结束的时候，圣经仍然是一片无法征服的生土地，遍布着高山和低谷，森林和溪流。我们探索的道路周围始终充满着隐藏的奥秘和取之不尽的珍宝。除了直接与圣经抵触的言论以外，我们不能鲁莽地否决任何与圣经有关的教义；任何一个读者，不论多么博学，都不能穷尽圣经包含的所有教义。我们刚才提到过巴特勒关于这个问题的讨论，他说："对圣经理解的清晰化和具体化是趋向完美真理的过程。"也就是说，深奥的福音教义和"启示的预言部分，就像自然甚至人文知识一样，要求非常缜密的思考和细致的研究。获得自然和超自然知识的途径也是一样的。圣经的结构尚未被人类所把握，在最后的时代到来之前，在没有超自然力量介入的情况下，理解圣经的过程与获得物质世界的知识的途径是一样的，都必须通过不断的学习和进步，通过一部分人的研究、比较，寻找被大多数人所忽略的线索。所有的进步都是这样取得的——有思想的人顺着一些偶然、看似不起眼的线索探索下去，有时候会有惊人的发现。人类拥有圣经已几千年，然而，圣经中所包含的许多真理仍然还没有被发现。这个现象并不奇怪，因为当今人类用来作出重大发现的头脑和智慧，几千年前的人类也拥有。或许上帝的计划是，圣经的某些部分在历史的发展中逐渐展开，并被人类所理解"[①]。当然，巴特勒考虑的不是新信条，或者是我们有义务接受的信条，但是他显然为我们这里讨论的基督教教义发展的可能性作了见证。

15.

我们还可以再补充一点：尽管有时候圣经中意义不明确的字句也成

[①] ii. 3; vide. also ii. 4, fin.

了制定教义的依据，但早期和中世纪教会的绝大多数定义和判断都是以意义明确的经文为基础的。炼狱的依据可能是"用火拯救"和"我们进入神的国，必须经历许多艰难"（徒14:22）；圣徒的善功（merit）来自"人因为先知的名接待先知，必得先知所得的赏赐；人因为义人的名接待义人，必得义人所得的赏赐"（太10:41）；圣餐中基督真实临在的教义来自"这是我的身体"（太26:26）；赦罪（Absolution）的教义来自"你们赦免谁的罪，谁的罪就赦免了"（约20:23）；临终膏油（Extreme Unction）来自"你们中间有病了的呢，他就该请教会的长老来，他们可以奉主的名用油抹他"（雅5:14）；"自甘贫穷"（voluntary poverty）来自"要变卖你一切所有的"（路18:22）；顺服的传统来自"他顺服他的父母"；对受造物——有生命或没生命——的尊敬来自"按着他极美的大德赞美他"（诗150:2），以及"你们当尊崇耶和华我们的神，在他脚凳前下拜"（诗99:5），等等。

16.

（7）最后，圣经从来不把某些章节甚至整部圣经称为最本质的启示，圣经本身明确地预示着基督教的发展。根据圣经，发展既是原则又是教义。在耶稣关于天国的一则寓言中，甚至把天国比喻为"好像一粒芥菜种，种在地里的时候，虽比地上的百种都小，但种上以后，就长起来，比各样的菜都大，又长出大枝来，甚至天上的飞鸟可以宿在它的荫下"（可4:31—32）。在同一章中，马可还写道，"神的国，如同人把种撒在地上。黑夜睡觉，白日起来，这种就发芽渐长，那人却不晓得如何这样。地生五谷是出于自然的"（可4:26—28）。不论是原则还是教义，这里讨论的是生命的内在元素，而不是外在表现。一个生命的生长是自发的，也是逐渐的。生命生长的过程符合我们刚才所说的发展的过程。生长的动力不是人为的愿望和决定，不是强迫的热情，不是推理的机制，而是内在的生命力。这种生命力存在于思考和辩论之中，依赖伦理意义上的发展，并反过来影响伦理生活。酵母的比喻展现了发展的另一个方面，发展是一种积极的、引人入胜的、有渗透力的力量。

17.

如上所示，从必然性、实际情况的要求、历史上宗派的发展以及圣经中的类比和事例来看，我们可以得出这样的结论：基督教教义有获得形式上的、合理的、真正发展的可能性。换句话说，发展是上帝神圣计划的一部分。

有关世界的一般类比，不论是物质的还是道德的，都证实了这一结论。正如巴特勒所说的，"整个物质世界和物质世界的管理是一套计划或体系，不是一成不变的，而是不断向前发展的。执行这个计划的过程通常要经过很长的时间；一个很好的例子是，随着季节的变化，花朵绽放，之后果实成熟的过程。类似的例子在生活中屡见不鲜。植物和动物尽管一开始就潜在地包含成熟以后的形态，但是必须经历不同阶段的生长，成熟的形态才能显现出来。有理性的人类也是一样，只有通过长期的知识、经验和行为的积累，才能最终形成自己的性格和气质。我们的存在既具有必然性，又具有连续性，一个阶段为下一个阶段做准备，然后又成为实现下一个阶段的基础：从婴儿到童年，童年到青年，青年到中年。人是没有耐心的，总想着加快进程。然而，造物主在行动的时候是从容不迫的，通过一系列连续的步骤来实现他的目的：先有计划，再根据计划制定相应的方法，再加上必需的时间，最终把计划付诸实施。基督教的护理与上帝计划按部就班的特点是一致的。上一个环节为下一个环节做铺垫，一步一步地延续下去，直至超越我们的视野。根据这种特性，我们所看到的每一个事件，都是基督教护理的一个部分。"①

---

① Analogy, ii. 4. *ad fin.*

第二节　对无谬误之权威的预期

1.

我们已经证明了基督教的发展不仅是自然的，而且是必需的和值得期待的。当然，这些自然的、真正的发展从一开始就内在于上帝的神圣计划之中。无论最终获得的评价如何，这些过程可以叫作基督教的"发展"。毫无疑问，意识到发展的存在本身就是探索的一个重大步骤，是一个有里程碑意义的事件。下一个问题是，发展是什么？神学家既可以使用概括的方法，又可以深入到历史上的具体细节，探索不同历史事件的性质。在这个过程中，神学家可以不需要外界的帮助，也不需要外在的权威来规范自己的认识。但是当神学家之间出现争议的时候，孰对孰错则很难判断。我们必须考虑到基督徒生活受到教义偏见的影响，身处各种事实之中，经历将要成为批判对象的教义争议。另外，基督徒也难免受到家庭出身、所受的教育、所处的地方、个人的情感、所从事的职业，甚至所属党派的影响。所以，我们很难断定，事实上真正的发展甚至对于受过良好教育的人，总是确定无疑的；或者，历史，不论是过去的还是现在的，不存在各种不同的阐释。

2.

我在别处已经从一个很不同的角度讨论过当前的话题：

"先知或圣师（Doctors）是启示的阐释者。他们的工作是展示和定义圣经的奥秘，阐明圣经里的文献，找出相互协调的阐释，并应用圣经的应许。他们的教导是一个庞大的体系，它不能以几句话概括，也不能以一个代码或者一篇论文来表达。这是一个真理的体系，它像空气一样遍及在整个教会的历史和生活中，尽管它的存在和生长并不遵循一定之规则。有时候我们可以把教义的发展从教会传统中作为一个观念分离出来，有时候则完全融入整个故事中；部分地以书面的形式记录下来，部分地不作记录，部分地作阐释，部分地作经文的补充，部分地予以保留在思想作品中，部分地潜藏于基督徒的精神和气质中。教义的发展存在于房子的壁橱和屋顶，存在于教礼、有争议的作品、模糊的片段、布道、偏见、当地的习俗中。我所说的先知的传统首先存在于教会生活中，按照上帝的旨意记录在杰出人物的作品中。保罗教诲提摩太说，'你要保守所托付你的'（提前6:20），因为教义体系的庞大和不确定性，如果教会不警醒，教义很容易被腐蚀。即使是当今基督徒所拥有的教义体系也是如此，因为这个体系包含不同形式的不同的真理，分布在基督教国度的不同部分，既包括对教义的评论，又包括对教义条文的补充。"①

这样的形势必然要求一定的规则，来安排和验证基督教教义的不同表述和成果。没有人会认为不同的信条同等重要。"有一些信条是次要的，我们不必强迫别人接受它们。""有重要的真理和不重要的真理，有必须接受的真理，也有仅作为虔诚之表现的真理。"②简单地说，我们的问题是，怎么区别真的信条和假的信条，怎么区别重要的信条和次要的信条。

3.

基佐（M. Guizot）认为，教义被权威认可的必要性在于，尽管先知在预言中把基督教称为王国，但基督教是作为一个观念而不是机构呈现在世界上的。基督教的观念被包裹在厚厚的外衣和盔甲之下，它需要拥有工具和方法，以确保自己的繁荣，并与反对声音作战。基督教的发展首先体现在伦理的范畴内，没有伦理的发展，就很难看到基督教的存在。基督教与文明社会的联系是必然的，并因此要求有一个权威机构来

---

① Proph. Office, x. [Via Med. p. 250].
② 同上, pp. 247, 254。

认定什么是不明确的，什么是经验的，分辨一个复杂过程中的不同步骤，并保证从前提推断得来的结论的正确性。

的确，检验通常是力图确保发展的正确性的一种途径，正如我接下来要表明的。检验虽然可以在某些特定的问题上帮助我们探索并支持我们的结论，在基督教这样一个庞大和复杂的体系之下，对于指导普通信众的信仰，它的力量是远远不够的。检验具有科学研究和有争议的特点，并不具有实用性，因此，它是正确决定的工具而非保障。再者，检验通常被用来质疑权威机构已经付诸实施的决定，而不能被当作证明这些决定正确性的证据。一方面，我们可能找出验证某些发展是否为真发展的途径；另一方面，这些途径必然外在于发展本身。

4.

在这部分，我们需要运用理性来获得以下结论。与神圣计划中教义和实践发展的可能性相称的是上帝制定一个外在的权威机构的可能性。这个机构也是上帝神圣计划的一部分。它的使命是，把真正的教义的发展与人的思想中夸大的成分、腐化和错误的成分区分开来。这就是教会无谬误的教义。这个无谬误的机构具有判定任何神学的、伦理的观点正确与否的权威。

5.

（1）该问题需要认真思考。正如我们在本章第一部分所证明的，基督教教义承认真正的、重要的发展。这个观点有力地支持本部分将要证明的观点：教义的发展需要一个权威机构的存在。换句话说，发展需要权威的印记。看起来像不像真正的发展与是不是真正的发展没有必然的关系。我承认，揭示真理和证实真理是两个问题，在实际的过程中常常是分开进行的。世界上到处是各种各样的启示，但是多数时候，这些启示的神圣性得不到保证：很多人所受的神秘暗示是这种情况，古代异教徒从他们的传统中接受的教义往往也是这种情况。"有些原本出自上帝的真理是模糊和不成体系的,也没有神迹证实其神圣性,但是人的理性往往能把这种真理从常常与其混杂在一起的腐朽的神话中分别出来。"①我在这里并不是说,没有神迹支持的启示不可能是真正的启示。正如人类的科学是上帝的赐予,但科学又是通过我们普通的能力来实现的,跟我们的信仰并没有直接的关系。然而,基督教和科学的性质不同。基督教作为一个整体启示我们,向世界声明其客观性和无谬误的特性。所有需要人类判断的问题都与启示有关。如果有从最初被信仰的教义推断得来的确定的真理、责任、看法,我们必然把这些包括在启示的观念本身中,把它们当作启示的一部分。如果启示不仅是真实的,而且被确认为真实的,我们必然期待它们获得被确认的特殊地位。基督教与其他的启示不同(犹太教除外,因为基督教是犹太教的延续),基督教是客观的宗教,或者说,是有凭证的启示。基督教在整体上是自然的,而不是其中的一部分自成一体,另一部分与其他的事情混为一谈。基督教是这样起源的,我们认为它也会这样延续下去。如果认为某些重大发展是真实的,我们也必须认可其真实性。

6.

(2)然而,有人反对基督教最初阶段无谬误(infallibility in limine)的教义。该反对观点极其重要,必须加以考虑。反对者认为,正如所有的宗教知识都依赖道德上的表现,而不是刻意的展示,我们对教会无谬误的信仰也必然如此;但是,有什么能比可能的无谬误或者建立在怀疑基础上的确定性更荒谬呢?我相信,因为我确定;而我确定,则是因为我猜测。如果认为无谬误的恩赐和发展一样需要证明,无谬误的权威则被宣布无效。而在上帝的计划中,无效的恩赐是不存在的。有人指责罗马教宗的支持者说:"他们坚持宗教事务中无谬误的权威的必要性,仿佛

---

① Arians, ch. i. sect. 3 [p. 82, ed. 3].

上帝真的把这样一个权威赐予人类了。很显然，现在的问题是，怎么才能确切地知道罗马是无谬误的……人类以什么根据能够无谬误地认为罗马是无谬误的；以什么证据能够证实无谬误的可能性；毕竟，如果无谬误仅仅是一个观点，它能给那些信奉教宗的人带来什么好处呢？"①

7.

这个表面上看来旨在消除宗教中一切不完美因素的论点显然是荒谬的。因为它不但否认了教会的无谬误性，也否认了使徒甚至圣经的无谬误性。尽管使徒从未给出过无谬误的证据，我们仍然必须相信他们的教义是无谬误的。更进一步说，如果我们说教会无谬误仅是一种可能性，我们就把基督教教义全盘置于相对主义的危险之中——真理的确定性、必然性都会被归入可能性的范畴。我们所习惯的术语——无谬误、必然性、真理和确定性，都必须从神学的语言中被革除。"不确定的无谬误"的说法与"可疑的真理"、"依情况而定的必然性"一样荒谬。说这种话的时候，我们只是在做文字游戏。当我们把一个人称为无谬误时，我们相信他说的话总是正确的、必须相信的、必须应用到实践中的。无谬误的概念和"总是正确"、"必须相信"、"必须实践"的说法是同等的：要么这些说法必须全部被摒弃，要么必须允许无谬误的概念。"不确定的无谬误"相当于"可能永远不犯错误的恩赐"；同理，接受一个可能无谬误的教义，等于信仰和服从一个有可能在教导和行为上永不出错的上帝。如果我们要放弃这个自相矛盾的概念，我们就必须同样放弃对无谬误的权威的质疑。②

8.

（3）另外，有的人说无谬误的教义容易使我们忽略验证的习惯，消

---

① Proph. Office [Via Med. vol. i. p. 122].
② *Essay on Assent*, ch. vii. sect. 2.

除一切怀疑的态度,放弃对信仰的操练,并且强迫我们服从我们不情愿服从的教义。还有人说,基督教早期有上帝亲自的启示,而后来则充满了困难和困惑,仿佛无谬误和个人判断是不能共存的。然而,这种说法只是在有意地模糊和转移话题。我们必须区分启示和对启示的接受,而不是区分早期和后期的启示。神圣的、得到验证的启示,必须自始至终为个人根据具体情况所接受、怀疑、讨论,甚至误用和抛弃。启示自身的真实性及其证据的不容置疑,并不能阻止对它的无知、误解、怀疑和其他的错误。我们完全不能保证已经得到验证的启示能够消除人们的怀疑和排斥。无谬误与道德上的验证互不相干,这两个概念必须严格区分开。除非对启示的权威进行全盘的质疑,个人的探索不能排斥权威的存在。教会、会议、教宗、教会圣师的共识(consent of doctors),甚至整个基督教世界的共识对个别信徒思想的限制,与圣经对信徒个人思想的限制别无二致。限制的确是存在的,但被限制的仅是思想的范围,而在此范围内,权威并不干预思想的自由探索。如果顽固地认为教义的权威干涉人的自由意志和责任,我们就忘记了在基督教起源的阶段,尽管直接受到启示的使徒还活在世上,异端和分裂已然存在。至高权威始终存在,个人判断也始终存在。那些认为基督教的真理只能通过个人努力来获得的人,实际上错误地认为自身正确的教义能够自动地被人们所正确地接受。否则,他们就不得不承认,他们所推崇的个人验证的模式不比接受外在权威的模式优越。所以,从整体上看,个人道德判断的责任,不能成为阻挡启示发展的客观性原则的障碍。

9.

(4)还有一种反对意见是,外在权威的延续有悖于自然的类比(analogy of nature)。正如我们曾经引用过的那位思想家所说的:"我们完全无法知道上帝要在多大的程度上赐给人类启示。已经获得的启示并不能保证我们会获得进一步的启示。我们不知道上帝以什么样的方式,向特定时代的特定人传达特定的启示,并保证启示能够通过他们传递给后代";因为"我们完全无法判断启示是不是应该以书面记载的形式,或者以口头的形式留传,而不被腐蚀或者失传"。①但是这个类比在这里并不适用,因为他把启示仅当作抽象的假设,而不是某种具体的、存在于具体事例中的启示。启示当然可以向我们传达通过其他途径无从知道的信息,并相应地改变我们的认识。另外,在我看来,类比的论点与对任何启示的期待是格格不入的,因为对物质世界秩序的革新本身就与物质世界的正常秩序相背。我们不能根据一个全盘否定启示的测验来规范我们对先前启示的看法。无论如何,自然类比在一定程度上被启示的事实所打破,我们现在面对的问题仅与打破的程度有关。

10.

我在这里斗胆把启示的事实和启示的原则作一个区分:自然类比的论点与启示原则的关系比与启示的事实的关系更加密切。启示的事实是特殊的,不能进行类比。但它与启示的原则是相符的:上帝所有的工作都有这个特点。如果物质世界的创造者也是恩典的创造者,虽然这两套体系是分开的和相互独立的,但它们遵循的原则是一致的,而且一致的原则成了它们的连接点。用巴特勒的话说,自然宗教和启示宗教的类比也在于原则的一致性。道成肉身的教义是一个事实,不能与自然界的任何事物相类比;耶稣是上帝和人之间的中保的教义则是一个原则,在自然界中可以找到很多类比。神迹是事实,来自上帝的灵感是事实;上帝的一次性的和持续性的教诲都是事实;人类理性的验证既是自然的原则,又是神赐的原则,在神恩的体系中,通过持续性的教导的诫命,或者一次性的教导的行为得以执行,两种方式都可以与自然的秩序进行类比。我们既然承认神恩的赐予可以跟自然界的秩序进行类比,就不能否

---

① Anal. ii. 3.

认神恩的执行与自然界之间的类比。自然界的秩序一旦被启示的介入所打破，启示的继续就只是程度问题，正如一件工作一旦开始，就有可能持续下去。在这一点上，我们和最早的基督徒是一样的。我们没有理由认为，他们有上帝无谬误的指导，而我们则没有。

情况是这样的，启示引入了高于自然界秩序的新律法。根据与自然界的类比和基督教的事实存在，我们有理由认为，基督教教义的权威是存在的。上帝维持世界的观念包含在创造的观念里。正如造物主在第七天休息，之前他在不停地创造，他在最初就一次性地赐下了教义，但是仍然祝福它的生长，并为它的生长提供必要的条件。"我口所出的话也必如此，决不徒然返回，却要成就我所喜悦的。"（赛 55:11）正如创造隐含着上帝持续的管理，同理，使徒则是教宗的先驱。

11.

（5）另外，我们必须记住，所有宗教的本质都是权威和服从；自然宗教和启示宗教的区别在于前者的权威是主观的，后者的权威是客观的。启示意味着展示看不见的神圣力量，或者在于以倾听上帝的声音来代替听自己的是非之心的声音。是非之心的至高无上是自然宗教的本质；使徒，或者教宗，或者教会，或者主教的至高无上性，是启示之宗教的本质；如果拿去这类外在的权威，人的理性将再次退回到上帝赐下启示之前的状态。因此，人的良心在自然世界中占有什么样的地位，圣经、教会和教宗就在启示的体系中占什么样的地位。我们或许可以否定人的良心是无谬误的，尽管如此，我们还是必须服从它。这正是争议中的各方赋予圣彼得的宗座特权。教宗并不是在所有的事物中都是无可指摘的，在超出了自己范围的时候，教宗是有可能出错的，然而他一样要求我们的服从。贝拉明（Bellarmine）说："正统的天主教徒和异端至少在两点上是一致的。第一，他们都同意教宗，即使有了他所有顾问的辅佐，甚至在召集公会议的时候，仍然会在具体、细节的问题上犯错误，因为具体的争议依赖的主要是来自人的信息和见证。第二，作为一个学者，不论在信仰上还是道德上，教宗会出于自己的无知和误解而犯错误，就像其他的学者会犯错误一样。接下来，天主教徒之间有另外两条不被异端所接受的共识：第一，教宗和公会议在有关信仰的法则和基本的道德准则上不会有错误；第二，教宗在决定不确定的问题时，不论是出于他个人的决定还是公会议的决定，不论他是否有可能出错，所有信众都必须服从。"①即使是良心出现判断错误的时候，服从良心的呼唤仍然会帮助我们成为更有道德的人，并最终帮助我们获得正确的认识。同理，尽管有时候教宗的指令是极端的、不明智的或者超出自己能力范围的，对教会权威的服从仍然有助于信徒灵命的成长。

12.

（6）人类的常识的确支持类比思维强加给我们的结论。启示的概念本身暗含着一个当前的、无谬误的向导，这个向导的职责不仅仅是传达抽象的概念、历史案卷和学术研究的成果，而是为信徒提供具体的信息和教导。自宗教改革以来，圣经常常被当作这样的一个向导。不幸的是，圣经被当成推翻教会和教宗权威的工具，仿佛圣经与教宗是对立的——仿佛圣经不但要抵制教宗，而且要从根本上推翻教宗。然而，我们常常看到，这并不是圣经的目的。即使在我们抛弃教会的时代，我们仍然被迫诉诸她的权威，因为她根据时代和具体情况的不同，以圣经为依据，教导她的孩子正确的教义和行为方式。我们感觉到一种需要，普天之下只有她能满足。我们被告知上帝说话了。在哪里说话呢？在一本书里？我们已经尝试过在这本书里找答案，但是我们失望了。让我们失望的不是圣经本身——圣经始终是上帝给人最神圣的礼物。当使徒腓利问埃提阿伯太监他是否明白圣

---

① De Rom. Pont. iv. 2.［七年前，人们几乎没有必要说，梵蒂冈会议在全世界范围内选出了教宗，这个选择和教会一样，是无谬误的。这一点不影响文中的论证。］

经的时候，太监回答说："没有人指教我，怎能明白呢？"（徒8:31）教会的职责正在于此，这个职责是她所特有的，也正是她权力的奥秘。"人的理性想去除宗教中的怀疑，所以需要相信一个无谬误的老师。举例而言，我们常常看到身边有人宣称拥有无谬误的权威。罗马教会是最典型的。她希望通过垄断这种权威来排斥与她竞争的教会。或许在她的信徒的眼里，她给出的最有力的证据是，除她之外，没有别的教会有无谬误的权威，仿佛一种神秘的本能一样遏制其他教会僭越这种权威。这种做法恰恰不自觉地反映了她的恐惧。"①这个论点虽然包含着严重的谬误，但是至少反映了一个真理。我们在有关信仰的问题和发展上必须服从教会，最明显的原因是，如果存在启示就必然存在权威，而且权威只有一个。如果没有启示的话，则没有权威来决定上帝的启示是什么。彼得对其神圣之主宰（Divine Master）和主说：②"我们还归从谁呢？"（约6:68）我们不能忘了经文明确地把教会称为"真理的柱石和根基"（提前3:15），并以契约的形式向她应许说："我加给你的灵，传给你的话，必不离你的口，也不离你后裔与你后裔之后裔的口，从今直到永远。"（赛59:21）

13.

（7）如果说无谬误的权威在历史上各个时代的教义争端中，都发挥了无比重要的作用，在当前的时代，权威的作用更加突显出来，因为人的理性和思想如此繁忙、丰富和多元化。当今社会对精神上权威的绝对需要是教会提供权威的最有力的论据。的确，要么上帝尚未把启示给予人类，要么在赐下启示的同时，提供了证实启示的客观性的方法。如果基督教是社会的宗教（它当然是），如果它的基石是被公认为神圣的观

---

① Proph. Office[Via Med. vol. i. p. 117].
② 英文为In the words of St. Peter to her Divine Master and Lord。表明彼得是教会的象征，而指代教会时用阴性代词。——译者注

念，或者信条（此处须以它为前提），如果这些观念有不同的方面，给不同的人留下不同的印象，并相继产生各种不同的发展，真伪混杂，如前所示，除了教会之外，有什么能满足鉴别真理的需要呢？毕竟，上帝赐给教会权柄和智慧，调和众多统帅与调和众多出自个人的判断。在蛮荒时代，意志通过感官来达到；在理性时代，理性是正义和真理的标准。很显然，如果完全依靠个人判断的话，每个人都会有自己不同的观点，以及相应的行为方式；今天意见一致的两三方明天可能会分道扬镳；不同的人会对相同的圣经经文作不同的阐释。就像寓言所说的一样，历史把金盾和银盾给不同的人。① 同样地，除非有至高的权威控制人的思想，否则，哲学、品位、偏见、热情、党派，甚至突发奇想，都找不到共同的标准。

如果没有真理的机构，就没有真理的联合体。正如园艺创造出前所未有之颜色的花瓣，驯化动物，改变它们的特性，同理，教育也带给人类以不同的观点，因为无法指定统一一切的第一原则，期待一个人完全服从另一个人，或者所有人服从一个人，这都是不合情理的。并不是说没有永恒的真理，就像诗人所说的一样。我在这里说的是，没有足够有力的统一公众的观点和行为的依据。对于行为来说，唯一一个普遍的、有说服力的标准是权威，是一个我们认为在我们之上的判断力。如果基督教既有社会性又有教条性，并为所有的时代所共有，它必然要求一个无谬误的阐释者。否则就会无法保证有统一教义和统一的教义的表达方式，否则个人将不得不在多种观点之中选择自己喜欢的教义，并难以避免过于自由或者过于拘泥的错误。个人可以对思想的冲突选择宽容或者不宽容的态度，但是无法避免思想的冲突本身。英国国教会为了避免无谬误的教宗为自己树立了一个空洞的权威，而英格兰其他教派则陷入无休止的分裂。德国和日内瓦以迫害开始，以怀疑主义告终。与这些代价

---

① 译者未能找出这则寓言的出处。——译者注

相比，无谬误的教义是一个不那么具有破坏性的教义，因为英国国教会的教义对信心和对公众福祉所带来的伤害更大。它赋予启示的客体确定性和力量。

14.

（8）以上，我把无谬误的教义称为一个前提。为了论证的方便，姑且如此称呼。我们在这里可以把它仅当作一个立场——这个立场虽然没有直接证据的支持，却是调和不同方面的事实所必需的。自古以来，基督教就把无谬误的教义奉为前提，但是我们这里仅从必要性的角度来讨论。另外，无谬误也不是一个孤立和没有经过证实的事实，不仅仅是需要的产物，而且是推动整个基督教教义体系的动力。但是在这里，我们仅把它当作一个前提。然而，即使是作为一种由一个或多个教派所遵行的前提，我们也不能轻易对它置之不理，因为它是一个所有涉及基督教的派别、争论者、历史学家都不能回避的假设。吉斯勒（Gieseler）虽然承认他的"教材"是对基督教历史的枯燥分析，但它始终是围绕一个论点写成的，并相应地曲解事实来迎合理论。像吉本这样的不信者有他的前提，教宗绝对权力主义者（Ultra-montane），如巴罗涅斯（Baronius），也有自己的前提。胡德（Hurd）和牛顿（Newton）学派认为，唯一正确的历史观是这样的：除了在被称为异端的人中间，基督教在漫长的历史中一直处于沉睡的状态。其他人假定教宗高于国王的传统和主教选举制来自安波罗修，并把《三十九条信纲》归在德尔图良的名下。问题是，这些理论当中哪个最简单明了、最自然、最有说服力呢？显然，在重要性和说服力上，无谬误之权威之下的发展概念并不比事件的巧合、东方哲学或者反基督的作为逊色，而且同样可以为基督教的兴起及其神学的形成作出解释。

第三节　现存的教义发展与可能实现的期许

1.

我一直在论证，对于由上帝启示而来的教义来说，首先，由于人的理性在其中所发挥的作用，在教义代代相传、应用于多种目的的过程中，在它的能力、隐含的含义、产生的影响被孜孜不倦地挖掘的过程中，随着时间的发展，它必然发展成一套庞大的神学体系。接着我也指出，虽然启示是上帝的恩赐，但是发展必然存在，上帝如果不保证教义在发展的过程中不被曲解和腐蚀，就没有在真正的意义上赐下启示。也就是说，由于上帝启示的掌管，基督徒世世代代持续的思想活动，作为发展的媒介，最终是无谬误的。

基于这两点，接下来我要讨论的是，在基督教的历史上能不能找到我所坚持的对那一期许的实现，教义、教礼和应用是不是围绕着《使徒信经》发展，是不是渗透到信经的每一个字句，并作为后进的增加物成为基督教的一部分。答案是，我们能找到这样的增加物。它们出现在我们期待找到它们的地方，也就是古老传统的权威所在——希腊和罗马教会。接下来，我将详细解释这一点。

2.

我发现，如果基督教的概念最初来自上帝的恩赐，它必然包含着许多我们认为只是部分地属于基督教的成分，以及我们仅在潜意识里认为属于基督教的成分。另外，如果基督教是由上帝所赐，所有在发展中所出现的，必然也来自于上帝的恩赐。再者，如果确实存在着大量的增加物，我们的第一印象自然是，增加物就是发展本身。另外，发展所涉及的教义的规模、其虽然古老却又与现实密切相关的特点、其历时长久的形成过程、其精确性、和谐性，让人不得不相信这样一个协调的、历久弥新的、几个世纪之后不但不过时，反而愈加有力的教义属于上帝神圣计划的一部分。这些教义是同一个家庭的成员，相互暗示、关联、确认，并相互阐释。它们之间互相为对方提供证据，一旦一条教义被证实，它随即成为另一条教义的证据；如果两条教义都是有可能的，但是使其可能的原因不同，那么两者则互相增强对方的可能性。道成肉身的教义是基督中保作用的前提，并成为圣事原则和圣徒善功的原型。继基督中保的教义而来的是基督代人赎罪的教义、弥撒、殉道者和圣徒善工的教义、对殉道者和圣徒尊崇（cultus）并请他们代祷的教义（invocation）。从圣事的原则而来的是各种合宜的圣事，它们是教会统一的象征和中心——教宗、教礼的神圣性，以及对圣地、圣坛、圣像、圣器和法衣（vestments）的尊崇。在圣事当中，洗礼一方面发展成为坚信礼（Confirmation），另一方面发展成补赎（Penance）、炼狱和特赦（Indulgence）的教义。从圣餐礼（Eucharist）发展而来的是真实临在的教义、崇拜圣体（Host）的教义、身体复活的教义，以及圣徒遗物的道德价值。再者，从圣事的教义发展而来的有称义的教义（Justification）；称义的教义又发展出原罪的教义（Original Sin）；原罪的教义又引出独身（Celibacy）的善工。这些看似不相关的教义彼此依赖，相互联系。出自同一个教义的不同教义还会共同发展。比如，弥撒和真实临在是同一个教义的不同部分；尊敬圣徒和尊敬圣徒遗物也出自同一条教义；类似的还有圣徒的代人祈祷和炼狱的状态，弥撒和炼狱的状态也具有相关性。独身制是修道生活和祭司身份的典型标记。对于这些教义，一个人或者可以全盘接受，或者可以全盘否定；简化教义必然在整体上削弱教义的力量，而妄自截取必然导致全盘瘫痪。其实，完整接受一个整体并非难事；另一方面，接受其中的任何部分又是一个严肃的义务，逻辑的必然性要求我们接受全部。

3.

接下来要指出的是，在整个基督教的历史中，真正意义上的教义发展只出现在正统的基督宗教界内部；多个异端的学说并不配称为发展。

在基督教早期，极端的教义被公认为空洞和短命，在与公教教义的辩论中完全站不住脚。到了中世纪，希腊教会并没有给拉丁教会提出积极意义上的挑战。现在，没有任何教义体系能跟《特兰托信经》相匹敌和对立。的确，世界上不乏对特兰托会议的批评、反对和抗议，但是几乎没有积极意义上的建设性教义。即使在反对特兰托学派的内部，也很少有人真正地掌握他们自己的教义，探索他们自己教义的含义和影响，判断他们自己与特兰托会议的决议之间的联系或者差距。如果有人偶然尝试做这种努力，他们很容易发现自己的神学各部分之间存在着不一致甚至冲突。调和各个组成部分的努力，往往带有牵强附会和诡辩的特点。另外，对目前状况的普遍的认识是，教派的权威机构保持沉默，自己有意回避，并不鼓励别人做这项无希望的工作；普通信众则明确地表示他们认为教义和教义的应用、古代的教义和教义的发展都无关紧要；最后，有志于实施宏伟的计划、着眼于使全世界归信的人，唯恐触及对教义的讨论，不愿意失去他们所现有的，而不是力图得到他们所没有的。与他们的教义形成对比的常常是一般被称为天主教的教义，其一致性和持久性让他们感到不安，有时候，他们会发现即使是他们常批评的天主教关于无谬误的教义也是站得住脚的。并且，如我们前面所示，那是上帝神圣计划的一部分。考虑种种因素，我认为，不会有人否认，如果基督教教义的发展确实存在的话，发展正是在悠长的岁月中相继的教宗和教会公会议所提议的教义的变更。

4.

另一个假定来自于世界对这些教义的普遍印象。如果只有一个基督教的话，它所有的教义必然是对同一个教义的发展，并且彼此之间相互协调，或者形成一个整体。现在，全世界充分地意识到这些著名的发展被称为天主教教义。世界允许教义使用这个名称，因为它认为这些教义属于一个大家庭，并把它们称为一个神学体系。这些教义的反对者往往对它们的支持者更坚定地证实它们的整体性。反对者声称他们所反对的不是这个或那个教义,而是教义的整体。他们常常为这些教义的一致性和协调性所折服,尽管他们不愿意承认这种协调性来自上帝。所有的人都承认这套系统——不论是乍一看还是仔细审查——带有整体性和不可分割的特点。因此才会有"巴比伦推翻了全部"①这样的说法。路德做了一部分的工作,加尔文做了另一部分,苏西尼(Socinus)则最终完成了整个"推翻全部"的工程。如果仅接受路德而拒绝加尔文和苏西尼,就如同住在一个没有屋顶的屋子里。这并不是这个人或者那个人的个人观点,而是全世界的共识。持有不同意见的基督教的两大分支——罗马天主教和新教——都承认这个观点;两大分支的观众——怀疑派和自由派——都承认这个观点;哲学家也承认这个观点。我承认,有一派我们记忆犹新的圣贤们②不承认这个观点。他们自有其影响力,但是我们将在后面的章节中看到,他们所持有的特定的神学不具有成功的可能性。一方面,他们从来没有在事实上实施自己的主张,或者即使暂时实施了,也从来没有持续过。再者,由人的权威而不是上帝的权威所制定的教义,往往很难脱离纸上谈兵的境遇。显要的圣贤们并不能赋予他们的学说足够的生命力,使之成为上文所说的原则的例外。我们将在下面的章节中对这一点作详细的讨论。

5.

天主教统一性的证据适用于它的过去和现在的一致性,以及现在的教义中各个组成部分之间的一致性。除了我们上文所说的例外,没有人质疑今天的罗马天主教会是中世纪教会的继承人,或者中世纪教会是尼西亚教会的合法继任者,甚至尼西亚教会和她之前的教会不存在任何分界线。总体上,所有的派别都会承认,在所有现存的体制中,罗马天主

---

① 原文为拉丁文:*Tota jacet Babylon*。巴比伦是在旧约的历史上推翻耶路撒冷的国家,在基督教文献中一般用来指代反基督教的力量。——译者注
② 作者在这里指的是英国国教会。——译者注

教会在事实上最接近教父们的教会，甚至有可能大多数人会承认罗马天主教会最接近理论上最理想的教会。如果阿塔那修和安波罗修复活的话，我们不会怀疑他们会把罗马天主教会称为他们自己的教会。所有的人都会同意，尽管持有自己的观点甚至抗议，这些教父将发现自己更容易接受伯尔纳和罗耀拉的伊格纳修，或者一个隐修的神父，或者做慈善工作的女修道院，或者祭坛前目不识丁的会众，而不是其他教派的教师。我们也不难想象，这两位曾经居住在特里尔（Trier）的教父——阿塔那修曾被流放到这里，安波罗修曾作为使节被派遣到这里——会往北行进一点，直到他们到达另外一个美丽的城市。这城市坐落在树丛中、青草地上、安静的溪流边。这两位圣徒会走进他们在那里发现的一个庄严的修道院里，询问哪里能找到做弥撒的地方。另一方面，任何一个听说过阿塔那修的名字并且粗略地读过关于他的历史的人，将想象不到英格兰人——他们拥有"我们、我们的王子、我们的祭司、我们的先知"，上议院和下议院、大学、教会法庭、商贸市场、大城市和乡村牧区——会如何对待这位为一个神学概念与国王斗争了一生的圣徒。

114

第三章　从历史的角度看现存的发展

第一节　论证的方法

1.

看来，我们要讨论的问题是，虽然有些教义出自 4 世纪、5 世纪、8 世纪或者 13 世纪，但它们仍然被称为使徒的教义，因为它们的实质内容与使徒的教义具有同时性，并得以在圣经直接表述，或隐含在其文本中。另外，虽然人们无从知道这些教义究竟是在什么时候与《使徒信经》联系在一起的，但在它们产生之后的各个时代，都被普遍认为是对以前教义的继承，并在将来的某个时刻还会有回应。再者，这些教义旨在与其他教义成为一体，如果否认其中的一个，则必然否定全体。教义的体系包含信仰的基本要素，比如道成肉身——很多从整体上非难教义体系的人也接受这些要素。当然这类人可以为所欲为，但是他们不能在理性的层面上分割这些要素与那些他们所排斥的要素的必然联系。更进一步说，正统教义的体系覆盖了神学所有的领域，除了细枝末节以外，并没有需要其他体系弥补的地方。事实上，除了正统的教义体系以外，也不会出现另外一套与之匹敌的教义体系。因此，我们要么选择这种神学，要么什么神学都没有。再者，唯有这种正统神学实现了启示的特殊目的，即为观点和行为提供指导。因为它被应用到我们生活中所遇到的种种思想和实践的问题上，它实现了圣经的应许。不仅如此，它也是培养早期教会、使徒和先知所称为

"气质"(ethos)的宗教感情的捷径，因为没有人会否认，先知以利亚、耶利米、施洗约翰从他们的历史和生活方式来说（我在这里说的不是他们领受的神恩的多少，也不是教义和行为，因为这些是有争议的），至少在外人看来（因为时间久远，我们反而能更清楚地看到他们的整体形象），不像其他教派的人，而与多明我会的神父、耶稣会士、加尔默罗会修士、托里比奥①、文森特·费勒②、方济各·沙勿略③、阿方索·利古力④相似。另外，我们不能忘了，上帝在他充满奥秘的计划中从来没有对自己的工作置之不理，他随时知晓和认可那些必然发生的教义发展。

2.

在阐述具体证据之前，上述论证在总体上正确地描述了发展的集合体——通常被称为天主教教义的体系。这样，我们下面将不难决定应该对这个体系采取什么样的态度。最简单的，我们首先应该把教义体系当作事实和真理来对待，就像我们对待其他有证据的事实一样。比如今天发生了一件事，我们应该作出什么回应呢？首先，我们应该以坦率和诚实，而不是怀疑和批评的态度来对待此事。我们首先应用的不是理性，而是信心。我们不能以怀疑的态度开始，而要首先相信，然后再进行检

---

① St. Toribio Alfanso Mongrovejo，16世纪的圣徒。1538年他出生于西班牙，曾在萨拉曼卡大学任法学教授。1578年成为修士，后来成为利马（秘鲁首都）的大主教。托里比奥在极其险恶的条件下，毕生致力于天主教的传教工作，死后被奉为圣徒。——译者注

② St. Vincent Ferrer（1350—1419），著名的多明我会修士。他出身贵族，受到良好的教育。他以在西班牙、法国北部等地孜孜不倦的传道而闻名，强调悔罪的教义，并成功地使大批不信者皈依天主教。他多次拒绝教会高层的职位，包括红衣主教的职位。他一生多次经历神迹和异象，耶稣基督也曾向他显象。——译者注

③ St. Francis Xavier（1506—1552），他与罗耀拉的伊格纳修一起创建耶稣会，之后被派往印度传教。他在艰苦的环境下致力于探访病人，宣讲福音等工作，并成功地在印度、日本、马六甲等多个地方建立天主教会。他也将中国列入传教的范围之内，但是在前往中国的途中，在靠近中国海岸线的上川岛病逝。——译者注

④ St. Alphonso Liguori（1696—1787），生于意大利的那不勒斯附近的一个富裕家庭，曾长期在上流社会过奢侈糜烂的生活，即使在皈依和成为祭司后，也曾多次弃教，退回世俗生活。后来的一场大病使他彻底地对世俗生活绝望，开始神学研究，并探索宗教生活的意义。他写下大量关于神秘的宗教体验诗，产生很大的影响。另外，他也是一位著名的神学家，特别强调道德对宗教生活的重要性。——译者注

验；不是带着一个特定的目的，而是出自本能的检验。我们通过使用教义来证明教义，把它们应用到不同的主题，或者证据，或者不同的具体情况，容许它们随着事态的发展作出阐释。只有当它们在阐释现象和融合事实的过程中行不通的时候，我们才发现必须舍弃我们最初认为正确的教义。需再次指出，我们把它们的证据当作整体来对待，为要得出联合性的证据，而且我们利用清晰的部分解释模糊的部分。另外，鉴于历史上某些教义的前身所显现出来的力量，只要它们仍然值得我们重视，我们就应该耐心地对待应用这些教义时所遇到的困难、其他的事实对它们所提出的质疑、综合性的缺陷，以及运作时显现出来的一定的拖沓。

3.

因此，多数人不假思索便接受了牛顿的万有引力定律，原因是这个定律已经成为共识，并且不经过自己检验就可以把它放心地应用到实践中。如果发现了万有引力定律不能提供满意解释的现象，我们也不会感到烦恼，因为我们相信能找到一种方法解释物理现象和万有引力定律的一致性，只不过我们自己找不到这种方法而已。再者，如果我们在西塞罗给阿提库斯的信中发现了一个模糊的段落，我们不会怀疑我们能在他的《家书集》（*Ad familiares*）中找到明白的解释。索福克勒斯（Sophocles）从语言的角度阐释了埃斯库罗斯，阿里斯托芬从历史的角度阐释了修昔底德。贺拉斯（Horace）、佩尔西乌斯（Persius）、苏维托尼乌斯（Suetoius）、塔西佗和尤维纳利乌（Juvenal）彼此相互提供阐释。甚至阅读普罗提诺的人可以更好地理解柏拉图；读托马斯·阿奎那的人能更清楚地认识安瑟伦。但是，如果我们已经知道这两位作者截然不同，我们则不能把他们当作同一个真理的共同见证。比如，路德、伏尔泰和帕斯卡尔虽然都声称要给世界一个真正的奥古斯丁，但是他们却脱离了奥古斯丁所依赖的理论基础和前提。相反，如果阐释和原文存在着明显的一致性，我们不应该从一开始就对阐释抱有怀疑的态度，因为我们借助评论来阐释原文本，甚至在很多情况下，阐释比原文更充分、更清楚。

4.

同样，我们作为基督徒，首先应该以相信的态度对待圣经，并阐释旧约中的先知书和象征。构成发展的事件同时也对预言提供了阐释；虽然事件并不能给预言强加一层含义，但它毕竟是预言的实现。尽管存在很多附带的困难，我们从总体的一致性上认定某些事件是对预言的实现。比如，在解释犹太人被驱散这个事实的时候，我们所遇到的困难是，与其他民族相比，恰恰是因为犹太人懂得律法，（却又不完全地）服从律法，才导致了他们被驱散。而其他不知道律法的民族并没有遭受被驱散的厄运。然而，我们仍然可以坚持认为，犹太人被驱散的现状象征着上帝对不信者的惩罚。①另外，我们应该欣然使自己的理性服从教会的权威，并接受某些事件是看起来有些遥远的预言的实现；比如这个段落，"这是要应验主藉先知所说的话，说：'我从埃及召出我的儿子来。'"（太2:15）②类似地，保罗在《希伯来书》中引用旧约的经文时，也使用了不同的表述："你曾给我预备了身体。"（10:5）这类的经文不应该妨碍我们的信仰，我们尽可以放手让圣经自己显露其奥秘的特点。我们也不能仅以充分性、明确性甚至独特性为借口，用自己的解释来代替圣经的阐释。如果这样的话，我们就必然假设圣经的文本存在缺陷，或者记载圣经的作者没有做充分的考虑，或者旧约的预言在旧约里就已经实现了，而不用等到新约时代。一个自以为理解能力超过了教会传统的人，将很难相信先知的话语，如"必有童女怀孕生子"（赛7:14）和"万神哪，你

---

① 犹太民族从公元前6世纪直到1948年以色列建国以前，一直没有自己独立的国家，分散在欧洲、亚洲等众多国家，但是他们始终坚持自己的信仰和传统。——译者注
② 根据《马太福音》记载，希律王害怕刚刚降生的耶稣觊觎其王位，下令将所有两岁以内的男婴都杀死。但是在此之前，天使已经向约瑟显现，让他带着马利亚和耶稣前往埃及避难，他们住在那里，直到希律王死了。马太认为，耶稣后来从埃及来到耶路撒冷，应验了《出埃及记》中耶和华对摩西所说的话："我从埃及召出我的儿子来。"——译者注

们都当拜他"（诗97∶7）①，所指的是耶稣基督。但是如果理解了犹太教和基督教之间紧密的联系以及新约的默示，我们将不难理解这一点。我们能不带有任何偏见地接受巴兰（Balaam）的预言在大卫身上得以实现的事实；我们也能接受约拿的历史性，尽管《约拿书》带有寓言的特点。类似的还有亚伯拉罕和麦基洗德的会面，尽管保罗认为圣经对这次会面的记载因为太过简略，而不能对我们产生很大的启发。

5.

说到基督教的证据时，巴特勒支持以上的观点。他说："圣经旧约的部分预言模糊和不可理解的特点并不妨碍其前瞻性，因为这些模糊的预言与直截了当、容易理解的预言所指的是同一件事。预言模糊之现象与以下情况的本质是相同的。假设这些模糊的预言遗失了，或者根本没有写成，或者用一种已经失传的语言写成。这一点显而易见，甚至不需要我们举现实生活中的例子来说明。"②他又接着说："尽管一个人可能因为缺乏学识或者机会，而不能认识到某个具体的预言完全得以实现，但是从总体上说，他仍然能感觉到圣经的预言在一定程度上得到了实现，实现的程度足以说服他预言远远地超过了人的能力。同样的道理，由于历史上的缺陷和不同历史学家的不同记载，最博学的人也无法把预言的实现具体到历史上的某一个细节。但是，预言总体上的实现，足以展示其准确的预见性，或许正如预言的给予者所预见的一样，部分的预言可以证实全部预言的可信性。"

6.

巴特勒用寓言和含蓄讽刺的例子来说明这一点。"一个人可以很确

---

① "万神"在这里指的是天使。——译者注
② Anal. ii. 7.

定地知道作者通过寓言和比喻所要表达的意思。虽然寓言不一定直接与道德有关，但是读者能够很容易地看出道德方面的寓意。然后读者可以确信，寓言对于它所针对的人和事是有讽刺性的，因为寓言恰好可以应用到某些人和事上。虽然读者由于理解力的局限性，不一定能完全地理解寓言的寓意，但是他仍然有了一定的收获。读者对寓言的理解程度取决于他能看出寓言的应用范围。对个别读者来说，寓言覆盖的范围越广，他的理解也就越深刻。"类似地，根据巴特勒的推断，如果圣经的读者发现，一系列事件或者一个人物（耶稣基督）的历史整体上验证了一组预言，尽管在细节上存在一定的困难，这些事件本身就是对预言的阐释。这种阐释的原则也可以应用到圣经中有关教义的章节。如果一个特定的信条能找到有关它的许多前兆和铺垫，并不与经文相冲突，我们就可以认为它是由上帝的启示而来的。

巴特勒还指出，一个预言的第一种实现方式不能否认第二种实现方式，因为有时候同一个预言可以被不同的事件从不同的角度来实现。同样，对有关教义之经文的字义上的阐释，可以是准确的，甚至是充分的，但是即使如此，字义仍然不一定穷尽经文的所有含义。传统意义上的广义阐释①，虽然看起来不够精确，但是仍不失为一种正确的阐释。所以，即使新教神学家对《约翰福音》6章的解释是正确的和充分的（我当然不这么认为），他们仍然不能以此为根据而排斥传统的天主教的阐释。在这样的情况下，天主教的寓意阐释来自前在的事实所证实的可能性；狭隘的字义的阐释则是依据上下文和语法规则进行的。后者认为，圣经不需要在字义以外有更深刻的含义；而前者，如巴特勒所示，则认为我们没有限定圣经的含义的依据——毕竟，圣经出自上帝之手，而不是人之手。

---

① 早期和中世纪的教会一般把对圣经的阐释分为字义的阐释和寓意阐释。从宗教改革以来，越来越多的学者开始对寓意阐释提出质疑，认为寓意阐释是无根据的，只有字义的阐释是可靠的。纽曼在此为寓意阐释辩护，认为字义的正确性并不能成为否认寓意阐释的理由。这个观点在20世纪的鲁巴克（Henri de Lubac）等人的著作中得到进一步的发挥。——译者注

7.

用后来的发展来解释以前就存在的教义，与认为之前的教义潜在地包含后来的发展是同一个道理——该发展包含在上帝神圣的计划中。旧约中上帝嫉妒和怀怒的性情体现在上帝拒绝扩展经文来记载预言的每一个细节的实现；同样的性情再次体现在从尼西亚会议以前的教义中为尼西亚和中世纪的教义寻找证据。当正统神学家征引"我与父原为一"（约10:30）为圣子和圣父一体性的证据时，异端的争辩者不明白为什么这句话指的不仅仅是圣子和圣父意志的统一。当"这是我的身体"（太26:26）被用来证明圣餐中圣体的真实临在时，异端把这句话解释为一个比喻，因为这是他们能找到的最明显的一种阐释。同样地，当罗马天主教徒指出大格列高利请求圣徒代祷时，他们说只是一种修辞方式；当谈到克莱门曾提到炼狱时，他们说那仅是克莱门的柏拉图主义；谈到奥利金曾提到向天使祷告和殉道者的善工时，他们说那仅是奥利金作为异端的一个例子；当谈到西普里安称颂彼得的宗座时，他们说那仅是一个比喻或者抽象的教会；谈到早期教会普遍为罗马教宗的权威做见证时，他们说那仅是那个时代所特有的、临时性的特征；谈到德尔图良关于传统和教会的讨论时，他们说那仅反映了德尔图良作为律师的思维方式；而每个教义的具体情况和证据应该始终根据最终获得的发展进行阐释。

8.

另外，如上所示，因为所有的教义一起形成一个完整的宗教，分别支持这些教义的几个不同的见证也属于一个整体，并必须把它作为一个整体来对待；如果要为其中的任何一个作辩护，其他的都可以被作为证据来征引。几个较弱的证据联合在一起，可以形成一个强有力的证据；反过来，一个很强的论据可以赋予自身较弱的几个并列的证据以说服力。就拿神迹的例子来说，不论是圣经中还是教会里的神迹，"有证据的神迹数量是不多的,虽然有证据,如果把它们拆开,我们相信其中的一个还是会有困难。但是,把它们联合在一起,就成了我们相信其他神迹的基础。"① 在有《马太福音》以前,没有人会想到有必要在旧约中为《马太福音》的每一个章节寻找证据。只有当人们证实它的一部分隐含在古代的经文中时,它才在整体上被证实,因为部分是整体的部分。当整体被证实以后,整体的可信性又成为一些自身缺乏明显证据之部分的凭证。在这个意义上,我们可以从奥古斯丁有一两次曾引用过意大利文圣经这一事实来推断他知道这个版本圣经的存在。同样地,人们普遍同意,关于三一上帝中第二位格之上帝存在的证据,大大地减轻了证实第三位格之上帝存在的负担。同理,补赎的教义与永久惩罚的教义是相关的,前一个教义的证据实际上增强了后者。一个新教的争辩者可能认为,如果他说服了他的反对者放弃化质说(Transubstantiation)②的话,除了获得小小的胜利以外,没有什么大不了的,因为这个反对者还是相信圣徒代祷、炼狱、七种教礼和善工的教义;对信奉新教某个宗派的人来说,反对这些教义——对圣体的敬拜、罗马的至高无上性、祭司独身制、向神父秘密忏悔、圣餐只领饼不领杯、传统的权威——也没什么大不了,因为毕竟他还保留了无染原罪受孕(immaculate conception)③的教义。

9.

以上评论所依据的原则得到了英国国教会诸位圣贤的认可。比如,我们曾经多次引用过的巴特勒主教,他虽然致力于为基督教声辩,但同时又声称由启示而来的教义体系存在很多弱点。他说:"增加新的论据所

---

① On Miracles, Essay ii. 111.
② 罗马天主教和东正教相信,在圣餐礼中,饼和杯虽然还保持其原有的形态,但是实质上(substance)已经真正地变成耶稣基督的身体和血;这个教义是真实临在说的基础。新教则一般认为饼和杯并没有发生实质的变化,只是耶稣基督的身体的象征。——译者注
③ 即认为圣母马利亚在圣灵感孕时,并没有把人类的原罪传递到耶稣身上。虽然耶稣是真实意义上的人,上帝通过赐下特殊的恩典,免除了原罪在他身上的拘泥。——译者注

带来的不仅仅是新论据的增加；新的论据和原有论据的组合使论据成倍地增长。但是，在这一点上，我不反对其他人提出完全相反的意见……我们宗教的真理，就像所有其他事情的真理一样，只有把所有的证据都聚集在一起，才能得到恰当的判断。只有全部的事实都得到验证，其中的每一个具体的细节都得到证实，才能被称为真理，因为这正是为基督教辩护的重点所在。同样，许多得到认可的事件被用作有争议事件的证据，而有争议的事件只有在同时满足以下两个条件时才能被证实：第一，它清楚地包含在已经得到认可的事件中；第二，只有在有争议的事件被证实的情况下，已经得到认可的多个事件才能作为一个整体存在。

"很显然，这种论证的性质给了攻击基督教的人很大的优势，特别是在谈话中。因为他们很容易以简短和生动的形式显示，他们可以对这个或者那个教义提出反驳，这条或者那条教义本身没有多大分量；但是我们却不能以同样的方式显示全部论据作为一个整体的力量。"①

类似地，戴维森先生（Mr. Davison）谴责"包含不充分的证据"的"邪恶的论证模式"，因为这样的论证容易招致反对意见，"如果把论点拆开，使之成为一个一个的分论点，如果这些分论点中有一些是不能令人信服的，那么我们就有了很多例外的情况，而不是一系列逐步增强的有利的论证。怀疑主义者认为，他不能完全依赖这个或者那个信条，因为个别信条是不确定的，所以在下结论的时候，要把它们一个一个地排除掉，因为在这些信条的基础上不能进行严密的论证。"最能体现戴维森理想论证风格的可能非巴罗②的《论教宗的至高权威》莫属了。

10.

以上两位作者的看法涉及组合属于同一个体系的教义，以及属于同

---

① Anal. ii. 7.
② 巴罗（Isaac Barrow, 1630—1677），英国神学家，英国国教会司铎。他的数学思考方式对其神学思考的严格性有所影响。著有《论教宗的至高权威》(*Treatise on the Pope's Supremacy*, 1680) 等。——译者注

一个论题的论据，几乎没有人会在抽象的意义上讨论这个问题。一般情况下，应用教义的原则是，一旦一个有比较充分证据的教义呈现在我们面前，我们必然会毫不怀疑地接受它，并把它作为关键论题应用到阐释与它相关的证据，或者我们期待它能综合其他事实——不管我们至终的判断如何。戴维森和巴特勒的理想方法并不具有实用性。另外，他们的提议也不足以证明，我们的某个基督教宗派有压倒性的根据，让我们摈弃天主教会，而绝对地服从该教会的阐释。这样虽然能使个别人有借口怀疑天主教会的教义发展，但是却让该具体教会——英国国教会或其他——处于更尴尬的境地，因为它显然没有理由把如此傲慢、专横的论断，强加给使徒唯一的合法继承人和代表。

第二节　论证的状态

1.

培根（Francis Bacon）以诋毁本文力图提倡的论证方式而闻名。他说："有些人不懂得培养怀疑的习惯，而只知道记下他们认为理所当然的、已经被证实的原则，并以此为根据接纳或者摒弃相关的事物，并与他们认为违背这些原则的原则周旋。这些人只配做文字游戏，无理智地推理，让世界充满虚幻和玄机，而不知道怎么解释世界的性质。"① 但是培根所提倡的这种他自认为严谨的论证方式，恐怕只能应用在物理和数学的领域中，而在历史、伦理学和宗教学中，这种论证方式是找不到用武之地的。物理的事实是具体的，往往可以通过感官的感知，对物理事实的认识通常可以得到满意的测试、纠正和证实。把所有的认识都降低到感官的层次是不理智的。感性的目的是用来替代不够确定、不够直接的信息提供者。当感性不够用的时候，我们还有理性，还可以诉诸权威

---

① Aphor. 5, vol. iv. p. xi. ed. 1815.

来确定某些事实。但我们认知的开始是感性的。我们可以演绎、归纳、抽象，并把事实理论化。我们不以猜测和臆断开始，也不会到历史的传统中寻找答案，更不会寻求巫师的法令来判断我们手中和眼下的事情。

但是历史学的研究方法就有所不同，因为历史事实不能直接地摆在我们眼前。培根的方法在伦理学中也行不通，因为伦理学研究的现象更加微妙、严密、与个人的生活贴近，并缺乏绝对的、所有人都会认定的标准。在类似的人文科学中，我们不能仅依靠事实，因为我们没有足够的事实可以依靠。我们必须尽量寻找可能的资源，比如别人的观点、历史的传统、权威的指示、以前存在的征兆、类比、类似的案例，等等。并不是说任意的资源都可以利用，而是像与感性有关的事实一样，要经过筛选和细致的审查。

2.

更进一步说，如果我们假设仁慈的上帝为我们提供了恰当的认识真理的工具（虽然对不同主题的认识需要不同的工具），那么一个简单的问题是，什么样的工具对应什么样的主题。如果我们相信认识的工具也来自神圣的上帝，我们可以肯定，不论我们使用的工具是什么，最终都能达至真理。即使是不够精确的推理这一工具，只要上帝祝福，或许能与更完美的工具一样发挥作用。比如，在伦理学中，上帝提供的是前因概率的方法，而在医学中则提供经验和归纳的方法。

如果我们能合理地把医学、建筑学、工程学以及——在一定意义上的——神学，都当成领受上帝恩赐的途径，那么伦理学也可被称为神圣。至于宗教学，我们声称，我们的方法首先是把自己交托给上帝，并领会他的意志。如果我们能领会他的意志是他神圣的目的，他所为我们提供的工具，不论是应许的还是不能被人理解的工具，都是足够的，因为工具是上帝所提供的。至于在某个特定的时候，某个特定的人拥有什么工具，都取决于上帝的意志。他可能赐给某些人祷告和服从的恩赐，作为领会基督教奥秘的工具。对另外一些人，他可能赐下阅读圣经的恩赐，用来指导他们的信仰。如果记载他的启示的文本具有历史性和哲学性，那么有事实支持的前因概率就足够了，正如在其他的历史研究中我们所看到的一样。

3.

另外，我认为，在与伦理道德有关的学科中，如历史学、古典学、政治科学、伦理学、形而上学和神学，尤其是在神学和伦理学中，前因概率具有在其他实验科学中所没有的分量和说服力。一位成熟的政治学家和神学家可能因为他特有的思维习惯而具备特有的解决某种问题的能力。这种能力在物理学等领域的专家中比较少见，通常对某项特定的研究，不同的研究者仍然基本处于同一水平线；至少培根也同意这一点，他承认："在科学中探索的方法不依赖于天才的精妙和力量，能力和理解力不同的人都必须使用同样的方法。"①但是培根忘了，在有的学科里，天才就是一切，除天才之外别无其他。

4.

培根这位显赫的哲学家谴责在寻求真理的过程中任何使用假设的方法和寻求权威指示的做法；尽管如此，我们却不能错误地以为，权威、传统、逼真性、类比等方法都仅是"洞穴里的偶像"，或者历史和伦理学的"戏院里的偶像"。尽管培根非常伟大，我们仍然能用他自己说过的话反驳他："如果建立在良好的实验的基础之上，经验是最好的说明；但是把具体的经验应用到类似的其他事物中的做法是错误的，除非实验是精确地、有规律地完成的。"②尼布尔（Niebuhr）对他作了解释和纠正，"事例本身不是论据"。他在研究罗马史的一个令人费解的问题时说："事例并非论据，但是在历史研究中，事例是最有力的。毕竟，我们可以从

---

① Nov. Org. i. 2, § 26, vol. iv. p. 29.
② Nov. Org. §70, p. 44.

过去的事例中为后来的发展寻找类比。"①这位明智的作家在研究事例的时候，找到了历史逻辑的真正原则。

同样的原则也包含在亚里士多德著名的格言中："我们在演说家的演说里找例证，这与认可数学家给出的概率是同样的道理。"在人类生活中，用实例验证假设是我们论证的一般工具，并且大的前因概率几乎可以代替实例。当然，很显然，我们前面的观点可能存在严重的错误，这样的话，我们的结论也必然有偏差。但这一点说明的是，我们没有权利以某个不可信的前提为基础作假设，而并不能说明我们的论证方法有问题。

5.

我在这里讨论的是论证的过程本身，至于论证的正确性则由具体的应用来决定。在一般的宗教问题上，如果有既定的惯例和传统的支持，大多数人可以满足于以一段经文为基础来证明教义。"你们不可停止聚会"（来10:25）足可以成为举行社会的、公共的甚至周日崇拜的理论基础。"树倒在何处，就存在何处"（传11:3），显明对我们灵命的检验随着生命的结束而终止。"他们禁止嫁娶"（提前4:3）决定了教宗是有罪的人。另外，很显然，发生在一个人身上的或好或坏的事让人联想起他以前所做过的事或者说过的话。在回顾的时候，我们以这件事为根据，对这个人的过去作假定的阐释——因为如果我们坚持把他在过去的表现当作认识其个性的证据，可能因为证据太少和不确定而显得荒谬。前因概率除了支持与之相一致的论证以外，甚至可以克服与之相反的论证。每一个人都知道，分析案例的时候，个别案件的性质要根据某个人总的个性来判断；尽管有时候，某个事件和此人总的个性并不对称，个性在判断事件的时候仍然有一定的分量。相反，我们都知道，在法庭上，有时候虽然没有极明确的判定某个人在某个特定的罪行上的具体证据，但是

---

① Hist. of Rome, vol. i. p. 345, ed. 1828.

如果此人被证实品质败坏并有很多前科，法庭有时候也能作出判决。这种思维方式绝不仅仅存在于微不足道的事情上。我们常常依据可能性，而不是证据来作出有关我们的切身利益、个人幸福、财产、健康、名声的决定。依据可能性作出的决定不一定是精确的，但往往是明智的。对于宗教事务，我们也同样能够根据可能性的大小作明智的决定。

6.

在绝大多数情况下，直接证据与动机判决相比仅具有从属地位，对此还可以说更多。我们可以说，有时缺乏证据反倒是证明某个论点的一种证据——乍一听有点矛盾。在一些情况下，我们并不能发现有关沉默或缺失的原理，因为它们的确难以捉摸。比如卢奇安（Lucian），不知道出于什么原因，几乎没有提到罗马的作家或者事件。① 马克西姆·泰罗斯（Maximus Tyrius）虽然长期生活在罗马，并在罗马完成了几部著作，但是几乎没有提到罗马历史。除了普利西安（Priscian）以外，几乎没有人提到过历史学家帕特尔库鲁斯（Paterculus）。与我们的讨论关系更密切的是，塞涅卡（Seneca）、大普林尼（Pliny the Elder）和普鲁塔克（Plutarch）完全没有提及基督教；可能爱比克泰德（Epictetus）和马尔库斯皇帝（Emperor Marcus）也没有提到。另外，成书于180年左右的犹太教《密什拿》②也对基督教完全保持沉默。成书于耶路撒冷和巴比伦的《塔木德》只有300年和500年的两卷中提及基督教。③ 优西比乌对他所记录下的史实显得很不确定，他没有提到美多迪乌（St. Methodius）、安东尼（St. Anthony）、佩尔培图阿的殉道，以及行奇迹者格列高利所行的神迹。以常识推断，他会很自然地在《教会史》中提到君士坦丁大帝在天空中看到的十字架，但是《教会史》中并找不到这个光荣的十字架

---

① Lardner's Heath. Test. p. 22.
② 《密什拿》(Mishna)，犹太教律法书《塔木德》(Talmud) 的基本部分。——译者注
③ Paley's Evid p. i. prop. 1, 7.

的痕迹，而只是在《君士坦丁传》中略有提及。

同样地，圣经中也存在着无法解释的省略。没有任何一个学派能在圣经的表面找到他们自己的信条和应用信条的原则。比如，拿但业（Nathaniel）和抹大拉（Magdalen）的名字上总是笼罩着一层迷雾。另外一个突出的例子是，直到《启示录》12 章，记载女人和孩子以及他们的敌人巨龙的时候，圣经才最终说明《创世记》里诱惑夏娃的蛇是堕落的天使。

7.

当省略出现在事实和教义的证据中时，就带来了困难；而且，它们通常需要解释。沉默可能出自所谈论的话题本身的特点，如四季、天气或其他的自然现象；可能出自关于神圣性的考虑，比如希腊人刻意回避谈论神的愤怒；也可能来自外部的禁忌，如列队行进时回避布鲁图（Brutus）和卡休斯（Cassius）的塑像；也可能出于恐惧或者反感，比如收到坏消息时人们常常陷入沉默；也可能出自愤怒、仇恨、轻蔑或者困惑，比如约瑟夫（Josephus）回避谈论基督教；优西比乌在他的《君士坦丁传》略去基利司布①之死；或者出于其他的强烈的情感，正如诗人所表达的情感："给悲伤以言辞"；抑或出于政策或某种审慎的动机，或者为了言辞得体，比如皇后的言谈中不能提及个人的姓名，不论这些人在政界有多大的影响；就连报纸，在一段时间以后，对霍乱避而不谈；或许，出自某个事实经历的自然的、渐进的过程，如发明或重大的发现——关于它们的过程的记载，往往是含混的；或者出于文献及其他直接证据的缺失，正如我们不能在一篇关于地质学的文章中寻找神学上的信息一样。

---

① Crispus 是君士坦丁大帝的长子，323 年被任命为副帝（继承人），后因其继母福斯达（Fausta）的阴谋而于 326 年被君士坦丁大帝下令处死。——译者注

8.

另外，省略也可能是因为外在的影响而发生。在这种情况下，省略不一定导致人的困惑，反而能证实某件事与外在的影响之间的联系。比如，导致省略的可能是某种障碍、某个人、某个原则或者意外情况。因为省略的出现，我们知道了这些情况可以对事件发生这样或者那样的影响。乍看起来，我们可能会觉得奇怪，为什么某个著名的文件只有一两份手稿流传下来；然后我们可能推断出某个强权在文件出版的时候力图阻挠文件的传播；现存手稿的存在则见证了在某个时候、某个地点，强权由于某种原因未能达到它的目的。

还有一种可能性是证据过于充足，以至于使所见证的事件本身显得可疑。比如伊格纳修的信件不包含后来常用的一些词藻，比如"祭司"或者"圣座"(See)等，并很少引用圣经。而后人则在为这些信件做注释的过程中大量引用圣经，以致使其不再像伊格纳修的风格。熟悉使徒时代神学的人，在阅读经过了修订的行奇迹者格列高利的信经和希坡律陀反对哲罗姆的著作时，很难相信其真实性，因为这些著作里所使用的准确的神学语言与尼西亚会议前原始的语言风格大相径庭。

9.

环境对观点或见证的影响反映了另一种可能造成省略的情况。佩利①写道："我承认，古代的护教者不像现代的作者那样强调神迹的重要性。他们的使命之一是反驳巫术的概念，并认为脱离了教义的神迹本

---

① William Paley(1743—1805)，英国神学家、哲学家、护教学家、英国国教会司铎。其思想影响了早期的达尔文（Darwin），但日后受到达尔文的批评。其著作《保罗的时辰》(*Horae Paulinae*, 1790)将保罗书信与使徒大事录进行比较，证明基督宗教之历史性。他另著有《道德原理与政治哲学》(*The Principles of Moral and Political Philosophy*, 1785)、《自然神学》(*Natural Theology*, 1802)、《为基督宗教证据之鸟瞰》(*View of the Evidences of Christianity*, 1824) 等（引自《基督宗教外语汉语神学词典》）。——译者注

身，不足以使一个人皈依基督教，也不足以平息有关教义的争端。但是我可以肯定地说，他们不愿意在教义的争端中诉诸神迹，并不意味着他们忽视或者怀疑神迹的真实性；他们只是担心对手会对神迹作错误的判断。"①同样，因为亲眼目睹异教徒的迷信和不道德，早期的基督徒不可能在抽象的意义上考虑教礼中是否允许使用圣像的问题。在建立起对道成肉身的上帝的信仰和宗教感情之前，他们也不会判定圣母马利亚——耶稣的母亲——在我们的敬虔生活中的地位。在教会生活出现腐败之前，他们也不会想到炼狱；在教会自由受到攻击之前，他们不会想到教会自由的必要性；在教会的地位被巩固之前，当然也没有教宗的存在。在殉道者大量涌现的时代，修道生活显得微不足道。克莱门不会撰文评论贝伦加里乌斯（Berengarius）的教义，狄奥尼修斯不会批判圣体无处不在说（Ubiquists），②爱任纽不会谴责新教的称义教义，西普里安也不会发展出一套宗教宽容的理论。"天下万务都有定时"（传3:1），"静默有时，言语有时"（传3:7）。

10.

有时候，证据的缺乏是无法解释的。随着时间的发展，部分的原因可能会显露出来；多数时候，人们只能耐心地等待。在这里举两个明显的例子：一是早期教会对于核心教义的见证的沉默；二是沉默的消失。宗教改革中，新教批判天主教会的重点是弥撒和教会统一的神圣性。从宗教改革运动以来，伊格纳修的信件被发现，早期的教礼被证实，多数人结束了有关这些教义的争辩。他们的好运气也可能发生在别人身上，即使不发生在别人身上，至少他们已经有了好运气；别人仍然可以把他

---

① Evidences, iii. 5.
② 路德宗的部分神学家认为，由于上帝的无所不在，耶稣基督的身体也无处不在。任何物理意义上的存在，树、房子、桌子等都包含耶稣基督的身体。圣餐和其他存在物的区别在于，耶稣的身体比在其他事物中更密集地存在。——译者注

们的好运气当作早期教会概念模糊的一种补偿。

11.

有些人可能会以为我作这些评论的目的，是用早期教会广泛存在的教义的缺乏与中世纪作对比，并为中世纪的教义发展辩护，其实并不是我的目的。但是，我认为我可以在严密的逻辑推理的基础上坚持，我为了说明后来的教义的发展所举出的早期教会的例子，是出于上帝的丰富——是出于神恩而不是出于强迫。验证的负担应该由攻击一个根深蒂固的教义的人来承受。至于有利于我们的积极意义上的证据，他们可以按自己的意愿吸纳。对于那些对他们不利的事实，他们不得不绕远路想办法回避。我所要强调的第一点是，对于基督教这样的概念体系，发展必然存在，而且必然是出自上帝的。第二点是，如果它们果真是出自上帝的，那么它们就是现存的发展，因为除此以外，别无真正的发展。第三点是，真正的发展只发生在一个地方，即历史上传递使徒教诲的宗座和古老的权威。

12.

如果有人抗议说，承认教义发展的困难不仅在于早期教会证据的缺失，更在于不利于发展理论的证据的存在。或者，如奇林沃思所说的："教宗之间不能达成一致，会议之间互相冲突。"我的回答是，当然他们会说这些话，但是这些话在被用于辩论以前，我们应该先核实其真实性，并判断其价值。我承认，教会史上存在以下现象，"主教之间不能达成一致，不同的教父有不同的看法，即使是同一位教父，前后的观点也不一致"。但是个别教父之间的差异恰恰与教义发展的概念一致，因此并不构成真正的反对意见。本质问题是，所认可的教义机构——教会，是通过教宗还是会议作为传达来自上帝意志的器皿。如果这个器皿自相矛盾，我的论题就是彻底失败了。但是，在有积极的、明确的证据之前，我们不能随随便便地接受这样一个鲁莽的论断。

第四章　实例剖析

1.

下文我们要通过实例来说明，在现存的基督教教义中，有许多在早期教会不占有突出地位，而随着时间的发展，其内在的价值逐渐显现，并回答了早期教父已经在思考的一些问题。在此为论证的需要，我不考虑教会关于其行为无谬误的主张——关于这问题，要说的太多，但是我不排除教会行为在逻辑上的合理性，而且这一合理性在过去一直被当作信仰的见证。

我的论点是，基督教从诞生之初就已经在展望教会的教义，并或多或少决定了教义发展的方向，只是这些教条在后来才得到认可和定义。发展进行到一定的程度之后，促使教义以定义的形式固定下来，并成为教义的证据——发展证实新的教义是对原有教义的正确阐释，并为其后教义的发展提供线索。

2.

在这里，我们的论证思路与物理学上以提供足够的证据来证实某个真理的过程相类似。几十年前，一位著名物理学家的一部力学著作以及他对这部著作的解释，为我们当前的话题提供了一个很好的导论。他介绍了机械运动的规律之后，接着说："这些规律是有关机械运动的最基本的法则，整个理论体系都建立在它们的基础之上。它们并非不言自明和一目了然，但是也不需要我们调试仪器，并设计精细的实验来为之提供证据。摩擦的作用和空气阻力总是存在的，并无法被彻底地从实验中排除出去。但是这些规律一再地、始终不变地呈现在我们的眼前。如果我们非要用实验来证明这些规律，它们当然会一如既往地奉陪到底。实验越精密，我们越努力地排除影响实验结果的因素，实验的结果就越符合这些规律。"①同样，某些教义的多个证据结合在一起，可以在不同的条件下证明，教义的源头的确是使徒的教诲，正如文森特所说的："适用于所有时代，所有地点，为所有人相信。"

这种论证的方法，首先，是不完美的；第二，是逐渐增长的；第三，是推论和判断延缓的结果；第四，延缓是有原因的。

第一节　粗略地举几个例子

1.
第一例　新约的正典

关于新约正典的构成，天主教和新教是完全一致的。但是，如果严格地应用文森特原则的话，这些被称为正典的书卷中有几部是不符合"所有时代"、"所有地点"的要求的。见证各个书卷的神圣证据各不相同。莱斯（Less）说："我们必须承认，新约中不是所有的经卷都被公认为福音书作者和使徒的著作。但是如果因此怀疑这些经卷不是来自上帝的启示，我们显然在质疑最显而易见的真理，并且必须推翻全部的教会史。所以我们只能说，新约的大部分得到了普遍的证实，剩余的部分被使徒时代的大部分人所认可。"②

---

① Wood's Mechanics, p. 31.
② Authent. N. T. Tr. p. 237.

2.

首先应该提到的是《雅各书》。它的确被 2 世纪的古叙利亚文圣经所容纳，而在希腊语作者中，3 世纪的奥利金是第一位提到该卷书的人，并且直到 4 世纪，拉丁文基督教界才有人提到这卷书的名字。哲罗姆说，这卷书"随着时间的发展，逐步地"被认可。优西比乌说：在他的时代，大多数人认可这卷书，但是他把这卷书与《黑马牧人书》和《巴拿巴书》列为一类。①

另外，"《希伯来书》虽然被东方教会所接受，但是直到哲罗姆的时代才被拉丁教会所接受。爱任纽说他不能确认，并倾向于否认这卷书出自保罗之手。德尔图良认为巴拿巴是其真正的作者。凯厄斯（Caius）的列表中不包括这卷书。它不被希坡律陀所接受。西普里安没有提到过它。至于奥普塔特斯（St. Optatus）是否接受它，我们不清楚。"②

再者，哲罗姆告诉我们，直到 400 年，希腊教会仍然拒绝接受《启示录》，但是它在拉丁教会早就得到了认可。

再者，"新约包括 27 卷书，其重要性各不相同。其中，使徒约翰死后的 80 年至 100 年间，有 14 卷从未被提到过，其中包括《使徒行传》、《哥林多后书》、《加拉太书》、《歌罗西书》、《帖撒罗尼迦后书》和《雅各书》。其余的 13 卷书中，有 5 卷仅被提到过一次，它们是：《约翰福音》、《腓立比书》、《提摩太前书》、《希伯来书》和《约翰一书》。"③

3.

由此看来，除了四五世纪教会的权威，我们还有什么其他的根据对经卷做取舍呢？当时的教会决定，某些特定的书卷是出自上帝的启示，并以正典的形式固定下来。在这个过程中，教会不仅作了见证，而且作

---

① According to Less.
② Tracts for the Times, No. 85, p. 78 [Discuss. iii. 6, p. 207].
③ 同上，p. 209。这些结果引自 Less 的书，应该是准确的。

了决定——也就是说，教会在以前的见证的基础上作了判断。她作决定的根据是什么呢？根据是在此之前，在基督教遭受迫害的时代，由于缺乏研究、讨论和寻找证据的机会，由于某些经卷仅在个别人中间和某个地域内部流传，由于对其他经卷中的教义的误解，教会不可能作出同样的决定。现在，经过了三个世纪的疑虑和犹豫，作决定的时机最终成熟了。为了说明这一点，我们可以引用前面引用过的著作的另外一段："我们对四五世纪的依赖体现在以下方面：关于经文，前面的几个世纪没有作明确的、经常的、意见一致的讨论，之前的教会只大致地确定了几卷书的地位，如福音书等，但是我们能看到其逐渐向 5 世纪的圣经发展的趋势。新约的最终成书为以前的发展划上了句号。比如，我们常说：'没有例外，就没有常规。'①比如，我们有理由相信，某个作者或者某个时代**应该会**见证如此这般的情况，但是由于这个或那个原因，即他所处的位置的偶然因素，我们可以说他或他的时代倾向于作如此这般的见证。从这个意义上说，前四个世纪倾向于见证 5 世纪教会作出的决定。如果把整件事看作道德证据，我们可以在 5 世纪的见证中找出前四个世纪所作的见证；只是排除了偶然因素，比如曾经存在的文献被遗失，或者教会之间因为缺乏沟通而产生的误解。5 世纪的教会对前四个世纪的模糊文本作了阐释，并借助任何坦诚之人所同意的评论，赋予其意义。"②

4.
第二例　原　罪

我前面已经提到过，从普遍的接受和准确的理解来看，直到奥古斯丁和帕拉纠的时代，原罪才被当作亚当堕落产生的后果。在克里索斯托

---

① （拉）*Exceptio probat regulam.* ——译者注
② No. 85[Discuss. p. 236].

生活的时代,他的作品中使用的一些辞藻,如果在他写作的五十年之前出现,是不可思议的。人们常常(合理地)解释说,在最早的几个世纪中,在异教和异端中盛行的宿命论是阻碍人们正确理解亚当堕落之后果的最大障碍;正如偶像崇拜阻碍人们正确理解圣像的使用一样,这个教义是个很好的例子。由于时代条件的限制,这条教义直到后来才形成,并最终被权威固定下来;也就是说,这条教义最初是隐性的,后来才显露出来,再后来得到了充分的发展。

5.
第三例 婴儿洗礼

克里索斯托有这样一段文字:"我们为婴儿施洗。虽然他们还没有受到罪的玷污,但是通过洗礼,他们能获得圣洁、公义。他们能成为上帝的儿子,基督的兄弟,并成为他的肢体。"(*Aug. contr. Jul.* i. 21)这番话至少说明,克里索斯托清楚地认识到为婴儿施洗的重要性和责任,但是在他之前的圣徒并没有这样的认识。我们都知道,在他之前的时代,很多被称为慕道者的人故意推迟受洗,就像现在的新教徒故意推迟领圣餐一样。我们现在很难确切地知道推迟背后的原因究竟是什么。如果一个人清楚地认识到洗礼所带来的好处,却拒绝接受洗礼,原因可能是不愿意委身于严格的宗教生活,不愿意公开承认其信仰或者与陌生人同属一个团契或组织。但是,出于或好或坏的原因,虽然在早期教会没有得到重视,为婴儿施洗成为我们必须坚持的一项基督徒的基本责任。

6.

甚至在4世纪,纳西盎的格列高利、巴西尔和奥古斯丁,虽然他们的母亲是基督徒,他们都直到成年以后才接受洗礼。格列高利的母亲在他出生时就已经把他奉献给上帝。他长大以后,通过正式的教礼,亲手接过福音书。他在青年时代就立志为信仰献身,并一直过着独身的生活。但是直到他在凯撒利亚、巴勒斯坦和亚历山大完成学业后,才在前往雅典的途中受洗。他在11月的季风中上船,二十天后,他的生命受到威胁;登陆之后,他马上接受了洗礼。巴西尔的父母都是基督徒。把他养育成人的祖母玛格丽娜曾在戴克里先大迫害期间与她的丈夫在森林里生活了七年。巴西尔的父亲曾经历过神迹。他的母亲是一个容貌美丽的孤儿,原打算一生过独身生活,但是由于没有保护人而被迫结婚。婚后,她因体恤穷人和把大量的钱财奉献给教会而闻名。她养育的十个儿女中,有四个被封为圣徒,巴西尔是其中之一,但是根据本笃会一位编辑的记载,他直到二十一岁或者二十九岁时才受洗。奥古斯丁的母亲是著名的圣莫尼卡,在奥古斯丁出生时,她已经是基督徒,但奥古斯丁的父亲不是。奥古斯丁一出生,马上通过专门的仪式被确认为慕道者。童年时代的一场大病,几乎夺走了他的生命;在病中,他要求受洗。他的母亲在恐惧中开始安排入教仪式,但他意外地痊愈以后,受洗的仪式被推迟了。直到他三十三岁,加入摩尼教九年以后,才最终接受洗礼。同样,安波罗修虽然在他母亲和一些圣洁修女的养育下长大,并深受他的姐姐玛瑟丽娜(St. Marcellina)的影响,直到他在三十四岁被选为主教时,才接受洗礼。他的哥哥萨提鲁斯(St. Satyrus)也是经历了一场海难之后,在三十四岁时受洗。哲罗姆虽然在罗马完成学业,并深受基督教的影响——与其他的孩子一样,周日参加弥撒,平日参加地下墓穴的敬拜——但是直到他游历许多地方以后才受洗。

7.

这些著名圣徒的推迟受洗,能成为某些新教教派和英国国教会拒绝为婴儿施洗的理由吗?后来教会颁布了关于婴儿受洗的法则,之后就有了圣徒,如克里索斯托就有了必须为婴儿施洗的圣句,圣经中也能找到一两处支持婴儿受洗的经文。后来的神学家强调洗礼对于获得拯救的绝对必要性——这些足够成为为婴儿施洗的理由。但是这并不足以逆转如下事实:

达尔马提亚（Dalmatia）、卡帕多西亚（Cappadocia）、罗马和非洲的教会都不曾要求作为基督徒的父母安排自己的孩子受洗。只有在教会颁布相应的信条之后，基督徒才意识到婴儿受洗的重要性，西普里安、克里索斯托、奥古斯丁等教父的权威，使婴儿受洗的必要性成为定论——婴儿受洗最终被无谬误的教会所认可，遵守这项仪式成为惯例，不遵守成为例外。

8.
第四例　领圣体一形

5世纪初，康士坦斯大公会议（Council of Constance）宣布，"虽然古代教会的圣餐仪式一般采取领圣体双形的形式，但是为了避免某些危险，有些教会合理地建立了领圣体一形（Communion in One Kind）①的传统，即祭司领圣体双形，平信徒只领圣体，因为我们坚定地相信，耶稣基督的圣体和圣血在饼和杯中都完全地存在。"

现在的问题是，这里确立的教义和批准的做法是否能被早期教会所接纳，是否是早期教会的原则和习惯做法的发展。我的回答是，如果我们肯定公会议拥有教会权威的前提，我们将能够找到足够的根据，来对上述问题作肯定的回答，并为之辩护。我们将很容易地得出这样的结论：领圣体一形完全是合理的，因为饼和杯都完全地传递圣餐礼的恩赐。

比如，圣经中有两处经文可以被认为是对只领饼，不领杯的许可。一是耶稣在以马忤斯向两位门徒显现（路24：13—35）；②二是圣保罗在

---

① "领圣体一形"与"领圣体双形"相对。后者指的是，在圣餐时，会众既领耶稣的身体（饼），又领耶稣的圣血（杯）。"领圣体一形"一般指的是，只领圣体，不领圣血；有的教会因为担心会众领杯时容易有圣血喷溅出来，导致玷污圣血。为保持谨慎，只有司祭人员领圣体，兼领圣血，普通会众则只领圣体。其理论基础是，饼和杯中都有完全的耶稣基督身体的存在，圣血存在于圣体中。——译者注
② 作者在这里指的是耶稣复活后向两位门徒显现的掌故。耶稣在以马忤斯遇见两位门徒，但他们没有认出是他，天色晚了，两位门徒邀请耶稣到村子里与他们同在。"到了坐席的时候，耶稣拿起饼来，祝谢了，擘（掰）开，递给他们。"（路24：30）门徒们这才意识到他们遇见的人就是耶稣，但是耶稣忽然不见了。在整个过程中，耶稣只为饼祝圣，没有提及圣杯。——译者注

海上遇到暴风雨后采取的行动（徒27:1—37）。①另外，路加说最早的基督徒"彼此交接、擘（掰）饼、祈祷"（徒2:42），并在每个星期的第一天，他们"聚会擘（掰）饼"（徒20:7）。

另外，在《约翰福音》6章，耶稣说："吃我肉的人也要因我活着。"（约6:57）尽管他明确地应许我们说，我们既要吃他的肉，也要喝他的血，但是他说，"我是……从天上来的真粮"（true bread from heaven，约6:32），"我是……生命的粮"（living bread，约6:51），而从来不曾说他是生命的杯。另外，保罗说："所以，无论何人不按理吃主的饼、喝主的杯，就是干犯主的身、主的血了。"（林前11:27）

旧约中许多关于圣餐的预示，也帮助我们得出同样的结论。比如耶稣提到了吗哪、逾越节的羔羊、未发酵的饼和五饼二鱼的神迹，这些仅是关于饼的比喻。摩西击打磐石涌出的水，和耶稣死后身体的一侧流出的宝血，仅是关于圣血的比喻。其他的则既包括饼，又包括圣杯，如麦基洗德的盛宴，以及以利亚所行的关于米和油的神迹。

9.

另外，从西普里安、狄奥尼修斯、巴西尔和哲罗姆的作品来看，领圣体一形的做法在早期教会很常见。比如，西普里安曾谈到过婴儿单领圣血，和一位妇女单领圣体。安波罗修曾说过，他的弟弟在船将要沉没的时候，把祝圣过的饼包在手帕里，系在脖子上。在沙漠里生活的僧侣和隐士几乎不同时领饼和杯。从下面引用的巴西尔的一封信来看，在埃及，不仅仅是僧侣，就连平信徒也采取领圣体一形的做法。有一个信徒在信中问巴西尔，在教会遭受迫害的时候，如果没有祭司，平信徒能不

---

① 使徒保罗和船上的其他人遭遇风浪，十四天以后，漂流到亚得里亚海。船上的人因为恐惧，十四天内几乎没有进食，于是保罗劝他们吃饭，并且"说了这话，就拿着饼，在众人面前祝谢了神，擘（掰）开吃"（徒27:35）。这次经历中也没有提及圣杯。——译者注

能"在手中"领圣餐,即只领圣体,不领圣杯。巴西尔在回信中完全没有提到圣杯,而只是说,在满足一定条件的情况下,由平信徒祝圣圣餐是可行的。他说:"我们有足够长的传统来说明,平信徒祝圣圣餐是无可非议的。因为沙漠里的僧侣,由于没有祭司,在自己的住处祝圣和领圣餐。在亚历山大和埃及,平信徒一般也在自己的家里领圣餐。原因是一旦祭司做了献祭以后,他代表教会领了圣餐,而其他人则可以每天在家里通过他分享圣餐。但是平信徒在领圣餐的时候,心里要意识到他是通过祭司领圣餐的。"① 值得一提的是,巴西尔在信的开始也提到了领圣体双形,并称之为"有益和有效的"。

我们有历史证据证明,领圣体一形的做法在本都(Pontus)、埃及和非洲盛行。我们也可以加上西班牙,因为有一位信徒在他关于西班牙文圣经的作品中对领圣体一形有所提及;② 或许也可以加上叙利亚,因为尼科夫鲁斯(Nicephorus)③ 告诉我们说,散居在没有主教的地区的基督徒小心地保留祭司祝圣过的饼,并掰成极小的小块,在复活节时领圣餐用。

10.

但是,有人可能说,只领圣餐的一半毕竟是危险和可怕的;尽管有了这些前例,我们还是需要更直接的根据来说服我们的理性。西普里安、巴西尔和他们之前使徒时代的基督徒,可能有我们无法了解的特殊情况的要求,迫使他们放弃了圣餐的一半。他们可以合法地这样做,并不意味着我们也可以这样做。直接的根据无疑是必需的,这个根据就是教会的权威。如果我们可以毫无保留地信任教会,那么在这个事例中就没有证据可以形成对她的反驳。当我们信任她的时候,我们的困难就迎

---

① Ep. 93. 我曾经认为,高度直译的译文应是最好的。
② Vid. Council. Bracar. ap. Aguirr. Conc. Hisp. t. ii. p. 676.
③ Niceph. Hist. xviii. 45. 然而,热那乌多特(Renaudot)为我们讲述了分裂最终结束时两个主教的故事。见 Patr. Al. Jac. p. 248。然而,这些受了神父的祝圣。p. 145。

刃而解了。另外，儿童，更不用说婴儿，曾一度被圣餐礼所接纳，至少可以领圣血；现在，我们有什么根据把他们排除在外呢？奥古斯丁认为儿童领圣餐的习俗出自使徒时代，这个传统一直延续到 12 世纪。在东正教会、斯拉夫教会和主张基督一性论的许多教会，这个习俗一直沿袭至今，其根据是，这是原始教会普遍的习俗。①难道领圣体一形比把儿童排除在圣餐之外更新奇吗？但是我们毫不犹豫地默许了后者。在有权威的情况下默许，这比在没有权威的情况下默许更安全。相信教会是真理的柱石和根基，这比相信教会在众多事情上可能犯错更加安全。

11.
第五例　同一实质论

接下来我要讨论的是关于耶稣基督的同实体性（Consubstantiality）和永远共存论（Co-eternity）。

围绕着这个主题，七八世纪的基督徒展开过一场关于教父在这个问题上持什么态度的争论。争论的一方认为，应根据教父神学里应用的表述从字面上理解教父；另一方认为，应根据天主教会的教义及后来的权威对其进行阐释。一方认为，教父不一定在后来被认为异端的学说上另有深意，另一方则认为，他们不见得不另有深意。布尔所持的立场不外乎如此，即尼西亚会议是阐释之前神学的钥匙。他的目的是解释困难。教父的有些作品之所以成为困难，是因为它们违背了后来被公认的某一个信条，或者成为这一信条的例外。而这个信条则成为衡量教父作品的原则。布尔所采用的题目——"为《尼西亚信经》辩护"——显示了他的目的不是鉴别某条教义的真伪，而是为这次伟大的会议所批准的教义提供解释和辩护。如果教父的作品不成为困难，布尔的著作就失去了其用

---

① Vid. Bing. Ant. xv. 4, §7; and Fleury, Hist. xxvi. 50, note 9.

意。他解释说，教父虽然没有使用尼西亚会议规定的语言，但是事实上，如果我们用尼西亚会议的精神阐释他们的作品，我们能更好地理解他们的教导，解释含混不清的地方，并且发现他们的不恰当的学说并不多，而且无足轻重。换句话说，布尔作了一个假设，并证明了事实符合他的假设。他的证明是成功的，又是困难的，在他审查的三十多位教父中，有近二十位符合他的假设。

第二节 基督的道成肉身以及圣母和所有圣徒的尊贵

1.

布尔主教的著作只专注于尼西亚会议以前的作者，几乎没有涉及圣子的同实体性和永远共存性；因为布尔讨论的是一个有争议的问题，他必然要集中讨论主题，并不得不放弃一个很大、很丰富的话题。下面我们将从历史的角度来看基督论的形成，是否为一个逐步的、一个理论接着一个理论的发展过程。

2.

首先，很明显，尼西亚会议以前的教父关于基督神性的讨论，比尼西亚以后所使用的语言更倾向于阿里乌异端。根据查士丁的说法，圣经的许多章节——比如创造天地、上帝向亚伯拉罕显现、在荆棘丛中与摩西交谈、耶利哥陷落后向约书亚显现，等等，都说明了圣子低于圣父，圣子是圣父的祭司和天使，而且与圣父不是同一位上帝。①克莱门把逻各斯②称为"上帝的器皿"、"与全能的上帝最靠近的"、"全能之圣父意志的执事"③、"圣父的能量与效力"、"因为他的意志成为所有善的起因"④。另

---

① Kaye's Justin, p. 59, etc.
② Kaye's Clement, p. 335.
③ p. 341.
④ Ib. 342.

外，安提阿会议在批判撒摩撒他的保罗（Paul of Samosata）时说，上帝"在向先知显现并与他们交谈时，有时候以天使的样式，有时候以上帝的形式显现"，然而，"把全能的上帝叫作天使是不虔诚的，而圣子是圣父的天使"①。但正式的证据是不必要的，如果事实不是像我所说的那样，桑迪乌（Sandius）就不必宣布与尼西亚会议之后的教父有所不同，而布尔也不必为尼西亚前的教父辩护。

3.

随着时间的发展而发生的本质变化如下：尼西亚以前的教父有时候把旧约中天使显现的章节当成圣子的显现，但是奥古斯丁明确说，他们仅是天使，全能的圣子借助他们彰显自己；这条教义被后来的教父所接受。一旦人们开始仔细思考这些章节的含义，就意识到这实际上是尼西亚会议以前唯一一个得到认可的阐释。这些章节的含义不可能是永恒的上帝可以真正地被人的肉眼所看见；如果确实看到了什么的话，看到的一定是上帝为彰显其荣耀而显现的某些象征。同样，人类听到的声音，如西奈山的雷声和锣鼓声等，这些都是上帝本质的外在表现，它们与上帝的本性不同。但是直到奥古斯丁，人们才清楚地认识到这一点。之前的教父似乎认为创造者和创造物之间没有中介，所以他们把圣子当作中介。至于圣子的本质，他们没有定论。奥古斯丁对这个问题作了判定，他的判定在后世得到了普遍接受。天使本身虽然没有物质的身体，但是为了向人类显现，通常会采取一定的形体。比如在荆棘丛中的天使、与亚伯拉罕交谈的声音、与雅各摔跤的人，都是执行上帝意志的天使，而不是圣子。阿里乌异端趋向于突显基督作为中保的行为，强调这些行为的神性而非人性，并将其与上帝的超出人类语言能力的荣耀混为一谈。奥古斯丁以后，中保的作用不再被单独地抽出来考察，而被定性为基督

---

① Reliqu. Sacr. t. ii. pp. 469, 470.

的一种职能——他不得不变身成人来执行这个职能,但他本身仍然是上帝。① 以前被认为是属于圣子的工作和属性,自奥古斯丁以后,被认为只属于基督的人性。在这个趋势确定以后,又出现了新的争议,即着重考虑基督的绝对完美性,而忽略了他与圣父的关系。于是,尼西亚会议的表达为"全能的父"、"他的独生子,我们的主,从上帝所出的上帝,从光所出的光,从真上帝所出的真上帝";说到圣灵时所用的表达为"是主,是赐生命者"。《阿塔那修信经》所用的表达则为,"父永恒,子永恒,圣灵亦永恒",以及"此三位无分先后,无别尊卑"。

4.

接下来的一个世纪发生的关于阿波里拿里异端和关于基督一性论的争论,朝着同一个方向发展。异端认为,耶稣基督不具有人性,所以正统教会显然要强调圣经中关于他作为人、属于被创造物的章节,其直接的后果是,原来用来说明圣子低于圣父的段落被用来解释基督的人性。耶稣所说的"父是比我大的"(约 14:28),就连阿塔那修也曾认为,这句话与基督的神性有关,但是后来的作者一般把这句话理解为耶稣的人性。这样,曾在尼西亚会议前被争论不休的"基督是否低于圣父"的话题逐渐退出人们的视野。

5.

这些变化带来了一个重要的后果。鉴于阿里乌异端和基督一性论的错误,正统的天主教徒很自然地开始了对圣徒的敬慕。因为被创造的中保不再属于耶稣基督,于是基督徒把注意力转向了作为创造物的圣徒。至于天使的显现,根据奥古斯丁的解释,如果他们是创造物,他们显然在旧约时代受到了以色列族长的崇拜,但族长和以色列人崇拜的不是天

---

① 这个主题在 Tracts Theol and Eccles, pp. 192–226 中得到了更精确、更仔细的阐释。

使本身,①而是天使所代表的比他们本身伟大得多的上帝。"摩西蒙上脸,因为怕看神"(出3:6),说的是摩西在一个创造物的跟前蒙上脸。当雅各说:"我面对面见了神,我的性命仍得保全"(创32:30)时,圣子在他的身边,但他所看见的乃是天使。当"约书亚就俯伏在地下拜,说'我主有什么话吩咐仆人'"(书5:14)时,他所听见和看见的也是一个创造物,但是圣子与创造物同在。

类似的敬畏显然在旧约中有充分的先例。比如,"众百姓看见云柱立在会幕门前,就都起来,各人在自己帐棚的门口下拜"(出33:10)。当但以理看到一个"穿细麻衣"的人(但10:5)时,他"浑身无力,面貌失色,毫无气力"(但10:8)。他"脸面向地",接着跪拜,最后"战战兢兢地立起来",并说:"我主啊,因见这异象我大大愁苦,毫无气力。我主的仆人怎能与我主说话呢?"(但10:16—17)反对这一论点的人可能会说,在原始崇拜体系得到允许的事,当"恩典和真理……由耶稣基督"(约1:17)来的时候未必依然可以得到允许。但是我们可以反驳说,原始的崇拜体系严格地反对拜偶像以及任何与偶像有关的事。摩西五经里关于独一创造者的教义,关于上帝如何创造天使则保持沉默,后来的先知则给予天使的创造比较详尽的叙述,这三条证据综合起来,证明了随着时间的发展,先有上帝的嫉妒,再有嫉妒的停止。就连保罗对崇拜天使的批评也说明不了什么——保罗说崇拜天使的人"不持定元首"(西2:19),把创造物而不是创造者当作善的本源。阿塔那修和狄奥多勒(Theodoret)的著作也不赞成对天使的崇拜。

6.

阿里乌异端促成了另一个发展,也就是奥古斯丁的教义所指向的对

---

① Vid. Via Med, vol. ii. art. iv. 8, note 1.

圣徒的敬慕。阿里乌派以圣经中耶稣被上帝高举的段落，断定耶稣不具有至高的神性。为了反驳他们的说法，阿塔那修强烈地坚持说，圣子变身成人的目的是给人类带来好处。他说，事实上，新约中高举基督之段落的真正的含义是，高举的对象不是基督，而是在基督那里得到接受、高举和荣耀的人性。异端反对基督神性的言论越强烈，阿塔那修就越通过解释圣经的相关段落来强调我们的人性通过基督得到高举。显然，阿塔那修的根据是耶稣与他地上的兄弟之间紧密的关系，如果基督的人性的确与他们相同的话，耶稣以其人性获得的荣耀也属于他们。这个通过异端的压力被引出和发展的真理其实早就内在于信徒的信仰中，只是以前没有得到充分、广泛的认可。人性的圣化（sanctification）甚至神化（deification）是阿塔那修神学的一个重要主题。基督在升天的同时，高举了他的圣徒，与他们一起坐在全能父的右边。他们充满着他的生命，与他的肉体是一体，也成为上帝的儿子、不朽的国王和天使。因为他的人性，他存在于他们当中。他们通过他而被神化。他通过他的灵住在他们中间，他在他们中间被看见。他们通过分享他的荣耀而得到荣耀的头衔。我们可以毫不顾忌地用《诗篇》和先知书里的话来称颂他们。"你永远为祭司"（来7:17）这句话，既可以用来称颂耶稣，也可以用来称颂他的圣徒波利卡普（Polycarp, St.）和马丁（Martin, St.）。基督的"施舍钱财，周济贫穷"（林后9:9）在劳伦斯（Lawrence, St.）那里得以实现。"我寻得找的仆人大卫"（诗89:20），本是关于耶稣的象征性说法，可以再次地通过基督的恩典指向他在地上的代表。"我将列国赐你为基业"（诗2:8），说的是教宗的特权；"他心里所愿的，你已经赐给他"（诗21:2），指的是殉道者的事迹；"你喜爱公义，恨恶罪恶"（来1:9）是对贞女的颂赞。

7.

阿塔那修说："当基督作为人死而复活时，他实际上把上帝能给人的最大恩典给了我们。接受人的身体并没有使逻各斯遭受任何损失，他本身并不需要恩典，但是他接受恩典来把他所接受的恩典神化，并把这一恩典白白地赐给人类……人类被造，因为犯罪而迷失，最后又被寻回，是因为圣父的荣耀。人陷于死亡之地，又寻回生命，并成为上帝的圣殿。天上的天使和天使长就敬拜上帝，现在他给了自己一个名字耶稣，他们仍然敬拜他。这是给人类极大的恩典和荣耀，因为即使成了人，圣子仍然被崇拜。等到我们这些与圣子一体的人也被接到天国的时候，天使不会诧异，因为圣子已经升上了天国。"①这段话的意思可以理解为圣徒将要分享天使给耶稣基督的荣耀，并解释在《启示录》里，为什么天使并没有敬拜教会的神学家和先知圣约翰。②但是阿塔那修又接着更明确地说："我们的主，即使在居于人的躯体内被称为耶稣的时候，仍然被当作上帝的儿子敬拜；通过他人们才认识天父。很显然，逻各斯不是作为逻各斯受这么大的恩典，而是作为我们中的一员。正因为他分享我们的身体，我们也成了上帝的圣殿和上帝的儿子。所以，上帝在我们中间被敬拜，如使徒所说：'神真是在你们中间了'。"③这段话明确地说，那些真正地在耶稣基督里成了上帝的儿子的人，因为他而合理地成为敬慕的对象。这条教义既解释了请圣徒代祷、敬慕圣徒留下的圣物的做法，又解释了即使还活在世上的圣徒，也可能因为行神迹而受到敬慕的原因。④敬拜必然是与荣耀相关的，同理，既然受造物能在一定的限度内分享创造者的荣耀，他们也能在同样的程度上分享他所受的敬慕。

8.

除此之外，阿里乌异端所起的争议还有另外一个后果，虽然这个后

---

① Athan. Orat. i. 42, Oxf. tr.
② Vid. supr. p. 149, note 17.
③ Athan. 同上。
④ 因此优西比乌在他的《君士坦丁传》中说："那些圣洁的歌者是崇拜上帝的，他们相信他们向其献身的上帝居住在圣徒的灵魂里。"Vit. Const. iv. 28。

果并不能算作阿里乌异端的直接影响。也就是我们已经提到的新约中有关耶稣低于圣父的章节获得了新的阐释。现在人们普遍的理解是，这些章节指的是基督的人性，而不是其作为圣子和中保的身份。但是还有一些其他章节不能以这种方式阐释，因为它们虽然是关于基督的，但看起来更像是关于受造物而非创造者的。基督的确是"圣父所永远喜悦的智慧"，但是在反对阿里乌异端的历史条件下，神学家很自然地希望能为这样的语句寻找除圣子以外的其他对象。因此，阿里乌争议提出了一个它未能解决的问题。在新的情况下，教会开始在光明的属地寻找一个还没有主人的地方。阿里乌主义者已经承认，耶稣基督既是福音书里的上帝，又是世界的创造者；但是这还不够，因为他们不愿意承认基督是唯一的、永恒的、无限的、至高的上帝；他们认为耶稣基督仅是一位处在受造物之顶端的所谓的上帝。在与阿里乌主义斗争的情况下，仅说明基督在上帝创造这个世界之前就存在是不够的；把他置于所有的受造物和上帝所有的工作之上是不够的；把他称为圣徒之君、上帝与人之间的中保、崇拜的对象、上帝的形象都是不够的；因为对于一个阿里乌主义者，真正的上帝与基督之间仍然存在着一条无法跨越的鸿沟。受造物中最高的与创造者本身也是无法相比的。尼西亚会议已经确定，受造物虽然可以受到我们的尊崇和敬慕，但在最终的意义上不是真正的上帝。阿里乌和阿斯特利乌斯（Asterius）承认教会对基督所有的赞颂，只是不愿意承认他是全能的上帝本身。他们甚至比伯纳德和阿方索更热情地称赞圣母马利亚，但是他们仍然把基督当作受造物。"天上现出大异象来"（启12:1），圣约翰看见了一个远远高于所有受造物的宝座（启12:5），为人类中保；像晨星一样明亮的冠冕；从永恒的宝座流出的荣耀；像天空一样纯净的圣袍；一个高于一切的权杖；谁是这威严宝座的继任者？宝座虽高，对于创造者来说仍然微不足道，她是谁呢？"我是纯爱、敬畏、智德和圣爱的母亲"（《便西拉智训》24:24）；"我高峻，如恩格狄的棕树，有如耶利哥的玫瑰树"(《便西拉智训》24:18),"从至高者的口中出生……在一切化工以先,是首先出生的"(《便西拉智训》24:5),"在雅各伯(耶路撒冷)建立产业"(《便西拉智训》24:13)。这一异象在《启示录》又再次出现,一个妇女以日光为衣,脚下踩着月亮,头上戴着十二个星的冠冕。对马利亚的敬慕从来不曾玷污基督,只有毁谤她的儿子的人才会这样认为;罗马的教会也不崇拜偶像,除非阿里乌派成了正统信仰。

9.

我在这里不能把所有有关阿里乌争议的结论一一罗列出来,而只着意于讨论其既广又深的前提。当时的信徒决定,称颂一个受造物与承认其神性有着根本的区别。我要讨论的也不是半阿里乌主义者(Semi-Arians)——他们一方面承认圣子的本质来源于圣父,另一方面又不承认圣子和圣父的同实体性,的确有主张两位上帝的嫌疑,并对维护圣母马利亚之崇高地位的人不构成任何挑战。我说的是认为圣子的实质属于被造物范畴的阿里乌主义者。阿塔那修对他们的批判的确是对中世纪神学的辩护。但是,发展如果停滞于此,教义仍然是不完美的。当时有很多潜在的、意识不到自己错误的苏西尼主义者(Socianians)、聂斯脱利主义者(Nestorians)、撒伯里乌主义者(Sabellians),他们虽然承认基督的神性,但是上帝的神性住在人的躯体,像住在一个房子里一样;实际上,他们把他当成了一个圣徒——这样的人才会把仅属于上帝的永恒的荣耀与对圣母的敬慕混为一谈。

10.

前面已经提到,在基督教初期,对圣母马利亚的崇敬并没有得到公众和教会的普遍认可。4世纪耶稣基督的神性得到恰当的理解以后,5世纪对圣母的崇敬开始逐步得到确立。第9节提到,4世纪关于基督论的争议隐含着聂斯脱利异端，期待着教义的进一步完善。或许我可以这样说，聂斯脱利的学说虽然在时间上发生在阿里乌异端之后，但它实际上是阿里乌异端隐含的理论准备。为了表示对基督的崇拜，为了维护真正的道成肉身的教义，为了确保信徒正确地理解基督的人性，以弗所会议强调马利亚是耶稣真正意义上的母亲。因此，当时的所有异端，虽然彼此之间互相抵触，但是都提倡对马利亚的尊崇。原始理性主义的源头——安提阿学派——首先引导教会思考一个受造物可能想见的伟大，以及童贞女马利亚的无法用语言描述的尊贵。

11.

但是，基督徒的自发和传统的感情在很大的程度上预见了教会的正式决议。事实上，上帝之母的称谓从最早的时代就为基督徒所熟悉，并出现在奥利金、优西比乌、亚历山大、阿塔那修、安波罗修、纳西盎的格列高利、尼撒的格列高利和尼鲁斯（Nilus）等教父的著作中。伊比芬尼（Epiphanius）、哲罗姆和狄迪莫斯（Didymus）把她称为"永恒的童贞女"（Ever-Virgin）。其他的一些教父，强调她作为夏娃的反式（antitype of Eve）之身份，称她为"众生之母"，比如，伊比芬尼说，"事实上"而不是在比喻的意义上，"上帝通过马利亚把生命本身带到世界上。马利亚赋予所有的事物以生命，所以是众生之母。"①奥古斯丁说，所有的人都犯了罪，"唯一的例外是圣母马利亚。我们讨论罪的时候，我希望不要有人质疑马利亚的完美纯洁。"安波罗修强调她曾经怀着作为胎儿的基督，说："她是世界唯一的拯救。"安波罗修还说，带领以色列人经过旷野的云柱就是马利亚的象征。哲罗姆说："她领受了浩大的恩典，以至于不但她是圣洁的，她也能使其他的人圣洁，""她是耶西女儿，永远敞开的天堂的东门，最高的祭司从那里出入。"尼鲁斯说，她是智慧的象征，"她

---

① Hær. 78, 18.

取了她所生的羔羊的毛，织成不腐的衣裳，披在所有信徒的身上，拯救他们脱离精神上的赤裸"。安提阿古（Antiochus）说，她是"圣母、美和尊严之母，是明亮的晨星"。以法莲（St. Ephraim）说"她是神秘的新天"，"带着神性的天"，"带我们脱离死亡之地的新枝子"。马克西姆（Maximus）说，她是"奇妙、明亮、甜美、纯洁的吗哪，仿佛从天上降下，像比蜂蜜还要醇美的食物一样喂养着教会的所有信众"。

普罗克鲁斯（Proclus）称她为"含着无价珍珠的蚌壳"、"无罪的神圣祭坛"、"燔祭的金祭台"、"膏抹的圣油"、"盛着松香的大理石盒"、"里外都烫了金的方舟"、"洁净罪之玷污的、生下主耶稣的女子"、"《雅歌》里的美丽新娘"、"信徒的支柱"、"教会的冠冕"、"正统的符号"。这些都是布道稿中的措辞。我们知道，我们在布道稿中讨论的话题是重要的、常见的，而不是细枝末节的、艰涩的。在别处，普罗克鲁斯写道，她是"人走向上帝的唯一桥梁"，"把所有的受造物在你的脑海中过一遍，你会发现你找不到比圣母马利亚更伟大的受造物"。

12.

157

安斐洛奇乌（St. Amphilochius）在写作时引用以弗所教父西奥多图斯的话说（但有人认为此话可能并非出自西奥多图斯）："我们是上帝的债户和臣仆，让我们用上帝赐给我们的话语向基督和他的母亲称颂：……万福，圣母，永远的光明之母，不朽的神圣之母，你是生命之河的清澈源头！"讨论了道成肉身以后，他接着写道："圣母是'永远的童贞女'，这并不是自相矛盾。在她神圣的光芒中，我们能理解这一称谓，因为她是生命的源泉，她用纯洁和智慧的乳汁哺育我们。我们吮吸着她的甘甜，急切地奔向她，并不是为了忘记过去，而是为了未来的希望。"

在致富尔根蒂乌（St. Fulgentius）的信中有这样的话语："马利亚是天堂的窗户，因为上帝的光透过她照耀着世界。她是通往天国的阶梯，因为上帝通过她降到人间……世上所有的贞女，来到她面前吧，因为她也是贞女;怀胎的女子,来到她面前吧,因为她也曾怀胎十月;世上的母亲,来到她面前吧,因为她也是母亲;哺乳的女子,来到她面前吧,因为她也曾哺乳;少女,来到她面前吧,因为她也是少女。"克里索罗古斯(St. Peter Chrysologus)说:"上帝给了她多少恩典?上帝说全部。上帝的确给了她全部的恩典,像甘霖一样洒落在所有的受造物之上,渗透到受造物的心里。"①

以上就是阿里乌、聂斯脱利和基督一性派异端之后,教父们称颂圣母的言辞。教会所作的关于圣母的教义上的决定,在东西方教会史上都留下深深的烙印,并一直延续到今天。

第三节 教宗至上

1.

我再举一个例子。根据我所提出和维护的原则,我们来看看教宗至上的原则建立在什么证据之上。

关于这条教义,问题是这样的:是否从基督教诞生之日起就存在着一种神圣的力量,由于特定的原因,最初没有在教会的事务中显现出来,但是在4世纪得到了发展;她存在和运作的证据,虽然在初期不明显,但是与后来成熟的形态不相矛盾。

2.

比如,伊格纳修在他的书信中确实对教宗的权威保持沉默。但是,如果事实上一个权威机构在那时不能作出积极的动作,伊格纳修的沉默,正如塞涅卡和普鲁塔克对于基督教本身的沉默或卢奇安对于罗马人

---

① Aug. de Nat. et Grat. 42. Ambros. Ep. 1, 49, §2. In Psalm 118, v. 3. de Instit. Virg. 50. Hier. in Is. xi. 1, contr. Pelag. ii. 4. Nil. Ep. i. p. 267. Antioch. ap. Cyr. de Rect. Fid. p. 49. Ephr. Opp. Syr. t. 3, p. 607. Max. Hom. 45. Procl. Orat. vi. pp. 225 – 228, pp. 60, 179, 180, ed. 1630. Theodot. ap. Amphiloch. p. 39, etc. Fulgent. Serm. 3, p. 125. Chrysol. Serm. 142.

的沉默一样，并不难解释。伊格纳修根据当时的需要来制定他的教义。使徒还生活在这个世界上的时候，既没有主教也没有教宗；因为有使徒的权威，教宗和主教没有存在的必要。随着时间的发展，主教的权力开始显现出来，接着显现出来的是教宗的权力。使徒离开世界以后，基督教并没有马上陷入分裂；但是不同地区可能出现了一定程度的内部纷争，地区性的权威机构亟待出现。本地的基督徒并不与外埠的基督徒有纷争，但是他们内部意见经常不一致。伊格纳修采用了相应的对策。各方都开始承认必须有圣事的统一性，其实现的模式和巩固的方式根据各地的具体时机有所不同，其本质、地位、规则的制定则随着需要的增长而逐步增长。

3.

权威的发展与日常生活中其他的发展没有两样，就是这样一个自然增长的过程，后来形成的主教团和教宗的权威也可以不偏不倚地被认为是出于神圣的意志。这与法庭和法律的出现起源于解决日常生活纠纷的需要是同样的道理。虽然是一个自然的过程，但是常常会带来最意想不到的结果。直到复杂的教会事务呼唤实际的权威机构的出现，圣经上关于彼得权威的论述仅仅是文字。基督徒"一心一意"（徒4:32）的时候，对权威的需要可以暂缓，爱的力量比法律更强大。基督徒知道，他们必须作为一个统一的整体生活，而他们也的确作为一个整体生活。至于统一在哪些方面存在，他们能在多大程度上考验这种统一，什么会导致统一最终的崩溃，这些都是不相关也不受欢迎的问题。亲戚可以在不知道彼此的权利和财产的情况下幸福地生活在一起，直到一个大家庭的丈夫或者父亲去世。然后他们发觉他们之间存在着利益的冲突，并在没有律师协助的情况下不敢做任何举动。另外，想象一个公司或者学术单位，可能长达几个世纪都按照一套固定的程序做同一件事，各个成员之间保持着很好的相互理解，各项条例几乎成了无用的文字，并不需要用前例对它们进行解释，各个阶层的权利和功能没有得到明确的界定。突然，形势发生了变化，这个机构必须作为一个政治实体存在，并确立领导者和被领导者的关系。要求伊格纳修谈论主教就像派一个军队去逮捕一个小偷一样。主教的权力当然是来自上帝的，教宗的权力也不外于此；主教和教宗一样，都是上帝的代表，他们都承担圣职——但是我在这里说的不是内在的神圣性，而是他们的职责。

4.

使徒离开这个世界后，教会不得不依靠自己的力量。首先，地方性的纷乱促成了主教的产生；紧接着，全教会范围内的纷乱使教宗的出现成为必然。教宗对于天主教这个团体究竟是不是必要的，在这个团体事实上被延缓之前，不会也不能提上议程。伊格纳修没有给生活在亚洲的希腊人写信讨论教宗的问题，就像保罗在给哥林多人的信中没有谈到主教一样不难理解。如果非要把教宗至上的教义在2世纪没有被认可当成一个难题，那么三位一体的教义是个更大的难题，因为它直到4世纪才得到正式认可。任何一个教义，如果不被首先违背，就不会产生。

同样，在教义的问题上，当传统很新鲜、很强大的时候，教徒很容易接受盛行的传统。但是当传统衰落的时候，甚至在局部地区失败的时候，就有必要诉诸教义的特殊传承次序——先是使徒权柄，接下来是彼得的宗座。

5.

另外，在遭受长期迫害的时候，如果仅依靠外在力量的支持，一个国际性的联合团体和公共的权威永远不会得到巩固。如果国王的力量能够阻挡教会会议的发展，它也同样能抑制教宗的力量。信经和圣经正典也就都不能得到确定。信经、正典、教宗、公会议，都在帝国对教会的压迫松动的时候开始形成。罗马帝国成为基督教王国以后，教会的力量很自然地开始初露头角。同样，帝国衰落以后，教会的力量也很自然地得到进一步的发展。另外，教宗开始行使其职权以后，纷乱和冲突不可避免。关于所罗门圣殿，圣经上说："建殿的时候，锤子、斧子和别样铁器的响声都没有听见。"（王上6:7）这是教会的象征，抑或是教宗或者使徒的先例。在任何一种情况下，都确立了一种新的力量。正如保罗不得不恳求上帝赐给他使徒的权威，并命令作为以弗所主教的提摩太，不能让任何人轻看他，我们同样不能把教宗建立其权威的努力一律归为政治野心。波利克拉底很自然地反对维克托（St. Victor），西普里安也很自然地既赞美彼得的宗座，又在他认为她超越了自己权限的时候抵制她。后来，一方面，国王愤怒地反对她；另一方面，很自然地，与这个古老的、受到时间考验的教会相比，国王更愿意与一个更年轻的力量合作。①

6.

在这里，除了其对动机的论断以外，我们几乎可以毫无保留地听从巴罗的看法。

他说："在最早的时代，当皇帝还是异教徒的时候，他们（教宗）受制于当时的条件，不敢太过猖狂，他们也不至于丧心病狂到觊觎权力的程度，一点点精神上的荣誉就可以满足他们。"

并且，"早期教会不认为自己拥有普世的统治权，因为当时的教会由很多互不相干的小教会组成，分散在偏僻的地区，尤其考虑到因此不适合被融合成一个政治实体，或者由同一个领袖来领导。如果教徒能向罗马寻求引导和裁决将是多么方便！可惜他们分散在埃及、埃塞俄比亚、帕提亚、印度、美索不达米亚、叙利亚、亚美尼亚、卡帕多西亚和其他地区。"

---

① 更年轻的力量在这里指的是英国国教会。——译者注

再者,"当时的基督徒渴望的不是建立一个庞大、有影响力的组织,而是怎样避免异教徒的反感和嫉妒。事实上,建立一个控制信徒心灵和宗教习俗的普世帝国,对他们来说是不可想象的。教宗至上的教义在实际操作的过程中必然是刺眼的,很难想象异教徒怎么会不大声抗议。"也就是说,巴罗承认教会的权力已经实在地存在。

他又说道:"在教父与各种异端、诺斯替主义、瓦伦廷主义者①论战的时候,当然愿意首先宣布他们宣扬的学说是出自一个普世的牧者和裁决者,来作为增强说服力的最有效、最简洁的方法。"

并且,"即使是教宗也根据不同时代的条件,以及各自的脾性、计划和利益的不同而改变自己的自恃。在繁荣的时代,在有优势的情况下,几乎所有的教宗都自视甚高。但是处于低谷的时候,他们都害怕冲突,即使是最自大的教宗也懂得卑躬屈膝。"②

总体上,如果我们认为教宗的权力是上帝赐予的,但是在初始阶段处于休眠状态,探索这段历史和考察这一命题最恰当的方法,莫过于考察后来的世世代代关于教宗至上的争论。

7.

有人会说,这一切仅是一个理论。它当然是一个理论:它是一个可以用来解释历史事实的理论,是一个解释早期教会关于教宗至上之讨论的不多不少、恰到好处的理论;是一个调和被记载和没有被记载的历史的理论;是一个连接前尼西亚教会的言行和神圣计划中君主原则(monarchical principle)的可能性的理论。这一理论在 4 世纪被付诸实践,并在实践中得到阐释。实践取决于理论本身的可行性。我们在教会早期历史

---

① 诺斯替主义(又称灵知派)包括不同的派别,宣扬形色各异的学说,其基本特点是认为物质是恶,精神是善。秘传的知识(又称"灵知")可以拯救人脱离物质世界的捆绑,回归到原初的精神世界。后来的摩尼教可以说是诺斯替主义的代表。瓦伦廷是早期一位影响力较大的诺斯替主义者。——译者注

② Pope's Suprem. ed. 1836, pp. 26, 27, 157, 171, 222.

中找不到任何证据来反驳这一命题：教宗至上的原则是基督教的一部分。

8.

我们当然会问：教宗至上的命题建立在什么基础上？我在前面已经提到，这个命题的基础有两部分：教宗在理论上的可能性和尼西亚会议以后对教宗的实际需要。教会对于君权的绝对需要，是我们期待教宗的理论基础。一个政体如果没有管理机构就无法存在。政体越大，权力就必须越集中。如果全部的基督教会形成一个基督教王国，王国的首脑就起着至关重要的作用，至少这是十八个世纪的历史经验告诉我们的。教会逐渐形成的时候，教宗的权力也在不断发展，一旦某个地区弃绝了教宗的统治，这个地区的分裂和衰退在所难免。如果没有统一的中心，我们就没有维护圣事之统一性的途径。聂斯脱利派有他们自己的"正统统治"，普鲁士的路德宗有他们自己的公共监管，就连所谓的独立派，也有自己的权力机构。英国国教会为这一教义提供了一个方便的例证。在她的前景逐渐展开和规模逐渐扩大的同时，坎特伯雷的主教宗座成为所有运作的中心。在地中海、耶路撒冷、印度斯坦（Hindustan）、北美和澳大利亚都有她的分支机构。当一个国家的首相强迫她重新分配她的资产时，当一个新教团体与她发展友好关系时，她就成了负责交流的机构。困扰的时候人们会向她寻找答案，她则发出指示并派遣代表处理问题。同时，她也制定法案，影响议会的决议——借助文件或安插代言人，这都影响着教会的命运，并对各个教区施加影响。她必然这样做，而且任何教会离开了教宗都无能为力。就这样，我们看到权力集中化的过程——彼得的宗座渐渐地成为基督教世界的至高首领。

那么，如果我们在这里使用敬虔言辞的话，全能全知的上帝在制定其神圣计划的时候，不可能预见不到一个普世基督教王国的兴起以及一个集权统治者的出现。

再者，如果采用我们反复强调过的发展的眼光，教义只能随着时间和需要的发展而发展，并且其发展是神圣计划的一部分。发展不仅是合理的，更是必需的，我们只能用后世的学说来阐释之前的教会言行。

9.

另一方面，圣经中有一些比较模糊的、需要阐释的章节。教宗常常征引这些章节作为自己的理论基础，并认为自身是这些章节的实现。比如说，"你是彼得，我要把我的教会建造在这磐石上，阴间的权柄不能胜过他。我要把天国的钥匙给你"（太 16:18—19）。又说："你喂养我的小羊……你牧养我的羊。"（约 21:15—16）"撒但想要得着你们……但我已经为你祈求，叫你不至于失了信心。你回头以后，要坚固你的弟兄。"（路 22:31—32）这些是关于上帝赐给彼得权力的章节，虽然单个看起来有些单薄，但是合在一起则互相验证和支持。同样的例子还有，彼得的新名字、彼得在海上行走、主帮助他捕鱼的两个神迹、在船上布道，以及复活后第一次向他们显现。

另外，旧约中的族长雅各也对他的儿子犹大作了类似的应许："犹大啊，你弟兄们必赞美你，你手必掐住仇敌的颈项，你父亲的儿子们必向你下拜……圭必不离犹大，杖必不离他两脚之间，直等细罗（就是'赐平安者'）来到，万民都必归顺。"（创 49:8，10）这个应许直到八百年后才实现，实现之前的八百年间，我们不知道什么命运降临在这个部落之上。同样，"我要把我的教会建造在这磐石上"、"我给你天国的钥匙"、"你牧养我的羊"，等等，这些不仅仅是诫命，也是预言和应许，是由作出应许的基督来实现的应许，是在需要出现的时候来实现的预言，是由历史事件来阐释的应许和预言——虽然在前几个世纪也获得了部分的实现，但是直到四五世纪才在真正的意义上得以实现，并在中世纪得到了更加成熟的发展。

10.

在 1 世纪，我们已经可以找到将要出现的教宗的部分实现，或者至少可以找到一些迹象。虽然把证据分开来看，显得很微弱，但是教宗的迹象出现在多个国家和时代的多个作者的作品中，并相互呼应，如果综合在一起，就形成了一个证据的整体。比如，在哥林多没有主教的时候，克莱门以罗马主教的名义给哥林多的信徒写信。伊格纳修在写给罗马教会的信中说，"你们是罗马人当中最尊贵的教会"，并暗示说自己不够资格给彼得和保罗的教会写信；波利卡普询问罗马主教关于复活节的问题；异端马西昂，在被开除教籍以后，马上动身前往罗马；罗马主教索特（Soter），根据当时的惯例，给罗马帝国各地的教会提供经济援助，并且，用优西比乌的话说："像父亲劝慰孩子一样，亲切地劝慰从各地来的信徒。"弗吕家的孟他努派教徒来到罗马朝见其主教的圣容。反对孟他努派的普拉克西亚（Praxeas）也出于同样的意图，从小亚细亚来到罗马。罗马主教维克托可以威胁把整个亚洲的教会开除教籍。爱任纽把罗马的教会称为"最伟大的教会，最古老、最引人注目的、由彼得和保罗创建的教会"，他追溯她的传统，认为罗马的教会不与其他地方的教会相对立，但是高于其他教会，并断言说："所有的教会，所有的信徒，都必须依靠罗马的教会"，以及，"必须与她保持一致，因为她拥有更大的权柄"。德尔图良写道："啊，罗马的教会，你是使徒用他们的血和全部的教义浇灌出来的。"后来，尽管他对教宗非常不满，仍然把教宗称为"最伟大的主教，主教之中的主教"。亚历山大的狄奥尼修斯（St. Dionysius）手下的长老认为其教义不正确，集体给罗马主教狄奥尼修斯写信表示抗议。后者规劝前者，前者向后者作出解释。罗马皇帝奥勒里良（Aurelian）让"意大利和罗马的主教"来决定是否安提阿教会应该撤销撒摩撒他的保罗（Paul of Samosata）的圣职。西普里安把罗马教会称为"彼得的宗座，首席的教会，祭司的发源地……她的信仰为使徒所称颂，她与不虔敬的人没有干系。"斯蒂文（St. Stephen）拒绝接受西普里安派的代表，并把自己从东方的教会中分离出去。被西普里安罢黜的弗图那图（Fortunatus）和菲利克斯（Felix）来到罗马为自己申辩。在西班牙被罢黜的巴西理得（Basilides）也来到罗马，向教宗斯蒂文提出申诉。

11.

西普里安与罗马教宗发生过争执，但他仍然将其称为"彼得的宗座"（Cathedra Petri）。即使是菲尔米里安也证实罗马要求其他教会承认其首席权。到了四五世纪，这个称谓及其逻辑上的结果更加突显出来。342年，犹流（St. Julius）在一封信中控诉优西比乌派（Eusebian party）"不顾权威，依照自己的意愿行事"，并且，"尽管我们从未认定阿塔那修是异端，但他们还是在作决定的时候企图得到我们的赞许。这种做法不符合保罗的教导，也不符合教父的传统。他们的做法完全地违背了常规……我们从使徒彼得那里得来的，我照样地传达给你们；所有的人都明白，我写信给你，是因为我们对你们的所作所为深感不安。"①阿塔那修批准了这封抗议信里的要求。另外，苏格拉底②也提到过这件事，而且他的措辞更加强烈，因为他在有的细节上出错了，所以他的记述不是从阿塔那修那里照搬的。他说："犹流回信说，他们的做法违背了《教会法》，因为他们没有通知他出席会议，而《教会法》规定，教会不得在罗马的主教缺席的情况下制定教会法。"③索宗曼（Sozomen）写道："在罗马主教不在场的情况下通过的任何条例都被自动宣布无效。"④另外，犹流所批判的异端被迫承认，罗马是"使徒的学校和正统的城邑"。几年后，他们中有两位领导

---

① Athan. Hist. Tracts. Oxf. tr. p. 56.
② Socrates 不是指古希腊哲学家苏格拉底，而是生活在4—5世纪的一位教会史家。——译者注
③ Hist. ii. 17.
④ Hist. iii. 10.

人（西部的主教）在教宗面前谦卑地忏悔，并弃绝了以前的异端。

12.

另一位教宗达马苏（St. Damasus）在为批判阿波利拿里致东部主教的信中（382年），把这些主教称为自己的儿子。"最尊贵的儿子，恭敬地听从使徒的宗座的时候，你们自己受益最深。当我们置身于伟大的使徒曾经执掌过、教授过的教堂时，不论我们怎样执掌从前人手里接过来的舵，我们必须承认，我们不配得这样的荣耀。但是如果我们努力地学习，我们或许能得到属于使徒的荣耀。"①哲罗姆在给达马苏的信中说："我与渔夫的继任者和十字架的使徒交谈。我，只认基督为主，与你本是一体，尊贵的彼得的宗座。我知道教会建立在磐石之上。在他的屋外吃羔羊肉的人是在亵渎他，不在挪亚方舟里的人，洪水来的时候必然灭亡。"②巴西尔恳求达马苏派人解决小亚细亚的教会之间的争端，或者至少报告哪些人制造了麻烦，并指明教会应与哪些人保持交通。他说："我们所要求的绝不是什么新东西，这对于以前最敬虔的人，特别是您自己都是惯例。因为通过学习教会的传统和在我们中间得以保存下来的著作，我们了解到最尊贵的主教狄奥尼修斯，虽然他因其教义的正统和其他的美德久负盛名，但是他给我们在凯撒利亚（Caesarea）的教会写信，劝慰我们的前辈，并救我们的弟兄脱离罪的奴役。"安波罗修斯特（Ambrosiaster）在教义上是异端（此处不予讨论），也曾说过："教会是上帝的居所，现时的领袖是达马苏。"③

13.

385年，另一位教宗西里西乌（St. Siricius）说："我们承担着所有人

---

① Theod. Hist. v. 10.
② Coustant, Epp. Pont. p. 546.
③ In 1 Tim. iii. 14, 15.

的重担。是的，是彼得在我们中间承担着重担。我们相信，彼得在庇护着我们，并为我们辩护，因为我们是他的传人。"①这一说法得到了奥普塔特斯（St. Optatus）的赞许。他在写给多纳徒主义者帕米尼安（Parmenian）的信中说："你不能否认，你其实知道，当使徒彼得在罗马城建立使徒的宗座时，彼得执掌教会，其他的使徒都在他的手下……你其实知道所有的信徒都必须维护宗座的统一性，否则其他使徒也会各自建立互不相干的教会。在独一的宗座（singularem）之外建立新教宗的人，既是分裂者，又是罪人。教宗的唯一性（unicam）是其首要的特性，彼得是第一任教宗，继彼得之后是利奴（Linus），继利奴之后是克莱门，继克莱门之后是……直到达马苏，直到西里西乌，他今日与我们联系在一起（socius），通过他，我们作为一个整体和世界发生联系，给世界带来和平的讯息。"②

另一位教宗英诺森（Innocent）在417年的米莱维斯公会议（Council of Milevis）上说："你们应该勤勉和恰当地寻求使徒宗座的奥秘（arcana），所有的教会都应该拜倒在他的威严之下。我和你们都知道，这是全世界都保留的一条古老的法则。"③在这里，教宗引用了文森特原则。奥古斯丁不愿意僭越教宗的特权，他说："他（教宗）在所有的问题上给了我们答案。这符合他作为使徒宗座的主教身份，是敬虔的。"④

另一位教宗西莱斯廷一世（St. Clestine）对伊利里亚（Illyrian）的主教说（425年）："我们有理由对所有的人都特别的关心，因为基督托付神圣的使徒彼得，让他必须照料所有的人，因为基督给了彼得进出天国的钥匙。"与他同时代的普罗斯柏（St. Prosper）赞许他的说法，并把罗马称为"彼得的宗座，世上首席的牧者，她在武力上是贫乏的，在道义上

---

① Coustant, p. 624.
② Hist. ii. 3.
③ Coustant, pp. 896, 1064.
④ Ep. 186, 2.

是丰盛的"。文森特则把教宗称为"世界的首脑"①。

14.

教宗利奥（St. Leo）说（440年）："圣保罗从来不曾丢弃他从耶稣那里接过来的舵，他始终执掌教会……他的权力永存，他的权威在圣座中永远是显要的。"②"基督是磐石，他把教会造就成磐石，传给他的继承者。"③阿塔那修和优西比乌派的人都支持犹流的教诲；哲罗姆、巴西尔、安波罗修斯特、达马苏，以及奥普塔特斯、西里西乌、奥古斯丁、英诺森、普罗斯柏、文森特、克里索罗古斯，以及卡尔西顿大公会议（Council of Chalcedon）都支持利奥。克里索罗古斯说："居住在自己宗座的圣彼得，赐给所有寻求他的人以真理。"④在卡尔西顿大公会议上，利奥针对亚历山大主教狄奥斯库若（Discorus）说："他甚至不顾耶稣把他的葡萄园交付给教宗看管，以他的迷狂来反对神圣的教宗。"⑤我们在下一章还要用到利奥的例子。

15.

4世纪的历史事件与语言一样有说服力。就连巴罗也不得不承认：

"被谴责和放逐的人，不论是出于正当的理由还是真的受了冤屈，都倾向于纠缠不休，而这种纠缠实际上放大了教宗的权力。他们如果找不到更好的避难所或者平反昭雪的地方，就会想到去找教宗。人在极度困窘的时候有什么做不出来？有什么人不能找？这就是马西昂去罗马的原因，并在那里要求重新被接纳进教会。弗图那图和费利克斯在非洲受到

---

① De Ingrat. 2. Common. 41.
② Serm. De Natal. iii. 3.
③ 同上，v. 4。
④ Ep. ad Eutych. fin.
⑤ Council. Hard. t. ii. p. 656.

西普里安的谴责之后，也来到罗马寻求庇护。西普里安对此大加抱怨，真是荒谬。同样，马喜安（Marcianus）和巴西理得被西普里安驱逐出其教区之后，也希望借着教宗斯德望的帮助重返其原来的职位。愤世嫉俗的马克西姆来到罗马，确认自己在君士坦丁堡被任命为主教。巴西尔曾抱怨被批判为异端的马塞勒斯（Marcellus）来到罗马为其正统性辩护，因为其罪行而在非洲遭批判的阿皮埃鲁斯（Apiarus）也到罗马申诉。另一方面，阿塔那修在推罗会议（Synod of Tyre）遭到不公正的批判，帕乌鲁斯（Paulus）及其他主教因其正统性被驱逐，克里索斯托被提阿非罗（Theophilus）及他的同僚控告和放逐，弗拉维亚努斯（Flavianus）被狄奥斯库若及以弗所强盗会议（Ephesine Synod）①罢黜，狄奥多勒也在同一个会议上遭到批判，他们都来到罗马寻求帮助。车里多尼乌（Chelidonius）因其罪行被希拉利（Hilarius of Arles）罢黜，也向教宗利奥求助。"

他又说："我们的对手有时候也反对教宗插手干预主教之间的事物。比如，教宗利奥一世说，阿纳托利乌（Anatolius）'因为他的偏好而获得了君士坦丁堡的主教职位'。他还宣称，他曾支持过安提阿的马克西姆。他曾经给其代理人帖撒罗尼迦的主教写信，敦促他'以他的权威确立选举出的主教'。他还曾经支持过一位叫多纳徒（Donatus）的非洲主教，'只要多纳徒能寄一份有关信仰的陈述，我希望他能牧养上帝的羊群'……教宗达马苏也曾经支持任命亚历山大的彼得为主教。"

16.

巴罗还说："4世纪的教宗开始玩弄一种很巧妙的权术来扩大自己的权势——伺机把某些主教提拔成自己的副手，佯装给予他们一定的权威，并使他们能够行使某些仅作为主教不能行使的职权。以这样的

---

① "以弗所强盗会议"指449年所举行的主教会议，部分主教强调一性论（monophysism），不接受教宗利奥一世（Leo I）的《书卷》（*Tomus*, 449）中有关基督二性一位（union, hypostatic）的正确教义，教宗利奥一世斥之为"强盗会议"（Robber Synod）《基督宗教外语汉语神学词典》）。——译者注

手段，教宗使主教形成对他的依赖，并以此在不同的地区加强教宗的权威，压制地方性的主教会议的权力，自己于是能随心所愿。而得到提拔的主教因为害怕被别人替换，或者失去教宗的恩宠，则尽力取悦教宗。西莱斯廷一世就是用这种手段拉拢西里尔的。同样，教宗利奥任命了君士坦丁堡的阿纳托利乌；教宗费利克斯任命了君士坦丁堡的阿卡休斯（Acacius）……教宗辛普里西乌（Simplicius）对塞维利亚（Seville）的主教芝诺（Zeno）说：'我认为你如果能享有圣座扶手的权威将十分有利。'西里西乌和他的继任者都曾任命帖撒罗尼迦主教为他们在伊利里库姆（Illyricum）教区的副手，并因此在西罗马帝国获得了特殊的裁决权。教宗利奥的有些话，虽然听起来像是对着所有的主教说的，但真正与其有关的只是帖撒罗尼迦主教阿纳斯塔斯（Anastasius），'我认为你能在这个孤单的职位上替代我，不要期待获得很大的权威'。教宗佐西马（Zosimus）也佯装分权给阿尔（Arles）的主教，任命他为高卢的宗主教代表。"

17.

关于罗马天主教的教宗至上的证据，在巴罗的文章里已经足够充分了。现在的问题是，4—5世纪的历史是否能够被公正地对待，并为我们勾画出此教义发展的轮廓——虽有点模糊，却依然明晰。

第二部分　教义的发展与蜕变之对照

第五章　真正的发展与蜕变之比照

1.

以上我用正面和直接的论据,从历史的角度证实了今天大公教会的教义体系与原始、使徒时代的教义之密切联系与一致性。天主教和东正教所信奉的都是这一教义体系。今天的信仰是18世纪、17世纪、16世纪直到1世纪的信仰体系的延续,是西普里安、巴西尔、安波罗修和奥古斯丁的真正继承人。接下来的问题是,能不能从逻辑的角度证明天主教会的教义与古代教会的教义的一致性。我们下面的论题是:现代的天主教教义无非是早期教会教义的自然和必要的发展,其神圣的权威包含在基督教的神圣性之内。

2.

现在,我必须考虑人们针对我上面的论证所提出的异议。有人会说,仅凭证明现代天主教的教义与古代的信仰、观点和教义的应用相一致是不够的,因为有的时候,思想的变迁虽是自然的,却不忠实于原始思想之内容。就像疾病一样,虽然是一种自然的变化,但这种变化是对健康的危害,甚至毁灭。促使观念发展的因素可以导致教义的变形甚至退化。教义的拓展有可能是上帝神圣计划的一部分,但是由此衍生的错误教义则会阻挠这一拓展的过程。总之,我在前面的章节中所说的发展,或许只是教义的腐化而已;"发展"这个名字虽然好听,却不能掩盖事实的残酷。

这就是我所面临的异议，我不得不承认其合理性。所以，我必须指明真正的发展具有什么特征，从而把真正的发展从其他的变化中区分出来。也就是说，我们必须找到区分发展和蜕变的标准。接下来我就先谈一下什么是蜕变，蜕变与发展有什么不同，以及为什么不能称之为发展。

3.

要探讨什么是真理的蜕变或歪曲，我们需要首先来看一下什么是物理意义上的蜕变和腐化。首先，很显然，"蜕变"这个概念只能用于有组织、有结构的物质。比如，一块石头可以被压成粉末，但是我们并不将其称之为蜕变。相反，蜕变是生命的分解，并为生命的完结做准备。身体的分解，意味着其组成部分退回到其原来的状态。人的生命达到顶点时，身体分解的过程也悄然开始。分解是生命发展中的一个环节，而不能称之为生命的延续，因为分解是对生命的破坏和之前的发展的逆转。在逆转的过程开始之前，身体具有一定的功能，其行为有一定的方向和目标，身体的特征有规律可循。现在，身体开始失去这些规律，伴随着其以前的特征和规则的失去，身体开始丧失其活力、吸取营养的能力、适应环境以及自我修复的能力。

4.

以这个类比作为开始，下面我准备列举七点原则，它们具有不同的说服力、独立性和实用性，目的是区分教义的健康发展和蜕变、腐化。如果某种事物一直保持同一种模式、同样的规则、同一种组织形式，则不存在蜕变的可能性。另外的四种情况是：事物的开端已经预见了后来的发展；后面的现象保护并促进前面的现象；事物自身包含着同化异己和自我复兴的力量；事物自始至终保持着强有力的行动来维护自身。下面我将以真正发展的七个特征为基础来组织和展开进一步的论证。

第一节　真正发展的第一个特征：模式的保持

1.

这一点从物理增长的类比中就可以看出来。在一个生物体生长的过程中，虽然体积发生变化，各个部分的形态仍与最初的形态保持一致。成年的动物与刚出生时，形态并无二致。幼鸟不会变成鱼的样子，儿童也不会蜕化成兽类——不论是家养的还是野生的，反倒按其被造本性辖管兽类。文森特曾使用这一例证来说明基督教教义的特点，他说："灵魂的宗教和肉体生长的规律有一致性——随着时间的发展，身体的各个部分都按比例生长，但是仍然保持着以前的样子。一个婴孩的肢体很小，他成长为一个青年时，肢体长大了，但他拥有的是同一个肢体。"①

2.

同样，教会的每一个使命和职位都有自己的模式，承担一定职位的人必定履行相应的模式，如果发生了偏离，就在一定程度上摈弃了上帝的感召。因此，乔叟（Chaucer）和哥尔德斯密斯（Goldsmith）都曾描绘过教区的神父，虽然细节有所不同，但是他们的职责大致上保持一致。而且，在同样的意义上，他们的贪恋酒色和野心，是对神父这一神圣职责的丧失。同样，如果地方法官在判案时因贪恋钱财和别人的尊重而有失公正，那么他们就是"蜕变"了的法官，因为他们的本质职能是施行公义。同样，如果经院或修道院忽略了自己的制度和规则，那么他们也会因为疏忽和松懈而丧失其使用善款和建筑物的权利。因此，同样，在政治历史上，宫廷的掌管人如果变得像丕平（Pepin）一样，也是不忠于职守的，因为他们违背了最初设置这些职位的本意。

---

① Commonit. 29.

3.

按照同样的原则,有一位后来的信徒曾经指出,优西比乌所记载的拉布兰异象①不可能是真实的,因为异象的含义违背了基督教的本意。对于君士坦丁把拉布兰记号当作其军队的标记这一事实,他评论说:"温和仁慈的耶稣基督第一次被塑造成了战神的形象;而十字架,这一基督救赎的神圣标记,被当成了血腥战争的旗帜……拉布兰异象种下了中世纪的基督教会参与军事斗争的种子,如果不是直接与真正的基督教义相背,至少是对真正福音的扭曲。"②

从另一方面说,一个受欢迎的领袖需要扮演多种角色,他可以在一定的形势下逢迎某些党派,也可以在一定的形势下与他们决裂。他可以言语自相矛盾,也可以取消他自己制定的原则。但是这些并不妨碍他履行某些一贯的目标,以及遵行某些一贯的原则。这些原则在一定程度上赋予他的政治生涯以一致性,旁观者也能毫不费力地看出,他始终在忠实地履行他的职责。

4.

然而,从上面的例子中我们可以看出,模式的统一性并不意味着要否定所有形式的变异。随着时间的发展,事物的局部和某些方面可能会发生相当大的转变。外在的变异和内在的一致性,同样会发生在自然界的生物中。比如,展翅欲飞的小鸟与其雏形——鸟蛋——在相当大的程度上有所不同,正如蝴蝶与蝶蛹有所不同。类似地,鲸鱼属于哺乳动物,但我们可以猜想,正如在儿童游戏挑棚子中那样,鲸鱼在变化过程

---

① Labarum,根据教会史家优西比乌记载,君士坦丁大帝在米尔汶之役的前夜,梦中获得启示,士兵应在盾牌上涂上 XP 的标志——XP 是希腊文中基督名字的首字母,因此 XP 有"靠基督得胜"之意。在战役中,君士坦丁再次在天空中看到 XP 的标记,并获得大胜。后来,XP 成为罗马帝国军旗的标志,并被铸在钱币上。——译者注

② Milman, Christ.

中经历了某个奇怪的"折叠",才使它成为今天的样子,与其他哺乳动物相去甚远。同样,我们可以想见,如果掠食的野兽到了天堂之后开始以草为食,他们的身体结构,如肌肉、脚掌、牙齿和消化器官想必都会与现在的状态有很大不同。君士坦丁堡的主教欧提奇乌(Eutychius)在临死时,抓紧自己的手说:"我相信,我们将在此肉体内获得重生。"然而,"血肉之体不能承受神的国"(林前 15:50),被荣耀的肢体必定与今世的血肉之躯有所不同。

5.

更为微妙和神秘的是,处在政治和宗教发展过程中的各种变异是否与最初的本体保持一致。比如,历史上的异端曾一度指责基督教三位一体的教义与一神论的教义相抵触。就连正统的信徒看来,三位一体至少在一定的程度上倾向于模糊一神论的教义。但是佩塔维乌(Petavius)说:"虽然读者可能会觉得吃惊,但是我可以肯定地说,对上帝三个位格的区分,是建立在职能区分的基础上的。实际上,这一区分绝对没有诋毁神性的统一和纯一,而是对神性的这两点特征的肯定。"①

其实,不信奉三位一体的人,如阿里乌,认为三位一体中的第二位上帝不能完全理解第一位上帝,而欧诺米(Eunomius)则走向了另一个极端,认为不仅仅是第二位上帝,所有的人类都能够完全理解第一位上帝。然而,欧诺米主义不是阿里乌主义的蜕变,而是其真正的发展。

相反地,同一个人,虽然自始至终在运用同样的工具和术语,却可以提出完全不可调和的哲学或者其他观点。现代托利党(Tory)的政治观点可能与之前的辉格党看起来有些类似,但是这两个党派之间存在着本质的区别。另外,加尔文主义演变成了神体一位论,但这并不一定是蜕变,尽管从严格的意义上说,也不能称之为发展。与哲威

---

① De Deo, ii. 4, §8.

尔（Jewell）有争议的哈丁（Harding），早在加尔文主义出现这一变化的三个世纪之前，就已经对此作出预言，而且这一变化不仅仅发生在一个国家，是在多个国家同时发生的。

6.

民族性格的变化也能为我们提供一个类比。虽然该类比不甚严格，但是民族精神的发展和观念的发展联系非常紧密，或许我们能够从这一类比中获得一定的启示。我们看到，古代的英格兰是教廷最忠实的拥护者，现在的英格兰则是教廷的敌人。也正如法国历史所彰显出的巨大变化，古代的法国恰如天主教会的"长子"，而且以骑士众多而闻名；现在的法国则成了叛教者和自由派的天下。但是这两个国家发生的变化都不能称之为蜕变。

或许我们可以思考一下以色列选民中伦理道德的变迁。他们出埃及时表现出来的奴颜婢膝和懦弱，与大卫王的时代以及后来的提图斯（Titus）、哈德良（Hadrian）时代的狂热是多么的不同！先前的意志薄弱，甚至于在偶像前下跪，与后来激烈的圣像破坏运动和偏执的犹太民族主义形成了多么鲜明的对比！这个民族以前所具有的识别超自然意志的才能，与他们现在所拥有的才能之间的差异之大，是多么的令人震惊！

7.

同样，有些观念，虽然其表述发生了较大的变化，但在本质上仍然保持不变。而且，如果没有亲身的体验，我们无法断定是否发生了真正的变化。我们的直觉也不能当作判断的标准。对彼得来说，被告知他必须宰了那些动物吃（不论是洁净的还是不洁净的），是一个很强烈的震撼；虽然这条命令早已包含在他一直奉行和教导的信仰之中。尽管如此，这种震撼仍然不是一次努力、一段很短的时间和单纯的意志力所能克服的。但是，一旦克服之后，人们会感受到新的教义与原来教义的一致性。乍一看，人们会失望；但是，一旦理解和熟知之后，人们就会看到他们最初所看不到的，并且会认识到教义的新形式与原来的形式相比所显现出来的优越性。

8.

从另一方面说，真正的教义的扭曲和蜕变，从外在的形式上来看，可能比真正的发展与原来的教义更相似。比如，当罗马从共和国过渡到帝国时，发生了真正的政体变化，这种变化正是蜕变。然而，从外形来看，变化是微小的。政府原来的机构和功能都得以保留，发生变化的只是皇帝或者执政官把权力集中在了自己身上。奥古斯都（Augustus）既是执政官和护民官，又是首席主教和司法官。用吉本的话说，罗马帝国的统治是"共和国形式掩盖下的绝对专制"。另一方面，从奥古斯都的掩盖权力到戴克里先的炫耀权力，内在的变化是微不足道的，而外在的变化则是巨大的。戴克里先除了做执政官、护民官、首席主教和监察官之外，更是戴上了君主和帝王的光环，并建立了以他自己为中心的法庭。

在宗教中，发生蜕变的诱因之一是拒绝随着历史的发展而发展，而选择固守原来的概念。很显然，正如我们在以色列选民的历史中所看到的，撒玛利亚人拒绝接纳先知作为律法的延伸；而撒都该人则拒绝接受《出埃及记》中隐含的教义，而仅在形式上做原始教义的拥护者。我们的主耶稣基督谴责仅在字义上信奉经文的人，他谴责他们，是因为他们拒绝服从经文的精神，也就是经文的发展——如福音书是律法的发展。但是什么差异能比摩西的毫不妥协的律法和基督带来的"恩典和真理"之间的差异更大呢？撒母耳曾以为身材高大的以利押（Eliab）是上帝所拣选的；耶西（Jesse）曾认为大卫只适合做个牧羊人；当伟大的君王（基督）来临的时候，他就像是"根出于干地"（赛53:2），但上帝的力量却在一个卑微和甜美的人身上显现出来。

这正是我们的朋友所处的情形。看起来最顺服的不一定是最真实的，而表面上的残酷常常是真正的爱戴。我们都知道《李尔王》里的三个女儿，小女儿虽然不知道如何用言语表达她对父亲的爱，却是唯一一个衷心爱戴父亲的女儿。

9.

同一个概念不一定永远保持同样的形式。然而，这种情况不能削弱实质上的一致性，外在的相似也不能保证内在的一致。相反，出于同样的原因，模式的一致性，无论数量的多少，还是地位的高低，始终是健康发展的更稳固的保障。

第二节 真正发展的第二个特征：原则的连续性

1.

数学中的任何新发现都是建立在原有公式和符号的基础上的，伦理和政治领域也是一样。教义的扩展因其受众心智的不同而不同，受众的特征构成了发展的规则、组织和形式。可以说，教义的生命存在于它所表现出来的原则和规范之中。

原则是抽象和普遍的，而教义则与事实相关；教义是发展的，而原则乍看上去则是静止的；教义在扩充的过程中生长，而原则却是恒定的；教义属于理性的范畴，而原则却与伦理和实践有更密切的关系。体系存在于原则并代表着教义。个人的责任感是一种原则，而上帝的存在则是教义。上帝存在的教义可以说是所有神学的源头，而上帝存在的原则却不依赖于对全能上帝的信仰，而依赖于人的是非之心（conscience）。

然而，两者之间的区别在很多时候仅存在于人主观的看法；一种哲学中的教义可以成为另外一种哲学中的原则。个人的责任感可以成为教义的基础，并发展成阿明尼乌主义或者帕拉纠主义。另外，无谬误是罗马天主教会的原则还是教义，教条主义是基督教的原则还是教义，这都是值得讨论的。再者，当教会被看作一个宗教组织的时候，对穷人的关怀是教义；而教会被看作一股政治力量的时候，对穷人的关怀就成了一条原则。

正如数学公式建立在公理和假设的基础之上，教义是建立在原则的基础上的。因此欧几里得第一卷书的第十五和第十七条假设是对直角的定义，而不是对前三条公理的发展，因为公理是其必需的证据。初学者一般会觉得欧几里得太过复杂，这正是因为欧几里得的假设属于定义发展的范畴，而不仅仅是公理的例证。而初学者却容易在矩形的定义中寻找发展，能找到的却是普遍原则的各种具体例证，例如"整体与部分相等"。

2.

有人可能会以为，天主教原则的发展晚于教义的发展，因为原则更深刻地存在于人的心智之中，并且是一种假设，而不是客观的信条。在很大程度上，事实的确如此。新教所引起的争议在一定程度上改变了、或者正在改变天主教的一些原则，比如迄今为止的阐释圣经的原则、圣灵启示的教义以及信仰和理性的关系。而天主教会在很大的程度上对道德责任感、个人判断、内在的价值、无谬误的教宗等问题仍然没有给出明确的定义。

教义与原则的关系与"繁殖力"和"生殖"的关系相类似。教义通过原则的实施而得到发展，并因为原则的不同而获得不同的发展过程。因此，基于"今世的享乐是短暂的"这同一个信条，伊壁鸠鲁主义者认为应抓紧享乐，而禁欲主义者则因今世短暂而为来世的幸福而抓紧苦修。同样基于"物质是罪恶的"这一信条，亚历山大的诺斯替派成了纵欲者，而叙利亚人则成了宗教狂热主义者。同样的哲学要素，在被吸收到对罪及其后果的敏感或者不敏感的心智中时，引导一部分人建立起罗马的教会，而另一些人则建立起所谓的日耳曼主义。

再者，对宗教的研究有时候是在"遵循和宣扬真理"的原则上进行的。这条原则意味着，人没有义务害怕犯错误，或者考虑最安全的解决办法，没有义务避免使人产生怀疑，或者警惕对别人产生误导。因此很多时候，宗教研究以异端或者叛教而告终，然而宗教研究本身却不必承担责任。

换一个话题，戏剧作品和故事的主要要素，是利用外在的环境作为工具，来展示故事主人公个性的不同方面——这可谓是戏剧和故事的发展原则。故事中几乎每个人物的个性，都是通过不同的外在环境展示出来的。

3.

人们普遍认为，原则是在其付诸实施的时候获得发展的，因此，新教的各个宗派，虽然各不相同，却都被称为"个人判断"这一原则的发展。而实际上，它们只是这一原则的应用和结果而已。

真正的发展必须保持其最初的教义和原则。教义如果失去了原则，就失去了生命，希腊教会就是一个很好的例子。这样的教义不过是通常被称为"赝品"的空洞的信条，对所谓的教会及其信仰的狂热仅出于保守和临时性的动机。奥古斯都和戴克里先统治期间的罗马宪法也有这样的性质。

另一方面，如果原则脱离了相应的教义，与启示神学相比，就更像基督教时代以前的古希腊罗马时代的宗教；虽然号称"上帝的儿女"，却不愿意住在"上帝的国度"。

异教徒可以与正统的教徒有一些同样的信念，然而异端却不可能。如果碰巧与正统信念相同，他们就不是真正的异端，而是一群疏忽的人。对于判断一个信条是否异端，原则是比教义更好的工具。异端忠于他们的原则，他们的观点却前前后后不断地改变，因为他们所提出的貌似相反的教义，恰恰是同一个原则的不同体现。因此，安提阿学派和其他的异端有时候是阿里乌主义者（Arians），有时候是撒伯里乌主义者，有时候是聂斯脱利派，有时候是基督一性论者——仿佛出自对自己的原则的忠诚，他们可以随便放弃神学中的任何奥秘。于是加尔文主义者从个人判断的原则出发，变成了神体一位论者。异端的教义是偶然的和短暂的，而他们的原则却是持久的。

解决"两极相通"之矛盾的办法也常在于此——某些人自始至终一

贯地遵循某一个原则。有时候，同一个前提条件可以导致两个互相矛盾的推论，由于逻辑的必然性，否认其中的一个就必然意味着接受另外一个。因此，罗马和新教的问题在很多人的头脑中以这样的命题出现："罗马教会要么是真理的柱石和根基，要么是敌基督。"因此，如果他们拒绝接受后者，就必然接受前者。于是，人有可能从叛教者归向罗马，也可能从罗马转向叛教者，两极之间没有中间地带。

从其普世的角度来看，新教是没有积极原则的教义；从异端的方面来看，是没有教义的积极原则。新教的很多代言人都口舌生花地称赞或者诋毁天主教会及其特征；有的人不知道他们自己在说什么，只是用一些高谈阔论来谈论"信仰"、"原始的教理"、"分裂"和"异端"，而不讨论这些术语具体的含义。另一方面，有些人大谈"统一"、"普世性"和"公教会"，却仅根据自己的理解来赋予这些词它们所不具有的含义。

4.

有关语法的科学为系统形成过程中特殊规则的存在提供了另一个实例。有一些语言的弹性比较大，与其他的语言相比，有更大的容量，而解释这一事实的困难并不能让我们对此产生怀疑。我们的感觉是，每一种语言都有其特定的个性和禀赋来决定其轨迹和范围，而探索和发现其个性和禀赋则是一门高深的学问。当某些作者，因为死板地套用某些理论，"勒索"语言作超出它的表达能力的表达时，其失败是明显的。同样微妙的是，在特定的民族和文化环境下，如何起恰当的名字。小说的作者必须给自己塑造的人物形象以恰当的名字或者称号；有的作者很擅长这个，有的则不擅长。外国的小说在翻译过程中很容易在这一点上失败。但是因为所有的人都对这一点有一定的认识，也就没有人愿意分析其中的原因，正如关于姓氏是如何形成的，我们只能说出一些浅显的规则，而没有一整套系统的理论。

类似地，在哲学、物理学或者伦理学等系统中，那些尽人皆知的术语以及它们的含义,对于每一步的发展都是不可或缺的。牛顿的重力理论是建立在某些公理基础上的,比如,牛顿所分析的实例具有普遍的代表性。再比如,科学在实践中的应用,是在"今天的规则明天不会改变"的前提上进行的。

即使军事方面也同样如此。火药的发明,推动了进攻与防守的科学获得新的发展。据说,当拿破仑开始其军事生涯时,敌方的军官说,他不可能获胜,因为他的用兵策略有悖于兵书上的原则。

5.

各个国家也有各自的政策来规定什么是发展,定义什么情况下国家处于良好状态。美国的政策规定,国家的繁荣不是领土的扩张,而是内部资源的充分调动。俄国不擅长进攻,但是精于防守——国家发展靠的不是枪炮,而是外交。伊斯兰教被称为奥斯曼土耳其帝国的模式甚至生命。把不列颠的新教和一些欧洲的观念引入到一个国家,把天主教的概念引入另一个国家,被称为国家间权力的互相制衡。奥古斯都和提比略(Tiberius)通过掩盖自己的政治独裁进行统治,而伯里克利(Pericles)则在他著名的《葬礼演说》(Funeral Oration)中列举出希腊城邦的原则——这个原则不是通过正式和严格的法令而实施的,而是在民族性格中表现出来的。

如果我们可以借用类似的术语来描述神圣的政体,基督教的政治原则是在登山宝训中得以制定的。与其他的帝国相反,基督徒用屈服的方式来克服障碍,他们通过远离人群而获得影响力;他们通过弃绝世界而获得了整个世界。吉本说,教士的品行是"比他们的哲学知识更有力的武器"①。

另外,我们可以探讨犹太教根据什么法则发展自己,也就是说,为什么穆罕默德的宗教虽然受了犹太教很深的影响,却不能被看作犹太教的一种。从这两者的比较来看,尽管两者的律法内容非常类似,但是犹

---

① ch. xlix.

太教对弥赛亚的期盼赋予对律法与伊斯兰教完全不同的理解。

卫斯理强调清早布道有重要的意义，因为这是他的原则。在美国的佐治亚州，不论春夏秋冬，他每天早上五点开始布道。他说："清早布道是卫斯理会的荣耀。一旦放弃了这一点，卫斯理会就会退化，因为他们丧失了最初对上帝的爱，他们就成了堕落的人。"

6.

如以上例子所示，对发展的某些规则和原则的破坏就是蜕变。对于一个国家来说，民族精神丧失的含义并不是国家采取了这个或者那个行动，也不是实施了不恰当的措施，而是促使这个民族强大的某些精神或者行为的失去。比如，古罗马的诗人因为罗马放弃了某些重要的原则和对神灵的虔诚，而认为他们的国家走上了衰败之路。如果我们说国家和个人处于错误的位置，指的常常是他们采取了错误的政策，或者选择了与他们的自然特点和个性不相符合的职业。正如犹太教一旦摈弃了弥赛亚，就摈弃了它的生命。

这就是区别真正的发展和蜕变的第二条标准：原则的延续性抑或原则的改变。

第三节　真正发展的第三个特征：同化力

1.

在物理世界里，生长是生命的特征，所以发展变化绝不意味着生命的终止。生物体通过吸收外在的物质而生长，而这种吸收通过同化所吸收的物质而得以实现。除非有一种同化的力量，两个事物不可能变成一个。有时候，同化必须通过努力才能实现。动物死于过量摄取食物的事例并不少见，有的动物因为外在物质和同化力之间的张力，而暂时处于麻痹的状态。不同的动物选择不同的食物是合宜的。

这个类比可以被用来说明我们在第一章中已经提到的一些观念的发展特征。在数学和其他抽象的领域中，发展，就像灵魂一样，是孤立和自成一体的；而与人的生活息息相关的教义和观点，并不存在于真空之中，而是处在这个嘈杂的世界里，通过互相渗透来为自己开辟出路，通过吸收外界的因素来获得发展。事实和观点不断地受到其他事物的影响。它们被修改，被重新制定，或者被遗弃。一个新的秩序开始成为它们的主宰。扩张的能力，在不引起混乱或者使用伪装的情况下，恰恰证实了新秩序的生命力。我们的第三条标准正是这样一个兼收并蓄的、保守的、同化的、改进的过程。

2.

因此，发展的能力是生命的证据。这种生命力不仅仅体现在扩展的企图中，更在扩展的结果中显现出来。如果某种所谓的教义仅仅是一个公式，那么它要么不能扩展，要么会在扩展的过程中被摧毁。而一个有生命力的观念虽然会有很多不同的表达方式，但是本质上仍然保持一致。

发展的企图证实了原则的存在，成功的发展证实了观念的存在。原则激发思想，而观念则以原则为中心。

观念永远不可能像数学公式一样，可以在不吸收任何外部资源的情况下获得发展。相反，观念的发展正是吸收的过程。从表面上看，穆罕默德主义不过是几种神学的混合物，然而不可否认的是，这种宗教包含着一个新的、有生命力的观念——这个观念强大、广泛而且持久。在第一次布道之后，穆罕默德主义为什么没有获得更进一步的发展？在多大的程度上仅是政治因素的发展，以及在多大程度上是神学的发展？我们只能通过对这种宗教进一步的研究才能发现答案。

3.

在基督教的传统中，如果一个观点还停留在研究阶段，它常常被称为哲学或者经院哲学。而这种观点一旦被摒弃，就会被称为异端。

观念在最开始的阶段往往比后来更容易受到外在因素的影响。因此，许多把中世纪当作基督教之蜕变的学者，认为蜕变的根源在1—4世纪，而不在所谓的黑暗时代本身（中世纪）。

一个观念容易和与之类似的观念相融合。当福音书说美德出自主耶稣基督的时候，所提供的例证不是对基督教的扭曲，而与基督教有外在的相似性。当保罗说"最好不要与女人有接触"的时候，像极了东方的宗教，他却没有因此变成东方宗教的信徒。

4.

同样，政治生活中，观念可以被提出、被讨论、被拒绝或者被采纳。有些政治观念是没有意义的、不可行的。有些是正确的，或者部分正确。有时候观念从属于另一个体系，并因此被吸收进另一个体系，而吸收的能力被看作生命的特征。边沁①的理论体系是把他自己的哲学原则应用于法律和伦理领域的尝试。他自己建立起来的体系，不如他揭示出来的某些个别的教义有力量。体系可以瓦解，但是真理仍然存在。一个国家可以吸收边沁的某些学说，却不一定要接受他建立起来的理论体系。如果我们读法国大革命的历史，我们会读到很多中间政党，力图规避所谓的"极端"，走中间路线，但是他们的想法因为缺乏能力和可操作性而相继失败。再如，半阿里乌主义者也曾试图在正统教义和阿里乌主义之间寻找一条中间路线，但是他们并没有找到可以调和正统教义与阿里乌主义的办法，其中一部分人最后成了马其顿主义者，另一部分人则归向了教会。

5.

一个观念越有生命力，就越容易保护自己，也越有信心面对蜕变的

---

① Jeremy Bentham（1748—1832），英国法学家、哲学家。——译者注

危险。虽然有时候有生命力的派别表现得很鲁莽，并容易走极端，但都因为其强大的生命力而最终回到正轨。另一方面，没有生命力的体系却往往有光鲜的外表，为了维护一个脆弱的生命，形式、文件或宗教信纲常常是不可缺少的。比如，苏格兰的长老会遇到阿里乌主义和神体一位论的挑战时，不得不诉诸法律条文来维护其原有的神学。严格的规范往往是脆弱的权威不得不投靠的港湾。苏格兰的教会能否维持他们的神学立场还有待观察。罗马天主教会则由于其强劲的生命力，在很多小的细节方面显得不拘一格。很多圣徒都有不合常规的举动，而且最有天赋的人往往因为其才能而大胆地离经叛道。

关于同化力的论证就到这里，同化力是真正发展的第三个特征。

第四节　真正发展的第四个特征：逻辑上的连贯性

1.

逻辑是思想的组织，是思想发展之正确性的保障。逻辑的必要性是不可否认的；逻辑的规则是不可逾越的。然而由于种种原因，似乎不是所有教义的发展都要用到逻辑推理。我们可以提出这样的问题：是不是所有的发展都是逻辑的推论？如果我们在这里说的是从前提到结论的推理过程，答案当然是否定的。思想在人的头脑中停留的时间越长，就越容易发生变化——思想可以逐渐变得熟悉和清晰起来。个别的想法总是与其他事物相关，所以人的头脑会使一个想法化为其他微妙、深邃、有创造力的知识或者伦理上的思想。人常常意识不到，思想的体系就是这样形成的。某个想法在思考的过程中通过不断地吸收一些外在的因素而得以不断地深化。很快地，人开始在自己头脑中为这个想法辩护，作进一步的分析，并把这个想法与相关的想法联系在一起，分析不同想法之间的关系。然后，人开始用逻辑的方法思考从这个想法推导出来的逻辑结果，同时通过逻辑推理把凌乱的、靠感知得到的想法上升到理论的高度。总之，引入逻辑的目的是使无序的想法形成一个思想体系。

一个学派或者团体的思想发展过程与个人思想的发展过程很相似。想法同样要经历从零到整的过程。人们先对个别的问题积累一定的认识，然后再把零散的问题用科学的方法组织起来。另外，逻辑还有传播思想的作用。在考虑类比、案例的性质、对称性、合宜性的基础上，人们共同遵循的逻辑推理的规则。这规则正是人与人之间联系的纽带和构建信仰团体的基石。

即使到了这一步，分析还不是在遵循一个原则的条件下进行的，也没有对整个过程和最后的结果进行综合的考虑。每一个论据都有一个直接的目的，思想是逐步发展的，在发展时并没有回顾，也没有想到要朝着特定的目标前进，也没有构成体系的企图和成功之应许。然而到了后来，整体上的逻辑一致，却成为鉴定理论过程是否为真正发展的标准。逻辑成了协调各个组成部分的不可或缺的工具。

2.

有时候，发展的过程，因为使用逻辑的表述，而被诬蔑为与信仰相对立的唯理性主义。但是，即使某个特定的教义或者观点发展的过程确实是唯理性主义的，而且发展得出的结果也是唯理性主义的，甚至逻辑推理的过程中出现了错误，发展本身却不必担当理性主义的罪名。就像在历史的研究中，我们的任务不是创造事实而是确认事实。比如，我们关注的是马可创作福音书是否在马太之前，或者所罗门是否通过塔西（Tartessus）或某个印度港口交换货物。在有关信仰的研究中，唯理性主义是不把信仰考虑在内的纯理性活动，而一旦把信仰作为研究的前提，就不必担心会犯唯理性主义的错误。

同时，还有人想当然地认为，一个人头脑里的思维活动高于逻辑的思维活动，因为后者是所有人的共同财产，即使互不相识的人也能把逻辑应用到所考察的问题及其发展中来。

3.

比如，使徒不用通过语言的中介就理解了神学中的那些高深的教义。后来的人忠诚地把他们的学说转化成公式，并且在这些公式的基础上发展神学。因此，虽然查士丁和爱任纽都没有明确提出炼狱或者原罪的概念，但是，我们能在他们的作品中强烈地感受到这两点；虽然他们没有给出明确的定义，但是，他们对人类的罪性以及人性悔过和改变的必要性，都有深刻的认识。安东尼曾对前来拜访他的哲学家说："健康的头脑不需要文字。"罗耀拉的伊格纳修在刚刚成为一个信徒的时候，就获得了对三位一体超验式的领悟。阿塔那修，作为一个圣徒，比他提出的任何一种理论的陈述和证明都更有说服力。而罗伯特·贝拉明①则小心地审查了一整套的教义，对教义逐一进行分析，并考察了不同教义之间的关系。

在政治领域，帝国和公众人物的历史为我们提供了太多的逻辑发展的例证，我们在这里只需要用其中的一个来说明问题。耶罗波安心里说，恐怕这国仍归大卫家。这民若上耶路撒冷去，在耶和华的殿里献祭，他们的心必归向他们的主犹大王罗波安……耶罗波安王就筹划定妥，铸造了两个金牛犊，对众民说："以色列人哪，你们上耶路撒冷去实在是难，这就是领你们出埃及地的神。"（王上12：26—28）在犹太王国政治分裂的形势下，拜偶像成了国王的职责。

4.

近年来英国的几位作者对路德主义的引申也是典型的逻辑上的发展。路德的神学是自相矛盾的：他的教条主义的原则（dogmatic principle）与个人判断（private judgment）的原则相抵触，而他关于保留圣礼的学说与因信称义的理论相抵触。在路德的神学中，圣礼从来就不是一

---

① Robert Bellarmine（1542—1621），著名的耶稣会士、天主教红衣主教和神学家。——译者注

个有生命力的要素，但是路德临死时，作为一个神学教师，他以自己的行为使教条主义占了上风。"于是，在有争议的问题上，路德的言论或者行为成了路德宗的标准，路德几乎成了路德宗教会的代名词。这种近乎偶像崇拜的个人崇拜，在后来为表述信仰选择措辞的过程中进一步地得到加强。"①于是，路德的后人为了纠正教条主义的倾向，又使个人判断占了上风。卡里克斯图（Calixtus）用理性，而施本尔（Spener）用所谓的"心灵的宗教"的概念取代了教条在路德主义中的地位。同时，敬虔主义（pietism）开始衰落；伍尔夫（Wolf）转而主张从前提条件出发，用理性的方法证明所有的教义，从而又回到了唯理性主义。人们很快意识到伍尔夫所用的证明教义正统性的工具是一把双刃剑。虽然在伍尔夫那里理性推理可以用作证实《使徒信经》的工具，可是到了塞姆勒（Semler）、额尔乃斯提（Ernesti）和其他人的手里，理性推理却成了圣经权威的对立物。宗教到底意味着什么？答案似乎是一种哲学的敬虔主义。当施本尔的敬虔主义和因信称义的理论得到更透辟的分析时，路德派神学开始显现出泛神论的趋势——事实上，这种趋势从一开始就包含在路德的学说和个性中。这就是路德宗的现状——不论我们是借鉴康德的哲学，还是施特劳斯的无神论，还是普鲁士的新福音教会来对其进行评价。从我们当前的话题来看，我们看到，路德宗的学者的确运用了逻辑推理的工具来对路德的理论进行自然的延伸和发展。通过逻辑推理，路德最初的信条变成了今天路德宗的代表人物所宣扬的怀疑论和异端，这种变化不是蜕变或者曲解，而是对路德最早提出的教义的真实的发展。

5.

这仅是教会史上众多事例中的一个。神学学派后来的起伏常常是对其创始人之学说的检验。伟大的奥利金在做了很多工作以后平安地死

---

① Pusey on German Rationalism, p. 21, note.

去，他直接的继承人都是教会的圣徒和领袖。他受到了阿塔那修、巴西尔、纳西盎的格列高利的交口称赞，他的著作深刻地影响了安波罗修和希拉利。然而，随着时间的发展，他的某些学说成了一些异端的源头。最后，在他辞世三百年之后，他在一个公会议上被判为异端。①提勒蒙特（Tillemont）说："大数的狄奥多鲁斯（Diodorus of Tarsus）到了高龄，平安地死在教会的怀抱中，当时的圣徒都为他献上颂词，他的一生备受人的尊敬和荣耀。"②然而，亚历山大的西里尔（Cyril of Alexandria）却认为他和他的学生摩普绥提亚的西奥多（Theodore of Mopsuestia）是聂斯脱利派的真正源头。无独有偶，在关于基督论的争议中，聂斯脱利派的代表的确把他奉为圣贤。尽管西奥多生前声名显赫，在他死后，却与奥利金在同一个公会议上被判为异端。如法昆都（Facundus）所说："西奥多在生前是一位德高望重的教师，他著书立说，批判所有的异端，他获得了无数的教士、宫廷人士和平信徒的认可，从来没有人怀疑过他学说的正统性。而他死后，却被当成了异端的罪魁祸首。"③后来其发展变化的轨道，其实是从一开始就决定了的，学说的弊端有时候需要经过长时间的考验才能显现出来。罗马有句古谚，"后果是行为的检验"，正如圣经告诫人们警惕假先知时说："凭着他们的果子，就可以认出他们来。"（太7：16）

能够经受得住时间考验的教义往往是真正的发展，而不是蜕变，因为后来的学说多数是通过在以前学说的基础上进行逻辑推理得来的。

第五节　真正发展的第五个特征：对未来的预见

1.

一个概念的生命力往往通过其效力和影响力显现出来。有生命力的

---

① Halloix, Valesius, Lequien, Gieseler, Döllinger, etc., 他们认为奥利金不是在第五次大公会议上，而是在君士坦丁堡宗主教门纳斯（Mennas）主持的大公会议上被判为异端的。
② Mem. Eccl. tom. viii. p. 562.
③ Def. Tr. Cap. viii. init.

概念必然根据自己的属性获得发展，其所包含的倾向随着历史条件的变化或早或晚地表现出来，虽然有时候有的倾向很模糊，但是随着时间的发展最终会变得清晰起来。一个概念往往包含不同的方面，而各方面的发展通常不是同步进行的，哪些方面首先获得发展具有很强的偶然性。一些深邃的教义很早就出现了，可是只能等到后来才被人们所理解和接受。如果一个教义在后世反复地出现并得到印证，这就证明后世对最初教义的系统化实施，其实与最初的教义是一致的。

2.

有很多伟大的人物在幼年时就展现出一些不同寻常的特点，随着时间的发展，这些特点得到充分的发挥。比如，少年的居鲁士（Cyrus）已经像个小暴君，而阿塔那修早在童年就被他的小伙伴们选为"主教"。

值得注意的是，在 11 世纪，当俄国人还是黑海上的海盗时，君士坦丁堡就是他们的目标。当时有一个预言说，他们将最终成为这个城市的主人。

詹姆士一世在统治期间建立起了一整套"有前途"的管理不同政党的模式，后来在一个世纪以后，华尔普（Walpole）完善了这个体系。一位还在世的作者认为詹姆士的成就应该归功于培根的聪明才智。"他对国王说，应该采取一些便利的措施来管理众议院……凭着他的远见卓识，他成功地在众议院安插了很多容易被他左右的人，并获得了很多律师的支持……他使众议院的各种成员，如乡绅、商人和廷臣，都作出有利于国王的决定。他让他们深信不疑，自愿地维护国王的意愿是对他们自己最有利的选择。"[1]这位作者又说："这种情况是奇妙的，因为它昭示了一整套议院对外界施加影响的体制的崛起，这种体制后来成了政府的主要来源。"

---

[1] Hallam's Const. Hist. ch. vi. p. 461.

3.

众所周知，阿塞西劳斯（Arcesilas）和卡尼阿德斯（Carneades）这两位后期学院派的创始人，通过引入怀疑论而革新了柏拉图的教义。他们诉诸苏格拉底的权威，因为苏格拉底曾用讽刺（ironia）的方法来嘲讽号称无所不知的诡辩派。当然，他们对苏格拉底权威的诉求是不充分的，然而，他们的怀疑主义却能够揭示苏格拉底的确曾在某些场合表达过对有神论和伦理道德某些原则的怀疑。没有人能够否认，他们的创新是真正的发展，而不是蜕变。

可以肯定的是，在古代的修道院，手工劳动比学习占有更重要的地位，以至于莫比伦（Mabillon）在称赞法国的本笃修士博学多才时，遭到了特拉贝（La Trappe）著名的修道院院长德兰奇（De Rance）的严厉批评。然而，值得注意的是，在帕科米乌（Pachomius ca. 287/292－347）订立基督教历史上最早一部隐修规则时，规定每一个修道院都应该有自己的图书馆，并且修士应该在每个星期聚在一起三次，来专门讨论对神学的感悟，如对经文的阐释和其他的神学问题。本都（Pontus）的修道院创始人巴西尔是教会史上最博学的神学家之一，他在本都隐修的时候，一到了农业劳动的闲暇，就开始写神学著作。哲罗姆曾在伯利恒隐修过，他在那里完成了对拉丁文圣经的编纂。这些当然只是早期隐修生活的少数个例，然而这些个例却昭示了未来的发展。修道院的博闻强识并不是凭空而出，也与修道制度本身并不矛盾。

4.

在2世纪与诺斯替派的论战中，5世纪的关于聂斯脱利和基督一性论的争辩已经露出了苗头。另一方面，叙利亚学派最早的传人撒摩撒他的保罗的言论已经与聂斯脱利非常类似，但是叙利亚学派并没有沿袭他的学说，而是在接下来的几个世纪中，倒向了与聂斯脱利恰恰相反的异端——阿里乌派。

路德的学说到了现在，在很多地方几乎已经变成了异端或者不信派。如果被推到至极的话，路德主义与圣经、《使徒信经》，甚至与基督教伦理相抵触。于是人们难免要问：这些到底是对路德起初教导的真正发展还是蜕变。这个时候，注意到以下几点特别有助于得出结论，如路德本人曾认为《启示录》不应该成为圣经正典的一部分；另外，他还把《雅各书》称为"一封稻草书信"，并且抨击"三位一体"这个词，他关于圣餐的看法与欧诺米异端如出一辙，甚至有一次还准许人重婚。加尔文主义在有些国家变成了苏西尼主义①，而且加尔文本人似乎曾经否认耶稣永恒的圣子地位，并曾对《尼西亚信经》横加嘲讽。

那么，最终的发展是否忠于之前的教义，还有一个证据便是，它在所属的观念史的早期便有明确的展望。

第六节　真正发展的第六个特征：对过去的保守

1.

正如之前有明确展望的发展有理有据，那些违背和逆转之前教义发展进程的无疑是蜕变；因为蜕变是这样一种发展，在这个阶段，它不再阐明而是扰乱先前的成果。

对于一般的创造物来说，生命在到达终点前要经历一个逐渐的、不易被察觉的渐变过程。世界上多种多样的存在都有完美的顶点，导致其成长壮大的因素也同样会导致其衰弱缩小。衰弱只是力量的一种结果而已。各种事物循环出现，周而复始。"太阳升起又落下，匆忙地回到它的起点。"花儿开放，然后凋谢。果实成熟之后又腐烂。发酵的过程，如果不在一个适当的时间停止，最终会破坏发酵酿造的酒。春天的萌芽和秋

---

① 苏西尼（Socianus），16世纪意大利神学家。他的神学的主旨在于否定耶稣的神性和人类的原罪，而以唯理论来解释罪恶和得救。——译者注

日的收获都是短暂的。伦理学家教导我们"只争朝夕",因为我们没有第二次机会。道德似乎是两种邪恶的中间点——这个点之前的是不完美,超过这一点的叫作过犹不及。人的知识是有限度的,宗教和世俗作家都承认,聪明过头就是愚蠢。政治界永远起伏不定,一个政体用来扩张的工具可以最终导致它的毁灭。常用的伦理言语,如"凡事不可过分"、"中庸之道不倒"、"雄心有度",等等,似乎都在说,凡事都有限度。

我们当然不能因为以上这些现象和谚语,就得出结论说真理的积累会自动地导致谬误,或者美德过多了。我在这里举出的所有这些表象和对表象的感慨的目的是要指出它们为区别真正的发展和蜕变所提供的一个有用的标准。

真正的发展尊重前例,并力图与以前的发展轨迹保持一致;发展有所加增,它是阐明而不是模糊、支持纠正之前的思想体系。与蜕变相比,这是发展的特征之一。

2.

比如,虽然错误的宗教和真正的宗教是对立的,但是一个人从谬误皈依真理一般要经历一个渐进的、思考的过程。这类转变的主要因素是积累,而非破坏。"真正的宗教是错误的宗教的顶点和完善,各种真理和善都汇聚于此。同样,天主教的教义是许多原本分离之真理的综合,而异端则错误地分割了这个综合体。于是,事实上,当一个人被灌输了某些异端的思想,如果他是一个真正的信徒,他会在真理被揭示之时放弃谬误,归向真理——不是通过失去以前的认识,而是通过得到新的认识和理解;不是去除,而是获得。被抛弃的那部分错误认识,不是直接被排斥的,而是被新的认识所'替换'。真正的皈依是一个积极的,而不是消极的过程。"①

关于在公会议中得到了修正的教义,利奥曾说:"如果用轻蔑的态度

---

① Tracts for the Times, No. 85, p. 73. [Discuss. p. 200; vid also Essay on Assent, pp. 249 – 251.]

对待被修正的教义，就是对以前发展成果的不尊重。"①类似地，文森特曾把基督教教义的发展称为"信仰的完善而非变革"②。关于犹太的律法，基督也曾说："我来不是要废掉，乃是要成全。"（太 5：17）

3.

有人曾指责穆罕默德后期所受的启示与前期相矛盾，"这一点闻名到了无人不知的程度，所有人都承认这一点。于是，遇见他们无法解决的矛盾时，他们只能废除其中的一个。《古兰经》里已经有 150 多节经文因为这个原因而被删除。"③

德沃先生（Dewar）曾说，谢林（Shelling）认为，"现在到了充满奥秘的基督教取代盛行了多年的通俗经验主义的时候了"。这位德国哲学家承认，"这样的一个计划违背了教会和教会最早期教师的本意"④。

4.

当新教指责罗马天主教用另一种福音来替代最初的教义时，天主教徒的回答是，他们就像新教徒一样，坚定地相信道成肉身和补赎的教义。新教徒反驳说，他们当然相信这两条教义，但是通过天主教徒新增的教义，他们模糊了这两条教义，并在事实上把它们废除了。对圣母和圣徒的尊崇不是真理的发展，而是一种蜕变，因为信徒的注意力转向圣母和圣徒的时候，就必然忽视了耶稣和他的救赎。但是天主教徒回答说，对圣母和圣徒的尊崇，实际上起着促进、阐明并保护关于基督的慈爱和中保作用的教义。争议的双方其实遵守同一个前提，即后来的教义如果脱离了先前的发展轨迹，就不是真正的发展而是蜕变，而蜕变是不

---

① Ep. 162.
② Ib. p. 309.
③ Prideaux, Life of Mahomet, p. 90.
④ German Protestantism, p. 176.

健康的。我们将马上展开对这个话题的讨论。

5.

布莱克斯通（Blackstone）指出："一旦社会形成之后，自然会出现政府；只要有了政府，社会才得以有秩序地发展。"①他的这个论点给我们提供了另一个标准，即一个变化能不能称为发展，是由其有用性决定的。

事实与此恰恰相反。英国的长期议会篡夺政府的行政权时，虽然貌似推进了公民的自由，但实际上是对自由的掠夺。因为公民自由的安全，是建立在行政权和立法权分开的基础上的，也就是说，法律的制定者不能同时是法律的执行者。

同样，在古罗马的历史上，护民官"代表"公民行使特权的时候，发展就变成了蜕变。

以上是我们的第六条特征，对过去的保守。

第七节　真正发展的第七个特征：历时持久的活力

1.

蜕变是发展的非本质属性，从开始出现征兆到以危机的形式结束，往往是一个很快的过程。想法还在人的头脑中时，总是处在发展变化的状态；蜕变发生之时和发生之前，想法都不是停滞的。蜕变的结果是某个想法的终止。因此，蜕变不可能是持久的，而持久性就成了真正的发展的另一个检验标准。

"痛苦愈甚，时间愈短；时间愈久，痛苦愈微。"斯多葛哲学家用这句话来安慰处在痛苦中的人。对于很多混乱的情况，我们也可以说，情况愈差，时间愈短。

---

① Vol. i. p. 118.

头脑清醒的人往往不愿意看到政治情况发生变化，惧怕大规模的改革和革新，唯恐一旦发生不利的变故，就很难补救。缓慢的衰退却一般不能引起他们的重视。革命往往是暴力和迅速的，而这两样，正是剧烈地蜕变的特征。

2.

异端的生命总是短暂的。异端是生与死的中间状态，并且倾向于死；或者，如果异端没有死亡的话，常常会转化成另外一种与原来不相干的错误观点。以这种方式，并且只能以这种方式，异端可以存活很多年，先以一种形态存在，后来又以一种新的样式出现。

罪恶的充满是末世降临的征兆。正义的人会问，到底要多久？仿佛末世的推迟是对理性和耐心的考验。其实敌基督的统治在三年半的时间内就到头了。

也有的人会说，世界从来都是罪恶和腐朽的。但是尽管如此，罪恶还是没有征服世界，真理和至善仍然比罪恶强大。如果没有了教会，世界很快就完结了。

再者，上帝的选民可能越来越败坏，直到不可补救的那一天。但即便如此，这种罪恶也总是被不断的改革所打破，以一种形式的衰落替代另一种形式的衰落。

3.

的确，有一种形式的蜕变——其发生的过程往往是缓慢的，这种蜕变一般被称为衰落。但衰落是在没有任何有力举措的情况下发生的。积极和消极两方面的力量都处于几乎停滞的状态。消极的力量足以削弱积极的力量，却不加快自己的进程。有时候，我们看到一些观点、惯例和系统，虽然没有什么合理性，但是靠着一种习惯的力量或者政治体制的维护而持续存在着，很多时候这些观点和惯例甚至成了一个国家的特色、一个民族的习惯，或者某种社会风气。或许它们最终能被一种突如其来的外力打破。一个很好的例子是某些民族盛行的迷信。它就像一种颜色或者气味一样缠绕着一个民族。但是当迷信最终被打破的时候，我们会看到迷信没有自己的历史。就像古代的多神论宗教一样，一旦被拿到台面上分析，马上分崩离析。聂斯脱利派和基督一性论派的遭遇显然就是这样；基督教如果被中世纪的封建主义吸收，也会是同样的情况。虽然我们中不少人常常对新教引以为豪，但是新教也将是同样的命运。

穆罕默德主义是否外在于基督教的，以及东正教是否为基督教的一部分，还有待进一步发现。现在我们就可以想见可能引发穆斯林狂热主义的情况；俄国的专制主义虽然会压制本国的神职人员，但是不会干预具体的宗教事务。

因此，蜕变和衰落的区别在于是否产生有力的行动，而蜕变与发展的区别则在于其短暂性。

4.

以上七个特征是区别发展与蜕变的标准。真理应该在发展的各个阶段都保持其一致性和统一性，这样才能确保真理不在发展的过程中变质。为了保证其实质上的统一性，真理必须保持同样的模式、同样的原则、同样的同化外在因素的能力、同样的逻辑性、同样的早期为后期作见证的特性、同样的后期维护早期的保守性、同样的经受时间考验的能力。

第六章　把上述七个标准应用到现存基督教教义的发展

第一个标准的应用：模式的保持

接下来的任务是把上文列出来的七个标准应用到具体的基督教教义的发展中。第一个标准是模式的保持。

我在上文已经提到，随着时间的推移，所有伟大的思想都会呈现出一些雏形中所不具备的内容，并经历扩充、应用等各种不同的发展，唯一能防止发展过程出现错误和腐化的，就是在从始至终的各种表面变化和变迁之中，仍保存真理在一开始就展示给世界的模式。

然而，这一点怎么应用于基督教呢？基督教最初的模式是什么？这种模式有没有在旨在体现和传授基督教教义的大公教会中保留下来？我们先来看一下当今的教会，再来看一下幼年的教会，并把两者相比较，看看它们有没有本质的区别。我想表述如下：

有这样一个宗教组织，她声称自己有神圣的使命，并把其他所有异己的宗教组织奉为异端或异教徒。她是一个有组织、有纪律的整体。在一定程度上，她是一个秘密组织，因为外面的人不能理解她用来维系各个成员的凝聚力。她分散在整个世界。在有些地方，她可能力量弱小，且微不足道，但是从总体来看，她的力量是巨大的。她的成员数量可能比不上其他的宗教组织的总和，然而从个别来看，她又比其中的任何一个宗教体庞大。她自然是政府的敌人。她是不包容的，又是吸引人的，她倾向于建立一个新的社会。她有时候会突破法律的界限，甚至家庭可以因为她而分离。有的人说她是赤裸裸的迷信，有人控诉她的罪恶，很多受过教育的人鄙视她。她对于很多人来说，有一张恐怖的面孔。而且，她只有一个圣餐礼。

把上文对她的描述放在普林尼（Pliny）或者朱利安（Julian）面前，也放在腓特烈二世（Frederick the Second）或基佐面前①，"她露出多面的、恐怖的脸庞"。没有人会不知道这句话指的是谁。一个对象，并且只有一个对象，符合以上所有的描述。

第一节　前几个世纪的教会

1.

有关基督教最早的记叙出自塔西佗、苏维托尼乌斯和普林尼。这是基督教诞生之后的前一百五十年仅有的三位明确提到基督教的古典作者。

塔西佗是因为罗马的大火而提到基督教的。他下面这段话主要是记述罗马皇帝尼禄。在一段历史叙述的结尾，他写道："尼禄把大火归咎于他人，并对他们施以最严酷的惩罚。这些人，因为他们的'羞耻行径'（per flagitia invisos）而招人厌恶，通常被叫作'基督徒'。这个名称出自他们的创始人基督，他在提比略在任时，由彼拉多下令处死。这种致命的迷信曾被禁止过一段时间，但是又重新盛行起来。它不仅遍布罪恶之源耶路撒冷，而且横行罗马城。他们因为一些闻所未闻、令人震惊的恶行而臭名昭著。先是一些公开宣称是基督徒的人被逮捕。接着，根据他们的交代，又有大批的人被宣布有罪——不是因为纵火，而是因为憎恨人类罪。"接下来，在描述了他们所遭受的残忍的刑罚之后，塔西佗说："结果，虽然他们

---

① 奇怪的是，这些并列的名字被批评家扭曲了。从作者的意图来看，与基佐匹配的是普林尼，而不是腓特烈。

有罪,但是因为这些残忍的刑罚而受到了人们的同情,似乎他们并没有成为千夫所指的对象,而只因为一个人(尼禄)的惨无人道而遭受酷刑。"

关于罗马大火时期的迫害,苏维托尼乌斯写道:"基督徒以巫术和迷信而著称,所以他们当中有很多人被处以极刑。"另外,苏维托尼乌斯记述虽然简短,但是为我们了解当时的迫害提供了一些必要的背景知识:当时的基督徒触犯了尼禄制定的关于治安的管理和消费品的消费等方面的规定,例如他们"控制自己的消费,禁止客栈卖肉类食品,还压制剧院的演出,并十分强调品行的正直"。

当普林尼做本都的总督时,他写了著名的致皇帝图拉真(Trajan)的信。他写信的目的是询问怎么处置他所辖的省内数目众多的基督徒。令他感到最犹豫不决的是,是否仅凭基督徒这个名称本身就可以判罪:"是不是只要一个人承认是基督徒就应该受处罚,还是必须找到其他的罪行?"他说,他已经处死了一些在多次警告后拒不悔改的人,"毫无疑问,不论他们说自己是什么,这种拒不服从和顽固不化的人应该受罚"。他要求他们向神灵祈祷,在皇帝的肖像前祭酒和焚香,并诅咒基督。他说:"据说,真正的基督徒是无论如何不愿意这样做的。"背叛基督教的人告诉他说,基督徒每天清早聚在一起,像在神面前献礼一样称耶稣为神,并以在耶稣面前宣誓的方式使自己紧密地团结在一起。他们宣誓不作恶,反对偷窃、抢劫、淫乱、背信,他们在宣誓之后就各自解散。之后,他们会再次聚集在一起吃饭,对别人并没有任何威胁。而且,皇帝发出禁令之后,他们就把聚在一起吃饭的做法也取消了。"普林尼说他曾经对两个妇女用过刑罚,但是发现她们除了"极端迷信"以外,并没有什么过错。然而这种迷信的"传染"是严重的,"(迷信)遍布城镇和乡村,神庙里都看不到焚香祈祷的人了"。

2.

从这三位作者的记述中,我们可以作一个小结。三位作者都认为基督教是一种迷信；普林尼说是一种败坏的、极端的迷信。苏维托尼乌斯说是一种使用巫术的迷信。塔西佗认为是一种致命的迷信。另外，在社会上，人们一般认为基督教是一种秘密的、非法的团体。基督教吸引信徒的速度令他们感到恐惧，所以与基督教这个名称联系在一起的是"罪大恶极"、"令人发指"和"令人震惊"等词。

3.

以上这三位作者的陈述本身就包含着对基督教确切、深刻的描述。但是，如果我们把这些描述放在当时历史的大背景下，并与后来的作者加以比较，我们将获得更加深刻的理解。从以上列举的三位作者的著作，我们已经可以清楚地看到当时的社会对基督教的印象，如果我们考虑其他作者和罗马官员的见证，这一点更为明显。他们明确地把基督教与一些来自东方的、神秘的宗教组织联系在一起。这些宗教一般是由个人传播的，其神秘的宗教仪式吸引了罗马帝国很多人的注意，在某些地区，甚至使国家规定的宗教崇拜体制陷入瘫痪。这也成了当时社会上层人物对基督教的大致印象。显然，基督教采用的一些新奇的宗教仪式，使他们产生了基督教属于东方的神秘宗教的错觉。

正如暴风雨来临之前常常有一定的迹象一样，社会的巨大变革也是有前兆的。从内在来看，人的感情和思想往往对大的变革有一定的察觉；从外在来看，变革的前兆通过一系列的事件表现出来。基督教尤为如此。基督教诞生之前，社会上出现了一些类似基督教的影子，虽然影子看起来是微不足道，甚至是可笑的，但是一般人并不容易把影子和真正的基督教分辨出来。在基督教开始大范围地传播之前，埃及、叙利亚和一些邻近的地区出现了一些旨在传播新的崇拜形式的宗教运动。当时有传言说，有一种新秩序将从东方兴起，类似的传言使人的思想更加躁动。有一些人试图从地方性或者民族性的宗教里寻找线索，并对其进行教义和礼仪上的规范。所有这一切，都成了基督教诞生的前奏和准备。

4.

当时的新兴宗教的一个共同特点是通过阴暗的、恐怖的意象来使人感到恐怖。罪和补赎的概念、末世的善和恶、隐匿的世界里的惩罚,等等,都与古典多神教的乐观而轻快的色调形成了鲜明的对比。新兴的宗教是秘密的,其教义是神秘的,入教的仪式是正式和严肃的。信奉的人一般用苦修和主动受苦的形式来对宗教思想进行操练。从本质上说,这些宗教旨在获得权力并改造社会。其传播范围也不仅仅局限在某些地区,而是游移不定的,其扩展的态势常常会显得咄咄逼人。这些宗教普遍地声称具有超自然能力,于是人们很容易把它们与巫术和占星术联系在一起,它对富裕的社会阶层有着独特的吸引力。

5.

对库柏勒(Cybele)、伊希斯(Isis)、密特拉(Mithras)的崇拜都是在当时兴起的新宗教形式。类似的还有所谓的迦勒底人以及东方的博士。这些宗教都来自近东地区,并在一二世纪迅速地传播到罗马帝国西部和北部的各个省份。①库柏勒是叙利亚的神祇,如果我们能确认著名的希拉波利斯(Hierapolis)古城的神庙也是用来向她祭献的话,对库柏勒的崇拜便已传播到西班牙、高卢、不列颠甚至塞维鲁②的高墙之内。对伊希斯的崇拜是当时传播最广泛的神教;伊希斯神庙遍布埃塞俄比亚和日耳曼民族的领地,甚至连"Paris"(巴黎)这个词的词源也可以追溯到这个神教。库柏勒、伊希斯神教以及当时的占星术,都有一个集中的领袖,一定数量的祭司和信徒,并在一些地区得到农场主的支持。神教的传播

---

① Vid. Muller de Hierarch. et Ascetic. Warburton, Div. Leg ii. 4. Selder de Diis Syr. Acad. des Inscript. t. 3, hist. p. 296, t. 5, mem. p. 63, t. 10, mem. p. 267. Lucian. Pseudomant, Cod. Theod. ix. 16.
② Severus, 193—211 年任罗马帝国皇帝。他在任期间,罗马帝国在一定程度上恢复了政治和军事上的稳定,被后世称为"塞维鲁王朝"。此处的"塞维鲁的高墙"是罗马帝国的代名词。——译者注

以走街串户的形式进行,传教者每到一地,边乞讨,边宣扬教理。阿普列乌(Apuleius)曾记载,有一个人拿着鞭子,一边控诉自己的过错,一边用鞭子抽打自己。这些流浪的传教人在古典语言里被称为"传播者"(*circulatores*或*agyrtae*),他们占卜祸福,并向前来问询的人发放写着预言的纸张。除了根据预兆占卜祸福以外,他们还精通赎罪和献祭的仪式。臭名昭著的亚历山大(Alexander of Abonotichus)就是这样一个"传播者"。他在本都声望日增,享誉罗马内外,甚至连罗马的高官也愿意向他倾诉政治秘密,并寻求他的建议。另一个有名的传教人叫阿波罗尼乌(Apollonius of Tyana),他以品德高尚而闻名,除了传教以外,还信奉毕达哥拉斯派哲学。据说,他行了很多神迹,一生致力于布道、讲授、给人治病和说预言,足迹遍及印度、亚历山大、雅典和罗马。还有一个类似的先知叫撒克利菲库鲁斯(Sacrificulus),他是一个有名的浪荡子,因为把声名狼藉的酒神节引入罗马而为罗马元老院所惧怕。用基督教的话说,他们是一些堕落的孩子,因为他们"走遍洋海陆地,勾引一个人入教,既入了教,却使他做地狱之子,比(他)们自己还加倍"(太23:15)。

6.

这些神秘宗教一般倡导极其严格的禁欲和苦修。比如,密特拉教要求入教者先禁食和禁欲①,号称对信徒施以"精神的洗礼"。另外,入教仪式还包括祭献面饼,来作为一种复活的记号。萨摩得拉斯教(Samothrace)接纳儿童入教,入教者必须忏悔自己以前所犯的过错。入教者身着白衣,用与军事辞令类似的语言宣誓入教,他们的感召被称为"圣战"。祭司穿的是麻衣,他们剃掉头发,死后穿着特制的衣服入葬。库柏勒教的祭司要经受更严格的体罚。除了上面已经提到的鞭打,德尔图良

---

① Acad. t. 16, mem. p. 27.

曾提到他们的祭司曾斩断自己的胳膊为马可·奥勒留（Marcus Aurelius）祈命。① 为了对奥西里斯②表示哀悼，伊希斯教的祭司用松果刺自己的前胸。哀悼以宗教奥秘为根据，是一种例行的礼仪。根据伊希斯教的说法，伊希斯痛失奥西里斯，于是信教者用哀哭的方式纪念她的哀恸。与此类似，叙利亚女神曾痛哭悼念死去的塔木斯（Thammuz），她的崇拜者也以哀哭的方式纪念她的哀恸。在酒神的祭礼上，祭司在午夜就把酒神巴库斯（Bacchus）的像摆在棺木上，③然后以唱挽歌的方式哀悼。祭礼的含义是巴库斯先死去，后又复活。除了巴库斯之外，还有其他的神教也在晚上举行祭礼。另外，还有的仪式是在山洞中进行的。

7.

只有属天的日光能够净化这些在夜间或者地下进行的宗教仪式。山洞被用来向阴间的神献祭。自然而然地，这些神教与巫术有密切的关系。巫术有时候会采用残忍的手段，而且，经历了短暂、严格的禁欲之后，许多人不可避免地倒向了淫荡的生活。极端的神教生活滋养了一些疯狂、虚伪的人，他们很快就被社会上的大多数人所摈弃。当时一起被归为此类怪人的有伊希斯教、弗吕家派（Phrygian）、密特拉教、迦勒底人、男巫、占星家、占卜者、流浪者，还有犹太人。放荡的亚历山大公开承认使用巫术，阿波罗尼乌也有使用巫术的传闻。密特拉教的仪式来自波斯的博士；叙利亚的日神教（Taurobolium）与荷马在《奥德赛》里提到的耐克欧曼提亚（Necyomantia）和贺拉斯（Horace）的卡尼迪亚（Canidia）非常类似。《狄奥多西法典》（Theodosian Code）把巫术统称为"迷信"，巫术、祭神仪式、酒神节和"安息日"（Sabbathizings）都被认为是蛮族的习俗。塔西佗的读者对"巫术"、"迷信"、"术士的仪式"、"迦勒底人的允诺"以

---

① Apol. 25. Vid. also Prudent. in hon. Romani, circ. fin. and Lucian de Deo Syr. 50.
② Osiris, 皇朝家族的守护神——译者注。
③ Vid. also the scene in Jul. Firm. p. 449.

及"占星士"等术语非常熟悉。皇帝奥托（Otho）公开参加伊希斯的祭礼，并咨询占星士。皇帝苇斯巴芬（Vespatian）也有咨询术士的习惯，而且曾有传言说，他曾在塞拉皮斯①的庇护下行过一些神迹。皇帝提比略在一则敕令中曾把"犹太和埃及"的祭礼归为一类。塔西佗和苏维托尼乌斯曾把埃及和犹太的宗教并称为"那种迷信"（ea superstitio）②。事实上，早在奥古斯都之时，两者就已经被并称为"非法的迷信"，并以此与其他来自外国的宗教相区别。苏维托尼乌斯说："他（奥古斯都）尊重一些古老的外族宗教，对于其他的则嗤之以鼻。"③例如，奥古斯都曾对埃里夫西斯教的祭司表示过认可，并在雅典正式宣布入教。但是，当奥古斯都路过埃及时，"曾拒绝向阿皮斯④献祭；他的孙子路过耶路撒冷时，拒绝向犹太的神献祭。这种做法得到了奥古斯都的认可。"普鲁塔克曾把巫术和对奥菲斯（Orpheus）、琐罗亚斯德（Zoroaster）的崇拜，以及埃及和弗吕家的宗教联系在一起。在一篇关于迷信的论述中，普鲁塔克说："他们浑身沾满泥浆，在泥潭里打滚，把脸埋在地上——凡此种种，都是那些入了外族神教的人摆出的不雅姿势。"⑤奥维德（Ovid）曾用排比句列举一组祭礼，"维纳斯悲悼阿多尼斯"、"叙利亚犹太人的安息日"和"伊娥（Io）身着麻衣在孟斐斯的神庙降临"⑥。尤维纳利乌也曾提到过名目繁多的神教的祭礼，以及神教使用的语言和音乐。他曾撰文描写极端迷信的罗马妇女，并把犹太裔的占卜术士、趾高气扬的库柏勒和伊希斯神教的祭司，以及来自亚美尼亚的肠卜僧⑦和迦勒底的占星士混为一谈。⑧

---

① Serapis，是来自埃及的一个神灵。——译者注
② Tac. Ann. Ii. 85；Sueton. Tiber. 36.
③ August. 93.
④ Apis，是埃及人拜的黑色公牛，是掌管畜牧的神。——译者注
⑤ De Superst. 3.
⑥ De Art. Am. i. init.
⑦ Haruspex，是古罗马通过查看动物内脏占卜祸福的卜士。——译者注
⑧ Sat. iii. vi.

8.

基督教最初被当作犹太教的一种，并承担了"犹太教"这个名称所承载的所有坏名声和人的反感。但是，很快地，人们就发现了它与犹太教之间的区别，于是基督教开始作为一个独立的宗教体系呈现在世人面前。然而，在很长的一段时间内，人们仍然把基督教当作使用巫术的众多神教中的一种。罗马皇帝哈德良虽然以勤学好问而闻名，并参与很多神教的活动，① 但是他始终以为埃及的基督徒可以崇拜塞拉皮斯。另外，还有很多人把基督教与埃及的巫术联系在一起。其原因是历史上著名的"雷电军团"（Thundering Legion）轶事。基督徒认为，上天之所以降下一场突如其来的大雨使罗马军队得以借机突围，是由于罗马军队里基督徒士兵的祷告。而迪奥·卡修斯（Dio Cassius）则把这场胜利归功于一位埃及术士，天降大雨的原因是他向墨丘利（Mercury）和其他神明祈求庇护。虽然很多皇帝和大臣早就开始参与神教的崇拜活动了，但是这场战役的胜利，无疑是罗马对东方神教正式认可的开始。据说，马尔库斯皇帝（Marcus）出于对马科曼尼（Marcomanni）的恐惧，曾雇用术士和迦勒底人，并因此成功地阻挡了马科曼尼的进攻。可以看出，3世纪罗马社会对外来宗教的认可度普遍提高，基督教也从中获益。亚历山大·塞维鲁（Alexander Severus）建的神庙里，有亚伯拉罕、奥菲斯、毕达哥拉斯以及耶稣的塑像。学者一般认为，正如芝诺比亚（Zenobia）对犹太教采取宽容的态度一样，亚历山大对多种宗教的宽容态度与他信奉的折衷主义的哲学紧密相关。但是，亚历山大的前任赫利奥加巴卢（Heliogabalus），虽然不是哲学家，也曾把他所信奉的叙利亚的神祇引入到巴勒斯坦，他同时信奉库柏勒和阿多尼斯，甚至曾在一些仪式上献过活人祭。

---

① Tertul. Ap. 5.

而且，据拉姆普里迪乌①记载，他曾试图"统一犹太教、撒玛利亚教和基督教，从而赫利奥加巴卢能受益于所有这些宗教里的奥秘"②。教会史上，除了亚历山大和赫利奥加巴卢之外，哈德良、亚历山大的母亲玛麦娅（Mammaea）和其他对基督教有好感的皇帝也有类似的轶事。然而，这一现象仅仅表明，在对各种东方宗教保持宽容态度的同时，这些皇帝稍稍青睐于基督教而已。

9.

我们上面所说的神教的历史已经作为一个历史事实呈现在读者面前，并不需要进一步的证据。来自东方的神秘宗教逐步在欧洲树立起牢固的地位，并以种类繁多的宗教仪式吸引着生活奢侈的人、政客、无知的人、不安的人，以及对生活不满的人。不同神教的祭司来自亚美尼亚、迦勒底、埃及、耶路撒冷、叙利亚，以及弗吕家。巫术、迷信、野蛮和把戏是神教的代名词。基督教与这些神教几乎同时出现。当我们前面提到的三位著名历史学家把基督教称为迷信和巫术时，他们的选词并不是随随便便的，而是用确切的术语把基督教与这些阴暗的、秘密的、令人厌恶、声名狼藉却打破了罗马社会平静的神教归为一类。

10.

另外，基督教之所以给世界留下这样的印象，与发源于基督教的异端诺斯替主义有关。诺斯替主义与东方宗教在教礼上的相似性和密切的历史关系是不可否认的。我们也可以设想，如果从基督教衍生出来的教派与巫术完全没有关联的话，苏维托尼乌斯也不会无端地给基督教扣上"巫术"的帽子。

---

① Lampridius，罗马史学家。——译者注
② Vit. Hel. 3.

11.

诺斯替家族①有着异常复杂的起源。简单地说，这些教派是东方宗教与圣经启示的混合物。 以色列十二支派中的十个陷落以后，撒玛利亚被来自"巴比伦、古他、亚瓦、哈马和西法瓦音"（王下17:24）的人占领，他们都被来自耶罗波安殿里的祭司教导要遵循"那地之神的规矩"（王下17:26）。其结果是，"他们又惧怕耶和华，又侍奉自己的神"（王下17:33）。他们中间有著名的西门（Simon），根据《使徒行传》的记载，他曾像东方的神教一样"行邪术"（徒8:9）。他所代表的异端，虽然被分成了不同的门派，但是在当时的影响不在基督教之下。使徒彼得最初在撒玛利亚与他相遇，后来又在罗马见过他。在罗马，波利卡普提到过本都的马西昂（Marcion of Pontus），他的追随者遍布意大利、埃及、叙利亚、阿拉伯和波斯。瓦伦廷曾在亚历山大、罗马和塞浦路斯布道，克里特、凯撒利亚、安提阿和东方的其他许多地区都有他的信徒。美索不达米亚有巴尔德萨内斯（Bardesanes）和瓦伦廷的追随者。卡勃克拉特派（Carpocratians）活跃在亚历山大、罗马和克法洛尼亚（Cephallenia）；巴西理得派（Basilidians）分布在庇推尼（Bithynia）和加拉太（Galatia）；非洲有所谓的该隐派（Cainites或者Caians）；高卢地区有马科斯派（Marcosian）。 另外，我们还必须提到另外几个派别，虽然从严格的意义上说，他们不是诺斯替派，但是与诺斯替派在时间、起源和特征上很接近，如巴勒斯坦的伊便尼派（Ebionites），源自小亚细亚的克林妥派（Cerinthians），以及大名鼎鼎的禁戒派（Encratites）及与之相关的支派——它从美索不达米亚传到叙利亚和小亚细亚的其他省份，后来又传到了罗马、高卢、阿基坦（Aquitaine）和西班牙。另外，还有孟他努派，他们先是以弗吕家的一个小镇为根据地，后来迅速地蔓延到从君士坦丁堡

---

① Vid. Tillemont, Mem. and Lardner's Hist. Heretics.

到迦太基的广大地区。

伯顿（Dr. Burton）曾说过："基督教进入第二世纪以后，会发现诺斯替派，以这样或者那样的形式充斥着文明世界的每一个角落。虽然名目众多，门派各异，然而信众的热情与希腊和亚洲任何宗教的黄金时期不相上下。有一些名字，虽然现在听起来很陌生，然而在当时，却被信众像柏拉图和亚里士多德一样奉为圣贤。诺斯替教的著作也可谓卷帙浩繁，然而却仅有极少数流传到了后世。"①创建不同的诺斯替门派的人多数来自基督教会，也有少数来自犹太教和东方的神教。比如，孟他努曾是库柏勒教的祭司，他甚至曾按照库柏勒教的习俗斩断过自己的手臂。普罗迪科斯（Prodicus）的追随者宣称他们拥有琐罗亚斯德秘传的书籍。很多门派信奉的二元论教义（dualism）也可以追溯到琐罗亚斯德教。巴西理得曾把密特拉当作至上的存在，或者天使长，或者太阳。巴西理得佩戴的护身符上有奥巴瑟②的肖像，密特拉是与奥巴瑟同等的神。然而，又有传言说巴西理得是使徒彼得的门徒之一，曾受过彼得的亲授。类似地，据说瓦伦廷是使徒保罗的门徒；马西昂是本都主教的儿子；而塔提安是殉道者查士丁的门徒。

12.

很多诺斯替教派把一些博学的人列为其教师或者门徒。不论他们是否应该被称为"迷信"的教派，他们与前面提到的神教在教义和宗教仪式上的相似性是不可否认的。"诺斯替"这一名称本身就具有某种"秘密知识"的含义。③诺斯替派一般认为，基督教会的圣礼仅是得救的准备或

---

① Bampton Lect. 2.
② Abraxas，或作 Abraxis、Abrasax 等，在波斯神话中是神的 365 个发散体之一。诺斯替教的有些门派把他当作神灵与大地上的创造物的中介者之一。——译者注
③ 诺斯替来自希腊语 gnosis，意思是"知识"。诺斯替各个门派的一个共同点是，声称拥有大多数人所不了解的某种奥秘的知识，对这种知识的掌握能带领其追随者摆脱物质世界的缠累，到达至善的精神世界。——译者注

者工具，掌握特定的"诺斯"才是真正的得救。塔提安和孟他努虽然代表完全不同的门派，然而却在奉行禁欲主义上达成一致。几乎所有的诺斯替门派都要求其信徒戒酒，塔提安派和马西昂派信徒不能吃任何肉类，孟他努派一年有三个封斋期①。另外，所有的诺斯替门派都以这样或那样的形式倡导独身生活，谴责婚姻。②马西昂派为每个信徒举行三次或者三次以上的洗礼。马科斯派举行两次他们称之为"补赎"的仪式，其中，第二次"补赎"礼模仿婚礼的形式，在一间装点成婚房的屋子里进行，随后举行的是为祭司祝圣的仪式。另外，他们的圣礼还包括涂圣油礼和为死去的人祷告。巴尔德萨内斯派和哈默尼乌派（Harmonius）以其优美的赞美诗而著称。像其他的神教一样，孟他努在极度的热情和迷狂状态下说预言。卡尔波卡拉底（Carpocrates）的儿子伊皮法尼（Epiphanes）在十七岁时死去，卡尔波卡拉底的追随者在他母亲的出生地克法洛尼亚岛上建了庙宇，用唱圣诗和献祭品的方式纪念他。类似地，卡尔波卡拉底派也以同样的方式对荷马、毕达哥拉斯、伊壁鸠鲁，以及耶稣基督表示敬意，把他们当作行为的典范。另外，卡尔波卡拉底派流传下来的碑文中还包括一个女性信徒团体的规章。在这里，我不愿意提起阿加培派（Agape），他们的放荡和荒淫比起他们所模仿的神教教派有过之而无不及。"诺斯替"这一名称成了淫荡的代名词，以至于吃饭的时候，没有人愿意与他们同坐一席，或者使用他们用过的炊具和餐具。

13.

诺斯替派荒淫的行为与他们使用巫术和占星术的做法有密切的联系。③直到现在，我们还能找到大量的巴西理得派的护身符，上面刻有基

---

① Lent，又称大斋节、四旬期，指教会以四十天的守斋和祈祷准备耶稣受苦、死亡与复活的时期（《基督宗教外语汉语神学词典》）。——译者注
② Burton, Bampton Lect. note 61.
③ 同上 44。

督教的符号，也有以埃及神话为根据的伊希斯、塞拉皮斯和阿努比斯（Anubis）的肖像。① 爱任纽把他们与圣经上的西门的追随者联系在一起（徒8:9），他写道："这些魔教的祭司，生活上荒淫无度，根据各自的能力施行巫术。他们用咒语召唤鬼魂，使用符咒、春药和诱奸妇女的咒语。他们精通召唤鬼怪、解梦，以及所有其他奇异法术。"② 其中，马科斯派尤其擅长这些"奇异法术"，卡尔波卡拉底派和阿培拉派（Apelles）也有类似的行为。马西昂和一些其他的派别则使用占星术。德尔图良曾说："异端的手段多种多样，有的是魔法师，有的是江湖骗子，有的是占星士，还有的自称为'哲学家'。他们无处不在，就像圣经上说的那样，'寻找的，就寻见'（太7:7）。"③

以上所说的就是诺斯替派。从外表上看，不论是像塞尔修斯（Celsus）和波菲利（Porphyry）这样的哲学家，还是普通的大众，都容易把他们与真正的基督教混淆，就像最早的时候人们把诺斯替教和东方的神教混淆一样。

14.

当然，有时候人们对于一个人或者一个团体的看法纯属偶然，没有任何事实根据。但是这种情况是不会长久的。比如，关于基督徒在聚集的时候吃儿童的肉和行淫乱的传言，到奥利金的时候就几乎绝迹了。传言的起因可能是基督教与神秘宗教或者异端在宗教仪式上的相似。但是如果某种传言得以代代相传，则往往具有一定的真实性，这种真实性一般表现在传言与有关对象的某些特征相吻合。人们对传言的正误的判断，在很大程度上与其表达方式有关。在一个人看来是赞扬的话，可能被另一个人当成责备；能使一个人热情鼓舞的事，或许只能让另一个人

---

① Montfaucon, Antiq. t. ii. part 2, p. 353.
② Hær. i. 20.
③ De Præscr. 43.

感到轻蔑。被一个人称为勇敢的事迹,在另一个人看来是浪漫,在第三个人看来是骄傲,第四个人看来是虚伪,第五个人看来是不可理喻。这就是为什么我们在历史事件的研究中,必须比较多个人所作的不同见证。如果我们有足够的证据断定某一个人是迷信的,我们可以排除他属于学园派或者伊壁鸠鲁派的可能性,但是一些模糊的概念,如"无神论者"、"改革派"等,则不能轻易地排除。同样地,巫术与神迹、固执与信仰、顽抗与宗教热情、诡辩与辩论的才能、狡诈与温和——这些貌似对立的概念之间,也有一定的相通之处。下面,我们将从世界对基督教的看法出发,来考察最早基督教的本来面目。

15.

塔西佗、苏维托尼乌斯和普林尼,这三位作者都把基督教称为"迷信",他们之后的历史学家也重复使用这个术语,可见这一称谓并不是偶然的。人肉宴①的指控持续了不到一个世纪,但是,如果发现了多神教的痕迹,基督教就会被指控为迷信。米努西乌的异教辩论者把基督教称为"空洞而疯狂的迷信"(vana et demens superstitio)。著名的罗马法学家莫迪斯丁(Modestinus)说,基督教的出现是弱智的人头脑受了惊吓后臆造出来的。一位信奉神教的执法官曾问马塞鲁斯,他和其他的信徒是否已经放弃了"徒劳的迷信",并且愿意崇拜皇帝所崇拜的神。阿诺比乌的异教徒把基督教称为"可恶的、不幸的迷信,充满了对神的不虔敬和猥亵,用新奇的迷信来玷污古老的崇拜仪式"。拉克唐修的一个匿名的反对者说,基督教是"不虔敬的、老妇谭一般的迷信"。戴克里先在克鲁尼亚(Clunia)题字的契机是"基督教迷信的彻底毁灭和诸神之崇拜的发扬光大"。马克西敏(Maximin)在回应君士坦丁的敕令时,仍在信中把基督

---

① Thyestean banquet,希腊神堤厄斯忒斯(Thyestes)诱奸了他哥哥阿特柔斯(Atreus)的妻子;作为报复,阿特柔斯杀害了堤厄斯忒斯的两个幼小的儿子,把他们的尸体烹煮后,设宴招待堤厄斯忒斯。——译者注

教称为一种迷信。①

16.

为什么当时社会上的权威普遍把基督教称为迷信？这种"共识"意味着什么？至少，他们显然不把基督教当成一种把人的思想从所有的禁锢中解放出来的宗教；禁锢可以是无知、恐惧、权威或者祭司的影响。当他们把东方的神教称为"迷信"时，其当时的含义与现在的含义并无二致。显然，把基督教称为迷信时，他们的意思也是相同的。然而，在《论迷信》一文中，普鲁塔克对"迷信"这个词的含义作了长篇的解释。他说："在所有形式的恐惧中，迷信是最可怕的一种。迷信的人惧怕的不是不宜航行的海洋，不是形势严峻的战争，不是强盗，不是溜须拍马的人，也不是高卢的地震，也不是埃塞俄比亚的响雷。但是，畏惧神的人又畏惧一切的事物：大地、海洋、空气、天空、黑暗、阳光、噪音、沉默、睡眠。奴隶至少能在睡觉的时候忘记主人的严厉，戴枷锁的人睡觉时感觉不到锁链的沉重；感染的伤口和令人痛苦的溃疡都在睡觉的时候感觉不到。然而迷信的人即使在睡觉的时候也不得安眠，他们在睡梦中仿佛到了不虔敬的地方，迷信举起权杖来击打他们，用怪异的幻象和各种各样的痛苦来折磨他们，迫害他们。他们早上起床以后，又落入江湖骗子和巫师的手中。这些人对他们说：'把老母羊牵来献上赎罪，到海里去洗澡，在地上坐上整整一天。'"接着，他又说，迷信把"粗鲁和野蛮的术语"引入到"神圣的国家宗教权威"中。普鲁塔克认为，奴隶如果认为自己没有自由，至少可以要求被卖给另一个奴隶主，而迷信的人却不能换一个神来崇拜，因为"他找不到一个他所不惧怕的神，他惧怕自己家族的神和庇佑他自己出生的神，慈爱的神也能使他颤抖，赐给我们财富、和睦、和平和成功的神都使他们惧怕。"另外，他还说，对于所有的人来说，死

---

① Vid. Kortholt, in Plin. et Traj. Epp. p. 152. Comment. In Minuc. F. etc.

亡是人生的终点。但是迷信的人却不这样认为，因为"人死之后还有地狱之门，火和阴暗出现在他们面前，黑暗和各种幻象包围了他们——有鬼魂的可怕嘴脸和阴森的呻吟，有判官和刽子手，还有充满了数不清苦难的峡谷和洞穴。"

另外，在遇到不幸的事或者疾病时，迷信的人拒绝寻求哲学家和医生的帮助。他们会说："可怜的我，我是一个不虔敬、被咒诅的人，神灵憎恨我。"而那些不相信有神的人，却"擦干眼泪，把头发梳理整齐，摘下帽子向迷信的人的悲悼表示敬意。但是那个迷信的人呢？他要么披着麻衣独自坐在一个角落，要么脱掉衣服在泥浆里打滚，忏悔他的罪和过犯，如吃了或者喝了什么东西，或者不小心走到了神灵不允许进入的地方……最好的情况是他坐在家里，在屋子的里里外外摆满祭品，并把他能找到的所有的符咒挂在自己身上。"普鲁塔克接着说："其实，这些人最喜欢的是神庙里的庆祝仪式和宴会，还有那些入教仪式、纵酒、狂欢、祈祷和膜拜。他先戴上花冠，紧接着又变得脸色苍白；他在恐惧中献祭，用颤抖的声音祈祷，用颤抖的双手焚香，重复着毕达哥拉斯的话：'崇拜神是我们最大的幸福。'事实上，迷信的人是最邪恶和可耻的，他们走向神庙，就像走向熊的洞穴，或者蛇的洞，或者鲸鱼的窝一样。"

17.

普鲁塔克根据他对迷信的理解为我们描绘了一幅生动的画面。根据他的理解，迷信的人在头脑中为自己臆造了一位看不见的主人。他们为生活原则和无穷责任所束缚，致力于琐碎事物的义务，永不逃避职责，却无力选择或改变宗教信仰，常怀着对享受生活的干涉、罪恶感、对犯错误的惧怕、对受到惩罚的恐惧、自我贬低、沮丧、焦虑，试图与上天和好，所选择的方法也是错误和荒谬的。这种思想在基督教出现之前就已经存在。伊壁鸠鲁派的维勒（Velleius）在批评斯多葛哲学时说，斯多葛哲学里的"永恒的主"（*sempiternus dominus*）和"新奇的神"（*curiosus*

Deus）让他望而却步。①塔西佗、苏维托尼乌斯和普林尼当然也有这样的观点。基督教所受的最常见的批评是盲信、意志软弱和精神沮丧。米努西乌和拉克唐修的反对者把他们称为"老妇谭"②。塞尔修斯的批评是，基督徒"在没有任何根据的情况下盲目地相信"，并且对别人说："不要问原因，只要相信。"在另一处，他又写道："他们规定，'不要让受过教育的、有智慧的、有头脑的人接近我们；而让无知的人、愚蠢的人和婴孩带着信心前来。'他们说，唯有这样的人配得信他们的主。显然，他们只愿意吸纳愚蠢、庸俗、奴性的人，以及妇女、儿童。"他们"吸纳头脑简单的人，并肆意地迷惑他们"。基督徒致力于使"青年人、家奴和智商不高的人"归信。他们"一遇见受过教育的人就慌忙地跑开，一看到粗俗的人就赶忙上前迷惑他"③。一个信奉异教的执政官对殉道者弗鲁克图苏斯（Fructusus）说："你们散布了一个新的神话，诱使年轻的女孩离开朱庇特的神庙，如果你明智的话，赶快弃绝这个愚蠢的教义。"④

18.

于是，流浪者、江湖术士、魔法师、骗子、诡辩家、巫师等等称谓都堆积到了基督教的教师身上，有时候用来报道他们所行的神迹，有时候用来解释他们的成功。当时，有人说，耶稣是在埃及学的巫术，优西比乌的反对者说他是"巫师、江湖医生、骗子、无赖、魔法师"。⑤卢奇安说，基督徒崇拜的是一个"被钉死在十字架上的诡辩家"⑥。朱利安说："保罗超过了所有的魔法师和江湖骗子。"特里弗（Trypho）对殉道者

---

① "因此，你把我们日夜敬畏的、永恒的主套在了我们脖子上的轭里。谁不惧怕那位预知一切、知晓一切、明察秋毫的上帝？谁不惧怕那位能使一切的事物归向他自己，那位关怀入微、充满了恩典的上帝？"见 Cic. de Nat. Deor. i. 20。
② Min. c. 11. Lact. v. 1, 2, Vid. Arnob. ii. 8, etc.
③ Origen, contr. Cels. i. 9, iii. 44, 50, vi. 44.
④ Prudent. in hon. Fruct. 37.
⑤ Evan. Dem. iii. 3, 4.
⑥ Mort. Peregr. 13.

查士丁说:"你们成立了一个无神论的、非法的门派,对着全世界宣扬一个叫耶稣的人,而他本人是个来自加利利的骗子。"①关于迦勒底人和巫师,卢奇安曾说:"我们知道一个来自巴勒斯坦的叙利亚人,在这方面的事情上是个诡辩家,他曾让无数的人先着魔,让他们眼歪口斜,口吐白沫,然后,他再向其家人索要高价来让着魔的人恢复正常。"②卢奇安还说,"他精通这类法术,转眼之间就勒索大笔的钱财,得意地对着那帮头脑简单的人狞笑。"③看管佩尔培图阿的典狱长曾害怕她会"念魔咒",然后从监狱逃脱。法官看到提波尔梯乌(Tiburtius,St.)光着脚在烧红的煤块上行走时,惊呼耶稣一定把法术传授给他了。阿那斯塔西亚(Anastasia,St.)是以江湖医生的罪名被投入监狱的。艾格尼斯(Agnes,St.)被处决的时候,人群对着他喊:"女巫该死!惩治女巫,惩治邪恶!"(*Tolle magma, tolle maleficam*)当波诺苏斯(Bonosus,St.)和马克西米连(Maximilian,St.)毫不畏缩地托起滚烫的沥青时,犹太人和外邦人惊呼:"他们是邪恶的魔法师。"关于圣徒罗马努斯(Romanus,St.),一位罗马执行官曾说:"是什么幻象使这些诡辩家抛弃了对诸神的崇拜?这个精通塞萨利的魔咒(*carmine*)的巫师头子,怎么能嘲笑我们对他的惩罚?"④"Carmen"这个词我们曾在普林尼的著作中见过。他说,基督徒"用 carmen 称呼耶稣,就像在神面前献礼一样"。他的意思和苏维托尼乌斯所说的"邪恶的迷信"(*malefic superstitio*)⑤大致相同。苏维托尼乌斯和塔西佗倾向于和《狄奥多西法典》上的术语来表达他们对基督教的理解。比如,塔西佗曾说:"人们把那些用无耻的手段隐身的人叫作基督徒。"(*Quos per flagitia invisos, vulgus Christianos appelabat.*)而《狄奥多西法典》中针对术士的条文是:"因为行为的罪大恶极而被人们称为邪恶的

---

① c. 108.
② i. e. Philop. 16.
③ De Mort. Pereg. ibid.
④ Prud. in hon. Rom. vv. 404, 868.
⑤ 我们在菲洛帕特里斯(Philopatris)的作品中可以找到把基督徒称为"魔法师"(carmina)的例证。

人。"(*Quos ob facinorum magnitudinem vulgus maleficos appellat.*)① 另外，塔西佗控诉基督徒有"憎恨人类罪"(*odium humani generis*)。这是使用巫术的人的典型特征。法典把巫师称为"人类的敌人"(*humani generis hostes* 或 *humani generis inimici*)、"违背自然的人"(*naturae peregrini*) 和"公众安全的敌人"(*communis salutis hostes*)。②

19.

这个现象也可以解释，塔西佗这个严肃、知识渊博的历史学家，为什么用尖刻的措辞来描绘基督教。如果基督徒真的被当成魔法师和巫师的话，也就不难理解历史学家为什么把他们称为反对政府的阴谋家、失势的政治家的盟友、罗马官方宗教的敌人、散布谣言的人、在公共场所下毒和危害社会的人。佩利曾在引用了保罗最精辟的几段话之后说："如果人们读了这个，就不会认为基督教是'致命的迷信'了。"他又表达了一个愿望，说："在同异教权威斗争的时候，我们应该多写书来对抗他们的书。"③仿佛基督教是一个出书多少的问题。实际上，公众人物很少看书。哪怕是最细腻的感情、最睿智的哲学、最深奥的神学，甚至最微妙的灵感，对他们产生的影响都是很小的。他们看见的是事实，也只关注事实。问题是，基督教这个群体的价值是什么？在社会上倾向于发生什么样的影响？至于基督徒说什么、想什么却都无关紧要。他们可能告诫人们顺从政府和维护和平，然而，他们在做什么，他们的政治立场是什么？古代的政客和今天的政客同样关心这类问题。世界上的多数人与抽象的证据和哲学原则有什么关系呢？政治家衡量党派和派别的主要标准

---

① Goth. in Cod. Th. t. 5, p. 120, ed. 1665. Again, "Qui malefici vulgi consuetudine nuncupantur." Leg. 6. So Lactantius, "Magi et ii quos verè maleficos vulgus appellat." Inst. ii. 17. "Quos et maleficos vulgus appellat." August. Civ. Dei, x. 19. "Quos vulgus mathematicos vocat." Hieron. In Dan. C. ii. Vid. Gothof. In loc. Other laws speak of those who were "maleficiorum labe polluti," and of the "maleficiorum scabies."

② 德尔图良也曾提到，基督徒被指为"罗马帝国的、人民的、人类的、神的、皇帝的、法律的、伦理的、自然的敌人"。Apol. 2, 35, 38, ad. Scap. 4, ad. Nat. i. 17.

③ Evid. part ii. ch. 4.

是他们对他本人的影响。一个优秀的政治家在这方面有敏锐的判断力。"真理是什么"对于政客来说只是笑谈。为基督教所作的辩护，不论多么有说服力，对罗马的统治者来说都不起作用。他们凭借政治家的眼光，感觉到基督教是一个潜在的危险。而且，事实证明了他们的判断是正确的。

20.

我们不能忘记政权在对待臣民政策上的一个突出特征。从一开始，罗马统治者就反对任何形式的秘密团体。实际上，对于社会上的不同团体和组织，罗马采取的是很宽容的态度，但政府仍然希望自己能对这些政治性或者社会性的组织进行监视，并维护自己的权威。另外，罗马政府的民事机构本质上是建立在宗教的基础上的，并始终对宗教有很强的依赖性。正是因为这两点，罗马政府对于没有经过法律认可的宗教上的变革进行比较严格的压制。因此，参与低级的迷信活动、秘密宗教仪式、巫术和占星术的人都被当作社会的反叛者，其地位与我们今天的走私犯、小偷、夜贼或者强盗类似。在小说里，我们有时候看到强盗会问：为什么多数人要束缚少数派？为什么他要服从他没有参与制定的法律？地方法官会回答说，作为国家机器的代表，他希望所有的人都有正当的营生，然而对于触犯法律的人，他必须用法律赋予的权力进行惩罚。罗马人把这条原则运用到了宗教上。拉得那（Ladner）认为普林尼错误地把"顽抗和拒不服从"这两个词用到基督徒身上。他说："这两个词是相当严重的指控。把这两个词用在那些愿意接受劝说、愿意满足他人的基督徒身上，是很不恰当的。"他还说："在我看来，普林尼非常武断和不公正地对待他所辖省内的基督徒。他有什么权利这样做？凭什么法律可以把他们处以死刑？"然而，我们不要忘了，罗马的确有处死巫师，并放逐其追随者的先例。①这是一个古老的传

---

① Gothof. in Cod. Th. t. 5, p. 121.

统。尤其是对于秘密宗教，罗马始终持非常怀疑的态度，原因之一是，这些宗教似乎满足了某些已经获得承认的宗教所不能满足的、具体时代的特定要求。在他们之前，希腊人同化了来自埃及和叙利亚的厄流西斯教（Eleusinian）和其他的神秘宗教，并大大地降低了对从这两个地方传来的宗教的恐惧。然而，按照普鲁塔克的说法，即使是在希腊，库柏勒和塞拉皮斯神教的咒语也最终使人们遗忘了阿波罗的神庙。开始时，神庙的祭司曾撰文以示抗议，然而很快，阿波罗神庙的预言就被彻底地遗弃了。引起罗马对基督教怀疑的还有，罗马人已经断定希腊神话中关于卡戎①、刻耳柏洛斯②和炼狱的传说是不真实的，而基督教似乎也有类似的说法。③

21.

我们知道，罗马的政客和律师甚至对希腊哲学很反感，更何况对来自"蛮族"的宗教。罗马人以他们自己的宗教为豪。西塞罗曾说："西班牙人可能在人数上超过罗马人，高卢人在体力上，迦太基人在雄辩术上，希腊人在艺术上，意大利和拉丁人在才能上超过罗马人，然而罗马人对他们神的虔诚超过了所有这些民族。"④甚至连他们的法律也有这样的规定："公民不允许独自敬神，除非得到公共权威的认可，不允许在家里崇拜新的、外来的神。"⑤第一次布匿战争快要结束的时候，元老院禁止卢塔休斯（Lutatius）⑥在普莱耐斯特求神谕（Sortes Prænestinæ）⑦，理由是那里用的神谕是外来的。几年以后，罗马的执政官手持板斧，带头砍掉了伊希斯和塞拉皮斯的神庙。第二次布匿战争的时候，元老院要

---

① Charon，希腊神。根据希腊神话，他是在冥河上渡亡灵往冥府的神。——译者注
② Cerberus，希腊神，专司守护冥府入口处，是长了三个头的猛犬。——译者注
③ Cic. pro Cluent. 61. Gieseler transl. vol. i. p. 21，note 5. Acad. Inscr. t. 34. hist. p. 110.
④ De Harusp. Resp. 9.
⑤ De Legg. ii. 8.
⑥ Acad. Inscr. ibid.
⑦ Præneste 是古罗马的一个城市，在罗马往东35公里处，以占卜和神谕而闻名。——译者注

求士兵上缴所有缴获的有关预言和祷告的书，以及各种形式的关于献祭的小册子。后来，军队中有一个秘密团体被发现。执政官对此大发雷霆，并强调，罗马的祖先禁止私自举行祭献和说预言活动，于是他下令烧了他们的书。接下来，把叙利亚神萨巴（Sabazius）引入罗马的人被流放；然后，对以赛昂（Iseion）和塞拉配昂（Serapeion）的崇拜第二次被禁止。梅塞纳斯（Maecenas）曾在迪奥劝奥古斯都根据当地的习俗敬神，因为对当地神明的轻视可能会导致叛乱、密谋或者秘密集会的兴起。①他补充说："不要让这里的人因为拒绝敬拜某个神灵或者行巫术而受罚。"罗马法家尤里乌斯·帕乌鲁斯（Julius Paulus）在制定《罗马法》时立下一条基本原则，引进新的，没有经过认可的宗教官员应该被贬谪，在社会下层传教的人应被处死。②类似地，在君士坦丁的法律里，有禁止肠卜僧私下进行占卜以及禁止瓦伦廷派夜间献祭或行巫术的条文。与我们当前的目的更为相关的是，图拉真也很严肃地抵制外来宗教或者秘密团体。当一场大火烧毁尼哥米底亚（Nicomedia）时，普林尼建议成立一个一百五十人组成的灭火队③，但是图拉真因为害怕创造先例而对此予以拒绝。

22.

以上所说的揭示了东方的宗教令罗马官员厌恶的另一个原因，它们的信徒经常四处游走，时刻力图归化不信者。如果说罗马人能够在一定的限度内容忍新宗教的话，他们希望新宗教是地方性的，且地方政府应该对其有管辖权。如果一种未经过普遍认可的宗教是普世性的，并旨在于整个帝国范围内传播，显然危害理性和秩序。政府希望所有的地方都太平无事，不希望看到社会的动荡。拉克唐修说："想想看，基督徒的信

---

① Neander, Eccl. Hist. tr. vol. i. p. 81.
② Muller, p. 21, 22, 30. Tertull. Ox. tr. p. 12. note *p*.
③ Gibbon, Hist. ch. 16, note 14.

仰本身痛斥了罗马人的祖先流传下来的宗教,他们为此遭受刑罚也就不足为奇了。"①

无可否认,仅凭为宗教目的集会这一点,基督徒就已经严重地触犯了罗马的法律,以及罗马宪法的一条基本原则。罗马帝国的历史学家和哲学家就是这样看待他们的行为的。使徒保罗命令基督徒服从政府,在这里,他们却选择了不服从,从这一点上来看,对于他们自己,这是一种很强硬的行为。他们屡次抗拒行政官员的权威,这也是一种用"个人判断"或者"自愿原则"无法解释的现象。对于这种不服从的唯一解释是:他们有必要服从神圣的法律——比人的法律更高的权威。但是,如果像很多人所说的,基督教实质上只是一种个人的选择,那么他们根本就没有必要集会。从另一方面说,如果基督徒通过集会的方式在履行一项不可或缺的宗教仪式,那么他们同时把制定一项新法律的要求强加给了社会,并正式地进入了政治领域。吉本说,普林尼敕令的结果是:"基督徒暂时停止了他们的圣餐礼,然而,从基督教的性质来看,他们不可能停止公共的崇拜活动。"②

23.

3 世纪末期,基督徒作为一个团体,似乎承认了另外一项意义更加重大的违反法律的行为。这里,我们将引用伯顿的观点。伯顿曾对马克西敏的敕令作过评论。敕令的内容是,基督徒有权收回因为基督教信仰而被没收的房产和地产。伯顿说:"很显然,从这则敕令来看,基督徒作为一个团体,曾共同拥有过某些财产。敕令所说的房产和地产不是属于个人的,而是基督教这个团体的公共财产。他们对这种财产的共同占有很难逃避政府的注意,因为这一点直接触犯了戴克里先立下的法律——

---

① Epit. Instit. 55.
② Gibbon,同上。奥利金承认并赞许基督徒为了信仰违反法律的行为,"为了真理的缘故违背某些法律的条文,是合情合理的"。Cels. i. 1.

这项法律禁止未经过政府正式认可的任何组织和团体共同拥有地产。基督教作为一个团体，在戴克里先统治的初期，显然没有经过政府的正式认可。换一个角度说，这项法律就是针对他们而制定的。但是，就像其他的、以暴政为基础制定的法律一样，这项法律也违背了公义。我们可以设想，基督徒是在这项法律通过之前购置房产和地产的。他们之所以选择忽视这项法律，原因可能是他们的地位已经很稳固了，就连法律的执行者也不得不对一个如此庞大的团体采取默许的态度。"①

24.

难怪在罗马努斯殉道时，执行官把普鲁登修斯（Prudentius）的基督徒称为"叛民"；②加勒里乌（Galerius）称基督徒为"邪恶的阴谋家"；米努西乌的一个异教徒把他们叫作"铤而走险的亡命徒"；其他的人要么说他们叛国，要么说他们亵渎神灵，措辞与塔西佗很相似。基督徒的罪名是破坏帝国的安宁、邪恶的制造者和触怒众神的人。

德尔图良说："人们大喊着，国家被基督徒包围了，基督徒充斥着他们的田地，他们的堡垒，他们的岛屿。他们悲哀地看到人们不顾性别、状况甚至社会地位，纷纷归向这个教派。但是他们不愿意换一个思路，想一想，有这么多人归信，必然是因为基督教有什么好东西。他们不允许自己作公允的判断，他们不选择对事实更加认真的考虑。他们谈基督教而色变，一听到这个名字就紧闭双眼，把所有的基督徒都和邪恶联系在一起。'卡伊乌斯·塞伊乌斯是个好人，可惜他是个基督徒。'或者，'我真不明白，为什么卢修·提休斯那么聪明的人突然决定做基督徒。'他们不会去想，到底是因为卡伊乌斯和卢修是好人和聪明人才成了基督徒，还是他们因为是基督徒才变成了好人和聪明人。他们赞赏他们所知

---

① Hist. p. 418.
② In hon. Rom. 62，In Act. S. Cypr. 4，Tert. Apol. 10. etc.

道的,他们诋毁他们所不知道的。他们不知道,品行和憎恨基督徒不能划等号。如果他们恨的仅是基督徒这个名字,这个名字又能有什么过错呢?对名字的指摘不外乎因为它是蛮族的、不吉利的、低俗的,或者名字的发音不好听。如果台伯河(Tiber)流到了墙边,尼罗河没能灌溉他们的田地,如果天还在那里,如果地也还在那里一动不动,如果什么地方有了饥荒或者瘟疫,他们就会大喊:'基督徒猛于虎!'"①

25.

上文曾经提到米努西乌的异教徒,说他们是:"铤而走险、无法无天、鲁莽草率的亡命徒。他们把社会最底层、没有思想的暴民聚在一起,他们吸收盲信的妇女,组成了一帮淫秽的乌合之众。夜里的集会、禁食、违背自然规律的食物把他们联结在一起。他们的礼仪不神圣,而污秽。他们鬼鬼祟祟地活动,昼伏夜出。一到了公共场所就一言不发,到了角落里却滔滔不绝。他们鄙视我们的神庙,就像鄙视坟墓一样,他们朝着我们的神吐口水,嘲笑我们的教礼。这帮人自己可鄙,却胆敢鄙视我们的祭司。他们虽衣不蔽体,却敢嘲笑我们的威严和尊贵。他们愚蠢、厚颜无耻,简直令人难以置信!……日复一日,他们的品行越来越败坏,他们那些最可憎的仪式却逐渐成形……他们用标记和符号来认出同党,还没等到认出来是谁,就已经开始互相爱戴。他们的宗教是名目各异的淫荡,他们的徒劳和疯狂的迷信以犯罪为荣耀……有一个作家曾提到过一些被处以极刑的基督徒,他们以十字的绞刑架(ligna feralia)作为自己的教礼(ceremonias),并把它当成祭坛进行崇拜活动(colant)……他们为什么要掩盖他们所崇拜的?难道他们不知道诚实正直的行为不惧怕光天化日,犯罪的人才会鬼鬼祟祟吗?他们为什么没有祭坛,没有神庙,没有我们熟悉的神像?他们为什么不敢在公共场合讲道,不敢自由地集会?

---

① Apol. i. 3, 39, Oxf. tr.

难道不是因为他们所崇拜的是应受惩罚或者令人感到羞耻的吗……他们捏造的是多么荒谬、多么不祥的谣言！他们之所以掩盖他们的神，是因为他们自己也看不见他。他们的那个神应该好好看看这些人究竟在做些什么，说些什么，想些什么。他们的神疲于奔走，无处不在，他令人烦恼和不安。虽然他们说他们所有的行动中都有这个神的参与，但是他既不能关注整体，也不能关注个别，因为个别的人被整体所迷惑，而神在关注个人的时候又顾不上整体。这帮基督徒威胁纵火，整天想的是怎么破坏这个世界，甚至连天上的星辰都不放过……造了这些谣言，他们还不满足，又像老妇谭一样说死后还要复活，这简直和说煤灰和煤渣还能再燃一样荒谬。他们以一种惊人的信心，相信彼此编造的谎话。可怜的人！趁着你们还活着，想想你们用什么样的臆想折磨自己！你们说，你们中的圣人遭遇寒冷、劳苦、饥饿，连你们的神也遭受了这些。我还忘了说你们宣扬的审判。看，你们死后有惩罚和折磨。十字架是今世要忍受的，而不是用来崇拜的。你们还说死后会有火的折磨。并为之惧怕。然而，神既然能让你们复活，为什么不能保全你们的性命呢？别人问苏格拉底天上的奥秘时，他作出了著名的回答：'高于我们的事我们不关心。'我的观点是，我们不应该妄图知道那些令人疑惑的奥秘。既然这么多伟大的人都对这些事情争论不休，不论我们同意任何一方，我们的判断都是鲁莽和放肆的。如果我们放任自己对奥秘的猜测，结果必将是陷入老妇谭般的迷信，或者是对所有宗教的抛弃。"

26.

这就是目睹了基督教的崛起和传播的人的看法——蛮族的教礼从那些古老、迷信的国度疯狂地涌入罗马帝国，他们还保持着对他们的祖先（埃及或者叙利亚）的忠诚。它是一个只吸引愚昧人的宗教，受过教育的人对它不屑一顾。它吸引人的手段不是才智，而是恐惧和人性弱点。它的氛围不是理性和愉悦的享受，而是对神恩郁郁寡欢的拒绝。从教徒所受的苦难来说，它是一个可怕的宗教。它纵容人的感情，因而是荒谬而可憎的。它是建立在背弃罗马之神的基础上的，它亦真亦假地使用巫术。它是一个不敢正视白昼的神秘宗教，是一个流动的、繁忙的、力图使人皈依的宗教。它组成了一个反对政府的联盟，抵制它的权威，触犯它的法律。这就是当时的人对基督教的大致印象。当然，其中不乏例外情况。比如，普林尼曾提到，他发现本都的基督徒大都品行正直。这些例外足以证明基督教不是异教徒所说的那样，但是，在开始的时候，这些例外的声音太微小，不足以扭转人的整体印象。

27.

我们不得不承认，在某些方面，人们对于基督教的看法也随着时代的变化而变化。如果没有迫害，人们就不会认为殉道者太过顽固。如果教会在一些地方得以公开地建立起来，基督徒就不用躲在洞穴里。然而，我仍然相信，即使形势发生变化，教外的人对基督教的评价在本质上还是会保持不变。比如，4世纪的朱利安曾这样评价基督和他的使徒："他们欺骗妇女、仆从和奴隶，并通过他们欺骗丈夫和妻子。"他在另一个地方又说："（基督教）是邪恶的人臆想出来的，它没有什么神圣的成分，利用的是人对臆想的喜爱和人的灵魂中幼稚和不理性的一面，通过讲述一些奇事而使人们相信。"他在别的地方还说过："可怜的人！你们拒绝崇拜我们的祖先所崇拜的神，却转而崇拜十字架的木头，你们在额头上划十字，还把十字架挂在门上。难道人们不应该仅因为这一点而憎恨你们中间明智的人，可怜那些愚笨的人吗？你们放弃了永生的神，却去崇拜一个死了的犹太人。"他还说，他们不仅崇拜耶稣，而且崇拜其他的死人。"你们走遍所有的墓穴，到处摆满墓碑，然而你们的宗教也不曾说过你们应该去拜祭坟墓和侍奉里面的死人。"他还说他们"背叛了神，转而崇拜尸体和遗骸"。然而，从另一方面说，朱利安认为基督教之所以得以广泛传播，是因为他们善待陌生人，以尊敬的态度埋葬死人，以及

"装作"虔诚。另外，他还提到过基督徒对穷人的关怀。①

朱利安的修辞学老师利巴尼乌（Libanius）基本上也表达了同样的观点。他的演说《论神庙》是针对一个信基督教的皇帝的，因此措辞有所收敛，然而仍然把他的憎恶之情表达得淋漓尽致。他谈到了一些修士，说他们"比大象吃得还多，喝的酒之多，让所有的人瞠目结舌，并假扮苍白的脸色来瞒天过海"。他们"把自己的富足建立在对别人的掠夺上，却假扮用饥饿来侍奉上帝"。他们攻击的人像"蜜蜂，他们自己却像凶猛的大黄蜂"。我引用这段话的目的是众所周知的，不是用以证明在利巴尼乌的时候就已经有出家的修士，而是说明利巴尼乌对基督教的看法。

4世纪时，努曼提安（Numantian）用诗体描绘了他从罗马到高卢的旅程，其中只有一卷流传了下来。他在旅程中的两个小岛上接触了基督教。他这样描绘其中的一个小岛："这座岛屿是一个肮脏的地方，充满了憎恨光明的人。他们自称为'修士'，因为他们不愿意在人的视线里生活。他们惧怕神恩和好运。荷马说，忧伤引起了柏勒洛丰的焦虑，人的忧伤让这位年轻的神感到不快。"在另一个岛屿上，努曼提安遇到了一个基督徒，是他以前的一个旧相识，有着优越的家庭和幸福的婚姻，却因为"受了复仇三女神的蛊惑而成了基督徒，离开了祖先所崇拜的神和他的家人，与一帮盲信的人住在一起，躲在阴暗的地窖里"。他接着说："这群人难道不是比女魔喀耳刻的魔药更可怕吗？先是毒害人的身体，然后迷惑人的灵魂。"

28.

4世纪作品《腓罗帕底》（Philopatris）②中的一个人物克里底亚（Critias）是个苍白而野蛮的人。他的朋友问他是否见过刻尔柏洛斯或者赫卡特。他说他曾听到过一帮"受到咒诅的诡辩家"说的冗言赘语，如果他

---

① Julian ap. Cyril, pp. 39, 194, 206, 335. Epp. pp. 305, 429, 438, ed. Spanh.
② 尼布尔把它归为第十条的开端。

再听见他们的声音,他一定会发狂,并一头从悬崖上栽下去。他和他的朋友到了一个安静的地方,四处是美丽的悬铃木,溪流潺潺,燕子和夜莺在树荫下歌唱。克里底亚的朋友特里芬是个基督徒,他感觉有人对他施了魔咒,于是他控制不住自己,要给克里底亚讲基督教的事。根据摩西的说法讲完《创世记》以后,他又讲了让普鲁塔克以及西塞罗笔下的维勒、凯西利乌斯所有不信者厌恶的那个关于上帝的教义。他说:"基督在天上,看着所有公义和不公义的人,并把人们的行为都记录在册,等到审判的那一天,他会根据他们在世上的行为,给所有的人以公正的奖惩。"克里底亚抗议说:"即便耶稣真的已经升到天上,了解了不为人知的奥秘,这种说法仍然和三个命运女神(Fates)的说法相背。"他还问道,锡西厄人(Scythian)的行为有没有写在天上,如果有,天上一定有很多不同的部落。特里芬又讲了三位一体的教义,克里底亚说了他的遭遇。他说,他在街上遇到了一大群人,他问一个朋友,为什么有这么多人聚在一起。这时候又有人加了进来(基督徒或者修士),他听到有两个人在说话,听得不甚真切,但能模糊地分辨出这两个人说的是朱利安对基督徒,尤其是司祭人员的迫害。说话的人之一是一个令人生厌的老人,他那"冷漠的脸比死人的还要苍白";另一个是穿着一件破旧的袍子,没有戴帽子,脚上也没有穿鞋的人。他说有一个穿着破烂的山里人,头上戴着一顶破王冠告诉他,说剧场中有一个用象形文字书写的名字,这人会用黄金铺路。正当他哈哈大笑时,他的朋友克里多用毕达哥拉斯派的一个词叫他不要说话,因为他"被带入了最绝妙的奥秘。这个预言不是梦,而是真实的,将在八月实现"。"八月"是用埃及的文字表示的。克里多的这番话让克里底亚感到恶心,并起身离开。但是克里多由于"受了魔鬼的驱使",硬把他拉了回来,还劝他去找那些"懂得所有的奥秘"的巫师。然后,他到了一个建筑物的跟前,用荷马描述米尼劳宫殿的语言说:"这里找不到海伦,只有苍白和垂头丧气的人。"克里底亚见到这番情景,问是不是发生了什么不幸的事,因为"他们似乎希望自己沦落到最坏的境遇，他们为自己的不幸而沾沾自喜，就像剧院里的命运三女神一样"。然后那些人问他，罗马城和其他地方是什么情形，他说情况很好，并且前景看起来也很不错。他们于是摇头叹息，说罗马城已经病入膏肓。克里底亚反问他们："你们这些住在天上的人，从高处可以看见一切。你们告诉我，天空怎么样？太阳会有日食吗？火星和木星会有相会吗？"他还嘲笑了他们的独身生活，因为他们坚持说罗马将要有厄运。克里底亚说："如果你们继续咒诅我们的国家，这些厄运将降临在你们自己的头上。你们既没有高瞻远瞩的眼光，又不会占星术。如果你们被咒语或者巫术所迷惑，你们就是十足的愚蠢，连老妇人都嘲笑这些把戏。"对话写到这里戛然结束，但作者对基督教的嘲讽已一览无余。

29.

这就是基督教在公众面前登上历史舞台五十年之后，异教徒对基督教的看法。即使到了一百年以后，奥古斯丁仍然要面对异教徒的指控——基督教导致了罗马帝国所经受的灾难。至于基督教是巫术的指控，则从异教徒转到了阿里乌派。5 世纪的末期，在法国的勃艮第皇帝贡格鲍尔德（Gungebald）之前，阿里乌派的主教仍然把正统的基督徒叫作"巫师"，指控他们信仰多个神。当天主教徒向国王提议修复犹士都（Justus, St.）的圣坛时，阿里乌派的信徒谴责他们说："他们不会像扫罗一样需要妖术，圣经对他们来说就足够了，圣经比所有的魔法更有力量。"①埃塞尔伯特质疑奥古斯丁，是因为他不了解奥古斯丁和他的教导，然而阿里乌派的这番话，说的不是他们不了解的陌生人，而是生活在他们中间的人。

我丝毫不怀疑，假设塔西佗、苏维托尼乌斯、普林尼、塞尔修斯、波菲利和其他反基督教的人生活在 4 世纪，他们对基督教的看法还是会

---

① Sirm. Opp. ii. p. 225, ed. Ven.

和以前一样。无论如何,一个历史学家或者哲学家很容易对基督教所含有的阴郁、悲伤、神秘、神迹、违反常理的生活方式等元素感到厌恶,基督教给罗马社会带来的社会和政治上的不安,更使人们的不满雪上加霜。

30.

总体上,我得出如下结论:直到今天,还有人控诉基督教是粗劣的迷信,它所用的教礼是从多神教借来的,它使用的仪式与秘密的神教无异。有人说基督教以它的种种要求禁锢人的头脑,只能吸引愚蠢和无知的人。基督徒使用诡辩和欺骗,违背理性的精神,推崇非理性的信仰。有人说,基督徒用罪和罪的后果等概念来使人感到沮丧,用他们自己赞扬或者批判的价值来压迫人的头脑,使他们关注生活中的细枝末节,并使他们对未来有了悲观和沉重的看法。有人说,基督徒推崇放弃个人的财产,使有条件享受富足的人不能安心享受。有人说,基督徒主张对陌生人——不论是好人还是坏人,一概以慷慨和仁慈对待,这种观念一看就是愚蠢和虚伪的,仔细地审查自然是多余的。这种宗教如此地低劣,只适合做茶余饭后的谈资和诽谤中伤的材料,就连考察基督徒的具体行为和低劣的教义之间的关系也是多余的,以至于痛苦地考察关于它的那些故事到底有多少真实性,显然是荒谬的——谁会关心讲故事的人到底有多诚实,或者某些地方是前后矛盾的,或者有些事情应该从两方面来看,或者什么没有得到证实,或者什么地方可以给基督教做合理的辩护。人们看到归信者时的眼光,就像看到一个犹太教徒、社会主义者或者摩门教徒时一样——充满好奇、怀疑、恐惧、厌恶,还带着一点新鲜感,仿佛眼前的这个人有了一个什么奇遇,介入了什么不可告人的秘密,被卷入某种可怕的影响之下,仿佛他被吸收到某个秘密的组织,这个组织吸收了他,剥夺了他的个性,使他沦落为这个整体的某个器官或者工具。人们痛恨这个宗教的原因是,它不断地吸收新教徒、反社会、要求变革、使家庭分裂、使朋友分道扬镳、奉行腐蚀政府的原则、嘲笑法律、分解国家、是人类的敌人、密谋反对人性的权利和特权。① 人们认为这种宗教是黑暗力量的拥护者和工具，它的败坏让众神愤怒。人们私下里悄悄地议论，基督教的背后是一种巨大的阴谋和诡计，一旦什么事情出了错，显然是基督教引起的。人们说，"基督教"这一名称本身就是邪恶，出于自我保护的动机，他们当然选择适当的时机对它进行迫害。现在的很多人这样看待基督教。其实，他们的批评一点也不新奇，早在基督教诞生之日，类似的批评就已经开始了。②

第二节　4世纪的教会

1.

基督教的样貌直到 4 世纪，在罗马帝国正式成为基督教王国，并开始用国家机器的权力压制异端之后，才发生显著的变化。即便如此，就像前三个世纪出现了诺斯替主义、孟他努主义、犹太主义和东方的神秘宗教一样，到了 4 世纪，基督教仍然备受异端的困扰，如摩尼教、多纳徒主义（Donatism）、阿波利拿里主义（Apollinarianism）以及其他派别。各地的教会乍看起来和当地的其他宗教组织很相似，只有细心的观察者才能发现细微的差别。然而，毋庸置疑，基督教和其他的教派有着本质的区别，并通过外在的特征表现出来。我们在第一部分比较了 1—3 世纪的基督

---

① Proph. Office, p. 132 [Via Med, vol. i. p. 109].
② 1845 年这本书首次出版以来，有一位著名的保守宗教期刊作者评论说，在基督教诞生之初异教政客给基督教的所有称谓中，"人类的敌人"是最好的。这对于早期的教会是一个伟大的见证。早期教会是保罗的（"我们看这个人，如同瘟疫一般，是鼓动普天下众犹太人生乱的"，徒 24:5）、伊格纳修的、波利卡普的和所有其他的殉道者的。在这一点上，保守的和激进的政客意见一致，不列颠、法国、德国和意大利对我们宗教的看法也是一致的。

有一位作者在 Quarterly Review（1873 年 1 月）上说："一旦天主教徒在某个新教国家达到一定的人数，积累了一定的力量，他们就迫使国家以法律的形式承认他们的存在，以至于新教国家不得不以严格的压制和控制对待他们……天主教，如果忠于自己的本质和使命的话，一旦有了合适的机会，必然为自己谋求最大限度的影响和控制力——这一点是由它本身的普世性决定的。由于其不可阻挡的力量，它注定是它所不能左右的政府内部的敌人和不安定因素。它必然招致新教徒、爱国者和思想家（或者还有塔西佗那样的哲学家和历史学家？）的厌恶，因此它是'人类的敌人'（hostis humani generis）。"

教会与其周围的宗教组织的差别,下面我们来看一下 4 世纪的状况。

2.

我们应该怎么探索阿塔那修、巴西尔和奥古斯丁时期的教义和教会呢？尼西亚会议之前,几乎所有的地方教会都根据自己的意愿选择了特定的信条。据说,当时的高卢几乎没有异端,至少受《狄奥西多法典》约束的地区几乎没有关于异端的记录。但是在 4 世纪早期的埃及,约有三分之一的主教参与了梅勒提乌（Meletius）发起的分裂活动。到了 4 世纪末期,非洲大约有四百六十六名主教,而与正统教会敌对的多纳徒派也有四百名主教。在西班牙,普里西利安主义（Priscillianism）的信徒遍布从比利牛斯山脉到大海的广阔地区,并几乎占据了整个加利西亚省（Gallicia）。当创始人普里西利安被埃萨卡人（Ithacian）所谋害时,当地的信徒把他作为殉道者来纪念。摩尼教在不同的地方以不同的名称出现,但是在罗马没有获得很大的成功。罗马和意大利是马西昂派的根据地。除此之外,根据哲罗姆的说法,奥利金主义者（Origenists）也曾把他们的"亵渎上帝的学说带到罗马港口"。除了是圣彼得的宗座以外,罗马还是诺瓦替安主义、多纳徒主义和路西弗主义（Luciferianism）的根据地。路西弗主义的追随者从教会分离出来以后,遍布从西班牙到巴勒斯坦,从特里维尔（Treves）到利比亚的广大地域。在其发源地萨丁尼亚（Sardinia）,路西弗被当作圣徒来敬拜。

当纳西昂的格列高利开始在君士坦丁堡布道时,此时此地的阿里乌派拥有上百个教堂。他们获得了当地民众的喜爱,虽然皇帝的敕令一再宣布他们是异端,他们仍然得以逍遥法外。当地还有很多诺瓦替安的追随者,从他们中间分离出来的萨巴提乌派（Sabatians）也拥有一座教堂,萨巴提乌的尸体就埋葬在这座教堂的旁边,信徒对着他的坟墓祷告。另外,君士坦丁堡还聚集了大批的阿波利拿里派、欧诺米派和半阿里乌派的人。正如阿里乌派的教义在首都很流行一样,半阿里乌派的主教在邻近的省份很受欢迎。他们占据了赫勒斯滂海岸（Hellespont）和庇推尼（Bithynia）；弗吕家、伊索里亚（Isauria）和小亚细亚的邻近地区也有他们的踪迹。弗吕家是孟他努主义者的大本营，后来他们在这个地区的地位被麦撒临主义者（Messalians）所取代，后来麦撒临派又散布到叙利亚、吕高尼（Lycaonia）、旁非利亚（Pamphylia）和卡帕多西亚。在亚美尼亚（Armenia），他们的势力渗透到了当地的修道院。弗吕家和帕夫拉戈尼亚（Paphlagonia）还充斥着诺瓦替安派，另外，该派在尼西亚、尼科美底亚也有相当大的势力，他们在亚历山大、非洲和西班牙有一定数目的信徒，并在锡西厄有一个主教。后来，从赫勒斯滂到西里西亚（Cilicia）的省份几乎全部陷入了欧诺米主义，从西里西亚往腓尼基（Phoenicia）方向的省份则陷入了阿波利拿里主义。安提阿地区教会的混乱是出了名的，先是有一个阿里乌派的主教，后来有两位正统信徒谋求主教的职位，后来又有了一个阿波利拿里派的人做了主教。巴勒斯坦有很多奥利金主义者，人数之众可以使他们当之无愧地成为一个派别。马西昂主义者横行于巴勒斯坦、埃及和阿拉伯；奥斯罗埃尼（Osrhoëne）被巴尔德萨内斯和哈默尼乌（Harmonius）的追随者所占据。哈默尼乌创作的圣诗以曲调优美著称，以至于为以法莲（Ephrem, St.）发现，他只得保留曲调，采取改歌词的方式来纠正哈默尼乌的错误观点。到了5世纪，狄奥多勒说，正统的教会在柯玛真（Comagene）从马西昂派的手中收复了八个村庄，从欧诺米派和阿里乌派手中也各收复了一个村庄。

3.

这些派别有各自不同的特点。阿波利拿里派、摩尼教和帕拉纠主义者以渊博的学识、出众的口才和才能而著称；多纳徒派的蒂科尼乌（Tichonius）对释经学有独到的见解；半阿里乌派和阿波利拿里派的领袖以生活作风严谨而著称。在阿里乌派迫害正统教徒时，诺瓦替安派和正统教徒站在一起；孟他努派和麦撒临派勇于到全是异教徒的区域传教。普里西利安派的狂热、亚历山大和君士坦丁堡的阿里乌派女教徒的愤怒、所谓的"围剿者"的凶残简直到了无以复加的程度。这些不同的派别都有自己的祭司人员、主教、祭司和助祭，他们都有自己的读者和牧职人员、祝圣人员和祭坛、圣诗和连祷文。他们向公众布道，他们聚集的地方也和教堂很类似。他们有自己的圣器室和墓地、农场、教师和圣师，以及自己的学校。据说，阿里乌派的提阿非罗（Theophilus）、路西弗派的格列高利，库梓科斯（Cyzicus）一个马其顿主义者，及非洲的多纳徒派，都有行神迹的记载。

4.

有了这些名目繁多、性情各异的派别和教师，一个信徒怎么才能追求真理呢？很多圣徒所经历的不幸或者危险更显明了其困难程度：奥古斯丁曾有九年的时间是摩尼教徒；巴西尔曾有一段时间是半阿里乌派的仰慕者；苏尔皮奇乌（Sulpicius, St.）曾经是帕拉纠主义者；保拉（Paula, St.）曾做过奥利金主义的听众，梅拉尼亚（Melania）曾追随过他们。然而，区别正统与非正统信徒的原则却是简单的，至少在那个时候，所有长期委身异端派别的人都有自己的责任。教会虽然分布在不同的地方，然而教会是统一的。各种异端门派也分布在很多地方，然而它们是众多的、独立的、彼此之间不一致的。大公性（catholicity）是教会的特征，而独立性是异端门派的特性。的确，有些派别在传播的时候，从表面上看与正统教会几乎没有什么两样。比如，诺瓦替安派和马西昂派遍布罗马帝国的每一个角落。然而，他们的各个教会之间，除了名称、大致的原则和哲学，是各不相同的；他们没有严格、明确的标准来约束各个教堂所传授的教义。真正的教会可能在短时间内，在某些国家迷失了自己。一个人如果只关注一个特定的地方，或者同一个派别在几个地方的分支，可能难以分辨出真正的教会。但是，如果从全世界的范围来看，仅有正统的教会能保持普世的一致性。教会是一个王国，异端是个家庭而非王国。家庭会不断地繁衍，滋生新的分支，建立新的住所，在各自的领地做自我宣传，各个分支都与最初的家庭有所不同；异端的繁衍也是一样。基督教历史上的第一个异端，术士西门是米南德派（Menandrian）、巴西理得派、瓦伦廷派，以及各种派别的诺斯替派的鼻祖——包括禁戒派的塔提安、塞维鲁派、水徒派（Aquarian）、使徒派（Apotactites）和萨科福利派（Saccophori）。孟他努派在蔓延的过程中分裂成了塔斯柯德卢吉特派（Tascodrugites）、佩普西安派（Pepuzians）、阿托替里特派（Artotyrites）和十四日派（Quartodeciman）。从欧迪奇（Eutyches）繁衍出来的有狄奥斯库若派（Dioscorians）、迦伊安尼特派（Gaianites）、狄奥多西派、阿迦诺伊特派（Agnoetae）、迪西奥帕斯奇派（Theopaschites）、阿塞法利派（Acephali）、塞米达利特派（Semidalitae）、乃格拉尼特派（Nagranitae）、雅各派①及其他派别。这是异端历史的一贯形式。国家权力的干预可能在一定的程度上使异端的分裂得以延缓，但是一旦没有了障碍，异端马上就显现出其分裂的本质。君士坦丁堡的阿里乌派刚从正统的教会分离出来，马上就在当地分裂成了多罗西派、普撒提里乌派（Psathyrians）和库尔提乌派（Curtians）。欧诺米派分裂成了提奥弗罗尼安派（Theophronians）和欧迪奇派（Eutychians）。四分之一的多纳徒派迅速地变成了马克西敏派（Maximians），另外的四分之三又分裂成了罗加提乌派（Rogatians）、普里米阿尼斯派（Primianists）、城市派（Urbanists）和克劳迪亚派（Claudianists）。异端在同一个地方繁衍新派别的能力尚且如此强大，更何况在不同的地方。非洲或者东方的诺瓦替安派和马西昂派显然不认为他们有必要与罗马或者君士坦丁堡的同道保持一致。这就是为什么流传到我们手中的有关异端的文献经常存在相互抵触或者不一致的地方。异教的宗教仪式，不论是本地的还是巡游的，也有同样分裂的趋势。

---

① （Jacobites），因雅各（Jacob Baradaeus）创立而得名，日后成为叙利亚国家教会。反对451年卡尔西顿大公会议（Council of Chalcedon）有关耶稣基督二性一位论之教义（《基督教外语汉语神学词典》）。——译者注

地方的祭司团是独立的,而且在神学上,同一个教派在不同的地方往往有不同的教义。这些独立的团体有时候会因为时势所迫而暂时地团结起来,但是形势一旦好转,又马上陷入分裂。异端也是这样,其本质决定了它的形式是自由的、自给自足的。摆脱了教会的束缚以后,它不可能再屈从于篡权的、假的权威。孟他努主义和摩尼教可能在这一点上是例外。

5.

尽管观点各异,但各异端门派却能在一点上达成一致——对教会的仇恨。这在当时是异端的众多特征中最明显的一点。不论各个异端之间分裂到什么程度,教会是各派共同痛恨的对象,就像预言所说的:"人既骂家主是别西卜('别西卜'是鬼王的名),何况他(上帝)的家人呢?"(太 10:25)他们对她既恨又怕,他们尽最大的努力克服彼此之间的差异,团结起来反对她。这种"合作"是不可能有结果的,因为独立性乃是他们的本质特征,他们之间和他们内部不断地发生新的争吵。"异端的战争是教会的和平"(*Bellum haereticorum pax est ecclesiae*)在当时成了一句谚语。但是,他们仍然能感觉到教会是他们自然的敌人,教会史上有多个异端联合起来共同与正统教会抗争的实例。非洲的梅勒提乌派曾与阿里乌派联起手来对付阿塔那修;萨底卡会议(Council of Sardica, 343)上半阿里乌派和非洲的多纳徒派立场一致;聂斯脱利接纳并且庇护帕拉纠派的信徒;阿里乌派的追随者阿斯巴尔(Aspar)在利奥皇帝的朝廷上位居高位,他曾一度偏袒埃及的基督一性论者;埃及的雅各派支持聂斯脱利的教义,并与穆斯林站在一起。这种情况从基督教诞生之日就开始了。德尔图良说:"他们四处制造和平,教义的不同对他们来说无关紧要,他们只要共同反对真理就行了。"①虽然积极意义上的合作对他们来说是不可行的,但是至少用强烈的言辞共同攻击正统的教会并不需要

---

① De præscr. Hær. 41, Oxf. tr.

付出任何代价。于是,孟他努主义者说正统教徒是一群"被肉欲操纵的人";诺瓦替安派说他们是"叛教者";瓦伦廷派叫他们"市井之徒";摩尼教徒称他们"头脑简单";阿里乌派说他们"迂腐守旧"①;阿波利拿里派说他们是"人的崇拜者";多纳徒派说基督徒是"叛国者"、"罪人"和"敌基督的仆人",彼得的宗座是"瘟疫的宗座";路西弗说教会是"妓院"、"魔鬼的妓女"和"撒但的会众"。如我前面所说的,所有这些辱骂可以说是教会的标记——她自己独据一方,其他所有的派别是另一方。

6.

然而,虽然看起来有些奇怪,教会还有一个独特的属性——所有人都同意,她配得荣耀的称号。她所受的谩骂只能使她的荣耀更加光彩夺目,低下、淳朴的人也因此更容易寻见她。其他的教派对她的荣耀无法企及,也无力加以阻挠。她是《使徒信经》所指的教会,她与所有其他派别站在《信经》的正反两面。巴兰不能阻止上帝祝福他的选民,同样地,世界上的各种异端也不得不把上帝的第二代选民称为"大公"教会。保罗告诉我们说,异端已经受到了自己的裁决["这等人已经背道,犯了罪,自己明知不是,还是去作。"(多3:11)]。教会并不需要给出什么论证来反驳这些异端,他们与教会立场的差异,本身就是驳斥他们的最好论证。教父们说,异端大多因其创立者或者所属的地域,或者某个特定的教义而得名。其实,从一开始,情况就是这样,"有说'我是属保罗的',有说'我是属亚波罗的',有说'我是属矶法的'"(参林前3:3、22)。然而,上帝许诺教会说,在这个世界上,她不属于任何人,而是"神四散的子民都聚集归一"(约11:52)。不论是在集市还是在宫殿,所有的人都知道,所有的敕令都认可,她叫"大公"教会。这是那个时代的基督教会最突出的特征。而且,从最开始,她就获得了这样的承认——不论是伊

---

① χρονῖται.

格纳修、查士丁还是克莱门,不论是士每拿的教会、爱任纽、罗顿还是其他人,不论是德尔图良、奥利金、西普里安还是哥尼流(Cornelius, St.);另外还有拉克唐修、优西比乌、阿迪曼提乌①、阿塔那修、帕西安(Pacian, St.)、奥普塔特斯(Optatus, St.)、伊比芬尼、西里尔、巴西尔、安波罗修、克里索斯托、哲罗姆、奥古斯丁和法昆都斯。克莱门把这一点当作与诺斯替派辩论的论据;奥古斯丁将其用作对多纳徒派和摩尼教的论据;哲罗姆用其反驳路西弗派;帕西安把这条论据用在与诺瓦替安派的斗争中。

7.

知识渊博的人和未受教育的人都在使用这条论据。安波罗修用它来引导头脑敏锐的奥古斯丁,他推荐奥古斯丁读的第一卷书是《以赛亚书》,奥古斯丁读到那位古代的先知对弥赛亚的预言,也从中理解了上帝对外邦人的呼召和上帝赋予教会的权柄。西里尔曾对正在学教理的信徒说:"如果你要在一个城市住一段时间,不要问上帝的家在哪里(因为那些亵渎神的人也把他们的狗窝称为上帝的家),也不要只问教会在哪里,而是要问'大公'教会在哪里。因为她是上帝的圣体独有的名称,是我们所有人的母亲,是我们主耶稣基督的伴侣。"②奥古斯丁对摩尼教徒说:"大公教会里有最纯洁的智慧。在大公教会之外,即使最圣洁的人(更不用说普通的人)倾其毕生的经历也难以企及这种智慧。基督徒的团体是最安全的,这种安全性不在于学习某种知识的快捷,而在于淳朴的信仰。当然,我知道你们并不相信这种智慧是大公教会所独有的。即使不考虑这一点,还有许多其他的考虑能够使我牢牢地依附在她的怀抱中,比如各个民族对她的普遍认可,以及她行神迹的权威。希望滋养

---

① Adimantius,有时候也用来指奥利金。他的全名是 Adimantius Origenes。——译者注
② Cat. xviii. 26.

着我，慈爱使我成长，她历经的悠久岁月使我坚固。再比如从彼得的宗座开始的使徒传承，我们的主从死里复活以后，亲自吩咐他照顾他的小羊，一直到今日。最后，还有大公教会这一名称，是这个教会在众多的异端中所独有的。即便所有的异端都愿意叫'大公'教会，然而如果一个陌生人问大公教会在哪里，他们中没有一个人敢指向他们自己的教堂或者房屋。由于我们的愚钝，我们还没有完全掌握真理。即便如此，'基督徒'这个名称所包含的亲切的联结，牢牢地把一个人吸引在了大公教会。但是你们没有任何理由可以邀请我或者留住我，你们大喊你们的才是真理，你们的真理比所有使我依附大公教会的理由更重要。但是你们只是这样说而已，真理并没有从你们那里显明出来。没有人能割断我和大公教会之间的联结。"①阿迪曼提乌曾诘问一个马西昂派的人，为什么他说自己是基督徒却不用基督的名字，而以马西昂命名。这个人反问他说："为什么你叫天主教徒②而不叫基督徒呢？"阿迪曼提乌回答说："如果我们以一个人的名字命名，你的诘难很有道理。但我们的称号是遍及全世界的意思，这难道有什么不妥吗？"③

8.

克莱门说："我们只有一个上帝和一个救主，我们赞扬上帝是唯一，遵循的是唯一的原则。同样地，我们也只有一个教会，虽然异端使徒把她分割成很多个。然而，从本质、概念、第一原则，④以及地位上，我们说大公教会是唯一的。根据她的不同契约，或者说，她与上帝

---

① Contr. Ep. Manich. 5.
② 中文"天主教"一词对应拉丁文、希腊文及大多数当代西方语言中的 Catholicism，这个词是"普遍"、"普世"的意思，所以 Catholic Church 有时候译作"大公教会"。而"大公教徒"不符合中文的习惯，故仍译作"天主教徒"。——译者注
③ Origen, Opp. t. i. p. 809.
④ First principle，又译作"第一原理"，就哲学形而上学及宗教信仰而言，指一切的存有物或所发生事件的原始或始元。在有神论的宗教称为天主/上帝、神、造物主（《基督教外语汉语神学词典》）。——译者注

在不同时期的契约,她的信仰也是唯一的。由于唯一的上帝意志,通过唯一的上帝,她聚拢了所有上帝预定了的选民。上帝在创造世界之前就预定了他的选民……然而,异端当中,有的以人名命名,如瓦伦廷派、马西昂派和巴西理得派[尽管他们说他们奉行的是使徒马提亚(Matthias)的学说①,这一点当然不能成立,因为所有的使徒传授的是同一个教义,同一个传统。]还有的以地名命名,如比拉蒂西派(Peratici);还有的以民族命名,如弗吕家派;还有的以某些行为命名,如禁戒派;还有的以某些教义命名,如幻影派(Docetae)和流血派(Haematites);还有的以他们支持的某些假设命名,如该隐派(Cainists)和欧非学派②;甚至还有以穷凶极恶的暴行命名的,如被称为欧迪奇派的西门派(Simonians)"③。殉道者查士丁说:"有很多人冒着基督的名义传授亵渎上帝的言论,我们通常按照他们创始人的名字给他们命名……如马西昂派、瓦伦廷派、巴西理得派和萨顿宁派(Saturnilians)。"④拉克唐修说:"如果一个人被称为弗吕家派,或者诺瓦替安派,或者马西昂派,或者安斯罗皮亚派,或者其他任何名称,这个人就不再是基督徒了。因为他们丧失了基督的名号,以人名或者外族的名字伪装自己。唯有大公教会才有真正的信仰。"⑤伊皮法尼说:"我们从来就没听说过彼得派、保罗派、巴多罗买派(Bartholomeans),或者达太派(Thaddeans)。因为所有的使徒传授的都是同一个真理,而且真正的教师不是他们,而是主耶稣基督。因此,所有的人都用同一个名称来称呼教会,不是以他们自己的名字为她命名,而是以主耶稣基督的名字。他们在安提阿首先被叫作基

---

① 由于犹大背叛了基督,剩下的十一个使徒根据犹太传统抓阄,马提亚成了填补犹大所留空缺的使徒(徒1:21—26)。——译者注
② Ophites,指在古代诺斯替主义氛围中形成的异端教派,以希腊文的蛇(ophis)为名,主张此蛇与旧约的上帝为敌,为人类真实的解放者与光照者。相信天使们的堕落是由无知到知识的积极进步(《基督教外语汉语神学词典》)。——译者注
③ Strom. vii. 17.
④ c. Tryph. 35.
⑤ Instit. 4, 30.

督徒。她是独一的、大公的教会,所有的一切都是属于耶稣的。她是由很多个基督徒组成的,却不是由很多个基督组成的,因为被称为基督的仅有一个。然而其他这些教派的性质从他们的名称中就可以看出来——摩尼教、西门派、瓦伦廷派,还有伊便尼派①。"②哲罗姆说:"如果你们听见有人说他们是属于基督的,但是他们的名字是马西昂派、瓦伦廷派、高山派或者田野派,你们要知道,他们不是基督的教会,而是敌基督的会众。"③

9.

帕希安写给诺瓦替安派主教希姆普罗尼安(Sympronian)的信值得我们特别注意。希姆普罗尼安曾要求正统教徒在不讨论有争议的教义的情况下,证明他们信仰的正统性。他曾夸口说,没有人能说服他。帕希安认为有一点是希姆普罗尼安所无法否认的,那就是"大公"教会这一名称。他料想希姆普罗尼安一定会说:"十二使徒没有叫大公教徒的。"他对于这个质疑的回答是:"如果当时的使徒遇到后来的情况,他们也会使用大公教徒的名称。使徒之后,各种异端纷纷出现,用各种各样的名称来分割上帝的'Dove'(鸽子)和'Queen'(王后),使徒的传人难道不需要用'大公教徒'的名字来标记自己吗?他们的目的是表明自己是没有蜕化、统一的整体。他们的用意是使异端的错误不能分割童贞女之子耶稣基督的肢体。难道教会的头耶稣基督不能用特定的名字称呼自己的身体吗?设想我到了一座拥挤的城市,当我看见马西昂派、阿波利拿里派、卡塔弗里吉亚派(Cataphrygians)、诺瓦替安派还有其他的派别横行时,他们都叫自己基督徒,如果教会不叫大公教会,我怎么才能认出

---

① 伊便尼派,也叫穷人党、贫穷派,1世纪起活动于叙利亚一带的犹太基督徒异端派别之一,主张基督只是约瑟与马利亚之子,只有遵守摩西的律法才能得救(《基督教外语汉语神学词典》)。——译者注
② Hær. 42. p. 366.
③ In Lucif. fin.

我所属的会众呢?……我怎么认出她来呢？显然，那个历经了世世代代的教会不是人的创造物。'大公'教会的名称既不是从马西昂来的，也不是从阿波利拿里、孟他努或者其他任何异端的创始人而来的。"

在第二封信中，他接着写道："显然，没有一个虚假的名字能经受得住岁月的考验。并且，我真的很为你高兴，因为你虽然更喜欢别的名字，你仍然同意'大公教会'的名称属于我们，因为这一点是你无法否认的。但是你如果还有疑虑，我们仍然可以心平气和地看待这一点。我们叫什么，我们就会成为什么样的教徒。"希姆普罗尼安曾在前一封信中说，尽管西普里安是神圣的，但是"他的继承人却被叫作叛教者、朱庇特的崇拜者或公会议教徒（Synedrium）"（这些是当时的诺瓦替安派对大公教徒的称呼）。帕希安反驳说："弟兄，从西普里安到现在已经有一个多世纪，说说看什么时候我们承认过这些名字，除了公教徒，西普里安的传人什么时候叫过其他的名字？我从来没听说过。"叛教者、朱庇特的崇拜者或公会议教徒等等，是辱骂的话，而不是名字，所以是不得当的。另一方面，虽然希姆普罗尼安不愿意被叫作诺瓦替安派，但是他也不能被叫作大公教徒。帕希安说："你们自己告诉我你们叫什么。你们能否认诺瓦替安派是因诺瓦替安而得名的吗？不论你们自己选择叫什么名字，世上的人还是知道你们是诺瓦替安派，你们无论如何摆脱不了这个事实。你们可能会说，你们是'基督徒'。但是如果我问你们是什么门派，你们还是不能否认你们是诺瓦替安派……你们应该诚实地对待这个问题，而且'诺瓦替安派'这个名字本身并没有什么错误。可是，为什么你们要选择掩盖自己呢？为什么你们为自己的起源感到羞耻呢？第一次收到你的信的时候，我以为你是卡塔弗里吉亚派的……为什么你不愿意承认我的名称，却硬要掩盖你自己的？你应该仔细想想，你为什么对自己的名号遮遮掩掩。"

在第三封信中，帕西安写道："教会是基督的身体。是的，是身体，而不是身体的一部分。身体是由很多个部分组成的整体，正如使徒所说的:'身子原不是一个肢体,乃是许多肢体。'(林前 12:14)因此,教会是整个身体,分布在全世界。她就像一个城市一样,虽然有很多部分,但是各个部分是一个整体。诺瓦替安派啊,你们不属于这个身体,你们是从身体中分离出去的、自我膨胀的一个小团体。童贞女马利亚的后代是伟大的,他们充满了全世界,而龌龊的异端派却惺惺相惜地挤在一个小地方。"然后,他指出,这也是有关教会的预言的特征:"最后,希姆普罗尼安弟兄,不要以归信到我们之中来而感到羞耻,至少你也同意诺瓦替安派已经满目疮痍,至少你应该看到公教会的信徒分布在世界各地……听听大卫是怎么说的,'我要将你的名传与我的弟兄'(诗 22:22);还有,'在众民中要赞美你'(诗 35:18);'大能者神耶和华,已经发言招呼天下,从日出之地到日落之处'(诗 50:1)。难道亚伯拉罕的子孙,像天上的星和海边的沙一样众多,不能与你的贫乏相媲美吗?……弟兄,看看现在,上帝的教会正在从东到西地伸展她的帷幔,别忘了,'从日出之地到日落之处,耶和华的名是应当赞美的'(诗 113:3)。"

10.

我引用这些章节的目的,并不是为了阐明早期教会的教父对教会的理解,也不是为了说明什么是上帝对教会的应许,而是为了以历史事实为根据,强调正统教会与其他各门派的不同。教父把教会的普世性作为一条教义来对待,如果教会没有在各地保持统一,教父们的论证就没有根据。至于"catholic"(大公)这个词被用作教会的名字这一事实,就足够说明这一点。这个名称本身就是教会正统性的强有力的证据。正如帕希安在阐释这个词的时候所说的,各处的大公教会都是一体,而其他门派却各自为政。有的门派可能在世界上的很多地方都有分布,然而每一个地方的分支都是各自独立的,或者至少,他们不可避免地倾向于各自独立。

11.

帕希安说的是西班牙的情况。在非洲，教会和异端门派的区别也在多纳徒派的事例上显现出来。奥普塔特斯是整个事件从头到尾的见证。多纳徒派认为自己才是真正的教会，并因此从大公教会分离出去，这不是我在这里要讨论的话题，也不会改变我希望在这里明确地提出来的论点，即在古代，教会是分布在世界各个部分的、统一的基督的身体，而门派则是地方性的和短暂的。

奥普塔特斯说："什么是被基督称为'鸽子'和'伴侣'的教会？……显然不是众多的异端和分裂派。如果是这样的话，教会就只能存在于一个地方。而你，巴门尼安弟兄，你说唯有你的教会才是真正的教会。实际上，你是因为骄傲而索要一种神圣的特权——你想在哪里有教会，哪里就应该有教会；你想哪里没有教会，哪里就没有教会。你我都住在非洲，教会只能在你所在的那块小地方，而不能在我们所在的这个地方吗？教会不能在你鞭长莫及的西班牙、高卢、意大利吗？如果只有你所在的地方有真正的教会，那么潘诺尼亚（Pannonian）的三个省份怎么解释呢？还有你力不能及的达西亚（Dacia）、马埃西亚（Maecia）、特雷斯（Thrace）、亚该亚（Achaia）、马其顿和整个希腊又怎么解释呢？类似的不是还有本都、加拉太、卡帕多西亚、旁非利亚、弗吕家、基利家、叙利亚的三个省、亚美尼亚的两个省、整个埃及、美索不达米亚吗？不是还有数不清的岛屿和其他省份吗？如果教会不是分布在世界各地，为什么还要叫大公教会？如果你按照自己的意愿使教会萎缩，使她从世界各地消失而仅保留在你的小地方，上帝的儿子从中所得的是什么呢？圣父不是给了他的儿子全部吗？就像《诗篇》里说的，'我将列国赐你为基业，将地极赐你为田产'（诗2:8）……圣父把世界的列国都给了基督，全世界都是他的。"①

---

① Ad. Parm. ii. init.

12.

如果不是奥古斯丁本人，至少与奥古斯丁同时代的一个作家曾悉数列举了非洲内外的各种多纳徒教派，并且质疑，这些大大小小的教派有没有可能是圣经对教会之应许的实现。"如果圣经仅把非洲或者罗马的库祖皮坦派（Cutzupitans），或者高山派，或者西班牙某个妇人的房屋，或者祖产应许给教会的话，或许我能够相信多纳徒派的教会是真正的教会。如果圣经对教会的应许是凯撒利亚的几个摩尔人，我们必须去投靠罗格特派（Rogatists）。如果圣经的应许是些许的黎波里人（Tripolitan）、拜撒希人（Byzacenes）和外省的人，或许马克西敏派是正统教会。如果圣经应许的只是东方人，那么我们应该去阿里乌派、欧诺米派和马其顿派中间找寻真正的教会。但是谁能列举所有国家的所有异端呢？然而，圣经最神圣的见证把整个世界应许给了基督的教会。有了这个神圣的见证，当那些人对我们说'看哪，基督在这里'，或者'基督在那里'的时候，我们听见的应该是我们的牧人的声音，'不要信'（约10:37）。因为他们不像她一样在各个地方都能找到；而能找到他们的地方，却总能找到她。"①

最后，让我们听一听奥古斯丁关于多纳徒异端是怎么说的。他曾对克莱斯孔尼乌（Cresconius）说："如你所说的，他们与我们不是一体。诺瓦替安派、阿里乌派、天父受苦派（Patripassions）、瓦伦廷派、贵族派（Patrician）、阿佩莱斯派（Appelites）②、马西昂派、欧非学派，还有其他的派别——当你听到这些亵渎上帝的名字时，你就知道他们是一群恶毒的害虫，而不是什么正统的门派。但不管他们是谁，我们还有大公教会——在我们所在的非洲，也能找到她。从一方面

---

① De Unit. Eccles. 6.
② 阿佩莱斯（Appeles）是马西昂最重要的学生，其思想属于诺斯替派。——译者注

说,能找到大公教会的地方不一定能找到你们或者其他的异端。她是能荫蔽整个世界的大树,而那些离开了根基的树枝,很快就在它们所落下的地方枯萎了。"①

13.

我们或许可以作这样的解释——根据古代教父的说法,大公教会的普世性的根基在于使徒传承和主教团。她是一个统一体,她的统一并不像一个国家或者城邦一样,在各个部分保持思想、气质、统治纲领、组织、团体的统一性。虽然她由不同的团体组成,有时候各部分意见不统一,甚至会达到彼此决裂的程度,然而各派仍然有正统的教士的传承,包括主教、祭司和助祭。除了这种特殊的联系之外,其他的因素不可能真正地使两个不同的个体融为一体。英格兰和普鲁士都是君主制,他们因此是一个国家吗?英格兰和美利坚出自同一个民族,他们因此是一体吗?英格兰和爱尔兰都是多民族国家,他们能被叫作一个整体吗?但是,如果联结的纽带是使徒传承的话,真正意义上的分裂是不可能的,因为就像没有人可以改变自己的家族谱系一样,谁也不能改变教士由使徒的谱系一代一代传下来的事实。要么没有分裂这项罪名,要么统一的纽带不在于使徒的传承或者按立。当前制造争议的人也感觉到了这一点,结果,要么他们只得"发明"分裂这项罪名,要么不能把分裂理解为绝对意义上的分离,而要理解为对教会与教会之间秩序的干扰,如认为地方教区和主教的任命仅仅是教会的安排和次要法则,而分裂是违背教会本质的一项罪名。因此他们滤出来的是一只蠓虫,而吞下去的却是一头骆驼。(太23:24)如果有分裂的话,分离就是分裂,而不是干扰。如果干扰是罪的话,作为其起因的分离是更严重的罪。但是如果分离成了一项义务的时候,干扰则不是犯罪。

---

① Contr. Cresc. iv. 75; also iii. 77.

14.

这种理论与古代教父对教会的理解是格格不入的。是的,教会的管理者是主教,而主教是从使徒传承下来的。但教会也是一个王国,正如一个王国总会有一些反叛的臣民,教会内部也会有一些意见不一的派系和持异议的人,却没有独立于教会权威的门派。她像罗马帝国一样,是一个有组织的整体,其组织上的秩序甚至在一定的程度上超过了罗马帝国。她的主教不仅仅是地方上的管理者,而且具有一定的跨越教区的权力,这种权力延伸到所有有基督徒的地方,哪怕只有一个基督徒,主教就可以行使这种权力。宾厄姆(Bingham)说:"一个基督徒如果要到另一个国家并和基督教会保持联系的话,他会随身携带家乡的主教为他写的信仰凭证。这就是当时大公教会可敬的统一性的表现,各地的主教之间保持着如此和谐的关系。"① 纳西昂的格列高利曾把西里尔称为"普世的主教"。宾厄姆曾引用格列高利的话说:"(西里尔)不仅仅是迦太基和非洲教区的主教,他的权力也覆盖了世界的东南西北各个部分。"这是基督教王国统一性的证据,统一性不仅仅局限在使徒的传承,也包括了管理上的统一性。宾厄姆接着说:"对于阿塔那修,格列高利也作了同样的评论。阿塔那修成了亚历山大的主教以后,就成了全世界的主教。克里索斯托曾把提摩太称为宇宙的主教……阿塔那修从流放地归来的途中,在经过的城市里毫无顾忌地按立了几位主教,虽然那些城市并不属于他的教区。在阿里乌派迫害正统教徒的时候,优西比乌也有过类似的事迹……伊比芬尼以同样的方式行使主教的权力,在一个不属于他的教区、巴勒斯坦的一座修道院,按立了哲罗姆的兄弟保利亚努(Paulianus)做当地的第一任助祭和长老(Pres-

---

① Antiq. ii. 4, §5.

byter)。"①教导方面，在大规模的公会议之前，伊格纳修在去罗马殉道的路上，给沿途的小亚细亚的教会写过信。爱任纽虽然属于士每拿的教区，却以高卢的教会事务为己任，并在里昂回答叙利亚的异端的提问。希坡律陀的教区无法定位在一个具体的地方——曾在罗马附近，后又挪到阿拉伯半岛，仿佛属于全世界。何修（Hosius）身为西班牙地区的主教，却在亚历山大的一个纠纷中充当仲裁人。阿塔那修在被从他的教区放逐出来以后，把全世界当作自己的教区，从特里维尔到埃塞俄比亚，并曾把埃及著名的隐修士安东尼引荐到西方。哲罗姆出生在达尔马提亚（Dalmatia），在君士坦丁堡和亚历山大学习过，在罗马做过达马苏的秘书，后在巴勒斯坦定居和去世。罗马的教区是教会的教义和行动的中心，教父和异端都到罗马去寻求罗马主教对争议的裁决，并根据古代的传统把捐献的财物集中到罗马，再由罗马教区发送到贫穷的教区，如亚该亚、叙利亚、巴勒斯坦、阿拉伯半岛、埃及和卡帕多西亚。

15.

当然，普世的教会不仅是统一的，也是排外的。尼西亚会议前的基督徒很严厉地斥责崇拜偶像的人和异教徒，并宣布上帝的审判将是对他们的惩罚，以致他们被冠以"人类的敌人"这一罪名。西普里安曾对一个信奉多神教的行政官说："上帝给罪人的鞭笞和刑罚是他们应得的，他们不为上帝做工，可怕的刑罚也不能使他们皈依上帝，等待他们的将是永久的牢狱、不灭的火焰和永远的刑罚……为什么你们要在假神面前卑躬屈膝呢？为什么要在泥土塑成的偶像前下拜呢？为什么你们要像你们所崇拜的蛇一样，在死亡的面前奴颜婢膝？为什么你们要与魔鬼一起走向毁灭？因为他的堕落是你堕落的原因，他也是你的伴侣……相信上

---

① Antiq. 5, §3.（宾厄姆在这里间接地回应了天主教会关于教宗在古代教会具有最高权力的论证。天主教会的这一论据具有累积的特点，只是论据的一个组成部分。如在卡尔西顿大公会议，运用了修辞手法的辞令与正式的大公会议的辞令是有很大区别的。）

帝，获得生命吧，现在你们是迫害我们的人，但是你们如果悔改，就会和我们同享天上的喜乐。"①吉本说："基督徒尖刻的批评，把怨恨带入了原本充满和谐与爱的体系。"②这的确是最早的基督徒对所有的非基督徒的态度，他们的后代对于参与异端的人态度也是一样。从刚才引用的西普里安的话来看，他证实了甚至到了3世纪，基督徒对异己的态度仍然没有改变。他说："离开了基督教会的人，得不到基督的救赎。离开了基督的人是外邦人，是弃儿，是敌人。他们不再把上帝当作圣父，也不再把教会当作圣母。教会之外的人不能得救，就像挪亚方舟之外的生物不能得救一样……他们的献祭是污秽，他们的祭司是腐朽。即使这些人因为基督而被杀害，他们的血也不能洁净他们……他们不再和教会同心合意，上帝就不会与他们同在。一个背叛了教会的人即使殉教，也不能被荣耀。"③4世纪的克里索斯托与西普里安持同样的态度，他说："即使我们做了十万宗荣耀的事，但是我们如果分裂上帝的教会的话，我们所受的刑罚将和那些毁坏主的身体者所受的惩罚是一样的。"④同样，奥古斯丁也认为，从异教到某个异端门派的皈依是没有意义的。"那些在多纳徒派的教堂受洗的人，虽然摆脱了偶像崇拜以及不信的罪恶，却犯了更严重的分裂教会的罪。拜偶像的人被上帝的刀杀死，而分裂派却被大地吞噬。"⑤在另一个地方，他说："分裂的罪不亚于所有罪恶的总和。"⑥奥普塔特斯也曾指出，多纳徒派的巴门尼安关于他们才拥有真正的教义的论证是自相矛盾的。他说："分裂派是从葡萄树上折下来的枝子，⑦他们

---

① Ad Demetr. 4, etc. Oxf. Tr.
② Hist. ch. xv.
③ De Unit. 5, 12.
④ Chrys. in Eph. iv.
⑤ De Baptism. i. 10.
⑥ c. Ep. Parm. i. 7.
⑦ 见《约翰福音》15:5："我是葡萄树，你们是枝子；常在我里面的，我也常在他里面，这人就多结果子。因为离了我，你们就不能做什么。"——译者注

注定要受惩罚,他们是地狱之火的木柴。"①西里尔说:"让我们痛恨那些可恨的人。我们要远离他们,因为上帝已经离开他们。关于这些异端,我们要满怀勇气,对上帝说:'耶和华啊,恨恶你的,我岂不恨恶他们吗?'"(诗139:21)②富尔根蒂乌(Fulgentius, St.)说:"大多数信徒坚定地相信,虽然异端和分裂派的人以圣父、圣子和圣灵的名受洗,除非他们归向大公教会,否则不论他们给教会的捐献是多么的慷慨,甚至为基督的名流血,他们仍然不能得救。"③古代的教父在保罗的话中为他们的观点找到根据,即使我们有知识,即使我们把自己的财物施舍给穷人,即使我们在受到迫害的时候不惜把身体交给大火,如果没有爱,我们将一无是处。

16.

还有一点值得我们注意。公教会的教父不认为分裂派的祭司和主教与他们的信众之间有牧养与被牧养的关系,他们忽略那些祭司和主教的存在,并且呼吁分裂派的追随者皈依到正统教会,因为这是一件生死攸关的大事。拿多纳徒派的例子来说,虽然在非洲,他们在人数上几乎和公教会不相上下,或者他们有足够的论据来制造争议,但这些都是徒劳无益的,因为他们从大公教会中分离出去这一事实,就是反对他们的一个公共、明确、简单和充分的论据。奥古斯丁对格劳里乌(Glorius)和其他人说:"问题不在于你们的金银财宝,或者地产,甚至你们的身体健康处于危险的境地,我们关心的是你们的灵魂,是获得永生还是坠入万劫不复的地狱。你们醒悟吧……你们都看到了,你们都明白,你们为之扼腕叹息。但是在上帝看来,你们没有理由把自己禁锢在如此邪恶和渎圣的分裂之中。如果你们愿意为了上帝的国度克制世俗的欲望,你们理

---

① De Schism. Donat. i. 10.
② Cat. xvi. 10.
③ De Fid. ad Petr. 39. [82].

应禁绝与分裂派的友谊,因为这种友谊带给你们的将是上帝的审判和永久的惩罚。你们应该仔细地考虑,对这一点做什么答复……没有人能阻挠上帝命定的事,正如没有人能把教会从天地之间铲除。因为上帝曾向教会许诺,她将遍布整个世界。"他还曾对他的亲戚塞维利努(Severinus)说:"你之所以处于现在的处境,是因为你对世俗友谊的贪恋。如果我们忽略了基督赐下的永恒的财富和永久的生命,暂时的健康或者友谊又有什么用呢?"他对一个有影响力的人物科勒(Celer)说:"我请求你在希波地区更严肃地敦促你的民众维护教会的统一。"他代表大公教会对多纳徒派的会众说:"你们为什么要听从那些人?他们虽然能蛊惑人心,却永远也不能正确地回应上帝的话,'你求我,我就将列国赐你为基业'(诗2:8)。"后来,他又对他们说:"你们的一些牧师来对我们说,'离开我们牧养的信众,否则我们就会杀了你们'。实际上,我们更有理由对他们说:'不要离开我们的信众,希望你们平安地到来,不是来到我们的信众中,而是来到上帝的信众中间,我们都是他的信众。如果你们不愿与平安有分的话,那么你们就离开了基督为之流血的信众。'"他还曾对一个副执政官说:"我以基督的名义呼召你为我写一份答复,请你温和地、友好地敦促西尼斯(Sinis)或者希波地区所有的臣民归向大公教会的怀抱。"他还曾发表一篇讲话,告知多纳徒派的信众,他们的主教在一个公会议的辩论中被击败。他说:"从大公教会中分裂出去的人,不论他认为自己过着多么高尚的生活,仅凭从基督的统一中分裂出去这一点,他就没有基督的生命,上帝的震怒常在他的身上。"有些皈依者有很多朋友仍在分裂派中,奥古斯丁对这些皈依者说:"你们应该帮助他们相信大公教会,那个遍布全世界的教会,要相信圣经上所说的关于她的话,而不是人的诽谤。"由此看来,奥古斯丁丝毫不认为多纳徒派是一个整体,以及他应该通过他们的主教来教导他们。①

---

① Epp. 43, 52, 57, 76, 105, 112, 141, 144.

17.

从总体上看，我们有理由说，如果今天有一种基督教的形式以其严密的组织形式和权力结构而著称；如果她遍布全世界；如果她因为热情地维护其教义而引人瞩目；如果她对于谬误采取不宽容的态度；如果她不懈地与其他自称为"基督教"的团体作斗争；如果只有她拥有"大公"教会的名号，并赋予这一名号丰富的含义；如果她把异己的组织称为异端并宣布灾难将降临在他们头上，如果她忽略其他的关系，一个一个地呼召他们归向自己；从另一方面说，如果他们称她为勾引者、妓女、叛教者、敌基督、魔鬼；如果虽然他们之间各不相同，却认为她是他们共同的敌人；如果他们虽然努力地联合起来反对她却不能够取胜；如果他们只不过是地方性的；如果他们不停地陷于新的分裂，而她却保持统一；如果他们相继毁灭并被新的派别所代替，而她却始终如一，这样的一个基督教组织与我们所说的在尼西亚时期形成的、历史的基督教并无二致。

第三节　五六世纪的教会

信奉基督教的罗马皇帝对阿里乌主义的庇护，后来外族对阿里乌主义的接纳，接着罗马帝国对所有异端的驱逐，埃及和叙利亚部分地区的基督一性论倾向，以上种种在一定程度上改变了教会的外观，这值得我们给予更多的注意。教会在世界范围仍然是一个整体，或者接近整体，但是，正如我们所看到的，在她诞生之后的前几个世纪，不仅有不同的派系试图与她混杂在一起，内部分裂的威胁也始终存在。这个庞大的组织是唯一一个和基督教的概念一同出现的，所有的派系都承认她是基督教的组织形式，从一开始，她就被称为"大公"教会。到了五六世纪，教会开始呈现出一个不同的样貌。她在一些地区积聚了很大的力量，在有些国家，没有其他教派的力量可以与她匹敌，然而在另外一些地区，他们的力量部分或者全部地、暂时或者永久性地压倒了她。有时候，她被外在的障碍所阻挠；有时候，异端获得外来势力的支持，并利用世俗的权力机构来压迫她。且不说4世纪东罗马帝国对阿里乌主义的庇护，到了5世纪整个西罗马帝国都被这个异端所占据。几乎整个亚洲，幼发拉底河以东，所有自称基督徒的团体都受到聂斯脱利主义的侵蚀。基督一性论者几乎占据了埃及，有时候甚至侵蚀所有东方的教会。我认为，阿里乌主义、聂斯脱利主义和欧迪奇主义都是无可争议的异端，而当时的天主教会则是正统的基督教。接下来，我们考察在当时的情况下基督教和异端之间的关系。

第一个异端：哥特人接受阿里乌主义

1.

没有任何一个其他异端曾获得像阿里乌主义那样突然的成功和宗教狂热。直到今天，阿里乌主义仍然在某些落后蛮荒地区有一定的地位。即使在希腊人中间，它也表现出一种传教精神。君士坦提乌统治期间，提阿非罗满怀希望地把这一异端引入到阿拉伯半岛的赛伯伊人（Sabeans）中间。到了瓦伦斯统治的时候，乌尔菲拉斯（Ulphilas）成了整个民族的使徒。他先把他在宫廷中学来的阿里乌教义传授给游牧的密西哥特人（Mœsogoths）。这个民族与其他民族不同，他们在未进行任何军事或者宗教征服的情况下，得以在默西亚山脉生存繁衍。接下来受到阿里乌主义侵蚀的民族是西哥特人（Visigoths）。虽然阿里乌主义在除了君士坦丁堡以外的罗马帝国境内几乎没有获得什么认可，然而这个异端在这些以前信奉多神教的民族中间获得了巨大的成功，他们的信徒得以肆无忌惮地传教，并得到当地人坚决的拥护。据说，西哥特人受了瓦伦斯的影响，但是瓦伦斯在位的时间仅有十四年，而被吸纳进罗马帝国的西哥特人达到了接近一百万。至于阿里乌主义是如何从西哥特人传到其他少数族裔的，也很难断定。吉本似乎认为，西哥特人在从色雷斯到比利牛斯山脉扩展的同时，也在进行传教活动。不论这个观点正确与否，西哥特人军事上的胜利和东哥特人、阿兰人（Alani）、斯威夫人（Suevi）、汪达尔人（Vandals）和勃艮第人（Burgundians）皈依阿里乌主义是同时发生的。到了5世纪末，西哥特人为这一异端在法国和西班牙树立了牢固的地位，在葡萄牙，它的支持者是斯威夫人，在非洲是汪达尔人，在意大利是东哥特人。在相当长的一段时间内，正统教会似乎不应该被叫作"大公"教会了，因为阿里乌主义是统一的，并在不同的地区宣扬相同的教义——不论是迦太基、塞维利亚、图卢兹（Toulouse）还是拉韦纳（Ravenna）。

2.

这些北方的军事斗士并没有在思想上获得很高的成就，然而他们对自己信仰的理解却足以使他们仇视天主教会，他们的主教也有足够的学识来传教。他们宣称自己所信奉的是阿里米尼会议制定的教义，因此他们为信徒施洗时采用的是与天主教会不同的说辞，并对皈依到他们中间的天主教徒重新施洗。我们有必要提一下，尽管哥特人和汪达尔人有时候凶残专断，但他们有自己的道义体系，并利用这一体系对遭到驱逐的天主教徒横加羞辱。塞尔维安（Salvian）说："当我们自己还是异端的时候，我们妄称自己为天主教徒，我们炫耀自己对基督的忠诚，用异端的称谓来嘲弄哥特人和汪达尔人……这样，宗教的名号又有什么益处呢？"① 信仰阿里乌主义的外族人为人正派、谦和、公正、虔诚。西哥特人狄奥多立克（Theodoric）每天都在其他官员的陪同下参拜圣堂、参加阿里乌派的司祭主持的圣礼。曾有这么一个著名的事例：罗马皇帝的军队在周日的早上击败了西哥特人，原因是他们忙于圣事，而怠慢了军事战斗的准备。② 他们中的很多王子都是很有能力的人，如两个狄奥多立

---

① De Gubern. Dei, vii. p. 142.
② Dunham, Hist. Spain, vol. i. p. 112.

克、优利克（Euric）和利奥维吉尔德（Leovigild）。

3.

这些优秀的斗士，出于对宗教的狂热，不满于让自己的信条停留在宗教信仰的层面，他们开始把自己教派的祭司安插在他们建立的宗教组织中，从而对已经处于劣势的天主教徒进行进一步的迫害。汪达尔人胡奈里克（Hunneric）在非洲进行的迫害不断扩大，西班牙的迫害大有层出迭起之势，西西里也有了一定数目的殉道者。与这些残酷的杀戮相比，没收天主教会的地产和他们圣坛上的财宝就显得不足挂齿了。以前的皇帝赠与非洲教会的地产、房产和司法权，都被转移到了阿里乌派的手中。到了贝利撒里乌（Belisarius）的时代，天主教会主教的数量减少到原来的三分之一。西班牙的情况也同非洲类似——主教被从他们的教区驱逐出去，教堂被摧毁，教会的墓地被亵渎，就连殉道者的尸体也惨遭抢掠。天主教徒尽可能地在洞穴中偷偷藏了一部分圣徒的遗物，在这些暂时的藏身之处保存了他们的回忆。① 教会的财产不断地遭到劫掠。利奥维吉尔德把掠来的一部分财产用于巩固自己的王位，一部分用来进行其他的国家建设项目。② 有时候，阿里乌派的主教是劫掠的直接受益者。根据图尔的格列高利的记载，哥特人的王后因为是天主教徒而受到了残酷的迫害，她的弟弟法兰克人希尔德波尔特（Childebert the Frank）来到西班牙，从阿里乌派的教堂中带走了六十个圣杯、十五个圣餐盒、二十个装有《福音书》的盒子，都由纯金制成，并嵌有宝石作装饰。

4.

在法国，尤其是在意大利，异端的统治没有这么严酷。东哥特人狄

---

① Aguirr. Council. t. 2, p. 191.
② Dunham, p. 125.

奥多立克统治阿尔卑斯山到西西里的广大地区，他在任期间，始终对信奉天主教的臣民保持充分的宽容。他尊重他们的财产权，容许他们保留其教堂和圣室，甚至允许一些知名的天主教主教出入他的宫廷，如著名的圣徒凯撒里乌（Caesarius of Arles, St.）和伊比芬尼。然而，他把一群信奉阿里乌主义的人或者说"新教会"带到了他的国家。吉本说："他组织的这次迁移可以说是全民族性的迁徙。他为哥特人的妻儿、他们年迈的父母、最宝贵的财物，都做了精心的安排。有一些大件的财物甚至动用两千辆马车护送。"[1]他把从意大利掳掠的三分之一的财物分给他的士兵，用于帮助他们购置奴隶、建造房屋、安家乐业。征服了非洲的汪达尔人，最初人数只有五万，而来到意大利殖民的人则迅速达到了二十万，根据当时另一个作者的计算，甚至到了一百万。不难想见，随着数目如此众多的阿里乌信徒的涌入，意大利很快成了阿里乌派的天下，他们甚至在罗马也建了自己的教堂。[2]后来，伦巴第人取代哥特人成了意大利北部的统治者。他们放弃了哥特人宽容的态度，开始对天主教徒进行公开的迫害。他们的司祭人员曾宣布天主教会的教堂归他们所有。[3]尽管三十年后，王室又重新皈依了天主教，然而意大利的很多城市在一段时间内仍备受异端主教的困扰。[4]阿里乌派的统治在法国持续了八十年，在西班牙一百八十年，非洲一百年，意大利约一百年。阿里乌派在各地的统治并不是同时的，从总体上看，是从5世纪初一直延续到6世纪末。

5.

所有这些错误都不足以威胁天主教会作为正统教会的地位。从人类历史来看，这一点是显而易见的，不需要额外的证据来证明。阿里乌派

---

[1] ch. 39.
[2] Greg. Dial. iii. 30.
[3] 同上，20。
[4] Gibbon, Hist. ch. 37.

从来不曾抛弃"天主教会"这一名称，于是，他们把当时的天主教徒称为"罗马教徒"，以作区分。关于这一点，图尔的格列高利、维特的维克托和在西班牙举行的公会议留给我们很多证据。比如，根据格列高利的叙述，葡萄牙国王狄奥戴斯鲁斯对一件神迹的真实性表示怀疑，他说："这是罗马人的把戏（作者补充说，他们把我们教会的人称为'罗马人'），而不是上帝的力量。"①格列高利在后面的一章中说："异端在各地与天主教徒为敌。"于是他举了一个例子，有一位信奉天主教的妇女，她的丈夫是异教徒。她所属教会的牧师来拜访他，于是她的丈夫也请来了一位阿里乌派的牧师，这样，"他们夫妻二人各自邀请了自己教会的牧师，同时来到家里"。当他们开始吃饭的时候，丈夫悄悄地对阿里乌派的牧师说："我们要跟这个罗马人的牧师玩一玩。"②有一位信奉阿里乌主义的贵族叫高马卡尔（Gomachar），他在法国掠夺教会地产的时候，发了高烧。天主教会的主教亲自为他祷告，他身体逐渐恢复的时候，后悔请了主教为自己祷告。他感慨地说："现在罗马人该怎么说？他们一定会说高烧是我掠夺他们的土地所得的报应。"③汪达尔国王狄奥多立克在对天主教徒阿尔莫加斯特（Armogastes）百般折磨之后，仍不能使他放弃正统教会，皈依异端。狄奥多立克本来打算杀害他，但是他的牧师劝阻了他，说如果杀了阿尔莫加斯特的话，"罗马人一定会叫他殉道者。"④

6.

"罗马人"这一称谓具有两层含义。一是与"异族的"相对，表示她是罗马帝国的宗教，正如保罗在其书信中使用"希腊人"这一称谓一样。罗马人自己比其他民族的人更喜欢使用这个称谓。塞尔维安说："与

---

① De Glor. Mart. i. 25.
② 同上，80。
③ 同上，79。
④ Vict. Vit. i. 14.

异族相比，罗马人是罪孽更深重的罪人。"①他还说过，"罗马的异端数不胜数"。②这句话里，他用"罗马"来指罗马帝国内部的异端。教宗大格列高利曾抱怨说，他成了"伦巴第人，而不是罗马人的主教"。③伊瓦格里乌（Evagrius）在讲述圣徒西缅（Simeon, St.）的一生时，甚至把东方也称为"罗马人"，以区分"罗马人和异族人"④。后来，甚至直到今天，色雷斯以及罗马尼亚和小亚细亚的部分地区仍由罗马得名。同样，我们发现，叙利亚的作者把"罗马的宗教"和"希腊的宗教"这两个术语作为同义词来使用。⑤

7.

但是，"罗马人"这个称谓显然也有以罗马为中心的信仰和罗马教宗的含义。罗马皇帝狄奥多西在致阿卡修斯（Acacius of Beroea）的信中使用的显然是这一含义，以便与遍布罗马帝国甚至天主教内部的聂斯脱利派相区别。在聂斯脱利主义引起的争议中，狄奥多西鼓励信徒在"罗马的主教面前证明自己"⑥。利古里亚贵族试图说服阿里乌派的里奇莫尔（Ricimer）与安特弥乌斯（Anthemius）和解时，他们建议希腊皇帝派伊比芬尼作为使节，⑦因为"每一个天主教徒和罗马人都景仰他，如果一个希腊人能有幸见到他，也会认为他是和蔼可亲的"⑧。另外，我们还必须强调，备受异端迫害的西班牙和非洲的教会与当时的罗马教宗保持了非常密切的联系，并把这种联系当作区别自己与阿里乌派的标记。汪达尔人胡奈里克对非洲教会进行迫害的理由，就是他们与国外教会的密切

---

① De Gub. D. iv. p. 73.
② 同上，v. p. 88。
③ Epp. i. 31.
④ Hist. vi. 23.
⑤ Cf. Assem. t. i. p. 351, note. 4., t. 3, p. 393.
⑥ Baron. Ann. 432, 447.
⑦ Gibbon, Hist. ch. 36.
⑧ Baron. Ann. 471, 418.

联系，①出于嫉妒，他指控他们把外国的政治力量引入他的领地。在此之前，他曾发布敕令，召集信奉"同质说"（homoousion）的主教与他自己的主教在迦太基会面，商讨有关信仰的问题，因为"误导基督徒的会议不能在汪达尔人的省份中举行"。②接到邀请后，迦太基的尤根尼乌（Eugenius of Carthage）说，迦太基以外的天主教主教也应该被邀请，"因为这是有关全世界的事，而不局限在非洲的几个省份"。另外，"如果没有全世界范围内主教的同意，他们不能作有关信仰的决定"。胡奈里克答复说，如果尤根尼乌愿意把他当作世界范围的统治者，他就答应他的请求。尤根尼乌回应说，正统的信仰是"唯一真正的信仰"，如果皇帝希望了解这一点，他应该给他在国外的同盟者写信，而他自己也将给国外的主教写信。他说，这些主教"或许能帮助我们使您认清什么是真正的信仰，因为他们的信仰和我们的信仰是相同的，而罗马的教会是所有的教会之首"。另外，非洲曾有六十位主教被流放到撒丁岛，以富尔根蒂乌为首，他们对教宗霍尔密斯达（Hormisdas）的敕令持完全赞许的态度，"（基督徒）凭自由意志和上帝的恩典，跟随并维护罗马天主教会"③。另外，西班牙的教会遭受迫害时，他们受宗座代牧的监管，④宗座代牧的职责是在全国范围内阻止所有形式的对"使徒的法令和教父的限令"的侵蚀。

8.

天主教和教宗的联系也不是从那个时代开始的。4世纪时，皇帝格拉提安就曾下令，应恢复所有被阿里乌派侵占的教会——他对教会的称谓不是持"天主教信仰的人"，也不是"维护尼西亚信经"或者"与全世界的教会共融的人"，而是"与达马苏共融的人"⑤——达马苏是当时的

---

① Vict. Vit. iv. 4.
② Vict. Vit. ii. 3 – 15.
③ Aguirr. Conc. t. 2, p. 262.
④ Aguirr. 同上, p. 232.
⑤ Theod. Hist. v. 2.

教宗。与教宗共融也是哲罗姆的原则。在与鲁菲努斯（Ruffinus）的辩论中，鲁菲努斯提到"我们的信仰"，哲罗姆反驳说："'我们'是谁呢？'他的信仰'是罗马教会的信仰还是奥利金的信仰？如果他的回答是'罗马教会的信仰'，那么让我告诉他，我们天主教徒与奥利金的谬误是不相干的。如果他的信仰是奥利金的谬误，那么虽然他说我自相矛盾，他自己却是个异端。"①哲罗姆的另一段话与我们这里的话题关系更加直接，因为哲罗姆是针对一次教会分裂说的这段话。安提阿教会的分裂把天主教会推到了一个引人注目的位置：安提阿教区内同时出现了两个主教，一个由东方的希腊教会任命，一个由西方和埃及的拉丁教会任命。那么"大公"教会在哪里呢？对此，哲罗姆表现出坚决的态度。他在给达马苏的信中写道："东方的教会撕裂了主耶稣的衣裳……我跟随彼得的宗座和由他的口传授的信仰……尽管你的伟大让我畏惧，你的慈爱却鼓励着我。从祭司彼得那里，我寻求救赎；从主的牧羊人那里，我寻求庇护。我无意冒犯别人，吸引我的也不仅是罗马的威严。我寻求的是渔夫的继任者和十字架的门徒。除了主耶稣基督，我别无所求，因此我愿意与你共融，因为与你共融就是与彼得的宗座共融。我知道，教会是建立在教宗这块磐石之上的。在屋外吃羔羊肉的人是在亵渎上帝……我不认识维塔利斯（Vitalis，阿波利拿里主义者），我拒绝梅勒提乌，我无视保利努斯。不与你共融的人是溃散的，因为他们不是属基督的，而是属敌基督的。"②他还说："有人利用古代散居的隐修士的权威来反驳我。我大声地呐喊，只有与彼得的宗座共融的人才与我共融。"③

9.

我们可以把这段话理解为当教会内部出现分裂的时候，罗马教宗应

---

① c. Ruff. i. 4.
② Ep. 15.
③ Ep. 16.

该是仲裁者。类似的情况也曾发生在非洲，特别是多纳徒主义盛行的时代。加入多纳徒派的有四百名主教，虽然他们都来自同一个地区，但是从人数来说，占当时整个基督教世界主教总数的五分之一，现在看起来，似乎仅凭人数的优势，他们也不应该被从上帝的教会中当作分裂派驱逐出去。然而，支持普世教会观念的奥古斯丁却有一个更直接的标准。他对一些多纳徒派的人说，迦太基的天主教会主教"虽然敌人众多，却视他们微不足道，因为他既与使徒宗座的首席——罗马教会共融，又与其他各地的教会共融，就连福音都是从这些地方传到非洲的"①。

从以上证据来看，哥特人和阿里乌派用"罗马人"来称呼天主教徒是有原因的。"罗马人"的称谓指的不仅是大公教会与饱受外族侵略的罗马帝国的联系；"罗马人"也不应是用来指代正统教义的最理所当然的一个词，因为外族人的异端教义往往是从罗马皇帝或者宫廷那里学来的，相关的罗马皇帝或者官员自称以阿里米尼会议的教义指导他们的信仰。

10.

正如4世纪的天主教会处在名目繁多的敌对派系中间，到了五六世纪，西方的天主教会仍然处在分裂派巨大及深远的压迫之下。异端不再是混杂在教会内部的敌人，而有了自己的阵地，并在一定程度上有了统一的组织，普世性不能再充当鉴别真正教会的标准。

第二个异端：聂斯脱利派

1.

叙利亚和小亚细亚的教会是早期基督教王国文化水平最高的部分。亚历山大不过是一个大都市，且拥有使徒时代的哲学，而叙利亚有很多

---

① Aug. Epp. 43. 7.

富饶繁华的城市,特别是塞琉古王朝(Seleucidae)的创建,为希腊的艺术和学派提供了发展的机会。有些人认为,约有二百多年的时间,亚历山大是埃及唯一的主教宗座和学派,而叙利亚被分成了面积比较小的教区,它们有各自的权威机构,甚至到了罗马教宗的权威树立起来之后,仍然可以各自纳其主教,主教不由叙利亚教区的大主教任命,而由本市的权力机构任命。叙利亚的学派多为私立,从这些学派诞生出来的神学观点具有多样化的特点,其表述也比较自由和缺乏严谨性。而埃及的教理学校则是教会唯一的教育机构,其主教因为担心奥利金的观点不够正统,而有权力将其放逐。

2.

然而,不幸的是,叙利亚的教会成为异端之温床的直接原因却是其享有极高赞誉的解经学派。概括地说,叙利亚的解经学派一方面致力于对经文作字义上的阐释,另一方面却成了阿里乌派和聂斯脱利派的温床。解经的方法和异端上的联系一般不甚明显,但是两者之间的联系我们至少可以在一个人的身上清楚地看出来,这个人就是赫拉克利亚的西奥多(Theodore of Heraclea),他出生在赫拉克利亚,做过当地的主教,是一位有才能的评论家,也曾积极地与阿塔那修为敌。作为一个色雷斯人,除了道义上的同情,他与安提阿的主教宗座没有直接联系。

著名的安提阿学派似乎成立于3世纪中期,但是我们没有足够的证据来断定这个学派在诞生的时候,到底是一个当地组织还是一个有特色的学科和治学方法的代名词。多罗特乌斯(Dorotheus)是这个学派的早期代表人物之一,他是优西比乌的老师,是一位著名的解经学家。另一个代表人物卢奇安是臭名昭著的撒摩撒他的保罗的好友,他与教会分离的时间历经三位主教的任期,但是到了最后,他又回到教会,并成了一名殉道者。他为七十士译本编辑了一个新的版本,也是阿里乌派的几个主要创始人的老师。在这个解经学派占有一席之地的还有凯撒利亚的优西比乌、被称为"诡辩者"的埃斯特里乌（Aesterius）、埃莫萨的优西比乌（Eusebius of Emesa）、尼西亚时期的阿里乌派、阿里乌派的狂热反对者狄奥多鲁斯——摩普绥提亚的西奥多曾师从他的门下。同为叙利亚人的克里索斯托和狄奥多勒，早年也是狄奥多鲁斯的学生，他们从他那里学习了字义解经的方法，然而却没有滥用字义解经。但是，这个学派最重要的代表人物是摩普绥提亚的西奥多，他是我们刚才提到的聂斯脱利的老师。他的著作与狄奥多勒反对西里尔的文章以及埃德萨的伊巴斯（Ibas of Edessa）写给马里斯（Maris）的信一起，在第五次大公会议上被定为异端。伊巴斯把西奥多和狄奥多鲁斯的作品翻译成叙利亚文，马里斯把他们的著作翻译成波斯文。①因此，他们充当了聂斯脱利派及其教会在远东地区得以传播的直接的工具。

西奥多的作品被制作成数以万计的小册子，传遍了美索不达米亚、亚丁湾（Adiabene）、巴比伦和邻近的国家。他被这些地区的教会尊称为"解经者"，聂斯脱利派后来也利用他的名号传播自己的教义。他们在马拉巴斯（Marabas）召集的公会议上称，他们的教义"以《尼西亚信经》为基础，沿袭圣徒西奥多对经文的阐释"。"我们无论如何要坚定地跟随西奥多对圣经的阐释。"撒巴尔耶苏斯（Sabarjesus）召集的公会议宣称："任何人以任何方式反对西奥多的阐释，或者有异议，应被判为异端。"②自从基督教诞生以来，除了奥利金和奥古斯丁，没有人对基督徒有过像西奥多一样巨大的影响。③

3.

叙利亚学派从一开始就具有非常显著的特征，到了五六世纪，这些特征并没有因为其著作被引入到一些新的国度和翻译成几种语言而变得

---

① Assem. iii. p. 68.
② Ibid. t. 3, p. 84, note 3.
③ Wegnern, Proleg. in Theod. Opp. p. ix.

模糊。叙利亚学派对经文的阐释看起来清晰、自然、讲究方法、恰当、逻辑严密。兰格尔可（Lengerke）说："在整个叙利亚，只有一种解经和发展教义的标准，那就是实用。"①因此，凯撒利亚的优西比乌不论是在解经上还是神学辩论上都表现出了相当强的判断力。虽然他没有完全继承叙利亚学派排斥神秘主义解经和否认经文来自上帝启示的传统，他仍可以被归到叙利亚学派。另外，在克里索斯托的作品中，我们也可以看到他倾向于对经文作直接、明确的阐释，并把这条释经的原则应用于理解其他的人或者事物。狄奥多勒的思维方式和推理模式可以称为英格兰式的。耶路撒冷的西里尔虽然不完全回避寓意解经法，然而也通过其作品中大量对经文的研究，而体现出叙利亚学派的特点。他的解经风格备受现代读者的赞赏。

4.

叙利亚学派的精神在西里尔、克里索斯托和狄奥多勒那里得到了发扬，但是其另外的代表人物摩普绥提亚的西奥多和他之前的狄奥多鲁斯却走向了谬误。而他们的谬误在撒摩撒他的保罗的作品中更加明显地体现了出来。正是因为叙利亚学派的注意力集中在解经上，其异端也首先表现在对经文的阐释上。虽然寓意解经法如果使用不当，的确可以被用作回避经文的工具，然而对寓意解经法刻意的批评，可能更容易导致对教义和经文同时的破坏。西奥多倾向于找出明确的字义，这条原则当然是无可指摘的，但是，这条原则不但使他放弃了七十士译本，转而阅读希伯来原文，而且促使他阅读古代希伯来释经者的阐释。希伯来的释经者自然缺乏关于旧约中描述的事件在福音书中得以实现的论述，在可能的情况下，他们一般倾向于作伦理的而不是预言的阐释。经过这样的解经之后，《箴言》8 章不再有基督教的含义，因为西奥多认为，这卷书的

---

① De Ephrem Syr. p. 61.

作者在撰文时领受的是智慧而不是有关预言的恩赐。《雅歌》也应按照字义来阐释，于是把这卷书从正典中排除就成了一个容易、必然的步骤。从这种解经的角度来看，《约伯记》虽然号称是真实的历史，然而它实际上不就是一个来自异教的传说吗？遭到西奥多抛弃的还有《历代志上》和《历代志下》。奇怪的是，西奥多把《雅各书》也排斥在正典之外，尽管这卷书被收录在他的教会颁布的《简明圣经译本》（Peschito）中。他否认《诗篇》22篇和69篇是有关耶稣基督的预言，并认为整卷《诗篇》中仅有四个段落是关于弥赛亚的，《诗篇》8篇和44篇是其中的两篇。他还用字义解经的方法解释了关于希西家和所罗巴伯的部分，但是没有否认这些经文可以从基督福音方面进行阐释。①另外，他还把使徒多马的话"我的主，我的神"（约20:28）理解为喜悦的欢呼，并把基督的话"你们受圣灵"（约20:22）理解成对五旬节的期待。不难想象，他也否认圣经的字句来自上帝启示的教义。另外，他还认为挪亚方舟时候的大洪水并没有淹没整个地面。与他的一些前人一样，他关于原罪的教义也是不符合正统的。另外，他还否认永久惩罚的教义。

5.

西奥多否认圣经来自上帝的启示，而认为其仅是各卷书的作者个人思想的产物。这一想法导致他进一步否认圣经上所有的经卷都在传达同一个信息，而坚持认为各卷书的意图是各不相同的，在其历史背景下由一位作者，而不是不同的作者撰写。也就是说，如果我们能证明某个作者创作了某卷书的某一个章节，那么他也必然是整卷书的作者。就《诗篇》而言，如果其中的某一首诗歌的某一行带有历史或者预言的性质，那么这首诗歌从头到尾必然具有同样的性质。甚至《诗篇》的作者所表现出的意义的完整性、思想的精练、感情的细腻、意义的含蓄与突显

---

① Lengerke, de Ephrem. Syr. pp. 73 – 75.

都不能说服西奥多这些诗歌来自上帝的启示。相应地，西奥多认为，如果一首诗歌包含一个或多个不能应用于基督的字句，那么除非作重大的改动，整首诗歌都不能理解成是关于基督的。与西奥多属于同一个学派的科斯玛斯（Cosmas）也持这样的观点，并根据同样的原则主张略过《诗篇》22篇、69篇和其他篇章，把弥赛亚的信息局限在2篇、8篇、45篇和110篇。 他说："大卫没有把属于主①耶稣基督的描述也用于描述他的仆人，属于主的他指明是主，属于仆人的他指明是仆人。"② 所以《诗篇》22篇不可能是关于基督的，因为这首诗歌的开头部分提到了"一个罪人的话"。这条教义引发的一个重要的后果，就是把基督和他的圣徒相分离。虽然这一分离在这一阶段还没有在聂斯脱利主义者中间得到进一步的夸大，但是已经构成了拒绝服侍圣徒的开端。另外，还有一个更危险的异端隐含在里面，那就是聂斯脱利主义——其主张是道成肉身时，耶稣的人性和他的神性不属于一个位格，其他人也不能因为耶稣的人性而与他归于一类。在这一点上，克里索斯托尖锐地指出西奥多观点的错误，尽管他是西奥多的学生和朋友。③与克里索斯托立场相似的还有以法莲（虽然他也是叙利亚人），④另外还有巴西尔。⑤

6.

如果我们把叙利亚学派和聂斯脱利主义分开来看，叙利亚学派的另一个特征是倾向于把基督的神性和人性相分离，并忽略圣礼中基督之神性的临在。厄尔奈斯提（Ernesti）似乎认为这个学派用现代的语言来说属于圣礼派（Sacramentarian）。显然，现代的学者在对天主教会关于圣餐的教义提出异议时，引用的多是与叙利亚学派有关的作者，比如，给凯撒里乌

---

① δεπότου , vid. La Croze, Thesaur. Ep. t. 3, § 145.
② Montf. Coll. Nov. t. 2, p. 227.
③ Rosenmuller, Hist. Interpr. t. 3, p. 278.
④ Lengerke, de Ephr. Syr. pp. 165–167.
⑤ Ernest. de Proph. Mess. p. 462.

(Cæsarius)信的作者(据说是克里索斯托),著有《以破布缝衣的乞丐》(Eranistes)的狄奥多勒,以及法昆都斯。奥利金的一些作品也受到了注意,然而这些作品中关于圣餐以及道成肉身的教义已经显现出聂斯脱利主义的倾向。或许还可以加上优西比乌①,虽然他与聂斯脱利主义不相干,但他毕竟是叙利亚学派的门徒。后期的聂斯脱利主义的作者也表现出同样的特点。②从大体上看,以上就是西奥多的神学的特点,这种神学从土耳其基利家和安提阿先传播到埃德萨,后又传播到尼西比斯(Nisibis)。

7.

埃德萨是美索不达米亚的一个大都市,直到3世纪被卡拉卡拉(Caracalla)变成罗马的领地前,东方文化一直占据主导地位。③它地处两个帝国的交界处,从教会史上来看,有重要的战略地位。首先,由于地理位置特殊,埃德萨成了把希腊和罗马的神学传播到东方那些生活在异教世界的、饱受轻视和迫害的基督徒中间的枢纽。另外,埃德萨还是多个基督教学校的所在地。当时有一个希腊学派,致力于研究基督教神学,也研究古希腊的著作;埃莫萨的优西比乌④曾在这个学校受过训练,普罗托格尼(Protogenes)曾在这个学校任教。⑤另外,这里还有基督徒和异教徒都参与的叙利亚学校。从苇斯巴芗的时代开始,当地的文人志士开始致力于净化和提炼当地的方言,后来当地纯正而精准的方言被称为埃德萨语。⑥以法莲也在埃德萨建起他的叙利亚学校,这个学校一直存在到他去世许多年之后。另外,还有一个由马里斯执掌的用波斯语授课的基督教学校——前面已经提到过,马里斯把西奥多的著作翻译成了波

---

① Eccl. Theol. iii. 12.
② Professor Lee's Serm. Oct. 1838, pp. 144 – 152.
③ Noris. Opp. t. 2, p. 112.
④ Augusti. Euseb. Em. Opp.
⑤ Asseman. Bibl. Or. p. cmxxv.
⑥ Hoffman, Gram. Syr. Proleg. §4.

斯语。①一直到了伊巴斯的前任主教，这所波斯语学校因为其聂斯脱利主义而臭名昭著，以至于拉布拉（Rabbula）主教将其教师和学者悉数驱逐出去。他们回到自己的国家避难，并把异端引入受到波斯国王管辖的教会。

8.

关于这些教会，我们有必要提到以下几点。关于这些教会的记载虽然有很重要的历史意义，但是数量稀少。从我们拥有的文献来看，他们在四五世纪经受了当时信奉异教的政府发动的两次迫害。另外，还有证据显示，早在2世纪末，这个地区就有对基督徒的迫害——有记载说，在帕提亚、米底亚、波斯和大夏（Bactria），基督徒"不为邪恶的法律和习俗所折服"。②4世纪早期，有一位波斯的主教出席了尼西亚会议，大约同时，有记载说基督教几乎传遍了整个亚述。③修道生活早在4世纪中期以前就被引入到这个地区。接下来，很快发生了一次大规模的迫害，据说波及六千名基督徒。这次迫害持续了三十年，并在3世纪末又重新开始。第二次迫害又持续了三十年，同时，聂斯脱利主义在罗马帝国内部开始盛行。有关对基督徒审判的记录既显示了当时埃德萨人口众多，又表明了当地基督徒的信仰状况——这些记录提到了当时教区的数目，以及在前一次迫害中幸免于难，并在第二次迫害中受苦的二十七位主教的名字。与其中一位主教一起被捕的有十六位祭司、九位助祭，还有他的教区的一些修士和修女；有一位主教与二十八人一起被捕，其中既有神职人员，也有平信徒；有一位主教与一百位身份不同的基督徒一起被捕；还有一位主教被捕时有一百二十八位同伴；与另一位主教同时被捕的有二百五十位神职人员。埃德萨的教会在被如此众多的殉道者的鲜血

---

① 受过教育的波斯人一般都熟悉叙利亚语。Assem. t. i. p. 351, note.
② Euseb. Præp. vi. 10.
③ Tillemont, Mem. t. 7, p. 77.

浸润之后，在她作出如此荣耀的见证之后，赫然倒在西奥多神学的脚下。虽然历经岁月的洗礼，她仍表现出巨大的能量，然而却在异端面前丧失了往日由圣徒的血铸造的纯洁。

9.

波斯学派的成员被拉布拉赶出埃德萨以后，在波斯的异教政府之下寻求避难，并在此为他们的教义找到了用武之地。波斯的君主虽然经常颁布敕令，禁止受他们控制的教会与西方国家的教会共融，①此时却热情地向这些避难的人伸出援助之手，支持他们传播其非正统的教义。他们中间最有能量的一个人叫巴尔苏马斯（Barsumas），他被安置在尼西比斯的教区中，另一个被流放的学校也被安置在那里。马里斯则被提升到阿尔达西尔教区。在巴比伦，教会的权威从一开始就集中在塞琉西亚教区。大公教会的名义被赋予塞琉西亚和波斯的首席主教，共同作为安提阿大主教的代表。他们得到罗马皇帝的认可，在其所辖的教区内享有代理大主教执行教会事务的权力。属于埃德萨团体之另一派的阿卡修斯（Acacius）就被置于这个教区，并因为巴尔苏马斯的革新而受尽苦难。巴尔苏马斯的一个政敌记载了他发明的新模式，"巴尔苏马斯在菲洛泽（Pherozes）面前指控天主教徒巴布埃乌斯（Babuaeus），他说：'这些人和罗马人的信仰相同，是他们的奸细，请您给我权力逮捕他们。'"②据说，他以这种方式杀害了巴布埃乌斯，其职位由阿卡修斯继任。当教会中的一小部分人反对与大公教会分裂时，③随之到来的是一次迫害。根据基督一性论派权威的记载，七千七百名基督徒的殉道成了迦勒底的教会从大公教会分离出来的代价。④在当地的政府看来，这些基督徒的殉教造成的人口上的空缺，被

---

① Gibbon，ch. 47.
② Asseman. p. lxxviii.
③ Gibbon，ibid.
④ Asseman. t. 2，p. 403，t. 3，p. 393.

逃亡到波斯的聂斯脱利派所弥补。在被罗马帝国驱逐以后，他们来到波斯避难，而他们的宗教在波斯正处在上升期。

10.

我们已经看到，叙利亚学派以西奥多为首，建立在用字义解释经文的基础上，其教义被称为聂斯脱利主义。这个学派认为，耶稣基督有一个人性的位格和一个神性的位格，其表现形式是否认马利亚是"上帝之母"。在关于基督位格的争论中，语言上的差异模糊了神学上的差异，使争论看起来像一个文字上的口角。叙利亚语区分"位"（Prosopon）和"人"（Person），而希腊语则用 Prosopon 既表示人，又表示位格。叙利亚学派可以承认耶稣是一"人"，但是坚持他有两个位格。如果希腊人问他们的"一人"的准确含义时，他们似乎会回答"个性"或者"特性"（aspect）的含义，意义虽然与希腊语的 prosopon 相近，但是并不能使他们摆脱异端的罪名。另外，因为一个事物的"特性"指的是其留给别人的印象，那么他们认为基督"个性"的统一性存在于他的人性，而不是他的神性。但是异端的细枝末节不值得我们深究。接下来，在关于马利亚是"上帝之母"的论战中，他们反驳的理由是这条教义没有圣经上的根据。他们认为，马利亚是基督的人性上的母亲，而不是逻各斯的母亲。另外，他们还利用《尼西亚信经》来支持自己的说法，因为《信经》上也找不到"上帝之母"这个称谓。

11.

285　　虽然聂斯脱利主义有一些含混不清的地方，乍看起来很合理，但是在其发展的过程中，不论是在教义上还是在宗教活动上，都没有任何模糊或者吸引人的地方。聂斯脱利派从埃德萨被流放到波斯并获得权势以后，所做的第一件事就是废除神职人员独身制。用吉本强有力的话来说，他们允许"祭司、主教甚至大主教公开结婚"。巴尔苏马斯可以称得上是促使宗教变质的重要工具。他也是聂斯脱利派中第一个把新习俗付诸实施的人。根据一个聂斯脱利派作者的记载，他迎娶了一个修女。①他多次在塞琉西亚等地召开公会议，并颁布法令，允许主教和祭司结婚；并且，他们在因各种原因失去妻子以后，还可以再娶。跟随阿卡修斯的卡托里库斯（Catholicus）甚至把允许结婚的法令扩展到修士身上，破坏修道院制度。他的两个继任者都利用了这项自由结婚，甚至有了自己的后代。但是，后来卡托里库斯建立的这项习俗受到了一定的限制。

12.

塞琉西亚教区就是在这样的形势、这样的原则下成了东方的罗马。随着时间的推移，卡托里库斯给自己加封了更高的、独立的巴比伦大主教的头衔。尽管塞琉西亚曾一度更名为泰西封（Ctesiphon），后又更名为巴格达（Bagdad），②然而巴比伦这一名称自始至终是当地教区正式、理想的名称。在哈里发的时代，巴比伦教区下辖二十五个大主教，其范围从中国一直到耶路撒冷，其人数，如果把基督一性论派也计算在内的话，超过了希腊和拉丁教会的总和。像前面的一章讨论过的诺瓦替安派一样，聂斯脱利派也不愿以其创始人的名字命名，③尽管他们承认他们与这一名称摆脱不了干系。他们喜欢叫自己"大公教会"，④然而他们给自己加封的名称始终没有得到别人的承认。

吉本说："自从征服了波斯以后，他们就把精神侵略的工具推广到北部、东部和西部。朴素的基督教福音沾染上了叙利亚神学的色彩。到了6世纪，根据一个聂斯脱利派旅行者的记载，基督教被成功地传到了大夏人、匈奴人、波斯人、印度人、帕萨门人（Persarmenian）、米

---

① Asseman. t. 3，p. 67.
② Gibbon，ibid.
③ Assem. p. lxxvi.
④ 同上，t. 3，p. 441。

底亚人和埃兰人中间。外族的教会遍及从波斯湾到里海的广大地区。他们的信仰既体现在人数的众多上，又体现在其修士和殉道者对信仰的坚定性上。马拉博的海岸沿线和大洋中的岛屿，索科特拉岛（Secotra）和锡兰（Ceylon），基督徒的数量不断增加。在这些被大洋隔绝的地区，祭司和主教一般都由巴比伦的卡托里库斯所按立。后来，聂斯脱利派的宗教热情超过了野心和好奇心都有限的希腊和波斯的教会。来自巴尔奇（Balch）和撒马尔罕（Samarcand）的传教者毫不畏惧地追寻游牧的鞑靼人的足迹，并潜入到伊慕斯（Imaus）的山谷和色楞格河畔（Selinga）。"①

第三个异端：基督一性论派

1.

欧迪奇是君士坦丁堡郊区一所修道院的修士大祭司或者修道院长。他的品格无可指摘。在他不幸步入教会史时，他有七十岁上下，做修道院长已经有三十年。他曾是西里尔的朋友和助手，在我们刚刚讲到的有关聂斯脱利派的历史中，他曾反对埃德萨的主教伊巴斯。他曾一度致力于讲授一种关于道成肉身的教义——他认为他自己传授的教义与西里尔在与聂斯脱利的争辩中所阐发的教义是一样的。但是别人却把他当作异端，指责他的教义实质上是一种变相的阿波利拿里主义。448年，他的观点被带到了大主教弗拉维安（Flavian）主持的君士坦丁堡公会议上，欧迪奇因为认为基督有一性而不是二性被判为异端。

2.

从我们当前的目的来看，我们没有必要确定欧迪奇本人到底持有什

---

① ch. 47.

么样的观点，关于这个问题，学术界一直有很多争议——争议的原因部分是因为他和他的追随者观点纠结不清；部分是因为异端所普遍具有的含混不清和模棱两可的特点。如果我们在这里要理清欧迪奇之观点的话，大致来看，他的观点包含两个信条：首先，他认为"道成肉身之前，基督有二性，道成肉身发生之后有一性"，也就是说，他认为基督来自于两种本性，但是两种本性的结合一旦发生以后，就结合成一种新的性质。第二，基督的肉身和我们的肉身不同质，也就是说和圣母马利亚的肉身不同质。从这两点来看，他似乎愿意放弃第二点，但是坚持第一点。不过我们先来看一下君士坦丁堡会议。

在他的观点受到审查时，欧迪奇愿意承认圣母与我们同质，以及"上帝是通过她道成肉身的"。然而，他不承认基督作为人和我们同质，他的理解是基督的人性与神性联合以后，就发生了质的变化。然而，迫于追问，他说，虽然迄今为止他不允许自己讨论基督的本性，或者肯定"上帝的身体虽然来自于人类，仍然保持人类的本性"，然而，如果公会议命令他这样做的话，他愿意承认基督的人性与我们的人性是一样的。基于这一点弗拉维安说："公会议并没有作什么创新，而仅是阐明教父的信仰。"关于他的另一个观点，也就是基督在道成肉身以后仅有一性，当大公教会的教义摆在他面前时，他坚持说："我们应该读阿塔那修的著作，你们在他的作品里找不到这样的观点（基督二性）。"

接下来，欧迪奇被判为异端，在判决书上签字的有二十二位主教和二十三位修道院院长。① 主教包括君士坦丁堡的弗拉维安、伊索利亚（Isauria）塞琉西亚的巴西尔、本都的阿玛西亚（Amasea）的主教、莫西亚（Moesia）的马西安诺波利斯（Marcianopolis）的主教、科斯（Cos）的主教，以及教宗在君士坦丁堡的代表。

---

① Fleur. Hist. xxvii. 29.

3.

欧迪奇向当时的教宗利奥（Leo, St.）申诉，教宗听取了申诉以后，最初同情他的立场，并给弗拉维安写信说：“从欧迪奇的说法来看，没有理由把他从教会中分离出去。”他接着说，"派一个合适的人到我们这里来，把情况给我们作一个完整的介绍，让我们知道新的谬误是什么"。弗拉维安在对整个事件的处理中表现出了极大的克制，他没有费多少周折就使教宗明白了整件事的真相。

接着，欧迪奇得到了皇室以及亚历山大的大主教狄奥斯库若的支持。因此，君士坦丁堡不能接受弗拉维安主持的会议作出的判决。于是在第二年的夏天，在以弗所又召开了一次公会议——二十年前，正是在这里召开了反对聂斯脱利的第三次公会议。参加这次会议的有六十个有大主教的教省的代表，其中有十个属于东方教会。与会的主教总数达到了一百三十五位。① 狄奥斯库若被皇帝任命为会议的主席，会议的目标被定为解决弗拉维安和欧迪奇之间关于信仰的争议。教宗利奥虽然对会议的安排不满，但仍派了代表，让他们携带自己的亲笔信来出席会议。如教宗在信中所写的，派代表的目的是"批判异端；如果欧迪奇收回他所说的，就恢复他的职位"。教宗的使节在会议上的地位仅次于狄奥斯库若，在各个大主教之上。同时，利奥还以致弗拉维安信的形式，发表了他著名的关于道成肉身的论述。

接下来，会议变得极其残暴，以致这次会议在后世常被人称为"以弗所强盗会议"。欧迪奇被正式宣布无罪，他的教义被会议接受，会上的有些人建议罢黜弗拉维安。有些僧侣前来声援狄奥斯库若，他们是来自叙利亚和埃及的基督一性论的狂热分子，他们甚至拥有一支武装力量。狄奥斯库若指使这些僧侣冲进教堂，把弗拉维安推到在地，并践踏他的

---

① Gibbon, ch. 47.

身体。弗拉维安受了重伤,并在第三天因为伤势过重死去。教宗的使节不得不从暴徒的攻击中逃脱,主教们被迫在一张空白的纸上签字,认定弗拉维安为异端。然而这些暴行是在公会议接受欧迪奇的信条以后发生的,与暴徒的纠集几乎是同时的。会议以狄奥斯库若把教宗开除教籍,皇帝发布敕令认可会议的决定而告终。

4.

在继续我们的叙事之前,让我们先来回顾一下已经摆在我们面前的情况。欧迪奇,这位品格高尚的老人,圣徒西里尔的朋友,在此之前一直是信仰的坚定维护者和异端的批判者,他自认为自己的教义与西里尔反对异端的教义别无二致。为了证明这一点,他和他的朋友逐字逐句地引用西里尔的著作。贝鲁特的欧大悌(Eustathius of Berytus)在以弗所曾这样引用西里尔的话:"我们不能认为基督有二性,变成了肉身的逻各斯只有一种本性。"① 另外,西里尔的著作被多次征引来支持这种说法,有一处甚至是西里尔本人对阿塔那修的引用。② 至于这个段落是否真的是西里尔的著作,很值得怀疑,但是对我们来说无关紧要。因为西里尔曾认为这个段落包含的术语(基督一性)是出自其他教父的,而且天主教徒(包括罢黜了欧迪奇的弗拉维安)一般都认可这个术语,甚至连卡尔西顿大公会议也间接地采纳了这个术语。

5.

但是欧迪奇不仅坚持使用"基督一性"的术语,为证明自己的教义,他还广泛地征引教父的著作。他在君士坦丁堡说:"我读了西里尔的著作,神圣的阿塔那修和其他教父的著作。他们一致认为,'道成肉身之

---

① Concil. Hard. t. 2, p. 127.
② Petav. de Incarn. iv. 6, §4.

前有二性'，但是'结合发生之后'，他们说'只有一性'。"①在给利奥的信中，他征引了教宗犹流、教宗菲利克斯、行奇迹者格列高利、纳西盎的格列高利、巴西尔、阿提库斯（Atticus）和普罗克鲁斯的著作。当然，如我们以下将要看到的，欧迪奇并不是毫无保留地征引教父的著作，他认为他们有可能会出错，尤其是在表述上。但是很显然，教父们没有一致地与他的观点相背。不可否认的是，尽管安波罗修、纳西盎的格列高利和其他教父用"本性"一词来表示基督的人性，但是总体上，以前的教父由于种种原因避免使用这个词。阿塔那修使用了"人性"、"肉身"、"人"、"救恩计划"等术语，后来的作者倾向于用"本性"来表达同样的意思，希拉利也是如此。②类似地，早于欧迪奇约二十年的《阿塔那修信经》也不包含"本性"一词。欧迪奇的确可以在他之前教会的历史和文献中找到很多支持他观点的证据。

6.

另外，欧迪奇说，他衷心地接受尼西亚和以弗所会议颁布的教令，他的朋友们则征引以弗所会议和以前教父的著作来说明不能对教会的信经作增补。欧迪奇对利奥说："从我的父辈开始就相信尼西亚的教义，我从幼年时代开始，就受了这样的教导——尼西亚的三百八十位主教所订立的、以弗所公会议所肯定和重新定义的信仰是唯一的信仰。在唯一、真正、正统的信仰之外，我从来不曾有过其他看法。"他在以弗所强盗会议上说："当我说明我的信仰是在尼西亚会议上制定的，在以弗所会议上得到了确认的时候，他们命令我加几个字。然而，我唯恐违反了以弗所第一次公会议和尼西亚会议的教令，希望本次大公会议熟悉这些教令，

---

① Concil. Hard. t. 2, p. 168.
② Vid. the Author's Athan. trans. [ed. 1881, vol. ii. pp. 331-333, 426-429, 关于他对这个问题的神学论述见 Theol. Tracts, art. v。]

不论你们的决定是什么,我都愿意接受。"①狄奥斯库若则使用了更激烈的言辞,他说:"我们已经听到了以弗所会议制定的教义,如果有人在教义之上增加其他的信条,我们必把他判为异端。"②值得注意的是,虽然以弗所会议禁止对已有的教义作增补,然而这次会议本身却增加了上帝之母的说法,这个增补可能比任何它之前或者之后的增补意义都要重大。

7.

另外,欧迪奇诉诸圣经的权威,否认了基督曾获得我们的人性。可是,他的这次诉诸圣经的做法却违背了他大声宣扬的对公会议和教父的服从。首先,他把经文之外的术语引入到尼西亚会议制定的信经。有一个被派到他那里的祭司记下了他们当时的对话:"他对我说:'我从来没有在经文中找到基督有二性的说法。'我回答说:'经文中也找不到(圣子和圣父)"同质"的说法(尼西亚的 homoousion),但是神圣的教父是这样理解和诠释的。'"③另外,还有人曾这样评论欧迪奇:"他宣扬自己愿意接受尼西亚和以弗所会议的教父所制定的所有信条,并愿意服从他们对信条的阐释。但是,他们的表述中一旦出了什么谬误,他既不批判,也不接受。他马上开始查圣经,把圣经当作比教父的阐释更保险的证据。从基督的道成肉身发生的那一刻起……他就崇拜一种本性……基督的神性和人性在一个位格里并存的教义,是他从教父的著作里看到的。但是,任何教父的著作都不可能说服他,因为,正如他所说的,圣

---

① Fleury Oxf, tr, xxvii. 39.
② 同上,41。类似地,阿塔那修在这之前曾说:"在圣经的基础上,尼西亚会议上的教父所认可的信条足以推翻所有的错误信条。"见 Ad. Epict. Init. 但是在别的地方,他进一步解释了这段话:"尼西亚的信条是正确的,足以推翻所有的异端,尤其是阿里乌主义。"见 ad. Max. fin。类似地,纳西盎的格列高利也曾诉诸尼西亚会议的权威,但是他"增加了古代的教父没有提到的关于圣灵的教义,因为尼西亚会议的时候,这个问题还没有出现"。见 Ep. 102, init。另外,还有其他的教父在维护尼西亚信条的同时,根据时代的需要扩展尼西亚信条。Vid. Athan. tr.[ed. 1881, vol. ii. p. 82.]
③ Fleury, 同上,27。

经的教导比所有教父的教导更有效。"①欧迪奇在这里诉诸圣经的做法，很容易让我们联想到我们刚刚说到的西奥多学派与聂斯脱利主义，以及阿里乌派在哥特国王的面前对阿维图斯（Avitus, St.）的诘难。②前一个历史时期的异端也有这样的特点。希拉利曾从马尔塞鲁斯、福提努斯（Photinus）、撒伯里乌、孟他努和摩尼（Manes）等人的论述中收集了很多这样的例子。接着他补充说："他们都在不理解圣经的情况下引用圣经，在没有信仰的情况下妄谈信仰。"③

8.

再重复一次。狄奥斯库若在以弗所强盗会议上独断专行地处理了关于弗拉维安的问题，明确地宣告欧迪奇无罪，并（似乎真心地）把他的教义奉为正统。后来事态的变化，尤其是卡尔西顿大公会议上的变化，几乎使人们忘了他们当时是怎么作出决定的。当时，以弗所强盗会议上宣读君士坦丁堡公会议的教令。当那些所谓的教父读到多利莱乌的优西比乌（Eusebius of Dorylæum）质问欧迪奇是否承认道成肉身发生后基督仅有一性时，这些教父打断了宣读的人，大声地喊叫说："除掉优西比乌，烧死他，活活地烧死他，把他劈成两半，因为他分裂教会，就把他的肢体分离。"④除了教宗的使节保持异议以外，这次公会议似乎一致同意恢复欧迪奇的职位，我们几乎想象不出一个意见更加一致的决策过程。

现存的签名共有一百零八个，与东方教区的数目相比（一千个），似乎显得微不足道。但是出席公会议的人有代表的性质。东西方教区的总数约有一千八百个，但是参加第二次公会议的代表只有一百五十个，其数目只有教区总数的五分之一，参加第三次公会议的有二百位主教，约

---

① Concil. Hard. t. 2, p. 141. [希腊语中略去了一个否定词，但是被译为拉丁语时又加上了这个词。]
② Supr. p. 241.
③ Ad Const. ii. 9. Vid. Athan. tr. [ed. 1881, vol. ii. p. 261.]
④ Concil. Hard. t. 2, p. 162.

占九分之一；而参加尼西亚会议的也不过是三百一十八位主教。另外，如果我们仔细分析在这次会议上签字的人的话，我们会发现错误的信仰、错误的理解或者软弱并不是局部地区的现象，来自东方各个教区的主教无一例外地犯下了这项罪行。四分之三的大主教同情异端，另外的四分之一认为应对欧迪奇审判后作决定。其中，安提阿的多姆努斯（Domnus of Antioch）和耶路撒冷的尤维纳利乌（Juvenal of Jerusalem）因为欧迪奇愿意接受尼西亚和以弗所会议上定下的信条而宣布他无罪。不论多姆努斯在这件事上的表现是多么前后不一，不论他受了多少误导，他仍然是一个公正和纯真的人。狄奥斯库若虽然是一个残暴、邪恶的人，却曾经是西里尔的主要助祭，并陪同西里尔参加了以弗所会议。曾在阿里乌主义的争议中不惜一切代价支持过阿塔那修的教会，此时也支持狄奥斯库若。另外，以弗所强盗会议上的三位大主教还受到卡帕多西亚省辖地的以弗所和凯撒利亚代理大主教的支持。这两位代理大主教与多姆努斯和尤维纳利乌又受到他们下属教省的支持。甚至受君士坦丁堡影响的教会，虽然仍是东方教会的第六分支，也支持欧迪奇。另外，签名认可欧迪奇无罪的还有来自以下地区的主教：都拉基乌姆（Dyrrachium，今在阿尔巴尼亚境内）、马其顿的赫拉克勒亚、伯罗奔尼撒半岛的麦撒那（Messene）、阿米尼亚的萨巴斯特（Sebaste）、塔尔苏斯、大马士革、贝鲁特、阿拉伯半岛的波斯卓（Bostra）、美索不达米亚的阿米达（Amida）、奥瑟洪的西米利亚（Himeria in Orshoene）、巴比伦、埃及的阿尔西诺（Arsinoe），以及锡兰尼（Cyrene）。巴勒斯坦、马其顿和亚该亚曾是阿塔那修最初发现阿波利拿里主义雏形的地方，现在，他们的主教成了欧迪奇的名副其实的党徒。另一个巴尔苏马斯是来自叙利亚的一个修道院院长，虽然不懂希腊文，但是他也作为叙利亚修道士的代表参加了强盗会议。他把一千名强壮的修道士训练成了一支在物质上和思想上都统一的力量，指使他们制造了臭名昭著的谋杀弗拉维安的惨案。

9.

这就是449年基督教世界东部的状况。一个异端通过援引教父的著作、信条,特别是圣经,被一个自称为大公会议的会议作为正统教义而接纳。如果东部的教会可以在不经过西部认可的情况下私自决定信仰方面的事物,那么基督一性论的异端,显然被从马其顿到埃及的所有教省都认可为使徒的教义。

曾几何时,阿塔那修曾是整个世界的敌人,整个世界都在反对阿塔那修。阿里乌异端横行时,教会的形势是严峻的,教会的需要是迫切的,然而一个人被兴起来拯救整个教会。现在,教会又到了生死攸关的时刻,谁是她的拯救者?他从哪里来?叫什么名字?甚至有胜利的兆头临到他,就连阿塔那修也不曾有这样的预示。他就是罗马的主教利奥。

10.

利奥所拥有的胜利兆头来自其圣彼得宗座之继承者的身份,他继承了彼得的特权。在争议的一开始,彼得·克里索罗古斯就严肃地对欧迪奇说:"我尊敬的弟兄啊,我恳请你在一切事情上都服从罗马的教宗,因为他执掌圣彼得曾生活过、执掌过的教区,他把真正的信仰带给那些追求信仰的人。"①克里索罗古斯的声音来自拉韦纳。强盗会议以后,他的声音从博学的叙利亚人狄奥多勒那里得到了回应。他在给教宗使节的一封信中说:"教宗的宗座之所以是世界教会的主导,原因有很多。但最重要的一个原因是,她保持了纯洁,从不曾受异端的侵染,没有异端曾执掌过她,她使使徒的教义不受玷污。"②在这个黑暗的时刻,鼓舞人心的第三个见证来自西罗马的皇室。皇帝瓦伦提尼安(Valentinian)对东罗马

---

① Fleury, Hist. Oxf. tr. xxvii. 37.
② Ep. 116.

帝国的皇帝说："我们注定要在我们的时代维护使徒彼得的宗座所享有的特权不受侵犯。最神圣的罗马主教，从古代就拥有高于一切的权威（κατά πάντων），现在应该有地位、有机会对有关信仰和祭司的事务作出判断。"①利奥本人也不缺乏"他从最神圣的彼得和使徒之首那里继承来的信心，他能够用教宗的权威来维护真理和教会的和平"。②于是，利奥召开了卡尔西顿大公会议，把东方的教会从死亡的异端邪说中拯救了出来。

11.

此次大公会议在451年10月8日召开，参加会议的主教数量史无前例。有人说，与会的主教多达六百三十位，其中，仅有四位来自说拉丁语的西部教会。另外，还有两位罗马帝国的使节和两位非洲主教参加了会议。③

教宗的使节宣布了会议的开始。他们说，他们代表"教会之首"——罗马主教——来主持这次会议。他命令狄奥斯库若不得就座，因为"他在没有使徒宗座的权威许可的情况下，擅自召开会议，以前没有这样的先例，这种做法是不合法的"④。使节的说法马上得到了会议的认可。

会议的下一个步骤是重新接纳在强盗会议上遭到流放的狄奥多勒。罗马帝国的使节敦促尽快地接纳他，理由是"最神圣的教宗利奥恢复了他在教会的圣职，最忠实的罗马皇帝命令他来协助这次会议"⑤。

接着，有人指控狄奥斯库若说，由教宗的使节带给他的教宗的亲笔信没有在强盗会议上得以宣读。狄奥斯库若承认这是事实，并认识到其严重性，但是他推诿说，他曾两度命令宣读教宗的信，但是没有成功。

在宣读强盗会议和君士坦丁堡公会议制定的信条时，很多主教离开

---

① Conc. Hard. t. 2, p. 36.
② Ep. 43.
③ Fleury, Hist. Oxf. tr. xxviii. 17, note *l*.
④ Concil. Hard. t. 2, p. 68.
⑤ Fleury, Oxf. tr. xxviii. 2, 3.

狄奥斯库若，转向相对的一方。当克里斯的主教彼得也转变了立场的时候，其他转变立场的东方主教大声地说："彼得像圣彼得一样思考。欢迎您，正统的主教。"

12.

在会议的第二期，与会主教的任务是制定一个信条来批判异端。为此，他们专门成立了一个委员会，并宣读了尼西亚和君士坦丁堡公会议制定的信条，接下来又宣读了西里尔的一些信件，最后宣读的是强盗会议上没有被宣读的教宗利奥的信件。文件宣读完毕后，主教做了一些讨论，一些主教大声地说："这是教父的信仰，这是使徒的信仰，我们的信仰都是如此，持不同观点的人就是异端。彼得通过利奥教导我们，这是使徒的教导。"他们还宣读了一些其他教父的著作，并用几天的时间对教义进行讨论，之后制定了纠正强盗会议之谬误的信条。

在讨论的间隔，狄奥斯库若受到了审判并被判为异端。教宗的使节宣布了对他的判决："最神圣的罗马大主教利奥，通过我们和这次公会议，以公教会和正统信仰的基石——彼得——的权威，剥夺他主教的职位和教会内的所有职责。"

到了会议的第四期，主教们又提起制定信条的问题，但是公会议仅对前三次公会议制定的信条作出肯定，并没有把利奥要求的内容增加到新信条中去。但是，有一百六十位主教签字，认可了利奥的信件。

13.

到了会议的第五期，这个问题再一次出现。委员会的一些成员制定了一条信条，并得到了会议大多数人的认可。主教们大声地说："我们都对这个信条表示满意，这是教父的信仰，持不同意见的人是异端。把聂斯脱利派赶出去。"当出现了反对者的时候，君士坦丁堡的新主教阿纳托利乌（Anatolius）问道："昨天不是所有的人都接受了信条吗？"主教们回答说:"所有的人都接受了。我们的信仰正是如此,这是教父的信仰。我们要写下来,马利亚是上帝的母亲,把这一条增加到信条中去。把聂斯脱利派赶出去。"①反对者是受到一部分东方主教支持的教宗的使节,这些思想清晰、信仰坚定的拉丁语信徒完全理解,在当时受异端侵蚀的紧迫形势下,什么是正统教义的真实表述。教宗让他们带到公会议上的教导是,基督不仅来自(of)两种本性,更存在于(in)两种本性。但是,他们没有直接介入关于这一点的讨论,而是使用了一个更容易理解的论据:如果主教不同意教宗利奥信上的观点,他们就会离开会议,回到罗马去。罗马帝国的官员站在了教宗使节的一边。然而,会议坚持说:"所有的人都认可了信条,让所有的人在信条上签字。拒绝签字的人是异端。"他们甚至开始说,他们制定的信条来自上帝的启示。罗马官员问他们是否收到了教宗的信件,他们说他们已经在上面签字了,但是不能把教宗的观点增加到信条中去。他们说:"我们不允许制定新的信条,现有的信条已经是完整的。"

14.

尽管如此,教宗的使节还是在狄奥多西的继任者马喜安皇帝的支持下,达到了他们的目的。他们召集了新的委员会,威胁说,如果会议抵制新委员会,会议将被交给西方教会。有些人反对这项提议,有人开始一遍又一遍地对着罗马人喊叫说:"他们是聂斯脱利派,让他们滚回罗马。"帝国的代表抗议说:"狄奥斯库若说,'出自两种本性',利奥说,'两种本性',你们要听从谁呢? 利奥还是狄奥斯库若?"他们回答说:"利奥。"帝国代表接着说:"那么,把最神圣的教宗利奥的观点增加到信条中去。"会议沉默了。委员会立即开始工作,并很快按照教宗的要求制定了新的信条。宣读了尼西亚和君士坦丁堡的信条以后,委员会说:"以前

---

① Fleury, Oxf. tr. xxviii. 20.

的信条足以使我们了解我们的信仰,但是异端发明了新的表述。"因此,新信条的目的是对信仰作更加准确的表述。当宣读新信条时,主教们一致说:"这是教父的信仰,我们都服从这个信仰。"争议就这样结束了。

公会议结束以后,主教们起草了一份致利奥的信,信中说,利奥是"使徒彼得命定的诠释者"①(见彼得在《马太福音》16 章中所说的话),并称他为"由救主任命的,保护葡萄枝的人"。

15.

以上记述的历史事件就是正统信仰反对基督一性论的历史过程。在卡尔西顿公会议上通过的信条是使徒教义的延伸,一旦传递到圣徒那里,就被坚定地接受,上帝对教会的应许再次通过教会的教令得以实现。另外,新的信条与阿塔那修、纳西盎的格列高利和所有其他教父的教义是一致的。关于这一点,神学生越熟悉他们的作品,就越能清楚地认识到。但是,卡尔西顿公会议制定的信条是最初信条所不曾包含的,是教父不曾一致认可的,是一些声名卓著的圣徒曾经以一定的形式反对过的,是整个东方教会不止一次地否认过的——几乎所有的主教、所有的教省,先是有一百多位主教,后有超过六百位主教,以不能为已有的信条增加新内容为理由,而反对新的信条。然而,从另一方面说,当新信条在公会议上被强制通过时,不是作为对原有信条的增补,也不是作为主教应签字认可的文件,而是作为信仰的基本定义被接受,不接受者将被判为异端。信条被当时的教宗在会议上强制通过,通过他的使节得以执行,并得到当时世俗权威的支持。

16.

埃及的教会没有接受卡尔西顿公会议的决定,他们否认公会议的权

---

① Conc. Hard. t. 2, p. 656.

威,把服从公会议的人称为"卡尔西顿主义者"(Chalcedonians)①或者"会议主义者"(Synodites)②。他们的理由是,这次会议上西方压倒了东方,强迫东方与自己保持一致。他们还决定用特定的字句表达信仰,拒绝了东方的主教在会议上已经起草的信条,并强迫他们通过了另一条信条。他们专横地对待会议上的主教,并蔑视埃及的神圣传统!欧迪奇与埃及人有何干系呢?他或许有罪,或许是清白的。埃及人放弃了欧迪奇,就连狄奥斯库若也在卡尔西顿公会议上放弃了欧迪奇。③欧迪奇是个极端的人,他们不愿意以他的名字为自己命名,他们不是欧迪奇主义者。欧迪奇不是他们的主人,西里尔和阿塔那修才是他们的老师,④是埃及教会神圣的光芒,是从基督教诞生以来最伟大、在辩论中最成功的教父。他们虽然认为道成肉身发生以前有两种本性,但是他们都曾说过基督有"一个道成肉身的本性"。尽管利奥和他的公会议还没有走到否认这个表述的那一步,他们已经有了与这个公式相反的说法,通过把道成肉身的基督定义为"存在于(in)两种本性",他们实际上忽略并掩盖了真理。以弗所会议曾说,信条是不能碰的,而卡尔西顿会议上的那帮主教,虽然没有作字面上的增补,但是在实际上改变了以前的教义。通过认可利奥的信件,他们实际上制定了一个"教宗利奥信条"(The Creed of Pope Leo)。

17.

值得注意的是,如我们前面所看到的,虽然狄奥斯库若在行为上是一个邪恶的人,然而他的教义却是温和的,走的是中间路线。在他之后,残暴和有能力的塞维鲁也是如此。很快,最初在卡尔西顿会议上抗议的大多数人放弃了欧迪奇,仅有亚美尼亚的教会仍然为他的教义提供庇护,并一

---

① 我找不到这一事实的出处了,草稿是几年前写成的,我又作了修订。
② Leont. de Sect. v. p. 512.
③ Concil. Hard. t. 2, p. 99, vid. also p. 418.
④ Assem. t. 2, pp. 133-137.

直延续到今日。唯有亚美尼亚教会是纯粹的欧迪奇主义者,他们如此狂热地拥护欧迪奇的教义,以致不惜改变古代流传下来的圣餐礼——传统的圣餐礼在葡萄酒里兑水,而亚美尼亚教会决定仅用酒来祝圣,作为基督仅有一种本性的象征。其他地区的教会则尽量回避欧迪奇的名字和教义。埃及和叙利亚的异端用他们最有特色的教义给自己命名,成立了基督一性论教会。他们的神学既简单,又似是而非。他们自认为,其教义的基础是我们熟悉的《阿塔那修信经》——纳西盎的格列高利、西里尔、奥古斯丁、文森特,更不用说利奥,都曾使用过这个信经。他们认为,就像身体和灵魂共同构成人性,神性和人性共同构成基督的本性——虽然基督的本性由两种不同的本性混合而成。有人可能会希望,他们会意识到,他们与正统教会的区别仅是文字之争。塔普苏斯的维基里乌斯(Vigilius of Thapsus)允许他们在很多地方保留其信条的措辞。但是,他们拒绝服从教会这一点就是异端的标志。另外,他们是异端这一事实还表现在,虽然他们排斥了极端的一性论派,但是他们还是和另一些异端组织联系在一起。

我们可以看出,虽然他们的理论看起来很精巧,与他们辩论的人有时候会觉得他们的理论很令人费解,然而他们从来不能完全摆脱与欧迪奇的干系。尽管他们像纸上谈兵一样,将自己的教义和欧迪奇的教义划清界限,但是实际上,他们的追随者一再形成极端的一性论派别。因此欧迪奇派的铁锤彼得(Peter the Fuller)曾一度与支持一性论派《合一信条》(henōticon)①的结巴彼得(Peter the Stammerer)是同盟。虽然无主教派(Acephali)因为结巴彼得支持《合一信条》而与他决裂,但是莱昂奇乌斯仍然认为他们是盖安派②(Gaianites,他们是欧迪奇主义者),法

---

① 《合一信条》,亦称《单一信条》。5世纪东方皇帝芝诺(Zeno,474—491)希望结束基督一性论之争,欲寻求聂斯脱利派与一性论的中间路线,请君士坦丁堡大主教阿卡奇乌斯(Akakios of Constantinople)主编的合一诏书,于482年颁发。客观历史研究指出,此文件仍偏于一性论的思想,因此教宗费利克斯二世(Felix II)处罚阿卡奇乌斯,也因此造成东西方教会的第一次分裂,直至519年结束(见《基督宗教外语汉语神学词典》)。——译者注
② Leont. de Sect. vii. pp. 521–522.

昆都认为他们是一性论派。① 大猫提摩太（Timothy the Cat）据说同意狄奥斯库若和结巴彼得的观点，他曾与两位一性论派的大主教共同在《合一信条》上签字。然而，根据阿纳斯塔修（Anastasius）的说法，他有一些很极端的信条，如认为"神性是基督唯一的本性"。② 阿纳斯塔修还说，虽然塞维鲁一般和信奉欧迪奇主义的狂想派（Phantasiasts）联系在一起，然而莱昂奇乌斯认为，他实际上是基督一性论派真正的教师和领袖。而且，信奉基督一性论的狄奥多西派和盖安派曾有过短暂的联盟。

18.

异端的追随者有激进和温和之分，他们的观点在纸上看起来很明确、很合理，然而事实上却是不真实的、不可行的、无望的。这一点在教会历史上并不是新的现象。欧迪奇先提出了一个极端的信条，然后被纠正，形成了基督一性论派，但是马上又无望地倒向了狂想派和"上帝亲自受苦派"（Theopaschites）的教义。这个过程简直与阿里乌主义如出一辙。阿里乌先被优西比乌派取代，后又在欧诺米那里复兴。另外，正如温和的优西比乌派融合了大量反对尼西亚会议的人，基督一性论派也吸引了反对卡尔西顿公会议的人。优西比乌派在信条上是温和的，在行为上是肆无忌惮的，基督一性论派也是一样。正如优西比乌派不断有人皈依到纯粹的阿里乌主义，一性论派中也有人不断变成纯粹的欧迪奇主义者。正如一性论派与教宗利奥作对，优西比乌派也抵制和抱怨教宗犹流。与他们情况相似的还有，阿波利拿里派也分成两派，一派以提摩修斯（Timotheus）为首，主张把阿波利拿里的信条发挥到极致；另一派则比较胆怯，与瓦伦廷站在一起。聂斯脱利主义没有造成这样严重的分裂，大致的情况是罗马教廷和西里尔是争议的一端，聂斯脱利是另一

---

① Fac. i. 5, circ. init.
② Hodeg. 20, p. 319.

端。站在他们中间的是东方的教会，以安提阿的约翰（John of Antioch）和狄奥多勒为首，他们虽然不是异端，但是曾有一段时间对以弗所会议不满。

19.

我刚说过，聂斯脱利异端造成的分裂没有欧迪奇主义造成的分裂严重。前者的指导精神是把教义理性化，并具有理性主义的一些特征。我们已经说过，被从罗马帝国赶出去以后，聂斯脱利派到了一片新的土地上，控制了一个教会，与当地的政府合作，采纳世俗的习惯，并施展种种手段，把自己变成了一个帝国。很显然，虽然他们需要非常熟悉教会史来解释自己的身份，但是聂斯脱利派实际上是一种政治权力，而不是被一个特定的信条凝聚在一起的组织，并且鄙视神学方面的知识。从另一方面来看，欧迪奇主义却是神秘的、严格的、热情洋溢的。除了塞维鲁和其他一两个人物以外，欧迪奇派几乎没有辩论的能力。它不足以吸引生活在叙利亚和小亚细亚博学的希腊人，然而却盛行于远远落后于东方文明的埃及，以及本土的叙利亚人。聂斯脱利主义像以前的阿里乌主义一样，①是一种冷冰冰的宗教，他们能吸引少数学究的兴趣，而不适合大多数普通人。但是一性论派却吸引了很多人。他们以严正的生活作风著称，在这一点上，他们像当代的詹森主义（Jansenism），而不像聂斯脱利主义。他们一年中守五次大斋节，平信徒和教士一样，既要戒绝肉和蛋，又要戒酒、油和鱼。②修道主义是他们的教会体系的一个显著特征，他们的主教、大主教（Maphrian）和宗主教（Patriarch）都是从僧侣中推举而来的。甚至有记载提到一些修士穿铁衬衫或者佩戴胸铠，作为修道生活的一部分。

---

① 这里指的是东方的阿里乌主义，见 S. Hil. contr. Auxent. 6。至于这个论点是否适合罗马以外的聂斯脱利派，需要作进一步的研究。 见 Vid. supr. pp. 266 – 267。
② Gibbon, ch. 47.

20.

前文提到生活在 5 世纪末的塞维鲁,他是基督一性论派中的一个例外。因为他博闻强识,他是基督一性论在神学上真正的奠基人。他之前的皇帝曾致力于为基督一性论提供神学上的支持。卡尔西顿公会议之后的三十年,埃及教会因为不满和敌对情绪而出现了很多暴乱和流血事件。狄奥斯库若虽然品行极端低劣,却因为其物质上的慷慨而很受民众的欢迎。他被罢黜以后,罗马帝国曾有一段时间很难选出一位正统的主教接任他的职位。狄奥斯库若的副手普若泰里乌(Proterius, St.)是一位品行端正的人,他曾在狄奥斯库若缺席的时候代表他出席卡尔西顿会议。最后,他被选出、祝圣,成了狄奥斯库若的继任人。但是,人们反抗政府以及前来保护政府的军队。他们先是用石块砸向军队,军队被迫撤退到一所教堂以后,暴民把他们活活地烧死在里面。紧接着,他们的头目又计划劫持运往君士坦丁堡的粮食。罗马政府采取了报复措施,使亚历山大陷入饥荒。另外,罗马还派出一支两千人的军队前往埃及维持秩序,然而他们却对亚历山大的妇女肆意妄为。暴徒曾试图杀死普若泰里乌,他不得不随身带着保镖。埃及的主教们拒绝服从他的命令;他自己的属下、后来继任他的提摩太和彼得当时选择了退出教会,四五个其他的主教和教徒也步其后尘。①这样,正统的大主教位置在亚历山大就空缺了。他召集了一次公会议,谴责分裂派。皇帝为了帮助他,把分裂派赶出了罗马帝国,并强制执行反对欧迪奇派的法令。接下来的一段时间,从表面上来看风平浪静。接着,马喜安去世,大猫提摩太就开始出现,先是在埃及,后来又到了亚历山大。人们开始转而支持提摩太,并拥护他来到凯撒利亚的教会,两个被从教区中驱赶出来的主教在埃及或

---

① Leont. Sect. v. init.

者巴勒斯坦召开公会议，拥立提摩太为大主教。①提摩太正式加入主教阶层以后，开始着手创立一个新的分支。他流放了当时埃及教会的主教，开始按立新的主教。驻扎在埃及北部的帝国军队，此时又回到了亚历山大。暴民再次造反，冲入教堂，杀死了正在祷告的普若泰里乌。紧接着，埃及发生了大规模的排斥正统教士的运动。当他们启程前往君士坦丁堡面见新的皇帝时，提摩太和他的党徒也写信给皇帝。他们征引教父的著作，要求废除卡尔西顿会议。接着，他们要求召开新的会议。公教徒回应说，公会议一旦作出决定就不能撤销。提摩太和他的追随者反驳说，正是因为这一点，卡尔西顿会议应被废除，因为这次会议在原有的信条上作了增补，违背了以前的决定。②统治埃及三年以后，提摩太被赶了出去，大公教会也在埃及得到了恢复。但是，基督一性论者又获得了权势，他们与正统教会的交替在埃及持续了三十年之久。

21.

最后，帝国的政府厌倦了无休止的争论，认为恢复教会和平的唯一途径是放弃卡尔西顿公会议。482年，罗马皇帝发表了著名的《合一信条》，又称为"芝诺和平法案"（Pacification of Zeno），罗马皇帝决定把自己当作信仰方面事务的主宰。《合一信条》宣布，《尼西亚信经》以外的信条不得在教会使用。《信条》还宣布聂斯脱利主义和欧迪奇主义为异端，但是在道成肉身发生以后基督有"一性"还是"二性"的问题上保持了沉默。不难想见，这种走"中间路线"的做法很快导致了一些后果。它使东方教会主教的立场更加统一，促使他们很快地退回到了利奥信条之前的模糊表述。东方教会的主教无一例外地在这份官方文件上签了字。但是东方的统一却是以与西方决裂为代价的，有长达三十五年的

---

① Tillemont, t. 15, p. 784.
② Tillemont, Mem. t. 15, pp. 790–811.

时间，教宗禁止拉丁和希腊教会之间的共融。另一方面，更加激进的一性论者因为其领袖接受了《合一信条》而感到憎恶，认为这是一次没有原则的让步，他们从东方教会中分离出去，自成一派。他们有三百年的时间没有主教（acephali）。最后，他们又回到了大公教会的怀抱。

22.

我们刚才看的这段教会史可谓沉闷阴郁，满目疮痍，前景黯淡。虽然在君士坦丁皈依以后，教会获得了短暂的胜利，然而困难和试炼又很快回到了她的身边。罗马帝国要么缺乏力量，要么缺乏信仰，不能有效地保护她。邪恶的力量以奇怪的形式涌现，并汇聚起来，制造冲突。在这样悲惨的环境下，整个基督教世界中只有一个地方，主教团中只有一位，发出了正义的声音，使基督教徒不至于丧失希望。493 年，在教宗格拉修（Gelasius）的任期内，整个东方教会都落入反对卡尔西顿公会议的人手中，西方则被反对尼西亚会议的人所左右。意大利成了强盗的猎物，各种派别的雇佣军在她的土地上横行，外族人占据了农场和居民的住处。农民饱受饥荒和瘟疫之苦。用格拉修的话说，托斯卡尼（Tuscany）连一个居民也找不到。① 鄂多亚克（Odoacer）在狄奥多里克到来之前就已经陷入信仰上的没落，教宗任命的主教一个个都是阿里乌派的追随者。仿佛一种异端还不够，帕拉纠主义也因主教的纵容在比塞努姆（Picenum）传播。在已被肢解的罗马帝国北部，不列颠人先是受到帕拉纠主义的侵染，后又被信奉异教的撒克逊人逐出。高卢西部的阿莫里卡人（Armoricans）还保留着公教会的痕迹，但是以前公教曾占据主导地位的皮卡迪（Picardy）、香槟（Champagne）和邻近地区已然臣服于仍信异教的克洛维（Clovis）。法国勃艮第以及阿基坦和西班牙的西哥特人中的阿里乌派王国压迫狂热的公教教士。非洲仍处在汪达尔人贡达莫

---

① Gibbon, Hist. ch. 36, fin.

德（Gundamond）的残暴统治下，非洲的教会虽然没有被异端所腐蚀，①但是他们的教士遭流放，他们的崇拜活动也无法正常进行。以上我们说的是西方拉丁教会的情形，东方的教会是什么样子呢？几乎整个东方都与阿卡休斯站在一起。另外，如我前面所提到的，东方和西方的分裂长达三十五年之久。《合一信条》被强制实施，在罗马政府的压力下，东罗马帝国几乎所有的主教和大主教都在上面签字表示认可。②亚美尼亚的教会当时正在酝酿欧迪奇主义，并在接下来的一个世纪正式接纳了这种异端。埃及的无主教教派已经和信奉基督一性论的大主教断绝了关系，他们在埃及的东部和西部得以扩展，但是他们宁愿保持无主教的状态，也不愿意接受卡尔西顿公会议。当基督一性论派和他们的追随者逐渐占据东罗马帝国的时候，聂斯脱利主义在东罗马帝国的疆域以外传播。巴尔苏马斯控制了尼西比斯的教会，西奥多在波斯的众多学派中被广泛地阅读，塞琉西亚的公教会废除了修道制度，并使教士世俗化。

23.

世界范围的基督教有一种普遍的模式，她在各地获得了不同程度的声望和成功。她处在世俗权威的统治之下，这些世俗的机构以不同的形式表现出缺乏对信仰的理解。一些繁荣的国家和强大的帝国，虽然声称支持或者容许基督教的存在，但是实际上以这样或者那样的方式与她作对。形形色色的哲学学派支持与她敌对的理论，并发展出了一套颠覆圣经的解经方法。教会在世界范围内陷入分裂，以前属于她的一部分人现在开始与她为敌，她被从一些国家中部分或者全部地驱赶出来。在其他一些地区，她内部的教师被置换，她的信徒被压迫，她的教堂被占据，她的地产被所谓的双重继承所挟持。在另外的一些地方，她的成员腐化

---

① Gibbon, Hist. ch. 36, fin.
② Gibbon, Hist. ch. 47.

堕落，他们的品行和才能被她所批判之异教的成员所超过。异端盛行，主教玩忽职守。在混乱和恐惧之中，只有一个声音给人们以希望，他们怀着信任期待他的决定——那就是彼得的宗座，罗马教宗。这就是五六世纪的基督教会。①

---

① 以上的论述谈到了很多细节。以上所描述的特征当中，仅有一部分贯穿天主教会历史的始终。我着重讲了基督教会在政治上的特征，与之并列的还有教义和崇拜方面的特征。从崇拜的方面来看，红衣主教魏泽曼（Wiseman）在 *Dublin Review* 上发表过一篇文章，比较 5 世纪和 19 世纪的天主教会，这篇文章转引在 *Via Media* vol. ii.（p. 378）上。如米德尔顿（Middleton）和吉本等，几乎所有的人都承认，从君士坦丁到他们自己的时代，基督教的体系和崇拜的性质，从莫斯科到西班牙，从爱尔兰到智利，都是一致和唯一的。我曾在"英国国教会的困境"（vol. i. Lecture ix.）一文中，在伦理道德方面比较了中世纪的欧洲和当代的比利时或者西班牙。我认为教会的身份在于对原则的执行，强调信仰的首要地位。所以，从天主教会教义的体系来说，宗教的类型是一致的，因为它根据"信仰的类比"的原则发展，如 Apol., p. 196 所说的："神圣的童贞女的概念，在罗马的教会中彰显出来。不仅如此，随着时间的发展，所有的基督教概念，包括圣餐的概念，都会在罗马的教会中得以彰显。"

第七章　真正发展的第二个标准的应用：原则的连续性

309　如此看来，基督教在其发展的每一个时期都展现出一种模式。从欧洲和美国的教会史来看，不同时期的教会有的仅是萌芽时期与成熟时期的区别。因此，就像物理学家能识别不同形式的本质，文学评论家能根据某个作品的特点知道作者是谁一样，人们一下子就能毫不犹豫地认出她来。虽然基督教在发展的过程中有或好或坏的不同派别，多种多样的教义、礼仪和习俗，然而她自始至终保持着一种完整的模式。换句话说，基督教所经历的变化没有改变这一模式，也就是说，这些变化不是蜕变，因为他们与基督教的模式相一致。刚才我们分析了基督教发展真实性的第一个特征——模式的保持，下面我们来看第二个特征。

第一节　基督教的原则

1.

　　说到基督教的发展，人们有时候认为发展是随意作出的推断，是偶310　然性或者个人臆想的产物。然而基督教的发展却遵循确定的、连续的、自始至终保持不变的原则。那么基督教的发展遵循的原则是什么呢？下面我将列举几条明显的原则。

2.

有效的原则必然具有多样性的特点，必须是积极的和明显的。因此，有些团体往往因为其原则的数目不够多、狂热的唯灵论和强烈的世俗性，结果随着时间的发展而改变其模式——"崇拜的形式是敌基督的"。与之相反的是，基督教因为拥有明确、众多、多样和可操作的原则而与世界上其他的宗教、伦理和整体体系有所不同——不但性质不同，而且在性质的持久性上也不同。我在这里仅举其中的几种。

3.

为了论证的方便，我在这里把道成肉身当作福音书的中心教义以及多种发展之原则的源头。毫无疑问，道成肉身这条伟大的教义曾出现在新约的多个章节，尤其是《约翰福音》、约翰的书信和保罗的书信中。我们对下面这些章节都很熟悉："道成了肉身，住在我们中间，充充满满地有恩典，有真理。"（约1:14）"论到从起初原有的生命之道，就是我们所听见，所看见，亲眼看过，亲手摸过的。"（这生命已经显现出来，我们也看见过，现在又作见证，将原与父同在，且显现与我们那永远的生命传给你们。）（约一1:1—2）"你们知道我们主耶稣基督的恩典：他本来富足，却为你们成了贫穷，叫你们因他的贫穷，可以成为富足。"（林后8:9）"我已经与基督同钉十字架，现在活着的不再是我，乃是基督在我里面活着；并且我如今在肉身活着，是因信神的儿子而活，他是爱我，为我舍己。"（加2:20）

4.

从这些章节里，我们可以看到：

1. 信理（dogma）的原则。即超自然的真理被明确地用人类的语言表达出来。因为是人类的，所以是不完美的；因为是出自神圣的启示，所以是确定和必须的。

2. 信心的原则。信心是与教义相互关联的，是对神圣的逻各斯绝对的、内在的接受。信心与信息相对，并与视觉和理性相对。

3. 神学的原则。信仰，作为智力行为，为询问、比较和推断开辟了道路，也就是说，信仰为以信仰为基础的、宗教的科学开辟了道路。

4. 圣事的原则。道成肉身的教义宣告了一种神圣的恩赐，通过物质的、看得见的媒介传递给人类，天与地由此联合在一起。也就是说，道成肉身的教义使圣事的原则成为基督教的特征。

5. 神秘的释经原则。不论是从讲授还是从信理的角度看，道成肉身的教义隐含的另一条原则是必然使用语言，也就是说，圣经必然有除字面义以外的第二层含义，即神秘的含义。话语必须用来表达新的概念，并因为圣事被赋予新的含义。

6. 恩典的原则。基督道成肉身的用意是使我们变得像他一样，这就是恩典的原则，不但自身是神圣的，更具有圣化的力量。

7. 禁欲的原则。神恩如果不能使我们改变人性中低下的特征，就不能改变和提高我们的品性。这就是禁欲的原则。

8. 罪之邪恶的原则。与自然人的死相关的必然是罪之邪恶这一原则，出自人的是非之心的预兆也证实这一点。

9. 能够被圣化的原则。道成肉身的原则教给我们的是，物质是我们的本质组成部分；物质和思想一样，都能够被圣化。

5.

这是基督教的众多原则[①]中可以被列举出的九个例子。没有人能够否

---

① 比如，发展本身也是这样的一个原则。"因此，我又作了更深的思考。我看到发展的原则不但能解释一些事实，而且本身就是一种值得注意的哲学现象，因为发展赋予基督教思想发展的整个过程以一种特定的属性。从天主教义诞生之初一直到现在，发展赋予教义以统一性和个别性。发展是英国国教会所不能容忍的考验，这种考验也进一步地证实了当代的罗马教会与古代的安提阿、亚历山大、君士坦丁堡的信仰是一致的，就像数学上的曲线有其固定的法则和表述一样。"见 *Apol.* p. 198，vid. also Angl. Diff. vol. i. Lect. xii. 7。

认，各个时期的教会，虽然经历了各种发展，始终保持着这些特征——虽然有时候，这些特征本身就是发展的工具，但是它们始终是明显的、有效的，这一点在当今的希腊和拉丁教会与在最初的教会是一样的。

教会行为原则的连续性本质已经在"模式的保持"一节中部分地体现出来，后面要讲到的几个特征中还会体现这一点。但是，举一些具体的例子会有助于我们对这些原则作具体的说明。我在下面将举四个例子——信仰、神学、圣经和信理。

第二节 信仰的至高无上性

1.

如我们已经看到的，这条原则是对朱利安和塞尔修斯的嘲笑。对基督教的信仰必定优于不信，信心尽管从行为上看是智性的，但其根源是伦理性的。我们必须以相信开始。至于相信的原因，大部分是隐含的，理智应在一定的程度上知道这一原因，然而假设和冒险的因素超过准确和完整的论证。可能的论据经过精明的头脑做全审查和认可之后，足可以作为我们认为最确定之结论的充分论据，并促使我们把结论应用于最重要的用途。

2.

与这条原则相反的是，教义只有经过逻辑上的证明之后，才能被认为是真实的。这是洛克的理论："上帝解释的一切肯定都是真实的，这一点是毋庸置疑的。这是信仰的对象。然而，到底某个教义是不是上帝所揭示的，则要通过理性来鉴别。"如果他的意思是在考察启示的证据上，从逻辑的角度说，理性处在信仰之前，这种说法当然是无可厚非的。但他的观点无疑是，个人不能在没有证据的情况下接受信仰，或者个人必须在有了确切的、可以在辩论中使用的理由之后，才能把信仰当作个人行事的准则；否则就是狂热和荒谬的。"一个人怎么知道自己是否为了真理的本身而追求真理的？这是一个值得研究的问题。我认为，有一个确定的标志是，在有了确定的证据以后才能相信某种观点。很显然，违背了这一点的人获得的将不是出自对真理的热爱而获得的真理，因为他不是因为真理本身的缘故而热爱真理，他所获得的只能是某种'附带目的'。"

3.

他显然不会想到，我们的"附带目的"是取悦我们的创造者，科学论据的缺乏，可以通过我们对创造者的热爱来弥补。他不会想到，他的哲学只能剥夺以下几种人享受信仰的可能性和特权——受过教育的少数人、博学的人、头脑清楚的人，理智的、头脑均衡的、有闲暇、有机会询问他人的人和他们的朋友。如果一种宗教利用大众的盲信和狂热作为信仰工具的话，又怎么能成为普世的宗教呢？除了上帝，没有谁能把信仰赐给大众。如果洛克的哲学得到普遍接受的话，没有人能为上帝的荣耀和人的福祉做伟大的贡献。洛克所反对的"狂热"可能会造成很大的危害，有时候可能会有荒唐的举动，但是洛克式的精打细算永远造就不了英雄。无论如何我们这里的目的不是考察洛克的理论。我曾经对另一本书作过考察。①在这里，我只是想说明，从古至今，基督徒都毫无例外地拒绝了他的理论。

4.

比如，塞尔修斯很早就对基督教提出了与洛克类似的批评。塞尔修斯说，基督徒因为其无知，盲目地追随江湖骗子，成了他们的受害者。他说："有些（基督徒）甚至说不出他们信仰的理由，他们只会说，'不要问，只要信'，'你的信仰会救你'。他们还说，'世上的智慧是坏的，而无知是好的'。"奥利金是怎么反驳他的呢？是通过否认他说的是事实，表明圣经的话语都是符合理性的，以及信仰是论证过程的产物吗？断乎

---

① University Sermons［在 *Essay on Assent* 一书中，我对洛克的理论作过更仔细的分析］。

不是。他认可了塞尔修斯用来反对教会的事实，并为之辩护。他认为，鉴于大多数人忙于其他的工作，无法进行哲学思考的事实，基督教为他们提供了一种替代物。基督教允许和鼓励哲学思考，但是不把它强加给每一个人，这一点本身就是一个可喜的事实。他问道："哪一个更有好处呢？是让他们不学哲学就能相信，并通过相信罪人受惩罚、正义的人得奖赏而端正自己的行为并获得好处，还是强迫他们作哲学思考，否则就不能接受信仰？"①可见，对信仰的接受是神圣的智慧和慈爱的标志。与此类似，爱任纽看到，犹太人拥有预言的见证，而外邦人明确没有；所以外邦人比较难接受他们自己所崇拜的不仅不是神，而且是魔鬼，是偶像。因为他们在接受基督教上难度更大，保罗在他们的身上花费了更多的心血。但是他又补充说："从另一方面说，外邦人的信仰更为可贵，因为他们在没有经文（旧约）的帮助下接受了信仰。"凭较少的证据接受信仰不是狂热，而是"可贵的信仰"。另外，优西比乌曾指出，基督教当然是在逻辑的基础上经过理性检验的。然而，这一点不排除对于相当多的人来说，信仰不必以论证为基础，因为信仰是与"盼望"联系在一起的，尤其是和人"对所热爱的事物的盼望"联系在一起——他所说的"盼望"正是上面洛克认为与对真理的热爱不相容的。他说："我们看到，人的一生都寄托于这两者——盼望和信仰。除此之外还有什么呢？"②

我在这里说的当然不是教父反对在理性的基础上探索基督教的教理，而是他们认为，人没有义务在相信之前必须有逻辑上的证据，相反，大多数人的过程是先在假设的基础上相信，然后进行理性上的探索。③

5.

奥古斯丁既尝试过从理性到信仰，又尝试过从信仰到理性的过程，

---

① c. Cels. i. 9.
② Hær. iv. 24. Euseb. Præp. Ev. i. 5.
③ 因为篇幅有限，我们不能在这里对这个问题作详细的探讨。我曾在 *"Essay on Assent"* 一书中探讨过这个问题。

并在《论信心的功用》（*De Utilitate Credendi*）一文中对两者进行过比较。虽然这本书具体针对的对象还有待进一步探讨，但是我们可以确定，奥古斯丁讨论的不是理性和信仰的关系，而是理性和权威的关系。他把这本书献给一个很亲近的朋友，像他一样，这位朋友也是摩尼教徒，然而没有他那么幸运，这位朋友仍然处在这种异端的阴影之下。他说："摩尼教徒攻击那些服从公教信仰的权威，在用纯粹的理性把事实弄清楚之前就先用信仰武装自己的人。这些人相信，他们所信的上帝会启迪他们。霍诺拉图斯（Honoratus），你知道，我之所以落入摩尼教徒的手中，唯一的原因是他们宣扬可以把令人畏惧的权威置之不理，通过绝对和纯粹的理性，他们能够把信徒带到上帝面前，并以此使他们摆脱所有的谬误。有九年的时间，他们说我因为受到迷信的恐吓，没有经过认真的考虑就接受了信仰，而他们在确切地讨论真理之前绝不强迫任何人相信。除了这种说法，还有什么能迫使我蔑视儿时父母像播种一样种在我心里的宗教呢？尤其是年轻人，很容易被这种许诺所诱惑。他们知道我当时渴望得到真理——我在学校里参加了一些辩论，鄙视'老妇谭'式的信仰，渴望获得他们所许诺的那种纯正的、不掺假的真理。"①

接下来，他又写了他是如何回到正教的。他发现摩尼教徒擅长使人放弃已有的信仰，而不擅长帮助他们建立新的信仰。他对福斯图斯（Faustus）很失望，因为他发现他除了口才好以外，没有什么值得一提的。另外，他不知道应该相信什么，并陷入了一种普遍的怀疑论。最后，他发现他必须受到权威的引导。问题是，有这么多种不同的权威，他应该服从谁呢？他迫切地寻求上帝的帮助，并最终回到了公教会。于是他又回到了最初的问题，"她请求寻求她的人先相信"；而异端"吹嘘说他们不施加信仰的枷锁，却开启学问的源头"。他说："如果人们不能相信他们看到的和领会到的，他们将永远无法真正地信奉一个真正的宗教；即使是行为

---

① Init.

端正的人，如果没有必要的和有力的权威，也不能有真正的信仰。"①

6.

以上说的是古代的教会对信仰和理性的探讨。然而，肩负着今后教义发展重任的是当代的神学学派。如果我们要了解他们在这个问题上的看法，可以看看休伊特（Huet）在《论人的理解》一文中所说过的一段话。我们不必因为他使用的一些专业的术语（不论它们是对是错）而发愁，只要看一下跟我们的主题相关的部分。休伊特曾对人的理解力的局限性作过这样的评论：

"上帝出于他的善，借着赐给我们信心这一宝贵的礼物，而弥补了人性的这一缺陷（理解力的局限性）。信仰坚固了我们犹豫不决的理性，纠正了我们在认识复杂事物的过程中不可避免的怀疑。比如，我的理性不能以绝对的证据和完美的确定性回答，世界上是否有实体，世界的起源是什么，等等，诸如此类的问题。我接受了信仰之后，这些疑问都烟消云散，就像太阳从黑暗中升起一样。正是因为这一点，托马斯·阿奎那发出这样的感慨：'人需要信心，不仅在理性所不能及的部分，就连理性能够确定证实的部分，也需要信心，因为人的理性对于理解有关上帝的知识显得非常不足，这一点从哲学家无休止的辩论中就可以看出来。他们用自然的方法探索关于人类和上帝的事物，他们经常受到错误认识的欺骗，在很多问题上意见不一致。所以，人需要通过信仰对上帝有确定的、毋庸置疑的认识，因为信仰是由上帝所揭示的，而上帝从不欺骗人'……

"后来，阿奎那又补充说：'任何用自然理性进行的研究都不能使人了解上帝，就连我们能通过理性证明的也不能。'在另一个地方，他又写

---

① Vid. also supr. p. 251.

道：'某些认识，如上帝的存在、神性的统一以及一些其他的认识，虽然能够通过论证来证明，但是也被当作信仰的内容传授给信徒。因为在人能够通过理性提供论证之前，这些认识就已经由上帝的启示昭示出来了。即使人永远不能通过理性获得这些认识，基督徒也必须作为信仰接受这些认识。'

7.

"苏亚雷斯（Suarez）认为，阿奎那的意思是，信仰的对象不仅是关于上帝的认识，也包括一部分人能力可及的认识。他说：'我们常常根据信仰来纠正关于自然的认识，即使是一些看起来很明显的事。比如，如果两个实体相对于第三者是相同的，那么这两个实体本身是相同的。但是如果我们把这条原则应用于三位一体的话，则必须做限定——这条原则仅适用于有限的事物（finite）。关于其他的奥秘，如道成肉身和圣餐，我们使用许多其他的限定，确保没有什么说法违背信仰的宣告。这一点说明了信仰之光是最确定的，因为信仰建立在最高的真理——上帝——的基础之上。上帝是不可能欺骗或者被欺骗的，而人的自然科学却经常出现谬误。'①

"你可能会说，如果我们不听从理性，我们就推翻了宗教的基础，因为宗教的基础正是理性在我们的头脑中建立起来的。要回答这种批评，我们必须意识到人类认识上帝的方式有两种——利用人的确定性，通过理性认识上帝，以及利用绝对的、上帝的确定性，通过信仰认识上帝。尽管通过理性我们可以很肯定地证明上帝的存在，所有不信仰上帝的人所提出的质疑都不符合逻辑并很容易被反驳，但是人类的确定性依然不是绝对完美的②……

---

① pp. 144，145.
② p. 219.

8.

"虽然我们有可以证明上帝存在的多种互相关联的证据,其说服力不亚于几何原理和从中推导出来的定理,虽然这些证据建立在人类理性的基础之上,但是,某些哲学家曾公开反对过这类原理。可见,我们不能找到绝对和完美的确定性来证实上帝的存在,而只有我在上文所说的属于人类的确定性。明智的人应该像接受几何原理一样接受有这样的确定性的神学原理,但是这一点并不妨碍有些人提出反对意见。人类的理性所得出的结论与《智慧篇》、《罗马书》是一致的。这两卷书说,那些看到了世界的构造却不承认其创造者的力量和神圣性的人,是愚蠢和不可原谅的。

"用瓦斯奎兹(Vasquez)的话说:'圣经在这段话中要表达的意思是,世界的构造中已经包含了充分的可以证实上帝存在的证据,在上帝其他的创造物中,也能找到上帝存在的证据,来把上帝显明在人类的面前。但是圣经本身并不关心这一点是否明显,或者是很有可能的,因为圣经旨在把知识传授给已经决定相信的人。'他后来又补充说:'如果有人现在拒绝基督,他们是不可原谅的——不是因为这些人虽然有明确的知识和理由相信他,却拒绝了他,而是因为这些人有机会通过信仰和审慎的决定来相信他。'

"正是因为这个原因,苏亚雷斯说'上帝是不能被欺骗的——这条原则是不需要证据的,即使有了证据,也不足以使我们相信上帝所启示给人类的'。他所说的这一点在经验中得到了证实。因为很多无知和没有文化的基督徒,虽然没有关于上帝的任何清晰或者确定的知识,却仍然相信上帝是存在的。即使是受过教育的基督徒,如托马斯·阿奎那,在有理性的证实之前就已经相信上帝的存在。苏亚雷斯后来还说明这条原则的自然证据不是充分的,因为神圣的信仰总是与人的理性融合在一起的,所以,神圣的信仰不能完全依赖人的信仰,不论人对某个事物的信仰是多么坚定和清晰，多么崇高和伟大，神圣的信仰都不能依赖不如它本身坚定的信仰。①

9.

"信仰本身的可信性可以为人的头脑接受信仰做准备。根据你的说法，一个人必须有最高的、绝对确定的论据才能接受信仰。我将引用加百利·比尔（Gabriel Biel）的观点来反对你。他认为只需证明信仰是可行的，就足以使人接受信仰。儿童、未受教育的人、粗俗的和无知的人虽然极少使用理性作判断，但是仍然能够接受信仰这一恩赐。你相信他们很明确地考虑过前面提到的可信性的证据吗？显然没有。但是上帝的恩赐帮助他们克服了自然和理性的弱点。

"这也是圣徒的共识。理性需要神恩的帮助，那些粗俗的、未受过教育的人需要恩典，博学的人也是一样。因为如果没有神圣光芒的指引，一个人不论多么明智，都无法使自己接受信仰。因为如我已经说过的，神圣的信仰是高于人的，其效力是不能依赖人的②……这也是托马斯·阿奎那的教导：'信仰之光能够使人看见他们所相信的。'他还说：'信徒不是通过论证的方式来获得关于信仰的认识，他们需要相信的却借着信仰的光芒显明在他们的眼前。'"③

10.

这样的观点显然会对神学家使用的方法有特殊的影响。论据会被当作建议或者指导，而不是逻辑上的证据；发展是缓慢的、自发的、伦理意义上的成长，而不是以现存的观点为基础作科学的、强迫性的结论。

---

① pp. 221, 223.
② pp. 229, 230.
③ pp. 230, 231.

第三节 神 学

1.

我在前文已经提到过,并且还将进一步讨论逻辑的重要性,因为逻辑是真正的教义发展的保障。在这里,我要强调的是,在教会对启示的真理作科学分析的过程中,使用逻辑是一个连续的传统和习惯。使用逻辑对教义的发展进行检验不是一种随意的做法,而是教会的原则。逻辑不但在教义发展的过程中得到应用,而且出现在所有教会的教导中。这一点在基督教之外是很少见的。理性是服从信仰的,是对信仰的真理进行运用、检验、揭示、记录、分类、维护的工具。信仰的真理不是通过理性得到的,然而超自然的真理却通过理性表达出来。理性揭示出隐含的真理,通过比较、权衡、联系不同的真理而发展出一整套统一的神学体系。

2.

神学的第一步是探索,这种探索必须出自真正的兴趣和忠实的信仰。如果圣经教导说,信仰是我们的责任,那么圣经也同样明确地教导我们,热爱探索是学者的生命。童贞女马利亚和天使都有这个特点。据说,天使曾"渴望寻见启示的奥秘",而圣经曾两度提到,马利亚"把这一切事都存在心里,反复思想"(路2:19)。另外,她曾问天使长说:"怎么有这事呢?"可见,探索上帝揭示的事物与最完整、最忠实的信仰并不矛盾。有时候,有人会这样为异端辩护:"他们提出异议,至少说明他们对信仰是作了思考的。"但是这种说法揭示了一种不恰当的矛盾——一方面,异端愿意接受没有经过时间检验的教义;另一方面,当他们的信仰被检验时,他们仅是口里承认,心里却不相信。耶稣基督不赞同轻浮的思想。他让他的门徒使用他们的理性,并使理性服从信仰。使徒拿但业说:"拿撒勒还能出什么好的吗?"(约1:46)他的问题没有妨碍基督称赞他是一个"真以色列人，他心里是没有诡诈的"（约1:47）。在尼哥底母问"怎能有这事"的时候，基督也没有责备他（约3:9）。即使对起初不相信基督复活的使徒多马，基督的神情也是温和的，仿佛他在对那些"眼神太颤抖而看不清他的人"说话一样。①类似地，基督称赞一个百夫长，因为他说服自己相信上帝的帮助，并摆脱了世俗的缠累。基督把证明其使命的担子交给了他那些强词夺理的敌人，并问他们："大卫既称他为主，他怎么又是大卫的子孙呢？"（太22:45）而且，当他的门徒问他一些细枝末节的问题时，他指责他们缺乏"理解"。以上这些仅是他为了教给我们同一个道理而举出的不同例子。

3.

理性从来都是清醒的。教会从一开始就使用理性为信仰服务。当殉道者伊格纳修在去罗马的路上写下惊世神学书信时，使徒才刚刚离世。伊格纳修之后又有爱任纽、希坡律陀和德尔图良。后来我们又查考了阿塔那修和他同时代的人，以及奥古斯丁的时代。经过了马克西姆和大马士革的约翰（John of Damascus）之后，我们到了中世纪。中世纪的学者使神学变得更加有科学性。当神学从托马斯·阿奎那传递到伟大的耶稣会士苏亚雷斯、瓦斯奎兹和兰博蒂尼（Lambertini）手中时，其科学性丝毫没有减弱。

第四节　圣经及其神秘阐释

1.

我们在前面的章节中已经为了说明发展的另一个原则而讨论过对圣经的神秘阐释。西奥多认为字义解经法是唯一合理的解经法。另外，他对圣经神秘阐释的排斥以及由此产生的严重后果引发了人的思考。后来

---

① 出自 John Keble's poem, "*Saint Thomas' Day*"。——译者注

的神学家认可了圣经的神秘阐释，认为这种释经法从最初就是教会教义发展的显著特征或者原则之一。如我们所看到的，基督教的发展经历了这样的一个过程——先形成了大公教会，后又有了教宗。如果采纳神秘阐释的话，这种过渡是符合圣经的。另外，开始的时候，人们从字面解释圣经中的某些章节，并因此认为千禧年（millenium）指的是物理意义上的一千年。历史的发展证明了神秘阐释在这里更忠实地阐释了关于教会的预言——先是关于她在全世界范围内的权威，接下来是关于彼得宗座的权威。这仅是基督教教导的一个范例——始终遵循圣经，特别是对圣经的神秘阐释。①

2.

（1）随着我们不断进行探索，这个特征越来越清晰地展现在我们面前。每个时代的圣徒都用圣经来规范自己，引用圣经来证明自己的结论，并用圣经的思想和语言对别人进行规劝和教导。可以说，圣经是教会的头脑获得能量和发展的媒介②。当美多迪乌推行有关终生独身誓言的教义时，他引用了《民数记》。伊格纳修认为应给予马利亚特殊的尊重时，他将《路加福音》和《创世纪》进行了对比。西普里安在他的见证中，以经文中的某些章节为依据，宣告了殉道在整个基督教教义中的特殊地位。同样，在宣讲关于炼狱的教义时，他引用了基督的话——"你就下在监里了……若有一文钱没有还清，你断不能从那里出来。"（太 5:25—26）伊格纳修呼召各地的基督徒保持统一时，诉诸的是保罗的权威；他还引用《路加福音》来反对当时的狂想派。我们第一次看见这个教义是在波利卡普的书信里，

---

① Vid. Proph. Offic. Lect. xiii. [Via Med, vol. i. p. 309, etc.]
② 一个后来的作者更进一步地说，圣经是不是全部来自上帝的启示，这不是到了特兰托会议才决定的。"特兰特会议宣布，基督教的'真理和律令包含在写下来的圣经和没有写下来的传统中'。他们清楚地意识到，当时争议的核心是，基督教的教义是否部分地包含在圣经里。但是他们不敢公开把自己的教义放在罗马教会的框架里。当时，他们不能像现在一样公开确认，基督教的真理'部分地包含在写下来的经卷中，部分包含在没有写下来的传统中'。"见 Palmer on the Church, vol. 2. p. 15. Vid. Difficulties of Angl. vol. ii. pp. 11, 12。

最后一次是在阿方索·利古力的著作里。在西普里安、安波罗修、比德（Bede, St.）、伯尔纳、卡洛（Carlo, St.）的著作和霍斯提乌（Horstius）备受欢迎的小册子《灵魂的天堂》中，类似的例子不胜枚举。以圣经为依据的原则体现在4世纪的阿塔那修和13世纪托马斯·阿奎那所作的关于神学的决定中，体现在《教会法》的结构中，体现在教宗的敕令和信件中。就连当代的神学家也在不断地提醒我们，以圣经为依据是教会遵循的持久、普遍的原则，所有的真理、所有的神学，都必须来自上帝启示给我们的经文。教会既承认，又实践以圣经为依据的原则。现代耶稣会士作者和古代尼西亚会议以前的教父一样，都明确地认可这条原则。

3.

萨尔莫伦（Salmeron）说："圣经之所以被称为'正典'，是因为教会从上帝那里接受了这些经文，并把这些特定的经文与其他的区分开来。于是，'正典'就成了我们衡量正确信仰和良好生活方式的准绳。圣经能够约束所有其他教义、律令和著作——不论它们是出于教会的、天启的还是个人的。其他的文献只有与圣经相吻合，或者不相抵触，才有被采纳的可能；如果它们与圣经哪怕有丝毫的不吻合，就必须被排斥。"①他又说，"圣经的主题不外是讨论神—人，或者人—神，即耶稣基督。不光是新约，就连旧约也是一样……因为圣经包含的内容不外乎是关于信仰和行为的律令、信仰的目的和途径、创造者和受造物、对上帝和邻人之爱、创造和救赎——所有这一切都包含在耶稣基督里。因此，基督是正典恰当的主题。因为信仰的全部内容，不论是有关创造者还是有关受造物的，其要旨都在基督里得以重述。所有的异端否认的都是基督，因为'凡灵不认耶稣，就不是出于神'（约一4:3）。因为他作为人，是与上帝一体的；作为上帝，又是与人一体的；他出于圣父，由圣母马利亚所

---

① Opp. t. 1, p. 4.

生；此外，教会、圣经、圣礼、圣徒、天使、受祝福的人、神恩、教会的权威和事工，无一不与他联系在一起。因此，我们可以这样说，每一个异端都分离了基督。"①另外，"圣经由圣灵的启示而来，其内容包括了所有的计划、时代、人物、困难、危险、疾病、对罪恶的排斥、良善的获得、教义的建立、品德的培养和对恶行的避免。因此，巴西尔把圣经比作不同的良药，为人的疾病对症下药。在殉道者的时代，教会从圣经中汲取坚定的信心和勇气；在圣师的时代，汲取智慧和知识的光芒；在繁荣的时代，汲取谦卑和节制；在人心冷漠的时代，汲取热情和勤勉；在败坏的时代，汲取对腐朽生活的纠正和向品德的回归。"②

4.

阿拉比德（Cornelius à Lapide）说："圣经是所有神学的开始。因为神学不外乎是从圣经中汲取知识和获得有关信仰之结论的科学，所以它才是最崇高、最肯定的科学。但是信仰的原则和信仰本身都包含在圣经里，就连神学家进行研究时遵循的原则也包含在圣经里。那些想把经院的神学从对圣经的阐释中分离出去的人，就像想要鸡蛋而不想要母鸡一样荒唐。"③他又说，"圣经的主题是什么？如果我必须简要概括的话，我会说，圣经的目的是囊括所有可以被人的头脑所知道和理解的知识和学问。圣经就像一所大学一样，'正式'或者'显著'地包含所有的科学。"④

我并不是不知道，特兰托会议之后的神学作者，不认为整个基督教信仰都可以在圣经中得以证实，但是他们仍然会坚持说，信仰不是流于圣经表面的，也不能在没有传统的情况下，单纯地从经文中找出信仰的公式。

---

① Opp. t. i. pp. 4, 5.
② 同上，p. 9。
③ Proem. 5.
④ p. 4.

5.

（2）以圣经为依据的教义是教会在各个时代都遵循的。局限于字义的做法虽然不恰当，但是至少反映出教会的教师遵循圣经的倾向。不论在古代还是现代，论证的最微妙、最有力的方法是神秘阐释，这一点在解决有关教义的争议中可以很明显地看出来。特兰托公会议征引《玛拉基书》中关于神人和好的章节来解释圣餐礼，并征引水和血从耶稣的身上流出和《启示录》中提到的"水"，来说明为什么圣杯中要用水和酒的混合物。贝拉明引用《马太福音》19章中基督的话来维护修道院中应奉行独身制的教义，并引用《诗篇》中的"我们经过水火"（诗66:12）来维护炼狱的教义。这些，很显然，仅是一条规则的范例。如果我们回到更早关于教义的争议，我们可以看到神秘解经法是三位一体教义的论据基础。如果我们回到尼西亚会议的时代或者之前的教父，我们会发现，虽然有些争论明确地表明使用的是神秘的方法，但是其应用仍可以被当作突出的证据。比如，关于耶稣的神性，有"我心里涌出美辞"（诗45:1），或者"在耶和华造化的起头，在太初创造万物之先，就有了我"（箴8:22）；"他救拔我，因他喜悦我"（诗18:19）；"在你的光中，我们必得见光"（诗36:9）；"至于他同世的人，谁想他受鞭打、从活人之地被剪除"（赛53:8）；"她是天主威能的气息"（《智慧篇》7:25 思高本）；"神的永能和神性是明明可知的，虽是眼不能见，但藉着所造之物就可以晓得"（罗1:20）。

相反，如我们前面所提到的，恪守字义解经的安提阿学派却成了异端的大本营。不用说卢奇安，关于他的历史记载是不完整的（卢奇安是安提阿学派最早的代表人物之一，也是阿里乌的老师和支持者），就连字义解经最卓越的大师狄奥多鲁斯和西奥多也成了聂斯脱利主义的先驱。之前的情况也是这样——犹太人因为用字义解读旧约而拒绝了福音书。

相反，基督教的护教者用寓意解经法证明了旧约的神圣性。波菲利注意到了寓意解经法与基督教神学之间的联系，他认为奥利金和其他教父是从古希腊哲学里学习这种方法的，并将其应用到解读旧约和维护基督教教义上。我们几乎可以作为历史的事实确定下来，神秘解经法和正统神学一衰俱衰，一荣俱荣。

6.

最近，有一位学者写了一篇关于以法莲的博士论文，以圣经为依据的原则于早期教会神学中的重要地位在这篇论文中体现得淋漓尽致。这位作者指出，虽然神秘解经法在古代得到了正统教会的认可，赫拉克勒亚的西奥多、优西比乌和狄奥多鲁斯都有反对神秘解经法的系统论证。但是，"以法莲不使用这么'头脑清醒'的解经法（字义解经法），他也不可能这样做，因为他是正统信仰的狂热追随者。那些以'头脑清醒'著称的人远离了公会议上订立的信仰……另一方面，所有保持着教会的信仰的人永远不可能摒弃圣经属灵的含义，因为公会议是正统信仰的保障。如我们在摩普绥提亚的西奥多的例子上看到的，放弃属灵的含义而唯独信奉字义解经即使在那个时代也是很不安全的。因为在那个时代，异端和犹太人都顽固地反对基督教的教义，认为弥赛亚还没有来，反对取消安息日和祭祀的礼仪，或者嘲笑基督教关于三位一体的教义，特别是基督的神性。在这种情况下，有些基督教的神学家认为，除了个别例外，把整个圣经当作有关基督的做法太过武断。"①

7.

有一个博学的德国人曾写下一段话来说明寓意解经法在关于犹太人和阿塔那修的争议中所发挥的作用。我们在这里引用他的话来与反对罗

---

① Lengerke, de Ephr. S. pp. 78 – 80.

马教廷的黑尔（Hale）写的宗教放任主义的代表作《金色的遗迹》作比较。他说："圣经之明确、不加掺杂、没有争议的字义阐释，是我们可以接受的唯一阐释。这条原则仅有一种例外情况，那就是圣灵引导我们作出其他的阐释。这不是我在耍花招，而是我们的教会必然遵循的原则。背弃罗马教会的一个可能的动机是，她在圣经的字义上加了她自己的阐释，并规定她自己的阐释是正统的。但是，如果在没有她的情况下，我们自己建立一套阐释的话，我们所做的也只能是推翻巴力，建立以弗得（Ephod），在我们抛弃教会的地方又回到了她的身边……天主教会关于释经的教义，除了对于那些心里很清楚他们的教义没有根据的人以外，从来都不是悲怆和有偏见的。在我们祖父的时代，当红衣主教决定放弃历史上对圣经的解释和寓意解经法，唯独遵照字义解经时，罗马教会认为他的做法不妥。当他为自己辩护时，他发现自己不得不对其他的教义作很多调整。读过他作品的人都能看到，唯独遵照字义解经的做法迫使他放弃了很多天主教会和新教教会有差异的教义。当鲁莽的改教者（如加尔文等人）迫使罗马教会在解经上与他们降到同一个层次时，当他们看到没有什么足以否认圣经的字义时，他们竭力质疑旧约的价值，并在放弃了传统的对圣经的阐释以后，对经文作了属于他们自己的增补。"①

8.

关于寓意解经法，他补充说："如果我们一定要否定寓意解经法的话，我们必然在很大程度上否定古代的传统，因为早期教会在很大程度上是使用这种解经法的。即使是那些最偏袒古人的人也必须承认，与我们同时代的解经者，因为其对古典语言的卓越技能，因为善于考察当时的历史环境和文本的连贯性，以及比较圣经中相似的部分，已经超过了

---

① pp. 24–26.

古人中最好的解经者。"①

因此，以圣经为依据，特别是对圣经的精义和非字义的解读，是思想和推理的媒介，是教会的教义发展的突出特征。

第五节 教 理

1.

有关宗教的观点不是无所谓的，而是在关于神性的认识上有确切的含义。这条原则是福音信仰从一开始就提出，并将继续发展的原则。我认为，这条原则在旧约时代几乎没有得到什么应用。古代犹太人的宗教热情和对上帝的服从，主要体现在坚持对上帝的崇拜，反对崇拜偶像，而没有体现在对理性的应用上。这方面的信仰，就像其他的方面一样，也是福音书的特征。唯一的区别是，时间上离预言的对象更近了。从以利亚到以斯拉时代的先知抵制巴力，恢复了以圣殿为代表的信仰；三个少年拒绝崇拜金像；先知但以理坚决把脸朝向耶路撒冷的方向；马加比人（Maccabees）蔑视希腊人的多神教。从另一方面说，希腊哲学家的学说是有权威的，他们坚持"他所说的"（*Ipse dixit*），并要求他们的信徒信仰其学说。但是他们一般不认为自己的观点有神圣性或者宗教意义。耶稣基督是第一个"给真理作见证"的（约18:37）；当他在"向本丢彼拉多作美好见证"的时候（参提前6:13），也是第一个为真理而死的。因此，使徒约翰和保罗都效仿他，宣告那些否定"真理"或者"传与我们不同的福音的人"是当被咒诅的（参加1:8）。传统上还有这样的说法，认为爱的使徒（使徒约翰）用自己的行为来支持自己的教导：因为当时的一个异端人士与他进了同一个澡堂，约翰匆忙逃离那里。②还有与约

---

① p. 27.
② 这个轶事里的异端是诺斯替派的代表人物之一克林妥（Cerinthus）。——译者注

翰同时代的伊格纳修，他把假教师称为狂叫的狗；他的学生波利卡普对待马西昂就像约翰对待克林妥一样严厉。

2.

波利卡普之后的爱任纽以身作则，见证了同样的教义。他对异端弗洛里努斯（Florinus）说："当我还是个孩子的时候，我住在亚洲，曾看见你与波利卡普在一起。你住在宫廷，在波利卡普面前自荐。我记得那时候情况比现在好得多，因为少年时代所受的教诲和人的头脑一起成长，并成为人的一部分。我记得波利卡普出入的地方，他在那里与不同的人交谈，他的生活方式，他所说过的话——他常常谈起他与使徒约翰，以及其他一些见过主耶稣的人之间的交流，他把从他们那里学到的主耶稣的教导传授给别人。有上帝为证，我敢说，如果神圣的波利卡普听到你说的这些教义，他一定会捂住耳朵大喊：'上帝啊，我究竟做了什么，你竟让我留在世上听这些胡言乱语？'然后他会马上从他听到这个异端教训的地方跑出去。"由此看来，从基督教诞生之初，每一个基督徒就都有责任反对那些与自己受洗时接受的教导相悖的观点，并有责任回避那些持异端观点的人。爱任纽在讲完波利卡普的故事后感慨道："使徒和他们的门徒的虔诚，可以在他们拒绝与异端交谈上看出来。"①

3.

然而这样的一个原则只能使教会更快地解体，分解成各个互不相干的组成部分。唯一一个能保持教会完整性的办法是，教会所为之作见证的真理有一个确定、正式、独立的成分。基督徒必定要维护和传递他们从教会的创始者那里继承来的信仰，并且从另一方面说，教会的领导者有义务坚守和定义这个有传统的信仰。我们在这里没有必要把近些年常讨论的教

---

① Euseb. Hist. iv. 14, v. 20.

义都讨论一遍。爱任纽已经在他对波利卡普的记述中，把这一原则摆在了我们面前。我们在前面已经引用了这段记述的一部分，在这里，我们还是只引用这一段记述。在爱任纽驳斥诺斯替派的作品中，他曾经写过这样一段话："当我们还是年轻人的时候，我们曾经见过波利卡普。他所教授的是他从使徒那里学习来的教义，同时也是教会传递的教义，唯有这样的教义是正确的。亚洲的教会为波利卡普传授的教义作见证，同时为之作见证的还有他的继承人，他们与瓦伦廷、马西昂及其悖谬的同僚相比，是对信仰的更真实、更可靠的见证。罗马的雅尼塞图斯（Anicetus）也与波利卡普相似，他传授的是从使徒那里传承下来的，同时也是教会传播的唯一的真理，而该真理使上述许多异端的信徒重新皈依上帝的教会。"①

4.

从使徒那里传承教义和做法并不单单局限于不谙哲学的学派。人们曾指出，亚历山大派那些博学的教父学习了太多的非基督教的科学，然而他们本人却从来不曾感激或者推崇这些所谓的导师，而是坚持大公传统的至高无上性。克莱门②曾经这样说异教的教师，他说他们歪曲圣经的教诲，他们的做法无异于企图用一把假钥匙来打开天国的门，而不是像他和他的公教教师一样，用从基督而来的传统揭开天国的面纱。异教的教师，因为他们变成了背弃信仰的神秘主义者，他们所做的是挖穿教会的墙，"因为，"他接着说，"寥寥数语就足以证明他们这些人的小团体是出现在公教会之后的，"并且"从以前就存在的和最信实的教会来看，很显然，这些后来出现的异端是新造的仿制品。"③奥利金说："当马西昂派、瓦伦廷派和类似的团体引用伪造的圣经，并说'基督在沙漠里'的时候，甚至当他们指着圣经的正典说'看，他在屋子里'的时候，我们

---

① Contr. Hær. iii. 3，§4.
② Ed. Potter, p. 897.
③ 同上，p. 899。

一定不能离开最初的教会传统,也不能相信除了从使徒那里传承下来的、上帝的教会之外的任何一个教会。"根据优西比乌的记载,在奥利金的青年时代,他出于对异端的憎恶,从来不曾参与一个住在他的庇护人家里的异端的祷告。优西比乌补充说,这是因为他遵守教会的法则。虽然优西比乌自己的神学有缺陷,但当他谈及异端的时候,从来不曾背弃这一基本原则。当他提及诺斯替派的教师,提及他那个时代(至少在阿里乌异端出现之前)的主要异端时,他从不掩饰自己对他们的憎恶之情。

5.

除此之外,我们还有非洲、叙利亚和亚洲的学派的见证。迦太基的德尔图良甚至在他放弃了传统的教义以后,依然坚守教义的原则。小亚细亚的教父在开除诺伊图(Noëtus)教籍的时候,重述了《使徒信经》,并且补充说:"我们宣扬的是我们从前辈那里传承而来的。"安提阿的教父在罢黜撒摩撒他的保罗的时候,重新写下来自于圣经的《使徒信经》,并说:"这个信经是我们从原初的教会那里继承来的,因为传统和教会的保护,这个信经一直存在于大公和神圣的教会,直到今日。它是亲眼见证和服侍主的圣徒们所教授的。"①

6.

更明显的是,被最早的基督徒判为异端的教义包括了从正统教规中演绎出来的教义,也就是那些对教义的错误的发展;同时也包括抵触正统教规的信条。并且,他们所给出的把某个信条判为异端的原因通常是,这个信条过于奇怪和令人惊讶。这个现象隐含的原因是,虽然真理在一定的程度上不为他们所知,但真理看起来往往是与新奇的

---

① Clem. Strom. vii. 17. Origen in Matth. Comm. Ser. 46. Euseb. Hist. vi. 2, fin. Epiph. Hær. 57, p. 480. Routh, t. 2, p. 465.

信条相反的。这一点也恰恰说明了他们当时的疑惑,以及他们在有些情况下面对异端时的困惑。阿塔那修评论阿波利拿里主义时曾这样说:"迄今为止,谁曾经听说过这样的教义?谁是这种教义的始作俑者?谁又是它的听众?'训诲必出于锡安,耶和华的言语必出于耶路撒冷'(赛2:3)。但是上帝的话在耶路撒冷之后又传到了哪里呢?听到了上帝的话,他们的反应是什么呢?"参加尼西亚会议的教父听到阿波利拿里的话时,情愿捂住耳朵。我们在前文引用过一次爱任纽的例子。他曾经说过,如果波利卡普听到诺斯替派异端的学说,一定会捂住耳朵,痛恨自己还活在世上。他们把某些教义判为异端,不是因为这些教义是古老的,而是因为它们是新奇的。而且往往后来被判为异端的教义与最初就被判为异端的教义是相通的,因为异端最突出的特点就是,新奇和在表述上有创意。

这就是古代基督教对教义纯洁的坚持。我没有必要强调教会自始至终都在坚持这个原则,因为不论是中世纪的教会还是现代的教会,都因为所谓的偏执和不宽容而被世界批评。

7.

教会的前后一致性和彻底性是同一个原则的另一个方面,正如基佐《文明的历史》(*History of Civilization*)一书中的一段话所展示的。他说:"宗教改革的敌人很清楚他们要说的是什么,也很清楚他们想要的是什么。他们可以指向他们的首要原则,并且大胆地承认坚持首要原则的后果。就连政府组织,也从来不曾像罗马的教会那样,坚持教义的前后一致性和系统性。事实上,罗马的教宗比改革者宽容,他们愿意作出更多的让步,但是从原则上说,教宗更完全地采纳了自己的体系,并且坚持前后更加连贯的行为方式。对于他们所做的,他们有完全的自信,这种自信又滋生出巨大的能量。这种对自己行为的完全认识是有必要的——这就是完整、理性地采纳一个体系和一个信条所带来的结果。"作为对这一点的说明,他接着回顾了耶稣会的历史,他说:"所有的条件都对耶稣会士不利,不论是时势还是他们所呈现出来的样貌。从实际的意义上讲,他们似乎很难获得成功,他们也没有辉煌的想象力。但是,他们显然还是拥有伟大的成分。一个伟大的想法与他们的名字、他们的影响力和他们的历史联系在一起。为什么?因为他们的工作是从既定的原则出发的,他们充分、清晰地理解了这些原则,并且充分地理解了这些原则的走向。相反,宗教改革的特点是,运动本身超越了改革的想法,一些不完整、不连贯、狭隘的元素就留了下来,这一点把宗教改革运动的发起者置于理性和哲学的不利地位,这种不利地位的影响常常能在事件中感受得到。我认为,新精神秩序与旧精神秩序的冲突是宗教改革的一个弱点。"①

第六节 另外的话

1.

这就是我所观察到的基督教特有的理性的原则。它们延续至今的连贯性,它们在运作过程中的活力,是它们所服务的神学结论的两大保证。它们保证了这些神学结论是符合神圣的期许的,保证了它们是真正的发展,而不是对上帝启示的亵渎。

另外,如果后来的教会的原则的确与早期教会是一致的,那么,不论两个时间阶段的信条有什么不同,后来的教会在事实上与早期教会的相同点多于不同点,因为原则是对教义负责的。因此,那些断言现代的罗马教会体系,是对原始神学的扭曲的人被迫去找一些现代天主教会与早期教会在原则上的区别。比如,他们说,个人判断在早期教会是有保证的,而在后来的教会中丧失了;或者,我再重复一遍前面说过的,他

---

① Eur. Civil. pp. 394 – 398.

们说后来的教会过于理性化，而早期教会只认定信仰。

2.

在这个问题上，我的评论仅有以下几点。毫无疑问，对异端的恐惧，对教会权威的绝对服从，以及教会应该统一的教义在伊格纳修和西普里安的教会与卡洛和庇护五世的教会是同样有力的，尽管这两个时期的教会在神学上有所不同。现在摆在我们眼前的是后来的教会对以前原则的坚持。罗马教会在特兰托会议以后的三百年内，丝毫没有偏离特兰托会议上制定的教义。我们更没有理由怀疑特兰托会议以前的教会对前三百年，或者任意一个三百年制定的教义的严格的遵从。伊格纳修和奥古斯丁的三百年之间有可能背叛了最初的教义吗？奥古斯丁和比德之间的三百年呢？比德和彼得·达米安尼（Peter Damiani）之间呢？爱任纽和利奥之间呢？西普里安和大格列高利之间呢？阿塔那修和大马士革的约翰之间呢？这样，十八个世纪的传统就变成了一个有许多个环节的链条，每一节都从各自的出发点开始，然而链条环环相扣，不曾中断。甚至可以说，每一年都在不同程度上与前一年紧扣在一起。

3.

一方面，教会教义的发展一直符合恒定的原则，甚至可以说是这些原则的产物；另一方面，不时兴起的各式各样的异端必然在某些方面违背这些原则——抑或在兴起的时候，抑或在兴盛的时候。比如，阿里乌派和聂斯脱利派异端违背了对圣经进行寓意解释的原则。诺斯替派和欧诺米派颠倒了信仰和知识的位置；摩尼派，如奥古斯丁在他的《论信心的功用》一书的开头生动描绘的，违背的是同样的原则。如德尔图良所告诉我们的，教义的原则，至少在与传统保持一致的意义上，被所有那些号称从圣经出发判断一切的异端派别抛在了一边。所有从教会中分离出去的异端都违背了圣事的原则——摩尼教徒福斯图斯在反对公教会的圣礼时，否认了圣事的原则；维吉兰提乌（Vigilantius）在反对对圣物的尊崇时，也违背了这一原则；同样不承认这一原则的还有圣像破坏者（iconoclasts）。类似地，对奥秘、尊崇、崇敬、神圣性的蔑视也是异端的一些突出特征。至于新教，我们很容易看出它在许多方面都违背了天主教神学的原则。

第八章 真正发展的第三个标准的应用：同化力

1.

不论是真正的宗教还是伪宗教，不同的宗教体系在不同的教义上必然相互影响，形成竞争关系。基督教在上升时期处在竞争和争议之中，这一点从上一章的论述中就可以看出来。基督教始终处在不同的宗教和哲学派别之中。基督教与这些派别有时候考虑相同的问题，有时候阐释相同的真理，甚至在外观上有很大程度的相似性。在这种情况下，基督教不可能对其他的派别坐视不理，更不能采取"清者自清"的态度，冲突是不可避免的。与其他体系相比较，真正的哲学具有思辨、兼收并蓄和统一性的特征。基督教是思辨性的，它无疑也是兼收并蓄的，然而它具有统一性的特征吗？它有没有能力在保持其自身身份的条件下，像亚伦的杖吞吃埃及术士的杖一样，吸纳其对立者呢？是它吸收与其对立的派别，还是为它们所吸收？是它同化它们，还是仅仅保留了其名称，而被它们所侵染？一言以蔽之，基督教的发展是真正的发展还是蜕变的过程？这个问题并不仅仅停留在最初的几个世纪。当我们思考以下种种：基督教所引起的争议和浓厚兴趣、受到它影响的种种思想、它所覆盖的众多话题、它所进入的多个国家、它所遭遇的多种深邃的哲学、它所经历的种种变迁，以及它所历经的长久岁月，我们有理由作出认真的解释，说明为什么基督教所受到的影响并没有使其发生质的改变，即蜕变，而是真正的发展。

2.

基督教与它周围的哲学和宗教（包括犹太教）的显著不同是，它把所有的真理和启示都归于同一个源头，也就是至高的、唯一的上帝。崇拜多个神祇的异教教派、几乎不涉及启示之源头的哲学，以及建立在二元论基础上的诺斯替异端，它们有一个共同点——要么崇拜天使，要么认为圣经的新约和旧约由不同作者写成，唯独不能把真理看作是统一的、不能变更的、一致的、有强制性的和救赎的。唯有基督教的出发点是"只有一位神……只有一位中保"（提前 2:5），上帝"既在古时藉着众先知多次多方地晓谕列祖，就在这末世藉着他儿子晓谕我们"（来 1:1—2）。上帝总是为自己留下见证，他来到人世，不是为了废弃过去，而是实现和完善历史。他的使徒，而且仅有他的使徒，拥有、尊崇并且保护着一条神圣的信息。这条信息自身既是神圣的，又是使人神圣的。不论是古代还是现代，在各种观点的碰撞和冲突中，是这条信息——而不是任何其他模糊或者敌对的教义——能够把形色各异的信条、崇拜的形式、责任的规定、思想的学派加以净化、同化、改造，并最终为己所用。这种力量就是上帝的恩典，就是真理。

第一节　教义真理的同化作用

1.

由此看来，至高的真理是存在的，而且只有一个。因此，宗教上的谬误从本质上说是不道德的，其持有者，除非出自不情愿，是有罪的，持有谬误是令人畏惧的。对真理的追求不仅仅是为了满足好奇心，获得了真理也不像其他的发现一样令人振奋。这是因为人的理性不在真理之上，而在真理之下。追求真理为的不是获取高谈阔论的谈资，而是为了敬拜。真理和谬误摆在我们面前，为的是鉴察我们的内心。我们的选择关系到我们自己被救赎或是被遗弃。"凡人欲得救，首先当持守大公教会信仰"，"欲得救者必先思考"（《阿塔那修信经》），而不是其他；如果你"呼求明哲，扬声求聪明。寻找它，如寻找银子；搜求它，如搜求隐藏的珍宝，你就明白敬畏耶和华，得以认识神"（箴2:3—5）。这是教义的原则，它是有力量的。

宗教上的真理和谬误只是观点不同的问题，某个教义与另一个教义同样合理。世界的统治者并不希望我们获得真理。世界上没有真理，相信抑或不信在上帝看来都是无所谓的，没有人应为自己的观点负责。观点是必然性或者偶然性的产物，我们真心持守我们所信奉的就足够了。真正的价值在于追求，而不在于拥有真理。服从看起来正确的观点是我们的责任，丝毫不用担心我们相信的或许是谬误，我们可以随意地接受和放弃某个观点。信念仅属于才智的范畴，与心灵无关。我们在关于信仰的问题上可以安全地相信自己，不需要其他的向导。这是哲学和异端的脆弱原则。

2.

两种观点相遇的时候，可能在抽象的意义上都是正确的；可能都是微妙的、全面的教义，并且都是有力量的、有弹性的、开阔的、多样性的。然而，其中的一个被当作是无关紧要的，而另一个则是生死攸关的；一个仅能用理性来理解，另一个则需用心灵来领会；很显然，其中的一个地位在另一个之下。这就是基督教与古代异教的区别，因为在基督教诞生之前，古代的异教就几乎已经消亡了。基督教与来自东方的神教的区别在于：神教像光柱一样变化无常。基督教与诺斯替派的区别在于，诺斯替主义者把知识奉为至上，蔑视众多的信徒，把公教会的信徒仅称为真理面前的孩童。这也是基督教与新柏拉图主义者、博学的人、迂腐的人、幻想家或者权贵的区别。基督教与摩尼教的区别在于，摩尼教徒认为真理是由理性而非信仰达至的。这也是基督教与安提阿学派那些动摇不定的教师们、趋炎附势的优西比乌派、鲁莽和反复无常的阿里乌派的区别。基督教与狂热的孟他努派和严酷的诺瓦替安派的区别在于,后者虽然放弃了公教会的教义,却无力阐发自己的教义。这些派别没有统一性和持久力。虽然他们的教义中有真理的成分,但是它们不像基督教那样有严肃性、直接性、连续性、严厉性和力量。基督教不能把恶称为善,或把善称为恶,因为它能认识到善与恶之间的区别。同样地,它也不能轻视严肃的事物或放弃已被牢固地建立起来的教义。因此,在冲突的时候,它能把对手彻底击败。

3.

这是促使殉道者产生之精神的另一种表现形式。教义仅是理论上的,而信仰是行动上的。教义与信仰分别是生活不同方面的原则。信仰把宗教从纯粹的哲学中区分出来。异教的教派和基督教历史上的异端,因为自身所滋生的错误观点而自行消解;异教一看见迫害的刀锋就颤抖、死亡。理性和力量既是对上帝的见证,又是对人之工作的检验;理性和力量因为人的工作而兴盛,但是他们又同时充当了上帝的工具。查士丁说:"没有人因为相信苏格拉底而为他献出自己的生命。""太阳之下,没有人愿意为信仰承受死亡。"① 基督教在各个方面成长,它有时候会生病,但是很快会找到治病的良方,并保存了本来的身份。她一直理解并喜爱一次性所交付她的真理,而且基督教并不是个人的幻想而已。

4.

有的学者认为,在 1 世纪的教会,观点是自由的,基督徒的心智也不受后来出现的信条的束缚,神学上的重大决定直到 4 世纪才开始。基佐就是这样认为的。他曾说过,"最早的时候,基督教是一种信念、感情、个人的观点。"② 他接着说:"早期的基督徒聚集起来,共同分享同样

---

① Justin, Apol. ii. 10, Tryph. 121.
② Europ. Civ. p. 56, tr.

的宗教感情，同样的信念。当时，教义体系、任何形式的约束或者规则、管理体系都没有建立起来。"①早期教会没有管理体系意味着什么呢？无论如何，在类似的陈述中，基佐没有对原则和原则在具体事例中的应用作恰当的区分。信条的原则是随着时间的发展才最终在公会议上得以以文字的形式确定下来的，但是即使在最早的时候，信条在基督教王国的任何一部分已然是活跃的，甚至是起主导地位的。最早的基督徒已经有这样的信念：真理只有一个，真理是神圣的恩赐，是无价的赐予。真理应该得到尊敬、维护、守卫、传播。真理的缺失是严重的损失，是无法用语言表达的灾难。使徒约翰、波利卡普、伊格纳修、爱任纽、德尔图良和奥利金，都曾用严厉的话语和行动来批判具体的事例中与真理相对的疑惑或错误。这一点是与在具体事例中什么是真理，有争议的问题应如何解决，什么是启示的界限等问题息息相关的。公会议和教宗是教义原则的守护人和工具：他们不是原则本身，但他们是原则的维护者，他们会因为原则的呼召而采取行动，原则甚至可以在取得合法地位以前，就在基督教内部开始发挥作用，行使权力。

5.

我们前文引用良心的例子，在这里也能帮助我们说明问题。良心在人的头脑中发挥的作用，正像教义原则在基督教历史上所发挥的作用。两者中都存在着从某种原则衍生出来的渐进的形成过程。良心的声音在见证和制定某种原则的过程远比在具体事例中执行某项原则时有力。它像一个从天上降下的使者一样，坚持说什么是正确的，什么是错误的，并敦促人采取正确的行动。但是在很多人那里，良心常常会有各种形式的扭曲。然而我们仍然相信，即使是在被扭曲的情况下，一个人如果愿意谨慎地听从良心的声音，他的心灵会逐渐地得以净化、简化、完善，

---

① p. 58.

在开始时人的心灵虽然形态各异,然而随着时间的发展,最终会趋向同一个真理。我在这里并不是说在最初的几个世纪,神学上完全没有出现鲜明的教义,而是说早期的教会和教父在很大程度上是以领导者,而不是以教师的身份发挥作用的。那个时代是殉道者的时代,是行动而非思考的时代。到了后来,博学的教师取代了殉道者,就像良心的光芒和沉静取代了早期的服从一样。但是,即使在教会正式地阐发它的教义原则之前,教会已然建立在了教义原则之上。

6.

然而,我们可以在这一点上承认基佐是正确的。也就是说,在早期教会,教义的原则没有像后来的教会一样得到准确的理解和谨慎的对待。在早期教会,我们可以看到不同的神学要素之间出现分歧、冲突和走向融合的痕迹,在得到恰当的调整和管理之前,不能准确地作为一个整体得以应用。在数以千计的事例中,早期教父所陈述的观点,反映了教会思想的宝库开始形成时的多样性,这些观点是真正意义上的开端,然而它们是不完整、不规范的。是的,即使是异端的观点也是教会思想的迹象和前兆。确立一个教义上的问题,其第一步是提出问题和讨论问题,所以每个时代的异端,都是对教会思想的状态和神学的发展的标识。异端在一定的程度上决定着神学潮流及其发展速度。

7.

所以,克莱门可以被称为折衷主义的代表,而德尔图良则代表着教条主义,这两种元素在当时的大公教会信徒中间都没有获得充分的理解。并且,克莱门可能在吸收哲学方面走得太远,而德尔图良则过度强调了教义的不可变更性。然而,虽然在德尔图良的神学里,教条主义占了上风,我们却可以找到教条主义和折衷主义两种相对的原则。虽然孟他努主义者声称他们要忽略教义,我们却在德尔图良受孟他努主义影响最深的作品中,找到了最显著的关于教义是不可变更之原则的强调。对这一原则的强调不仅与旧约之上帝的严格和强烈的性情相一致，更出自于孟他努派的苛刻和严酷。从另一方面说，孟他努主义的基础是发展——虽然不是教义的发展，但是训诫和行为发展的地位不亚于孟他努主义的基石。据说，孟他努主义的建立者自称是上帝所应许的安慰者，教会通过他得以完善。他为上帝提供先知，作为新启示的喉舌，而普通的公教徒则被称为等待牧养的心灵。德尔图良甚至在他的一篇孟他努主义的著作中明确地认可发展的过程。在说完他的新启示所要求的在使用中创新的原则之后，他接着说："因此，上帝赐下圣灵。因为人性的软弱，人类不可能一下子接受所有的启示，训诫必须逐渐地被圣灵所指引、规范和完善。上帝说：'我还有要对你们说的。'这句话的意思无非是说，训诫是得到圣灵指引的，圣经是被圣灵阐释的，人的思想是被圣灵改变的，改进是通过圣灵的工作而实现的。所有的事件都在时间中发生，所有的事件都等候着恰当的时候。简而言之，传道者说，'凡事皆有定时'。看哪，创造物自身都有一个逐渐走向成熟的过程。最先有一粒种子，然后树干从种子中长出，后又从树干上长出枝叶，一棵树就是这样逐渐长成的。之后，树梢上会有花蕾，花蕾开放成为花朵，花朵之后有果实，果实一开始是生涩的，后来逐渐成熟。人的品行也是如此，因为品行的创造者和其他创造物的创造者是同一个上帝。品行最初是不完善的，仅是一个畏惧上帝的品性，后来，它逐渐成熟，通过律法和先知，逐渐成长为婴孩，后来通过福音书的教导，过渡到青年时期，现在，通过圣灵的工作，人的品行逐渐趋向成熟。"①

8.

孟他努主义不仅在个别教义和原则上，更是通过其整个体系，在很大程度上预见了教会中即将出现的重大发展，尽管这次发展又过了几个

---

① De Vir. Vel. 1.

世纪才趋于完善。教会在发展的同时，严格要求保持最初确立的信条字句，这种要求至少在形式上已经在德尔图良的作品中体现出来。孟他努派也有严格坚持已经得以确立之原则的特点，如他们对于禁食和解释异象的严格规定、对独身和殉道的推崇、对世俗财富的轻视、对于忏悔的规定，以及对于教派统一的坚持。中世纪确定教义和在教会中应用教义的程序，是对孟他努派不成功之努力的真正履行。教宗维克托曾一度表现出对孟他努派的偏爱，这一点足以反映出在外在的形式上，孟他努派与正统教会是很相似的。3世纪初，非洲曾出现过一些著名的圣徒和殉道者，如佩尔培图阿和菲里西塔斯（Felicitas, St.），他们至少在行为上曾表现出孟他努派的一些特征。然而这个教派从正统教会分离出去以后，不过几年的时间就迅速地堕落为异端。类似的情况也出现在多纳徒派的例子中。在洗礼的问题上，他们的一些原则与西普里安的观点相似。吉本曾提到过，提勒蒙特曾这样评价两者之间的相似性："文森提乌斯·黎力嫩希斯（Vincentius Lirinensis）解释了为什么多纳徒派与魔鬼一起忍受地狱之火的煎熬，而西普里安却与基督一起安享天堂的荣耀。"① 提勒蒙特解释说，原因很简单，就是"如奥古斯丁所说，多纳徒派破坏了与其他教会之间和平和爱的纽带，而这个纽带正是西普里安所小心翼翼地维护的。"②

9.

我们或许可以把以上提到的事例称为原材料中的典范，其中既包括教会内部个别教父的例子，也包含教会以外异端的例子。两者都说明教会有能力通过其自身的延续性和原则的坚定性转化不同的教义，为己所用。唯有教会能够在不牺牲好的教义的前提下排斥坏的教义，并使看起来不可调和的教义融合于同一个体系。在圣约翰的教义中，我们可以找

---

① Hist. t. 3, p. 312.
② Mem. Eccl. t. 6, p. 83.

到诺斯替或者柏拉图主义使用的某些字句，基督的神圣性通过一些柏拉图主义者的术语表述出来。吉本还曾提到，就连道成肉身的教义也采纳了一些诺斯替的词语。诺斯替派乍看起来也有一整套理性服从信仰的言论，克莱门曾用"诺斯替"这个词本身来表述他自己纯正的基督教信仰。再者，尽管从一开始就有禁欲主义者，他们优于普通信徒的概念，最初是由诺斯替派、孟他努派、诺瓦替安派和摩尼教的信徒引入的。孟他努派对后来出现教会圣师的预示、他们对教会启示无谬误的认可、他们对教会发展的预见，虽然孟他努派本身的状况不堪入目，孟他努这位异教首领却预示了圣方济各的出现。同样，我们也可以看到诺瓦替安派在一定程度上预示了本笃和布鲁诺对创造之恩典的论述。另外，撒伯里乌阐释三位一体之奥秘的努力虽然失败了，并因此成为异端，但上帝的恩典是不受约束的。最终，他的一些思路在奥古斯丁那里得以正确地运用。

10.

教义在不同的作者之间互相渗透，往往从权威较低的作者开始，最终由教会的圣师进行阐发。奥利金、德尔图良甚至优西比乌和安提阿派的作者提供原材料，教父们从中汲取营养，并最终发展成评论或者著述。纳西盎的格列高利和西里尔从奥利金那里吸取了很多神学原则；希拉利和安波罗修也同样在解经方面受到伟大的奥利金的影响；安波罗修从优西比乌那里吸收了一些对《路加福音》的阐释，并继承了斐洛（Philo）的一些理论；西普里安则把德尔图良称为自己的老师；在利奥最完善的著作里，我们可以看到德尔图良在其异端倾向最明显的时候所著作品的影子。尽管安提阿派异端倾向明显，却造就了克里索斯托的才智。另外，伪经福音书的作者为公教会的正统信徒提供了许多敬拜和操练的资料。①

教父在某些教义上所作的深刻默想、公会议在经历争辩和骚乱之后对

---

① Galland. t. 3，p. 673，note 3.

教义所作清晰的陈述、教宗对某些教义的犹豫不决，这些因素的影响各不相同，但若从整体看待，它们都是同一个过程的不同部分和表现。教会的神学不是不同观点的任意组合，而是耐心、勤恳地从很多材料中汲取营养的过程。教宗、公会议和教父的行为，标志着教会把新的真理吸收到已有体系的缓慢、痛苦、不安的过程。在阿塔那修、奥古斯丁和利奥的作品中都能看出神学表述的重复性；相反，德尔图良的异端作品中却"极少有重复，或回到某个他所钟爱的话题，而奥古斯丁却经常重复"。①

11.

在这里，我们可以清楚地看到，思想的独创性与教会圣师所拥有的恩赐和所受的呼召之间的不同。我们刚才提到的教父勤恳地专注于自己所教授的教义，逐步获得更深的理解，并从各个不同的方面对教义进行考察，尤其注意考察某个教义与其他教义的统一性，并对教义不同的表述认真地加以衡量。因此，在很多情况下，虽然他们始终没能完全地领会教义，但是下一代的教会圣师能够沿着他们开辟的道路完成他们的工作。教义的发展就是这样一个不知疲倦的发展过程。尼撒的格列高利完成了阿塔那修未能完成的研究；利奥维护了西里尔的论述；克莱门一开始认为有炼狱，后来进而认为所有的惩罚都有炼狱的性质；②西普里安虽然持有一些与异端相同的观点，但是从根本上否认了他们洗礼的有效性；希坡律陀虽然可能相信第二位格是永恒存在的，但是在表达第二位格的永恒性时，使用了很多含糊的表述；安提阿会议可能搁置了圣父和圣子本体相同的教义，而尼西亚会议肯定了这一教义；希拉利相信有炼狱，但是把炼狱局限在最后的审判上；阿塔那修和其他的几位教父虽然几乎以超自然的智慧理解了道成肉身，然而他们所使用的表述却隐含着

---

① 见德尔图良作品的牛津版翻译，译作的前言包含对德尔图良思想之特征的详尽论述。
② 炼狱的惩罚与地狱的惩罚不同，后者是永久性的，而前者则是暂时的，目的是帮助有缺陷的人弥补缺陷，改正错误。——译者注

基督作为人不是全知的这一思想；《阿塔那修信经》里含有一些被后来的教父否定的关于身体和灵魂的论述；奥古斯丁认为处理宗教事务的时候，不应该使用武力，然而后来却对使用武力采取了默许的态度。为死去圣徒祷告的传统在最早的关于圣礼的记载中就可以看到，然而当时的祷告没有把对圣母和殉道者的祷告以及对尚不完美、仍然有罪的基督徒的祷告区分开来；后来的时代保留了正确的成分，并填补了缺憾的成分。亚里士多德被一些早期的教父所批判，却为后来的神学定义提供了必要的术语。换一个话题，伊西多尔（Isidore, St.）和一些其他教父曾对装饰教堂的做法提出过质疑，保利努斯和海伦娜（Helena, St.）却坚决支持这一做法。因此，我们必须依赖神恩和真理在地上的代表——教会——来使教义在避免受到腐蚀危险的情况下得到发展。

第二节　圣事恩佑的同化作用

1.

福音书包含着一种力量或者神恩，能够改变异教中已有的教义、观点、教义的应用、行为的性质，从而使它们能够被其神圣的作者所接受；而在被福音书转化之前，它们或者带有罪恶的痕迹，或者至少是不完美的。这就是我在前文所提到的圣化的力量。"我们知道我们是属于上帝的，而整个世界都处在罪恶之中"（约一5:19）正是对这个原则的一种宣告。或者，外邦人的使徒宣告说，"若有人在基督里，他就是新造的人，旧事已过，都变成新的了"（林后5:17）。因此，外在的形式本身没有价值，然而在福音的影响下，它们脱去了世俗的外表，变成了神圣的事功。如保罗所说，割礼是世俗的，已经走到了它的终点；而洗礼则是永恒的圣事，因为其包含的神恩和真理成为基督教体系的一部分。在另一处，保罗把"主的杯"和"魔鬼的杯"相并列（林前10:21），喝其中的任何一个杯都代表着对整个体系的接纳。他接着说，"我们……饮于一位圣灵"(林前12:13)。他还说,没有人能因着旧约中的工作称义,如使徒雅各所说,所有的基督徒都因新约的工作而称义。保罗进而把世俗的智慧和基督的智慧进行比较,在批评了世俗的智慧之后,他说:"然而,在完全的人中,我们也讲智慧。但不是这世上的智慧。"(林前2:6)很显然,我们再也找不到比这位使徒的著作更明确、更有说服力的宣告了。

2.

类似地,当念咒赶鬼的犹太人"向那被恶鬼附的人擅自称主耶稣的名"时,恶鬼却不认识他们,并且打伤了他们(徒19:13);另一方面,他们的企图是一个重要例子,证明了我所要说明的原则。"神藉保罗的手行了些非常的奇事,甚至有人从保罗身上拿手巾或围裙放在病人身上,病就退了,恶鬼也出去了。"(徒19:11—12)上帝赐给保罗的恩典是可以传递的,是发散性的;神恩的影响从保罗的身上传递到其他人那里,他所触及之处都有上帝的力量。

使徒时代之后,类似的例子也曾多次发生在教会历史中。保罗否定犹太律法规定的对吃肉和饮酒的禁忌、对安息日和其他犹太节日的遵守、对律法的遵守和对天使的崇拜。但是,如查士丁所告诉我们的,基督徒从最开始就严格地遵守在某些节日的禁食,尊敬天使,① 并且迫害一结束就马上开始遵守主日。

3.

类似地,塞尔修斯批评基督徒,说他们"不能忍受神庙、祭坛和塑像";波菲利说"他们批判崇拜的仪式、祭品和乳香";米努西乌的批评者问道:"基督徒为什么没有祭坛,没有神庙,没有神像,没有献祭呢?"但是,从德尔图良的作品中,我们可以清楚地看到,基督徒有他们自己的

---

① Infra. pp. 386-390, etc.

祭坛、献祭和祭司。在优西比乌的作品中，他们有自己的教堂这一事实反复地得到证实。在最明显的一处，优西比乌说，在戴克里先迫害期间，"人们聚集祷告的房屋被夷为平地"；在行奇迹者格列高利和克莱门的著作中，我们可以找到类似的证据。①另外，查士丁和米努西乌提到，在基督徒敬拜的地方有十字架，这一点似乎与不能崇拜宗教之外的意象之教义相背。德尔图良提到过，基督徒或坐或走、或吃饭或躺下睡觉的时候，都在自己身上划十字。在优西比乌的《君士坦丁传》中，十字架的意象占有非常显著的地位。君士坦丁大帝看到天上的十字架后归信基督，他把十字架奉为自己的规范。人们为他立塑像时，他手持十字架。他作战的时候，一看到十字架，就必然取胜。他曾铸造一个大十字架，五十个士兵才能抬得动。他要求士兵把十字架刻在自己的胳膊上。他的对手李锡尼（Licinius）惧怕十字架的力量。后来，朱利安皇帝批评基督徒崇拜木质的十字架，却拒绝崇拜金属的盾牌。后来，对肖像的崇拜被逐渐引入。②

4.

区分基督徒之虔诚和异教徒之迷信的标准，在德尔图良、拉克唐修和其他的教父看来，是邪恶的灵隐藏在异教徒的神像中。奥利金也曾提到过这一点，他说，圣经严格地"禁止神庙、祭坛和神像"，基督徒宁愿"献出生命，也不愿意以这样的罪行得罪他们的上帝"，原因是，"他们不愿意落入那些所谓的神灵手中"。奥古斯丁在回应波菲利的时候，更简洁地说："熟悉新约和旧约的人并不责备异教徒修建神庙，推崇祭司，而是反对他们把神庙和祭司献给魔鬼和偶像……真正的宗教对迷信的批判不在于其献祭的行为本身，因为古时候的圣徒也曾在真神上帝面前献

---

① Orig. c. Cels. vii. 63，viii. 17（vid. note. Bened. in loc.），August. Ep. 102，16；Minuc. F. 10，and 32；Tertull. de Orat. fin. ad Uxor. i. fin. Euseb. Hist. viii. 2；Clem. Strom. vii. 6，p. 846.

② Tertull. de Cor. 3；Just. Apol. i. 55；Minuc. F. 29；Julian ap. Cyr. Vi. p. 194，Spanh.

祭，而异教徒却把祭物献给假神。"①奥古斯丁还曾对摩尼教徒福斯图斯说："我们在有些事情上的确与外邦人相似，然而我们的目的不同。"②哲罗姆曾问对向殉道者献圣油的做法提出质疑的维吉兰提乌说："我们曾崇拜偶像，难道这能成为我们不崇拜上帝的理由吗？我们对偶像的崇拜是可憎的，对上帝的崇拜也因此成了可憎的吗？我们曾向偶像献圣油，这难道能成为我们不能向殉道者献圣油的理由吗？"③

5.

早期的基督徒意识到，我们可以用基督教的力量来抵制罪恶的侵蚀，把异教崇拜魔鬼的工具转化成基督福音的工具，并且意识到异教的这些做法虽然被污染，却来源于原始的启示和人的自然本能。如果当时的基督徒不利用他们所能找到的崇拜的途径，就必须发明新的崇拜方式。而且，异教的仪式都是虚幻，而他们自己才真正地拥有那些仪式的内容。教会的领导者从一开始就准备好在恰当的时机采用、模仿或者圣化已经存在的礼仪和传统，并吸收当时的哲学研究成果。

行奇迹者格列高利为这一传统提供了一个显著的先例。他是本都的学生，尼撒的格列高利曾记载过他管理教会的方法。他说："从乡村回到城市以后，他在各地举行庆典，纪念为信仰奋斗的人，借此大大增进了人们的敬拜。殉道者的身体被分散在不同地方，人们为他们举行一年一度的庆典，集会纪念他们。这实在是他伟大智慧的一个证据……因为他意识到当时那些没有受过训练的信众还沉溺在崇拜创造物的偶像崇拜中，为了不惜任何代价把对创造者的崇拜引入到他们中间，他允许他们在纪念殉道者的神圣日子里举行欢快的庆典；同时，他们的行为发生了质的变化，因为信

---

① Epp. 102, 18.
② Contr. Faust, 20, 23.
③ Lact. ii, 15, 16; Tertull. Spect. 12; Origen. c. Cels. vii. 64 – 66, August. Epp. 102, 18; Contr. Faust. xx. 23; Hieron. e. Vigil. 8.

仰把他们的庆典活动转化成了严肃和肃穆的行动。人们很欢迎这种做法，欢快的、世俗的庆典活动也被转化成了在上帝里的喜乐。"①不容置疑，在这些庆典活动中，出现过一些过分的放纵行为。但是，从另一方面说，个别人的放纵行为在一定的程度上，恰恰说明了人们对庆典活动的需要。出于同样的原因，圣格列高利的老师奥利金主张庆祝主日，以及在复活节和五旬节举行庆典。这两个节日的庆典活动在早期教会从来不被认为与信仰不一致。相反，通过庆祝这些神圣的节日，人们逐渐放弃了以前在异教的节日庆典上过度放纵的习俗，把邪恶的习惯转变成了神圣的风俗。

6.

一段时间的迫害过后，许多地方的教会迅速效仿了圣格列高利开创的先例。4世纪时，基督教世界盛行两个运动或发展——一是禁欲主义，二是宗教仪式的发展。优西比乌②多次告诉我们说，君士坦丁为了把基督教这一新兴宗教迅速推广到异教世界，就将很多已有的异教宗教仪式转化成基督教的圣事。在这里，我们没有必要详细讨论已经被新教神学家广为谈论的一个话题。当时有很多异教神庙被用作基督教的崇拜场所，被奉献给某些圣徒，并根据不同的时节，常常有用树枝做成的装饰。基督徒在曾经的神庙里献馨香祭、点灯和点蜡烛，为从疾病中恢复献上许愿的祷告，洒圣水，为落难的人提供避难所。他们也曾遵守节日和时节，使用过去的历法，举行游行，并为自己种的庄稼祈福。他们还曾为祭司设计特定的服饰，对特定的教会成员施割发礼，为要结婚的人准备戒指，面向东方祷告。到了后来，开始对着圣像祷告，唱教堂的诗歌，以及吟唱"主，怜悯我们"③——所有这一切都来源于异教，经过圣化后转化成教会的圣事。

---

① Vit. Thaum. p. 1006.
② V. Const. iii. 1, iv. 23 etc.
③ According to Dr. E. D. Clarke, Travels, vol. i. p. 352.［这句祷告词 Kyrie Eleison 为希腊语，在今天的天主教会和东正教会仍被广泛地吟唱。——译者注］

7.

狄奥多勒的著作《驳异教徒》第八章的题目是"论殉道者",在这一章中,作者对殉道者的出现作了详尽的论述,其中包括许多应用行神迹者格列高利原则的范例。由于篇幅有限,我们在这里只能考察其中的一个。狄奥多勒评论殉道者说:"时间使所有的事物走向腐朽,然而殉道者的荣耀确是永垂不朽的。这些信仰胜利者的灵魂安居在天堂,他们留在地上的肢体并没有走进坟墓,而是分散在城市和乡村。人们称他们为灵魂和身体的拯救者,称他们为灵魂的医生,把他们奉为城市的守护者,并请求他们代祷,通过他们的祷告获得神圣的恩赐。尽管每个肢体都被分割开来,他们的荣耀却是不可分割的,他们遗体的任何一个微小的部分都有同样的能量,因为恩赐是由上帝根据个人的信心分配的。"

"但是或许连殉道者也不能说服你们为他们的上帝欢呼,而是讥讽和嘲笑人们给予殉道者的荣耀,还把他们的坟墓当成不洁净的。但是,尽管全世界的人都要讥讽他们,希腊人也不能这样做,因为他们历来有向英雄、半神半人、被神化的人祭酒的习俗。他们为赫尔克里斯(Hercules)祭酒,虽然他只是个人……他们被迫侍奉欧律斯透斯(Eurystheus),他们建神庙,修祭坛,献上祭物,甚至专门的庆典。不仅是斯巴达人和雅典人这样做,整个希腊和欧洲的大部分都有这样的传统。"

8.

狄奥多勒列举了对很多异教神祇的崇拜,提到了对哲学家和伟人所作教导的尊崇,还举出了对很多国王和皇帝的纪念活动,指出他们的荣耀都在殉道者之下。他接着说:"我们经常来到殉道者的圣坛前,不是一年一次,也不是两次或者五次,而是时常举行庆典。有时候,我们甚至每天都为他们献上圣诗。健康的人祈求他们的护佑,从而保持健康,生病的人希望能够康复,没有孩子的人祈求孩子,生活幸福的人希望能永远幸福下去。要出远门的人祈求殉道者做他们在旅途中的伴侣和向导；平安归来的人向他们献上感谢，他们并不把殉道者当成神明，而是把他们当作神圣的人，祈求他们的代祷。人们也的确获得了他们凭着信心所祈求的，他们的康复向全世界的人作见证。他们中有的人带来金银祭品作为感谢祭，但即使是最卑微的祭品，上帝也不嫌弃，因为他根据祭献者的能力来衡量他们的祭献……哲学家和演讲家很快就会被人们淡忘，国王和首领的名字甚至不为人所知，而殉道者的名字为所有爱戴他们的人所熟知。他们用殉道者的名字为自己的孩子命名，以期为孩子获得殉道者的守护。以前那些所谓的神明被彻底毁坏，连他们的名字和他们的祭坛的形状也不为这一代人所知，以前用于供奉他们的材料，早就被献给了殉道者。因为上帝让为他献出生命的人取代了你们那些神明的位置，上帝亲自给予这些殉道者以荣耀。在以前那些纪念潘迪安（Pandian）、迪阿西亚（Diasia）、狄奥尼西娅（Dionysia）和其他类似神明的节日里，我们为圣徒彼得、保罗、多马、塞尔吉乌（Sergius, St.）、莱昂奇乌、潘特莱蒙（Panteleëmon）、安东尼、莫里斯（Maurice）和其他的殉道者举行庆典。替代以前的游行队伍和不恰当言行的是谦恭的庆典，没有放纵的行为和狂欢，也没有嬉笑，取而代之的是圣诗、虔敬的祈祷和崇高的眼泪。"从这位5世纪的主教对不信者归信的记述，我们可以看到"基督教的见证"。

9.

圣像到后来才被引入，并且在西方遭受了较之东方更强烈的抵制。圣像合理性的依据正是我在前文试图说明的原则。正如我从狄奥多勒的作品中所选取的一些章节来说明四五世纪基督教的发展一样，在这里，我引用大马士革的约翰的作品，来为8世纪的发展辩护。

约翰对他的对手说："至于你引用的那些段落，他们所反对的不是尊崇圣像的传统本身，而是那些把圣像当作神明的希腊人。因此，不能因为希腊人愚蠢地对待圣像，我们就放弃对圣像的尊崇。魔法师和术士为人请愿，教会也为其慕道友请愿，但是术士请愿的对象是魔鬼，而教会请愿的对象却是真正的上帝。希腊人把圣像献给魔鬼，并称他们为神；我们却把圣像献给道成肉身的上帝，献给上帝的仆从和朋友，以及为他们驱赶魔鬼的军队。"①他又说："正如神圣的教父掀翻魔鬼的神庙和神龛，并用圣徒的神龛取代它们一样，他们也掀翻魔鬼的神像，并以基督、圣母和圣徒的神像取而代之。在旧约时代，以色列人既没有以任何人的名义建神庙，也没有为纪念任何人举行庆典，原因是在那个时候，人的本性是受诅咒的，人生活在死亡的阴霾之下，因而是应该悲悼的；尸体被认为是不洁净的，就连碰了尸体的人也被认为是不洁净的。但是现在神圣的上帝成了肉身，给人类注入了生命和救赎的良药，我们的本性因此被荣耀，被转化成不朽的。因此，我们以庆典来纪念圣徒的死去，我们为他们建造圣堂，为他们画圣像……因为圣像是胜利的标志，是信仰的显明，标志着神圣力量的胜利和魔鬼的彻底失败。"他又说："如果你以旧的律法为依据禁止圣像的话，你就不得不遵守安息日和行割礼，因为这些都是旧的律法的有机组成部分。进而你们必须遵守的是整个律法，而不仅仅是来自于耶路撒冷的逾越节。但是你要知道，如果你以律法为依据，基督的救赎就于你无益了……因为死守律法会使你失去上帝的圣宠。"②

10.

我们并不需要否认，在基督教与异教迷信交锋的过程中，在个别地区的确出现过基督教受到迷信污染的情况。虽然教会的权威极力抵制迷信的污染，但是异教的仪式与教会仪式的高度相似性，使个别情况下的

---

① De Imag. i. 24.
② 同上，ii. 11. 14。

污染难以避免。正如哲学有时候玷污神学一样，异教也能玷污基督的崇拜者。正如有时候博学的人容易陷入异端的泥潭，无知的人也有被迷信玷污的危险。因此在安提阿和君士坦丁堡，克里索斯托曾坚决反对犹太人和异教徒引入到基督徒中间的迷信行为。他曾诘问基督徒："对于人们手上戴的护身符和铃铛，我们该说什么呢？类似的还有染成猩红的羊毛和其他极其愚蠢的东西。而我们都知道，现在除了十字架的庇护，我们不能给孩子佩戴其他任何东西作为护身符。现在，虽然十字架打败了魔鬼，拯救了世界，人们却轻视它，并给自己的孩子带上线绳、羊毛或者其他的护身物来保佑他们的安全。"提到迷信以后，他又接着说："希腊人这样做本不足为奇，但是十字架的崇拜者、不可言说之秘密的参与者、号称遵守基督之品行的人也这样做，就让人很是痛心了。"①

类似地，在奥古斯丁之前，非洲的基督徒被允许保留为纪念爱神的庆典。奥古斯丁坚决反对这一庆典，斥之为迷信。他说："现在，承认自己是基督徒的人应该开始按着基督的意愿生活。既然成了基督徒，就应该拒绝当时的教会为了让他们归信而暂时容忍的做法了。"有的人提出反对说，在罗马梵蒂冈的教会，几乎每天都举行类似的庆典。奥古斯丁回答说："我听说的是教会经常拒绝这样的活动，但是因为梵蒂冈离主教的所在（拉特兰）相距甚远，而且在罗马这样大的一座城市里，总是能找到一些爱慕世俗的人，尤其是那些经常去罗马的外乡人。"②与此相类似，基督教的圣化力量从罪的角度来看是一种试探，看起来像是暴力，抑或是欺骗，就像恩典的习惯或状态破坏某些行为的罪性一样，或者像目的为实现的途径提供辩护一样。

11.

从我们上文列举的证据来看，很显然，上帝是通过教会来赐下他的

---

① Hom. xii. in Cor. 1, Oxf. Tr.
② Fleury, Hist. xx. 11, Oxf. Tr.

恩典。如果教会能够改变异端的习俗，把它们转化成圣礼来服务于自己神圣的目的，难道我们不能说教会拥有财富，并拥有应用财富的力量吗？也正是由于这个原因，从教会的诞生之始，她所使用的工具和习俗就一直有变化，有多样性。比如，东方和非洲的教会在异端向正统教会寻求和解并皈依的时候，都要求为他们实施洗礼，然而罗马的教会，当时就已经是普世的教会，认为如果异端以前施行的洗礼是按照有效的程序进行的，举行按手礼就够了。按手礼可以用在不同的场合，如吸纳慕道友，归正异端，坚信礼，按立祭司，行祝福礼。在不同的场合，按手礼的含义有所不同。洗礼有时候是以浸礼的形式进行，有时候是点水礼。对婴儿的洗礼在教会早期不如到了后期严格。非洲和西方的一些教会允许儿童甚至婴儿领圣餐，就像今天的希腊教会一样。圣油也有不同的用途，如为病人的康复膏油和临终时的膏油意义是不同的。善工大赦和忏悔时的大赦，也根据情况的不同各有不同的含义。同样地，划十字是最早的恩典记号之一，然后有神圣的时节、圣地和朝圣；另外还有圣水、经过祝圣的祷告词及其他程序，还有祝圣过的衣着，如修士的肩胛和天主教徒穿的无袖肩衣，还有玫瑰经和耶稣受难像。除此之外，西方的教会还在行圣餐礼时使用众人皆知的圣杯，显然是为了服务于神圣的目的，如显示教会传递上帝恩赐的权力，以及圣餐真实临在的完美和圣洁。

12.

我在本章的目的无非是说明教义和圣事的同化力量，因此我不妨引用我的《论文》（*Essays*）第二卷第231页中的一段话作进一步的说明：

"这个为所有人都承认的现象是这样的：基督教早期，许多被广泛接纳为基督教真理的教义和做法，从基础或者个别部分来看，来自异教和世俗的哲学。比如，东方和西方的教会都有三位一体的教义、洗礼以及祭献的仪式。逻各斯的教义是柏拉图哲学的，道成肉身的教义来自于印度教，上帝国度的概念来自于犹太教，天使和魔鬼的概念是拜火教的，罪与身体的关联最初出现在诺斯替异端的著作里，佛教早就有了独身的习俗，专门的祭司阶层出自于埃及，新生的概念是中国和埃莱夫西斯①的，对圣事的尊崇来自于毕达哥拉斯学派，对死去的人表示敬意的做法则来自于多神教。这就是我们眼前事实的大致特征。弥尔曼先生（Mr. Milman）评论说：'这些事情是异教的，因此不能为基督教所用。'相反，我们却说：'这些事情是基督教的，因此不再是异教的。'也就是说，我们的理解是，在圣经的时代之前，世界的统治者已经把圣经的种子撒在了世界各个角落。这些种子在发芽抽枝的时候，虽然长在荒野，形态各异，它却是有生命的；就像低级动物虽然没有灵魂，却有生命一样。又如人间的宗教和哲学虽然并非真正神圣，却有一些正确的想法。教会在世界上的各个学派、教派之间，就像人在不同的动物中一样。就像亚当为他身边的动物命名一样，教会在世界上出现的时候，先环顾四周，注意并且探访她所看到的学派。她先是住在迦勒底，之后来到迦南地，后又下到埃及，又在阿拉伯度过一段时间，直到最终找到自己的居所。接着，她遇见过提尔（Tyre）的商人，见识过东方国家的智慧，领受过示巴的豪奢。然后她被带到巴比伦，并在希腊的诸学派之间游走。不论她走到哪里，不论是胜利还是落败，她始终保留着一种精神——那就是至高者的思想和声音。她'坐在教师中间，一面听，一面问'（路2:46）。她把他们所说的正确的成分据为己有，纠正他们的错误，弥补他们的缺陷，完成他们所开始的事业，扩展他们在顶峰时所达到的成就，并通过他们不断地扩展自己的范围，使自己的教导越发精练。有的人因为她吸收外来的神学而对她产生了怀疑，我们却相信，上帝赐给她神圣知识的途径之一，正是使她能够从世界上汲取营养。从这个意义上说，她'必吃万国的奶，又吃君王的奶'（赛60:16）。

359

---

① Eleusis，古希腊的一个城市。——译者注

"这个过程进展到什么程度是个历史问题。我们相信这个过程被像弥尔曼先生一样的人夸大和歪曲了。他们认为这种现象的存在对天主教的教义不利,但是我们之前几乎没有在这件事情上遇到过困难,我们很乐意接受他的批评,除非以下是事实问题而不是理论问题——巴兰是东方的先知,西比尔(Sibyl)受过上帝的启示,所罗门曾向玛曷的儿子们学习,摩西曾熟知埃及祭司的学问。我们知道,关于天使的学说最早来自于巴比伦,但是这丝毫不妨碍他们在圣母马利亚被圣灵感孕时歌唱圣诗。同样,斐洛虽然是犹太人,但是这一点也不妨碍我们承认他为我们理解基督受难做出的贡献。我们也不害怕承认,即使在基督降临之后,教会就是一座宝库,她所给予的既有新的宝藏,也有旧的宝藏,她把金子投入到自己的熔炉,并随着时间的发展为宝藏铸上自己的印记,她的印记就是她的主的形象。

"这两种理论之间的区别是广泛的和明显的。其中一种理论的支持者认为启示是上帝介绍关于他自己的信息时作的单一、完整、一蹴而就的行动;而我们,另一种理论的支持者,认为神圣的教导就像自然引导我们所期待的那样,是'多次多方'(来1:1)的,是多样的、复杂的、前进的、自我完善的。我们认为基督教的教义就像人的形体一样,是'奇妙可畏'的(诗139:14);而他们却认为基督教的教义是某个或者某些特定的教条,是一次性地以完整的形式给予的,在基督的再次降临和后来的说明之前不存在逐步发展的过程。他们主张抛弃所有在法利赛人或者异教徒那里找到的教义,而我们却认为教会,就像亚伦的杖一样,能够吞吃术士的杖。他们追求的永远是一种神奇、原始、简单化的启示,我们则休憩在普世的丰富之中。他们在寻找一种从来没被找到过的东西,我们则接受并使用他们也承认的实质性的事物。他们觉得有必要宣布,教会的教义从来不是纯洁的,我们则说,教会的教义从来不会腐化的。我们认为上帝的期许使教会永久地避免教义上的蜕变;而他们所寻找的那种幻想的纯洁却从来没有任何依据。"

第九章　真正发展的第四个标准的应用：逻辑上的连贯性

逻辑上的连贯性被当作真正发展的第四个标准，本章我将用基督教教义的历史对这一点作简短说明。具体地说，我将举出从一个教义引出另一个教义的例子——如果前面的教义被认可，后面的教义也相继被认可，并在不否认前者的情况下，后者不能被称为教义的蜕变。我用"逻辑上的连贯性"这一术语来与前面考察过的吸纳和同化的过程作对比，同样也与科学的原则作比较，我们已经在使用科学的原则并以它作为维护真正发展的工具。相应地，我们在这里考察的逻辑上的连贯性涵盖任何从思想上的一个判断过渡到另一个判断的过程，其中包括对某件事在道德上是否合宜的判断，虽然这类判断不包含严格的分析前设和结论。正如使徒彼得说到哥尼流所说的："这些人既受了圣灵，与我们一样，谁能禁止用水给他们施洗呢？"（徒10:47）

在这里，我将从关于基督神性的教义出发介绍一系列的教义，如果我在第四章没有提到相关经文的话，我还会举出经文，如"你是彼得"（太16:18）。我在这里将局限于一个实例，即从受洗礼之后所犯的罪而来的考虑，我在第四章对这一点也略有提及。

第一节 宽 恕

1.

在这里,我不打算细数古代教会认为洗礼给教徒带来的好处,只想提及其中最突出的一个恩赐,那就是信徒以前的罪通过洗礼得以完全的赦免。古代教会还认为,洗礼是不可重复的。那么就出现了一个问题,即如果仅有一次洗礼"赦免所有的罪",那么洗礼之后犯的罪怎么办呢?启示的体系显然要作出解答,来回答这样一个明显的问题。对于那些已经接受了对以前所有罪的赦免,但是又犯了罪的人,教会应该怎么办呢?有人曾经认为,教会有能力再次为上帝和因重罪得罪上帝的人作一次和解,但是只能作一次。另外,至少在西方的教会,在很多人看来,有三种罪是不能赦免的,即拜偶像、谋杀和奸淫。但是这样的一个教义,虽然能契合个别小团体的需要,甚至在基督教受迫害的时候用起来也得心应手,但是当基督教扩展到全世界的时候,是行不通的。取而代之的是一个更加宽容的教义,认为洗礼之后犯的罪,只要信徒诚心悔改,仍然是可以得赦免的。但是西班牙的教会一直到4世纪还奉行古代教会的传统,非洲教会的一部分也一直奉行到3世纪,而其他一些地方教会仅对赦免放纵的罪有所宽松。

2.

同时,宽容赦免的教义遇到了抗议。3世纪初,原始教义的狂热维护者孟他努认为后来出现的宽容教义是出自亚洲教会对原则的松懈。① 孟他努的做法使我们联想到4世纪时,虽然是关于不同的教义,约维尼安(Jovinian)和维吉兰提乌斯也曾因为敬拜的教义得到了发展而恼怒。孟他努和他的追随者向罗马教宗提出诉求,并在一开始似乎取得了一些胜

---

① Gieseler, Text-book, vol. i. p. 108.

利。非洲在 3 世纪已经出现了菲利辛西姆斯（Felicissimus）领导的，因主张实行比西普里安更宽容的惩戒教义而引发的分裂。很快，曾经追随菲利辛西姆斯的诺瓦图（Novatus）转而主张维护原始教会的严苛教义，并引发了更可怕的分裂。诺瓦替安随即在罗马推行诺瓦图的主张，并提出了追随古代教会教义的口号，即受洗后再犯罪的人不应被重新接纳到教会。①这次争议的核心是，教会是否有权柄赦免洗礼以后犯的罪，诺瓦替安派的答案是否定的。诺瓦替安的追随者阿凯西乌（Acesius）说："我们应该鼓励那些受了洗之后又犯罪的人忏悔他们的罪行，但是他们只能希冀得到上帝的宽恕，而教会和祭司却没有权柄宽恕他们。"②由此引发的分裂扩展到东方的教会，大公教会也因此按立专门负责宽恕的神父。到了 3 世纪末，至少出现了四道忏悔的程序，只有全部通过了的人才能最终复归教会。

第二节　忏悔与补赎

对罪的补赎（Penances）时间长度和严格程度因时代和地点的不同而不同。如我们已经看到的，有时候，在严重违反教规的情况下，补赎一直持续到犯罪者死去的时刻，教会不会提供任何补赎的机会。有时候，教会在一定的条件下允许进行补赎，但是一旦犯重罪的人再犯了哪怕微小的罪，补赎马上被撤销。有时候，补赎的过程延续五年、十五年，或者二十年。但是在所有的案例中，主教都有权力缩短惩罚的时间，或者改变惩罚的性质。比如，罗马皇帝狄奥多西曾因帖撒罗尼迦的屠杀而被主教安波罗修开除教籍。吉本就这个案例评论说："根据 4 世纪订立的最宽容的教会法则，杀人的罪一般要经二十年的补赎期才得以赦免；并且一个人屠杀多人的罪在生前完全得到赦免是不可能的……杀人者至死都不能再领圣餐。"然而，使罗马皇帝这样一位补赎者降卑下来，这具有公众教诲作

---

① Gieseler, ibid. p. 164.
② Socr. Hist. i. 10.

用，所以成为一个缩短补赎期的原因。"罗马皇帝脱下皇袍和任何与皇室有关的东西，以哀痛和乞求的姿态站在米兰的教徒中间，他以诚恳的眼泪和叹息，谦卑地祈求赦免他的罪。"最后，他的补赎期被缩短到八个月。因此，当时出现了一种说法："合理的补赎是公正的，足够的"①，意思是说补赎期要足够——要么从时间长度看，要么从惩罚的强度看。

第三节 赎罪与补偿

当时的教徒还提出了这样一个严肃的问题，犯罪的人所受的惩罚仅仅是忏悔的标志还是为罪所作的补偿（Satisfactions）？如果是前者，教会必须马上谨慎地赦免真心忏悔的人，因为目的已经达到了，其他的都不再必要。因此克里索斯托曾在他的一篇布道中说："我要看到的不是时间的延长，而是灵魂的悔改。显示你是真心的忏悔，显示你的改进，一切就都完成了。"②然而，有时候虽然有可以缩短补赎期的正当理由，但是教会也可以维持原有的补赎期作为向全能审判者所作的补赎。如果情况真的是这样，我们就又遇见一个问题，在补赎期被教会延长的情况下，补赎是以什么方式完成的呢？

对于这个问题，毫无疑问，教父们没有把补赎仅仅当作是忏悔的一种表示，而是当作直接面向上帝、以抚平上帝震怒的一种行为。以安波罗修的名义撰文的一位作者这样写道，"不赦免自己的人才能得到上帝的赦免。"哲罗姆说："让罪人终身穿麻衣，以严格的禁欲生活来为以前不当的享乐作补赎。"西普里安说："我们都曾大大地犯罪，让我们痛悔吧！因为只有敬虔和长时间的补赎才能抚平这么深的伤口，悔改的程度不能低于过犯的程度。"巴西尔说："你们自己要注意，补赎的程度是由罪行的程度决定的。"③如果是这样，那么接下来的问题是，若教会谨慎

---

① 原文为拉丁语，"poenitentia legitima, plena, et justa"。——译者注
② Hom. 14, in 2 Cor. fin.
③ Vid. Tertull. Oxf. tr. pp. 374 – 375.

地认为，一个罪人至死都无法完成适当的补赎，那么剩下的补赎工作应该在何时、以何种方式完成呢？

第四节　炼　狱

1.

根据凯主教（Bishop Kaye）的记述，亚历山大的克莱门非常明确地回答了这个具体的问题——虽然在其他的问题上，克莱门的理解与后世遵行的教义不完全一致。凯埃说："克莱门对洗礼以前的罪和洗礼以后的罪作了区别，后者可以用严格约束的方法来洁净……洁净的必要性在于，如果今生不能完成，就必须在死后完成，而到时是由火来完成的，火虽然不是毁灭性的，却是能鉴别的，只有能够经过火之考验的人才能穿过。"①

西普里安关于对犯罪基督徒的惩罚曾说过一段著名的话，大致上表达了同样的观点："西普里安认为在罪人真正悔改的情况下，应该重新把他们接纳到教会中。然而，他并不认为我们把他们接纳回教会，就意味着对他们完全的赦免。他曾在给安东尼的信中这样写道：'获得宽恕和到达荣耀之地是不同的。一个人被送到监狱中，②直到还完了他所欠的最后一个硬币才能被放出来，而另一个人却因信仰和品质马上获得了奖赏。一个人因为罪而长期忍受痛苦，经过火的长期锻炼才最终被洁净；③而另一个人却在殉道的时候，所有的罪都被血洁净了。简而言之，战战兢兢地等待上帝的审判和马上得到主的冠冕怎么能是一回事呢？'有人认为，这段话指的是教会对罪人的惩罚，从上下文来看，也的确没有明显地与这种阐释相抵触的话语。但是……西普里安的话似乎超越了教会的

---

① Clem. ch. 12. Vid. also Tertull. de Anim. fin.
② *missum in carcerem*，拉丁语。——译者注
③ *purgari diu igne*，拉丁语。——译者注

惩戒，尤其是'一个人被送到监狱'和'经过火的长期锻炼最终才被洁净'这两句。"①

2.

在西普里安之前的关于佩尔培图阿和菲利希塔斯殉道的记述，进一步肯定了认为西普里安谈到的是炼狱的阐释。佩尔培图阿为她的弟弟，七岁的时候死去的迪诺克拉底（Dinocrates）祷告。她看到了一个阴暗的地方，中间有一大盆水，但是迪诺克拉底因为个子太矮而够不着。她接着祷告，在第二个异象中看到水流下来，她的弟弟喝到了水，然后继续跑开，继续玩耍。她说："于是我就知道了他被从受惩罚的地方拯救出来了。"②

3世纪的教会在举行圣餐时为死去的信徒所作的祷告也反映了炼狱的教义，即被上帝拣选和接纳的灵魂，如果罪不能在今世得到完全的补赎，将在死后接受进一步的惩罚以完成补赎。西普里安这样认为："我知道很多人有疑问，我们举行圣餐时的祷告对那些已经死去的，犯了罪抑或没犯罪的灵魂，能有什么好处呢？那么，如果一个国王流放了一些得罪自己的人，而那些罪犯的亲友编了一个花环送给国王为罪犯求情，国王难道不会减轻对罪犯的惩罚吗？同样，我们为死去的罪人祈祷，虽然我们不编花环，但是我们献上的是基督，基督为我们抚慰慈爱的上帝——既是为了我们自己，也是为了那些已经死去的人。"③

3.

这样我们就看到，炼狱的教义是如何随着时间的发展而被信徒所接受的，其作用，一言以蔽之，是为洗礼以后犯的罪提供补赎。因此，对这个教义的理解和为婴儿施洗的做法是同时为教会所接纳的。红衣主教费希尔

---

① Tracts for the Times, No. 79, p. 38.
② Ruinart, Mart. p. 96.
③ Mystagog. 5.

(Cardinal Fisher)曾给出另一个炼狱的教义出现的原因,他说:"信仰,不论是在炼狱还是在宽恕期,在原初教会都不如在现在的教会有必要。因为在当时,对基督的爱如此炽烈,每个人都愿意随时为基督献出生命。罪行是很少见的,而且一旦发生马上会受到极其严格的教会法的惩罚。"①

4.

有一位作者曾引用这样一段话,来分析早期基督徒在接受炼狱的教义时所作的思考,他的观点在稍作纠正后可以接受。他说:"根据我们的常识,大多数人经过宗教习惯的训练之后,一般达不到上天堂或者下地狱的标准,因此基督徒接受审判时,会有一个中间地带。于是,基督再临之前有一段时间间隔来弥补信徒的不足。因此,在这段时间里,对于死去的人来说,他们灵魂的去向已经在他们活着的时候就决定了。但是不论是好是坏,他们的去向需要更多的内容去充实和发展,才能达到一个更确定的形式。如果我们愿意作进一步的思考,我们会发现在这种情况下会有一种途径,那些虽然有真正的信仰,却犯了重大的罪的人,或者那些因为年少无知而荒废了岁月的人,那些生活虽然称不上放荡和不道德却碌碌无为的人,他们可以借着这种途径获得进一步的惩戒,为升上天堂作进一步的准备,因为上帝是公义的,他们必须像那些已经在天堂的圣徒一样,完美才能最终到达那里。另外,今世不同的人所受的痛苦不同,这个事实也使人有同样的考虑。有的人在死去的时候遭受巨大的痛苦,似乎预示着死后的命运;有的人却仿佛受了上帝的看顾,平和地死去。人的思想不可避免地对这些事实进行思考,除非被所受的教育,或者恐惧,或者特殊的经历所压制。

5.

"相应地,人们提出各种纯粹的假设,仅仅作为其思考上帝作为的一

---

① Vid. Via Med, vol. i. p. 72.

种范例式结果（如果可以如此表述的话）。在这个过程中，人的思想向前延伸，探索上帝深邃、神圣的奥秘。如果有人能尝试着提出一种足以解决问题的假设，那么许多其他的相关假定就是可以想见的，因为上帝护理的奥秘与人对这些奥秘的分辨能力是相称的。在理性的探索中，有信仰的人自然地在圣经中寻求解答，看受到上帝启示的经文有没有在某个地方解答他们的疑问。基于他们在经文中找到的，以及对经文所作的理性思考，在不同时期他们会提出各种各样的观念。比如，根据人们今生的表现，死后都要经历一段暂时、痛苦的煎熬。有些好人犯的罪，或者某些失败或习惯性的不完美之处在这里得以纠正；或者对于那些相信上帝的灵魂来说，上帝完美光芒的照耀本身就是一种痛苦，因为上帝的光芒使他们看到了自己的不完美，因而痛心改正。幸福也有不同的程度，在生命将要结束的时候才忏悔的人可能会沉入一种状态，虽然也是受上帝祝福的状态，但是或许接近失去知觉。在受洗之前就死去的婴孩可能像宝石一样装点着天堂，或者像先知异象里看见的车轮。成熟的圣徒却像等级最高的天使一样，享受着极大的幸福和荣耀。

6.

"那么，关于罪的惩罚和补赎，当早期的基督徒尝试提出一些大致概念时，似乎主要参照以下两处经文：'各人的工程必然显露，因为那日子要将它表明出来，有火发现，这火要试验各人的工程怎样'（林前3:13），以及'他要用圣灵与火给你们施洗'（太3:11）。这些章节，以及许多其他与之相符的章节，把他们的思想引向同一个方向，那就是'火'的概念。不论这个词具体含义如何，他们一致认为火象征着试炼和洁净；而火将存在于现在和最后的审判之间的时间，或者仅存在于最后的审判。

"于是教义从这些引人注目的经文中发展出来，逐渐变得明确，为人所熟知，并最终发展成今天罗马天主教教义的形式，而且成了解读许多其他教义的关键线索。《诗篇》、《约伯记》和《耶利米哀歌》中的相当大一部分内容都是关于虔诚人在受苦时表达的强烈宗教感情。因此，强有力地响应了关于炼狱的教义所带给人强烈的、令人畏惧的、令人感动的信息。一旦这一点被接受，其他的就顺理成章了。

"有些人还会从先知书中找到相关的段落，如《玛拉基书》3章讲到，基督再次临到他的教会时，将用火作为审判和洁净的工具。

"另外，还有一些章节虽然没有像上文提到的这么明确，但是也模糊地揭示出关于炼狱的信息，并给人以有益的警戒。如耶稣基督的登山宝训：'我实在告诉你：若有一文钱没有还清，你断不能从那里出来。'（太5:26）还有使徒约翰在《启示录》里说的：'在天上、地上、地底下，没有能展开、能观看那书卷的。'（启5:3）"①

7.

从上文可以看出，当人们提出受洗之后犯的罪如何得赦免时，圣经上有很多段落引导早期教会的信徒逐步发展出了关于炼狱的教义。

第五节　善　工

关于受洗之后所犯之罪的思考，以及由此发展出来的有关炼狱的教义，引导基督信仰的探索者发展新的教义。其作用是把经文上一个看似暂时性的教导转化成普世和永久的教义。使徒保罗和巴拿巴会"坚固门徒的心"，教导他们说，"我们进入神的国，必须经历许多艰难"（徒14:22）。对于那些虔诚地接受使徒教训的人，这样的一个宣告很显然会引导他们在实际生活中作出很多实际的决定——若有罪的人必在今世和来世遭受惩罚，不论惩罚多么惨烈，我们都必将承受。使徒的宣告将对灵魂有多么大的启迪，将为我们如何对外部世界作出判断有多大的影响，将如何改变我们自然的愿望和对未来的目标。有没有一个能引导人

---

① Via Med, vol. i. pp. 174 – 177.

的思想超越今世的教义呢？对这个教义的信念能使他们不惜经历磨难，不顾危险和痛苦？这个信念就是如果今生不受磨难，就将在来世受更大的惩罚。于是持有这个信念的人必将高于世界，无所畏惧，无所企及。他的心胸里自有伟大、禁欲和英雄气概的源泉。这是不懈努力和坚忍奋斗的秘密源头，是不惜舍弃财富、朋友、安逸、名誉、幸福而追求圣洁的源头。诚然，基督教的圣徒因为对信仰的执著，有着比普通教徒更高的目标。普通基督徒所拥有的爱，可以满足教会所规定的宗教义务。但是，我们如果要兴起一支虔诚人组成的军队来抵制世俗的力量，必须提供更迫切的动机来激励众人。对于这个目的来说，基督徒的爱是一种少有的恩赐，而博爱则过于薄弱。除了对洗礼以后所犯之罪的惩戒这一出自基督教神学基础的、由古代的教父所教授的严肃信念以外，我们没有其他有影响力的信条来实现我们的目的。除了炼狱的教义以外，我们找不到其他信条能使我们为中国、为非洲找到宣教士，或者为我们自己的城镇找到传道者，或者为生病的人找到看顾者，或者为无知的人找到教师。没有其他的信条能满足这么大的一个需要。因此，少年时所犯的罪因成年后的补赎而带来了益处；被哲学家所嘲笑的、对炼狱的畏惧成了对世界的祝福，赢得了各国的感激。

第六节　隐修制度

1.

在刚才提到的救赎传统中，最普遍、最具统一性的一种做法是隐修制度。我们既可以说，隐修制度是关于救赎之教义的必然产物，也可以说，它是内在于救赎教义的。在基督教最初的阶段，不论是在今生还是在来世，对罪的惩罚都很少提到。教会萌芽阶段极其严格的纪律在很大程度上防止了过犯的发生，而且当时所受的迫害已经构成了对罪的补赎。但是到了后来，随着教会法逐步走向宽松和信徒对悔改的松懈，教会出现了替代物的需要。隐修制度就是在这种情况下产生的。它既是对纯洁的原初教会生活的继续，又是一种自我惩戒的方法。并且，正如经济学和政治学中的一条伟大的原理，所有的事情都应产生效益。基督教中也不应有精力的浪费——如当信徒的规模扩大时，个别信徒的补赎工作选择以工作的方式进行，不管是为了维护教会，还是为了改善人类的物质和精神生活。

2.

372

可以说，隐修生活的成功是信仰生活的方方面面中最引人注目的。当年轻的安东尼告别俗世，到荒野去与魔鬼斗争的时候，他已经预见到自己开始了一段多么崇高、多么丰富的历史，这段历史的发展在他在世时已经开始蓬勃兴起了。安东尼自己是沙漠里的一位隐修士，但是当别人效仿他的榜样时，安东尼不得不给他们以恰当的教导，并很快地发现自己成了一个大的隐修团体的首领，仅在尼特利亚（Nitria）一地，就有超过五千名隐修士。在安东尼的有生之年，他看到了隐修运动第二个阶段的发展，即隐修士居住的小屋逐渐连成一片，有时候以一个教堂为中心，有时候在独居的隐修士中间逐渐形成了某种意义上的社区，甚至大学。帕科米乌（Pachomius, St. 约287/292 - 347）是第一个在隐修士中推行统一法则的人。他要求他们统一着装，并统一规定隐修生活的内容。他们开始专门做手工劳动、学习、敬虔地祷告、禁欲，他们兴起的隐修生活，很快地就扩展到了东部和西部的基督教世界各地。

隐修生活的补赎性质在安东尼那里并不明显，但是普林尼在描述《死海古卷》时却已经明显地注意到这个特点，他的描述预见了基督教兴起时的隐修生活。到了巴西尔的时候，隐修生活的补赎性质已经非常突出了，甚至在一定的意义上到了挑战教会之权威的程度，[①]并在理论上形

---

① Gieseler, vol. ii. p. 288.

成了从人类社会分离出来的一种趋势。但是巴西尔及安东尼的效仿者主要起了抵制异端的作用。

后来，分散的修道院逐渐受主教或者大修道院的管辖，并成为培养神职人员的学校。①

3.

几个世纪过去了，修道生活经历了一些极端的制度形式以及许多修道士的疯狂和不顺服的时期，之后在本笃的领导下，修道制度又有了新的发展。本笃在修订和消化安东尼和帕科米乌留下的对修道生活所作规定的基础上，以发终身愿的形式把修士连接在一起，并在分散修道院的基础上建立统一的修会（Order）；②以前的修道生活着重于个人的修身养性，本笃在保留原有目的的前提下，使对教会和社会的承担，正式成为修道生活的目的。在修道生活的诸多内容之中，本笃认为农业劳动是最重要的。但是后来，农业劳动很快地被学习和教育所取代，在接下来的几个世纪，修道院里建起了学校和图书馆，修士做了许多撰写历史和誊抄文献的工作，成了传承文献的主要载体。又过了几个世纪，本笃建立的修会分裂成不同的隐修团体——一类是直接受教会管辖的兄弟会，一类是独立的修道院。前者以克吕尼（Cluni）建立的兄弟会最为有名，后者的代表则有卡玛尔多里（Camaldoli）成立的隐修会和主要从事农业劳动的西多会（Cistercians）。

4.

从隐修制度发展的历史，我们既可以看出其延续性，也可以看出其创造性。隐修制度的发展使其越来越融入教会的体系，并接受教会的管理，

---

① 同上，p. 279。
② 还有一种说法是，本笃的继任者，尤其是阿尼安的本笃是修会的创始人。然而在这样一部简略的历史介绍书中，我们没必要追究这一具体的细节。

这一点是忠实于其最初本意的。从一开始，一直到在埃及和叙利亚的繁荣，对教会管理的接受，一次又一次使隐修制度迸发出新鲜的活力。安东尼身上披的羊皮和他居住的沙漠，复兴了旧约里提到的"斗篷"①，以及加尔默罗派的托钵僧（Carmelites）所居住的大山，巴西尔创立的通过苦修来补赎的法则也已被帕拉佩特派（Therapeutæ）所应用。与之类似的还有被归到本笃名下的兄弟会的规则，也可以在安东尼和帕科米乌那里找到先例。经过了几个世纪的混乱之后，隐修制度在前几个世纪没有表现出来的作用——对天主教教理的维护——被多明我会（Dominicans）和方济各会（Franciscans）这两个相互竞争的修会发挥得淋漓尽致。

　　本笃的本意是，在旧的社会框架衰败和新的政治秩序还没有建立起来的混乱中，为基督徒提供一个保留文明的原则和潜心学习的避难所。后来，当年轻的修士开始骚动，修会有必要进行改变之时，就有了方济各和多明我这两位圣徒来教导和惩戒修士的团体。当修会开始在教会任职时，曾是早期隐修生活主要目的的补赎功能就退居到次要的地位。当然，方济各和多明我两个修会的第三修会还是主要致力于做补赎和忏悔的工作，但是方济各和多明我两位圣徒本身却被按立为神父，并被允许离开修道院。两个修会具有普世修会的性质，他们的经济来源是乞讨，而不是教友的募捐，他们直接受罗马教宗的管辖，而不受当地主教的管理。多明我会尤其成了一个博学的修会。当欧洲的风气开始引导人们放弃信仰时，多明我会的修士被委以在教会中布道的职责。他们中的很多修士都在欧洲的大学中身居要职，而方济各会则主要致力于在下层人民中做侍奉的工作。

5.

　　最后，在宗教改革的前夜，隐修制度的另一个功能被耶稣会发掘出

---

① *melotes*，希腊语。见《列王纪下》2:7，又见《希伯来书》11:37："（他们）披着绵羊、山羊的皮各处奔跑。"

来。古代的一位托钵僧说:"顺服是一个修士的侍奉,只有有了顺服,他的祷告才能得蒙上帝的垂听,他才能满怀信心地站在基督受难像前,因为基督就是顺服地走向十字架的,顺服上帝以至于死。"[1]说这段话的人生活在久远的年代之前,然而顺服这一品质的重要意义直到当代才被完美地昭示出来。有了顺服,人们才能接受进一步的恩典。这个伟大的修会不以任何来自世上的名字命名,在组织形式上比以前的修会更灵活,比以前的修会更直接地依赖圣彼得的宗座,比以前的任何修会更突出地强调顺服的重要性,也依靠他们对灵修的系统操练而比以前的修会更有效地避免世俗的污染。隐居所、修道院、审讯者(inquisitor)和托钵僧适应其他的社会形态,而耶稣会及其效仿者,因为通晓世俗的和宗教的文学、教育、忏悔、布道、对穷人的照管、宣教、照顾病人,而在我们的时代成为众人瞩目的对象。大城市成了他们的主要活动场所,身体的严格禁欲和仪式性的祷告退居次要地位。然而,我们完全有理由提出这样一个问题,在这个知性的时代,在思想和行为的自由前所未有地被看重的时代,是否能为基督的战士找到比将自己的判断和意愿降服于另一个人更有力的补赎方法?

---

[1] Rosweyde. V. P. p. 618.

第十章　真正发展的第五个标准的应用：对未来的预见

在前文，我们已经把真正发展的第五个标准，不论是伦理还是政治的发展，阐释为前一个阶段的教义能否在其诞生时代结束之后还继续存在和发生作用。假设所谓大公教会的教义和做法都是真正的、合理的发展而不是教义的蜕变，我们或许可以用逻辑的方法从最初几个世纪找到发展的范例。我认为情况是这样的：关于那个年代的记载很缺乏，我们几乎没有办法判断当时基督徒的日常生活是什么样的，那是个所谓的发展没得到书面认可并在神学体系中找到一席之地的时代，我们对当时基督徒的祷告、默想，甚至基督最早的门徒之间的谈话知之甚少。但是，即使从稀少的记载中我们还是可以看出，当时教会的氛围充满了祷告、默想和教徒之间的探讨，并一再地以这样或者那样的方式，在不同时间和人物那里，在不同的场合出现，见证着它们所包含的一个巨大的教义体系。这个体系将随着时间的发展而逐步成形，并获得承认。

第一节　身体复活与圣徒遗物

1.

在这里，我要请大家注意一个在东方和西方的基督教世界都很突出的原则，虽然这个原则备受新教徒和各种肤色自由主义思想家的讪笑，并因此成为很多人皈依大公教会的绊脚石。我在这里说的是希腊语和拉丁语的教会对圣徒留下来的骨头、血液、心脏、头发、衣服的碎片、坟冢、绳索、金属片、珠子等遗物致以敬意的做法，并常认为遗物有超自然力量的观念。这些信念和做法所依据的教义是：物质是神恩的载体，信徒借物质而体验上帝的临在和做工。如我们将要看到的，这个信念在最初的年代就得到了有力的表现和多种形式的发展；这种现象似乎走向了与当时学派的教义和宗教恰恰相反的方向。因此，它在早期教会的表现也常常以争议的形式出现。对一个教义的接受和发展往往是根据时代的需要进行的，有时候会有一段时间的沉默，不是因为人们不持有某个教义，而是因为没有人对该教义表示质疑。

2.

基督教从一开始就认为物质是上帝的创造物，并且在上帝看来是"好的"（创1∶10等）。基督教认为物质与精神一样，在亚当堕落的时候也堕落了，上帝开始着手进行对世界的救赎。基督教认为，至高的上帝自己承受了一部分堕落了的物质，从而使世界从整体上得到救赎。因为人类是万物中首生的，上帝救赎的对象首先是人类——他从一个童贞女的子宫获得了肉身，并以他自己的圣灵丰丰满满地充满了这个肉身。另外，基督教还认为，基督在世上生活的时候，他的肉身像其他人一样，是软弱的。除了没有罪性以外，他具有人的肉身所有的弱点。基督教认为，至高的上帝死在十字架上，他的血成为救赎的力量。另外，他的肉身复活，并把复活了的肉身带到了天上，他将永远不会抛弃那个得到了荣耀和圣化的肉身。从这些教义出发，基督教又有了圣徒也会身体复活，将来也会与基督同受荣耀的教义。接着，人们开始对圣徒留下的遗物致以敬意，再接着，开始认可童贞生活的价值，最后，开始认为马利亚作为上帝的母亲，在人类的救赎史上占有特殊的位置。所有这些教义都在尼西亚会议前夕或多或少地获得了发展，并在不同程度上与尼西亚会议相关。

3.

这些教义在当时就已经是哲学家、其他宗教的祭司和大众讥讽的对象。虽然我们在这里没有必要列举当时的多种观念，然而诸学派在一点上大致达成了共识，那就是物质的本质是恶。物质不是至高的上帝创造的，物质永远与上帝处于敌对状态，物质是所有污秽的根源，物质是无法被救赎的。柏拉图主义者、诺斯替派和摩尼教都有这样的观点。虽然使徒约翰说："凡灵不认耶稣，就不是出于神，这是那敌基督者的灵。"（约一4:3）诺斯替主义者仍固执地否认道成肉身，并坚持认为基督只是一个幻影——他们认为上帝的灵虽然在耶稣这个人受洗的时候降临到他的身上，但是在他死去的时候完全地离开了他。当时的使徒和福音书作者强调的一个重要话题是，基督的复活和所有人类在他之后的复活，但是当雅典哲学家听到使徒保罗的布道时，"有讥诮他的"（徒17:32），其他人也轻蔑地对他的教导置之不理。由童贞女降生，意味着肉身不但本身不是恶，而且肉身的一种状态比另一种状态更加神圣，如保罗所说，婚姻是好的，而童贞生活是更好的。但诺斯替派认为所有的物质都是恶，一概地认为所有的婚姻都是邪恶的，不论他们克制自己的肉欲与否，不论人们戒绝吃肉与否，诺斯替派认为我们所有的动物本能都是恶的、可憎的。

4.

摩尼说："根本就不要想我们的主耶稣基督会从一个女人的子宫里降生。"马西昂说："基督虽然从童贞女降生，但是他绝没有触到她或者从她那里获得任何东西。"另一个异端说："基督是通过马利亚降生的，但不是由她所生的。"巴尔德萨内斯说："相信现在囚禁我们的肉身将来要复活是荒谬的，因为肉身可以说是生命的负担、坟墓和锁链。"凯基里乌斯（Caecilius）谈到基督徒时说："他们憎恶坟墓，仿佛人的肉体，尽管免于焚化，竟不会在数年后化为尘土一样。我们的肉体要么被野兽所撕裂，要么被大海所吞噬，要么被土地所掩埋，要么被火焰所焚化。"受古代异教的影响，不论是受过教育还是没受教育的人，都认为尸体是污秽和不吉利的。他们迅速地除掉自己亲人和朋友的尸体，认为尸体的存在是一种污秽，并且像现在那些无知和迷信的人一样，对尸体感到厌恶和恐惧。据记载，汉尼拔在从意大利返回非洲海岸的途中，为了避开一个被毁坏了的坟墓而特意改变自己的登陆地点。阿普列乌（Apuleius）在他的《辩护》一文中说："埃米利安，愿住在天堂和地狱之间的神灵把那些游走于夜间的，在坟地里吓人的鬼魂都呈现在你面前。"卡帕多西亚的乔治（George of Cappadocia）把塞拉皮斯的神庙称为坟墓时，对亚历山大的异教徒来说，是一种极大的侮辱。犹太人对待死尸的态度也是一样。拉比们说，即使是神圣人的遗体也是"散布污秽和污染的"。以巴西尔的名义撰文的一位作者说："犹太人中有人死去以后，尸体随即成为可憎的。但是如果是为基督而死，遗体却是宝贵的。上帝曾对古代的祭司和拿细耳人说：'凡拿了死的，必不洁净到晚上，并要洗衣服'（利 11:25）；现在，恰恰相反，如果有人摸了殉道者的遗骨，因为遗体上留有上帝的恩赐，这个人也在一定程度上触摸了圣徒的圣洁。"①不但如此，即使是对异教徒的尸体，基督徒也表示一定的尊重，即使是朱利安皇帝也赞扬基督徒对死人的看顾。在西普里安的时代，基督徒因此在罗马帝国被广为赞扬。旁提乌（Pontius）对迦太基的基督徒有这样的记载："他们对所有人家死去的人都表示尊重，而不仅仅是对有基督教信仰的家庭。他们甚至比圣经上所记的多比（Tobias）做得更好。因为多比所埋葬的人——不论是国王还是流浪汉，都是他自己的亲属。"②

5.

当然，他们对圣徒的遗体致以比普遍意义上的尊重尸体更多的敬意。

---

① Act. Arch. p. 85. Athan. c. Apoll. ii. 3—Adam. Dial. iii. init. Minuc. Dial. 11, Apul. Apol. p. 535. Kortholt. Cal. p. 63. Calmet, Dict. t. 2, p. 736. Basil in Ps. 115, 4.
② Vit. S. Cypr. 10.

他们把圣徒的血、骨灰和遗骨当作珍宝,认为其中含有超自然的力量。当西普里安被斩首时,基督徒拿着手帕吸干他的血。当安提阿的伊格纳修的身体被罗马竞技场的野兽撕裂时,他的身体上只有几块坚硬的骨头留了下来,他的遗骨被运到安提阿,用细麻布裹起来,当作无价之宝馈赠给神圣的教会。波利卡普殉道时,犹太人竭力阻止基督徒拿到他的遗体,"唯恐他们会离开基督,转而崇拜波利卡普"。基督徒回应说:"他们不知道,我们是永远不会离开基督的。我们接过他的(波利卡普)比宝石更宝贵、比金子更精美的遗骨,安置在合适的地方。当我们在他的遗骨旁边聚集时,上帝赐给我们特殊的恩典,使我们满怀欢欣和喜悦纪念他的殉道。"在巴勒斯坦的一个地方,当地的政府把殉道者的遗体从坟墓中挖出来扔到海里,优西比乌说:"因为他们害怕坟墓中的人被当成神灵,开始受人的崇拜。"

因为朱利安皇帝曾经是基督徒,他比一般人更了解基督徒多么珍惜圣徒的遗物,他认为这种"迷信"可以一直追溯到使徒约翰的生前,也就是说,从一开始有殉道者,就有了对殉道者的尊崇。对殉道者所表达的敬意与对基督的崇拜是同时出现的,并同样是明确和正式的。另外,朱利安认为,这两种做法一开始都是秘密进行的。他说:"不论是保罗,还是马太,还是路加,还是马可,都不敢把基督称为上帝。只有约翰,在得知希腊和拉丁的城市里有很多人认为基督是上帝以后,在听说彼得和保罗的殉道以后,开始第一个敢于称基督为上帝。"他在另一个地方说:"谁能感到厌恶呢?虽然没有人告诉你们在墓前拜倒,向坟里的人致敬,你们却使所有的地方都满了坟墓和纪念碑……如果耶稣说死人是不洁净的,那你们为什么不祈求上帝咒诅他们呢?"摩尼教徒福斯图斯的论调是一样的。他对奥古斯丁说:"你们把对异教偶像的崇拜改成了对圣徒的崇拜,你们用类似的祷告(*votis*,拉丁文)侍奉(*collitis*,拉丁文)他们。"[①]

[①] Act. Procons. 5. Ruinart, Act. Mart. pp. 22, 44. Euseb. Hist. viii. 6. Julian. ap. Cyr. pp. 327, 335. August. c. Faust. xx. 4.

6.

值得注意的是，基督徒和他们的反对者的注意力都从圣徒的遗物转移到圣徒本身。至少巴西理得，一个最不敬的诺斯替教派的创始人，以极其轻蔑的语调谈论圣徒。他认为他们的受苦是对他们自己秘密的罪，或罪恶的愿望，或对别人犯的罪的惩罚。基督徒把他们的受难称为上帝圣宠的标志，仅仅是因为他们把殉道者的受难与基督的受难联系起来。① 从另一方面说，教会的教义认为殉道有补赎的意义，圣徒的血从神圣的救赎者基督那里获得了一定的补赎力量。在没有圣礼的地方，殉道取代了洗礼。殉道使灵魂免除了所有准备性的等待，直接把灵魂接到荣耀之地。德尔图良说："他们所有的罪都因巨大的善工而被赦免。"

与圣徒马上到达神圣的审判者基督所在之地相关的教义是殉道者的荣耀与力量。狄奥尼修曾说，他们与基督一起在天上统治世界。奥利金甚至曾认为，"正如我们能够被耶稣基督的宝血所救赎一样，可能有的人也能被殉道者的宝血所救赎"。西普里安的话似乎是对奥利金话语的解释："我们相信，殉道者的善工和公义之人的工作，在审判者那里大大地有益。"也就是说，对于那些犯了罪的人而言，"在时代和世界结束的时候，基督的信徒将站在他审判的座前"。相应地，人们认为他们在荣耀中为教会和他们认识的人代祷。3 世纪初，亚历山大的普塔米埃娜（Potamiæna of Alexandria, St.）被带出去处决的时候，向带她到刑场的官员承诺说，她离开世界以后将帮助他也获得救赎。根据优西比乌的说法，她在殉道三天后，果然向他显现，并预言了他不久以后的殉道。优西比乌告诉我们说，狄奥多西亚曾在巴勒斯坦拜访一些被关在牢狱里的基督徒，央求他们"到了主耶稣基督的面前为她祈祷"。德尔图良一成了孟他努的追随者，就

---

① Clem. Strom. iv. 12.

马上以抗议的方式背叛了正统教会的关于尊崇殉道者的教义。①

第二节 童贞生活

1.

讲完受难和殉道者所做的善工之后,我在这里要说明早期教会赋予身体上,以及道德上的纯洁或贞洁的价值。西普里安对一些贞女说:"第一位的赏赐是百倍的,属于那些殉道的人;第二位的赏赐是六十倍的,属于你们。"②贞洁的生活状态及其价值是尼西亚会议前的作者所公认的。其中,阿萨纳戈拉斯明确地把贞洁的生活同与上帝的神圣联合联系在一起。他对罗马皇帝马尔库斯说:"你将会看到我们中的很多人,有男人也有女人,一生单身,以期达到与上帝更紧密的联合。"③

2.

虽然有多部可以引用的权威著作,我在这里仅谈论一部经过其作者深思熟虑的,对其作者本人很重要的作品。美多迪乌是尼西亚会议前夕的一位主教和殉道者,还被认为是他那个时代最神圣的圣徒。他渊博的学识、卓越的写作和雄辩的口才是有口皆碑的。④我们在这里要讨论的著作是,《贞女的集会》(*Convivium Virginum*)。它讲的是十个贞女聚集在一起,依次讲述童贞生活的好处。我在这里并不想否认这部著作的某些部分过度地批判当时以成功的婚姻为中心的价值观。我们在这里关心的是这部著作中包含的教义。在集会中发言的人,至少有三位是生活在美多迪乌之前的真实人物,其中的一位是泰克拉(Thecla, St.),传统上一般把她和使徒保罗联系在一起;还有一位是马尔塞拉(Marcella),根据罗马的祈祷书,她是马

---

① Tertull. Apol. fin. Euseb. Hist. vi. 42. Orig. ad Martyr. 50. Ruinart, Act. Mart. pp. 122, 323.
② De Hab. Virg. 12.
③ Athenag. Leg. 33.
④ Lumper, Hist. t. 13, p. 439.

大（Martha, St.）的侍女，而马大是对耶稣大声说"怀你胎的和乳养你的有福了"（路11:27）的人。接着，狄奥菲拉（Theophila）讲了婚姻的神圣性，独身所获得的特殊恩典不妨碍有的人以婚姻的生活方式到达荣耀之地。泰里亚（Thalia）接着讲了基督和教会之间的神秘联合，并讲解了《哥林多前书》7章。狄奥帕特拉（Theopatra）强调了贞洁生活的重要意义。塔鲁萨（Thallusa）敦促信徒警醒地珍惜所获恩赐。阿迦萨（Agatha）强调了其他的品德和善工的重要性，只有品行无瑕的贞女才能真正地实现上帝对她们的特殊呼召。普罗希拉（Procilla）赞美贞洁的生活，指出贞洁是成为基督配偶的特殊途径。泰克拉说，贞洁生活是天堂和地狱、善与恶的争斗中的勇猛斗士。提西安娜（Tysiana）谈到了贞洁与身体复活的关系。多姆尼娜（Domnina）用寓意法解释了《士师记》9章中约坦（Jothan）的寓言。从对话的一开始，品德就以拟人化的手法作为一个主要人物参加对话，她以劝诫贞女们实现内心纯洁的教导结束了整篇讨论。其他的贞女以唱圣诗的方式回应她，并把圣诗献给主耶稣基督——圣徒的配偶。

3.

从美多迪乌的记述中可以看出，当时的人如果愿意过贞洁的生活，必须发独身愿。对话中的一位贞女说："我会解释我们是如何为主耶稣基督献身的。《民数记》中说的'许了特别的愿……要离俗归耶和华'（6:2）说的正是我在这里要坚守的，因为守贞洁的愿是其他许愿之上的许愿。"①类似的语言可以在很多尼西亚会议之前的教父作品中找到，并不仅局限于美多迪乌的著作。4世纪初的安卡拉会议（Council of Ancyra）说："背弃了守贞洁之愿的人与再婚的人一样。"德尔图良曾说，守贞洁的人实际上是"与基督在婚姻中结合"。而缔结婚姻必然要许愿。他接着说："你们宣誓（*sponsasti*）把自己成年的岁月交给基督。"在这之前，他曾更明确地提到过守贞

---

① Galland. t. 3, p. 670.

洁之愿（continentiae votum）。奥利金提到过贞洁的生活是"把身体献给上帝"。西普里安说："基督里守贞洁的人，把自己献给了他（基督）和他的圣洁"，以及"他们把肢体献给他，他们的品行成了贞洁生活的赞美"。优西比乌说，他们"把身体和灵魂一起献给了纯洁和圣洁的生活"。①

第三节　对圣徒与天使的尊崇

1.

西班牙的教会率先开始了对圣徒和天使的尊崇。尼西亚会议召开之前不久，在伊利波里会议（Council of Illiberis）上通过的律令，代表了3世纪对尊崇圣徒和天使的教义的看法。其中一条律令的内容是："兹规定，教堂的墙壁上不应有壁画，以杜绝崇拜画像的嫌疑。"②这句话听起来与西班牙的教会在同一时期使用壁画的做法截然相反。现在让我们假设，所有的图画都是被禁止的，不论是耶稣基督的画像，还是神圣的标记——如小羊和鸽子，抑或是天使和圣徒的画像。我们不应该限制字句的所指，当时争议的各方也不愿意这样做。我们一致同意，伊利波里会议的禁令包括了圣徒的画像。厄舍尔（Ussher）说："很显然，在君士坦丁的时代，在西班牙举行的伊利波里和艾利柏林会议（Eliberine Council）不允许在教堂悬挂画像。"③厄舍尔所说的是"对上帝和基督的画像，以及天使和圣徒的画像"。④泰勒（Taylor）说："艾利柏林会议非常古老，享有盛名，会议上明确禁止把崇拜的对象画在墙上，因此教堂里不应该有任何画像。"⑤他在这里也包括了圣徒的画像。这些，我再重述一遍，我们都承认。然而，正因

---

① Routh, Reliqu. t. 3, p. 414. Tertull. de Virg. Vel. 16 and 11. Orig. in Num. Hom. 24, 2. Cyprian. Ep. 4, p. 8, ed. Fell. Ep. 62, p. 147. Euseb. V. Const. iv. 26.
② placuit picturas in ecclesiâ esse non debere, ne quod colitur aut adoratur, in parietibus depingatur. Can. 36.
③ Answ. to a Jes. 10, p. 437.
④ p. 430. "敬拜"和"尊崇"是有区别的。
⑤ Dissuasive, i. 1, 8.

如此，律令的推论也是无可辩驳的——那就是西班牙的教会把圣徒当作"崇拜或者爱慕"的对象。也就是说，画像是作为崇拜的对象被禁止的。禁令的目的很明确，是为了防止信徒把画像中的圣徒作为崇拜的对象（*quod colitur*）。如果不把天使和圣徒作为崇拜对象的话，是不会被禁止的。

2.

这里对天使的提及使我想起了关于殉道者查士丁的话。

如伯顿博士所说，在查士丁的时代，基督徒被冠以无神论的罪名，在回答完无神论的指控之后，查士丁接着说，基督徒"是因为拒绝崇拜邪恶的魔鬼而受惩罚，而魔鬼并不是真正的神。但是我们崇拜和尊崇真正的上帝及其派遣到人世间的圣子、所有跟随和效仿他的好天使，以及在圣经里说预言的圣灵。正如我们通过别人受了上帝的教导一样，我们也不吝惜把真理传给任何愿意接受的人"。①

对天使的尊崇在这一段里体现得再明确不过了。查士丁很自然地谈到异教对魔鬼的崇拜，并把两者区别开来。基督教的信仰一方面是对独一上帝的崇拜，上帝"不把属于自己的荣耀给别的神"；另一方面，基督徒对受造物致以次等的尊崇，这对给予者和接受者而言都不是罪。不足为奇的是，古代的作者对"崇拜"和"尊崇"的区别并不严格，两个词常常混淆，仿佛都有"崇拜"的意思，然而他们很明确的是，一种"崇拜"包括天使，而另一种则不包括。

3.

以下是伯顿博士的一段话：

---

① *Apol.* i. 6. 这段话与《每日祈祷书》中的一段是并列的："荣耀和颂赞永远归于至高的三位一体真神，为我们钉死在十字架上的主耶稣基督，最荣耀、最圣洁的、永远的贞女马利亚，和所有的圣徒"等等（Sacrosanctae et individuae Trinitati, Crucifixi Domini nostri Jesu Christi humanitati, beatissimae et gloriosissimae semperque Virginis Mariae foecundae integritati, et omnium Sanctorum universitati, sit sempiterua laus, honor, virtus, et Gloria ab omni creatura, etc. ）。

"斯库尔泰图斯（Scultetus）是海德堡一位新教的权威人物。1605年，他发表了《教父神学的精髓》（*Medulla Theologiæ Patrum*）一书，对上文引用的一段话作了完全不同的阐释。他认为'天使'不能作为'我们崇拜'的宾语，而是把'天使'和'启示我们'放在一起。这样，这段话就译成了：'但是我们崇拜上帝，和从他那里来的圣子，这些是上帝启示给我们的，他（上帝的儿子）还启示我们尊崇其他的、好天使。'布尔主教和斯蒂文·勒·莫因（Stephen Le Moyne）采纳并维护这种阐释，就连本笃·勒·努里（Benedictine Le Nourry）也认为，查士丁的意思是上帝的儿子教导我们不要崇拜邪恶的天使，并告诉我们还有其他好天使存在。格拉柏（Grabe）在他编订的《查士丁的护教》（1703年版）一书中，采纳了勒·努里和凯夫（Cave）以前曾提议的一种阐释。他也把'天使'和'启示'放在一起，因此这段话就成了：'……和从他那里来的圣子，圣子也把这些事情启示给我们，以及其他的天使'等等。有人可能认为，于1565年发表查士丁作品之拉丁译本的朗古斯（Langus），有意采纳以上阐释的一种，或者至少把'天使'和'启示这些事情'连在一起。这两种阐释显然都旨在忠实于原文，并且与希腊文原文不冲突。但是我不能说这两种阐释令人满意，我也更能理解天主教的作者为什么认为这两种阐释都很牵强，是为了避免某个困难而对查士丁的原意作了武断的改动。如果我们把方括号里的话完全删除的话，整段话显然成了关于三位一体的论述；但是基于查士丁的原文，天主教作家自然要把这段话作为支持尊崇天使的论据。

"然而天主教作家的阐释也是有困难的：这段话的语调太过分了。如果把天使和三位一体并列起来作为崇拜的对象，就连罗马天主教徒自己也不能接受。他们著名的关于'崇拜'和'尊崇'的区别就被完全抹杀了。本笃会的一位修士意识到了这种困难，虽然他的阐释也不成功。这位修士这样写道：'我们的对手反对双重阐释的努力是徒劳的，因为我们的尊崇和崇拜是不同的。前者在区分创造者和创造物的前提下可以应用于天使，后者则无论如何不包括天使。'这种说法需要对方作出让步。在争议中,当然没有人愿意作这样的让步。如果我们可以把'尊崇'和'崇拜'中的一个应用于天使,另一个没有理由不能应用。但是,也许查士丁的话可以被理解成包含了某种类似的区分。斯库尔泰图斯和格拉柏的阐释没有多少支持者。从总体上看,我倾向于认为,与天使有关的那个从句是与以下的一句连在一起的,即'对他们致以恰当和真正的尊崇'。"①

伯顿提到了两种对原文的武断改动,一种把造成困难的从句挪到"对他们致以尊崇"之后;另一种则用"命令者"(strategon)来代替"天使"(straton)。

4.

伯顿接着又说:"在我看来,查士丁是在为基督徒反驳无神论的指控。说完他们拒绝崇拜的神实际上不是神而是魔鬼以后,他指出基督徒所崇拜的是什么。他先说的是真正的上帝,他是所有善的根源。接着说了从上帝那里来的圣子,接着是好的天使,最后是圣灵。他说,对这些神圣的存在,我们致以相应的崇拜和尊崇。也就是说,该崇拜的崇拜,该尊崇的尊崇。基督徒所受的指控是奉行无神论,即不承认任何高于人类的存在。查士丁说明这种指控是没有根据的,因为基督徒不只承认一种高于人的存在。他们把崇拜献给真正的神,同时,他们也相信有好天使的存在,好天使也得到基督徒的荣耀和尊敬。如果一个读者从整体上看待查士丁的这段话,他可能会看出'崇拜'和'尊崇'这两个动词分别适用于不同的对象。在我们看来,查士丁把天使放在圣灵之前可能有点奇怪,但是这一点对天主教徒和对我们都是一个困难。或许我们可以采纳林肯郡主教②的解释,他说:'有时候,我觉得查士丁这段话里的"及天使"(and the angels)和"与天使一起"(with the host)意思相

---

① Test. Trin. pp. 16, 17, 18.
② Dr. Kaye.

同。查士丁的意思是，当基督被荣耀之时，当他来审判世界时，被众多的天使所环绕。'凯埃主教还考察了查士丁的另外几段话，都包含圣子被天使环绕的内容。如果查士丁的意思的确如此，就不难解释他为什么把圣灵放在天使之后，这种秩序也就是自然和恰当的了。"①

第四节 圣母马利亚的特殊地位

1.

对圣母马利亚特殊地位的理解，是与道成肉身的教义紧密联系在一起的，这一点我们在前面就已经论述过了。众所周知，对马利亚的尊崇直到后来才在大公教会的崇拜中成熟起来。但是我们不能说它是教会的新事物，以前的教父绝非对此一无所知。查士丁、爱任纽和一些其他的教父曾明确地指出，马利亚有特殊的职能；正如夏娃在亚当的堕落中发挥了作用，并有一定的责任。马利亚在实际的救赎过程中承担了一个不可或缺的部分——因为她是一个有自由意志的人。教父们认为，正如夏娃有可能挫败试探者的阴谋，但是没有做到。如果马利亚选择不服从或者不相信天使加百列向她传递的信息，神圣的救赎计划就会受阻。从圣经的一开始，一直到最后的章节，我们可以确切地看到"众生之母"夏娃和救赎者之母马利亚之间的并列关系。我在前文的一个地方曾经提到，圣经上唯一一个把蛇称为邪恶之灵的章节是《启示录》12章；我们应该注意到，这一章有两个妇人的意象，其中一个是"身披日头，脚踏月亮，头戴十二星的冠冕"的妇人（启12:1）。另外，《启示录》还说："龙向妇人发怒，去与她其余的儿女争战"（启12:17），正如《创世记》所预言的："我又要叫你和女人彼此为仇；你的后裔和女人的后裔也彼此为仇。女人的后裔要伤你的头，你要伤他的脚跟。"（创3:15）容易被忽略的是，这里所说的"仇"不仅存在于

---

① pp. 19-21.

蛇与女人的后裔之间，而且存在于蛇和女人本身之间。因此，《创世记》的这一节经文与《启示录》之间存在很好的呼应。如果我们有理由相信圣经结尾处的章节呼应圣经开头的章节，那么这两处圣经提到的"妇人"是同一个，她只能是圣母马利亚，是她纠正了夏娃的过犯。

2.

但是，现在这本书的重点不是解经，而是考察教父的著作。查士丁曾说："夏娃一开始是一个纯洁的贞女，但是她受了蛇的诱惑，成了不服从和死亡的开端。但是另一个贞女马利亚，当天使加百列向她宣告神圣信息时，她满怀信心和喜悦地回答说：'我是主的使女，情愿照你的话成就在我身上'。"（路1:38）①德尔图良说，夏娃相信的是蛇，而马利亚相信的却是天使加百列，"夏娃错在相信，马利亚却因着相信而涂抹了她的罪"②。爱任纽的话更加明确："夏娃因为不服从而成了她自己和全人类死亡的开端，而童贞女马利亚因着她的顺服而成了她自己和全人类救赎的开端。"③教父们对这一点的论述，在尼西亚会议以后被教会所接受，成了正式的教义。

3世纪有一个著名的关于马利亚显现的神迹。这个神迹关系到两个人——一个是神迹的记述者，另一个是经历神迹的人。尼撒的格列高利出生于4世纪的卡帕多西亚，他曾记述发生在与他同名的、新凯撒利亚的主教身上的一件神迹，这位主教生活在3世纪，他的姓氏是萨乌马图尔格斯（Thaumaturgus）。在这位3世纪的主教即将被按立成为神父之前，曾在一个异象中从使徒约翰手中接受了关于圣母马利亚的教义。尼撒的格列高利说，异象发生的时候，名为格列高利的3世纪主教正在思考当时被异端所败坏的一个神学教义："夜里，他陷入了深深的沉思，这时有一个人向他显现，这个人看起来很老了，他穿着圣徒的服装，神态

---

① Tryph. 100.
② Carn. Christ. 17.
③ Hær. iii. 22, §4.

和仪表都令人敬畏……顺着他（约翰）的目光，他（格列高利）看见了另一个人，看起来是一个妇人，又仿佛比人更高贵……他的眼睛无法承受眼前尊贵的景象，但是他能听到他们之间的交谈，谈论的正是使他疑惑的话题。这样，他不但获得了关于信仰确切的知识，而且从他们相互的称呼中知道了他们的名字。他听到那位妇人请求'福音书作者约翰'向眼前的这位年轻人解释信仰的奥秘；而他则回答说他愿意满足'上帝之母'的愿望，并向格列高利完整地传授了他深感疑惑的教义，然后他们就消失了。"格列高利接着讲了他所听见的教义，即"仅有一个上帝，他是逻各斯之父"，等等。①布尔主教在他关于尼西亚信仰的著作中引用了这个神迹的记载，并补充说："没有人应该怀疑这个神迹的真实性，因为教会的作者众口一词地为他作见证，说他的一生中经历了许多异象和神迹。"②

3.

值得注意的是，纳西盎的格列高利记载了一个与圣母马利亚代祷有关的神迹，该神迹与萨乌马图尔格斯主教看到的异象发生在同一时代，却更加神奇。但是他的记述中因为有一个错误而影响了其权威性——这个神迹发生在 3 世纪，而非格列高利所在的 4 世纪。格列高利记述的是，一个异教徒曾试图在一个基督徒妇女身上行巫术，这位基督徒向马利亚祷告，寻求她的庇护，最后异教徒因为她的祷告归信了基督，最后他们双双成为殉道者。

在这两个例子中，童贞女马利亚都以守护者的形象显现，一如爱任纽和其他的早期教父所描述的，以及中世纪教会所揭示的——她是信徒慈爱的母亲。

---

① Nyss. Opp. t. ii. p. 977.
② Def. F. N. ii. 12.

第十一章 真正发展的第六个标准的应用：对过去的保守

异端常用的一个借口是：他们用自己的创新来服侍和保护基督教。他们常常控诉大公教会，说她相继给出的有关教义的定义因为相互重叠而变得模糊。也就是说，他们认为，而且我们不否认，真正的发展旨在保留原来的教义，而教义的蜕变则倾向于破坏原来的教义。我们在前文已经把对过去的保守定为鉴别发展之真伪的第六个标准，本章是对这个标准的应用。截至现在，这本书已经远远超过了它的目标，读者和作者都已经感到疲倦了，因此我们只需对剩下的话题作一些简要的考虑。

我们已经指出，一次发展的各个部分与原先教义的各部分之间存在着严格的对应关系，这种对应远远超出了我们所能想到的范围。就像一个成年男子绝不仅仅是一个身材长高了的男孩，他的体态和身体各个部分的比例发生了变化，成年是少年的发展，在保留原有物质的基础上，增加了仅属于成年人的一些特征，但是仍然保持着原有的身份。文森特说："老年人身上的特征早在少年时就潜在了。"（*Ut nihil novum proferatur in senibus, quod non in pueris jam antea latitaverit*）发展的特征，一方面是真实的，可以察觉到；另一方面却不是对原有状态的丧失或倒转，而是恰恰相反，是对以前的保护和肯定。这种特征以一种特殊的方式表现在基督教发展的方方面面。

第一节 多个例子

1.

如果我们对基督教的历史作一个最简单的概览,我们就可以看到保护过去的特征既体现在个人的思想中,又体现在教会作为一个整体的层面上。基督教的发展既是真实的新事物,又是在以前的教义中潜在的。现在我们理解了没有爱的思想在上帝那里是不可接受的。是爱将基督徒的敬畏与奴性的恐惧区别开来,并成为区别真正信仰和崇拜魔鬼的标准。但是在信仰生活刚开始的时候,对上帝的敬畏是首要的恩赐,而爱是潜伏在敬畏里的,并随着时间的发展逐渐从看似与它相对的敬畏中展现出来。当爱被展现出来以后,它在基督徒的心灵中占据了首要的位置,但是爱所做的不是要取代敬畏,乃是要保护它。爱是后来增加上去的,但是敬畏没有因此被移除。虽然看似发生了一次变革,但是心灵通过这个过程在上帝的恩赐中变得更加完美。"流泪撒种的,必欢呼收割"(诗 126:5),但是到了后来,他们虽然"常常喜乐",却也时常"忧伤"。

教会从整体上也是这样。她以受苦开始,后来收获了胜利,但是从被迫害的牢狱中释放出来以后,她没有忘记以前的苦难。"温柔的人有福了,因为他们必承受地土"(太 5:5),力量是从虚弱中来的,贫穷的人变得富足;但是贫穷时的谦卑被保留了下来。在没有殉道者的时候,修士成为基督教世界的领袖。

2.

异教的权威被推翻以后,两个运动像闪电一样从东向西横贯世界——一是敬拜的发展,二是禁欲主义。这两个发展对应了古代的异教对基督教的两个主要批评:一、基督教是黑暗和邪恶的巫术;二、基督教是纵情享乐的异端。正如福音书所说的:"我们向你们吹笛,你们不跳舞;

我们向你们举哀,你们不捶胸。'约翰来了,也不吃,也不喝,人就说他是被鬼附着的。人子来了,也吃也喝,人又说他是贪食好酒的人,是税吏和罪人的朋友。"(太 11:17—19)而耶稣基督也始终是个"多受痛苦"(赛 53:3)的人,但是他充满恩典、温和的举止使他的严正有了温和的外表。

3.

类似的特征也在道成肉身的奥秘中表现出来。基督先是神,后来又成了人;但是欧迪奇因为害怕抹杀了他的神性而拒绝承认他是真正的人。因此大公教会的教父时常一致强调,"逻各斯"的确成了真正的人,不是通过神性的丧失,而是通过人性的获得。神性和人性是截然不同的,但是受造的人性在永恒的神性中存在。教会的原则是,道成肉身"不是失去了以前有的,而是增加了以前没有的"(*Non amittendo quod erat, sumendo quod non erat*)。因此,如我们在上一章中已经看到的,虽然发展的过程在关于基督作为中保的教义中已经体现出来,但它是在关于基督受难的教义中得到了进一步的彰显。基督的受难是大公教会的教义中最有力、最引人入胜的。它是默想和祷告的主题;它因为十字架的标记而不断地被纪念;它通过耶稣受难像被展示给全世界;它以不同的形式在无数的祷告场所受到赞扬,虔诚的人成立包括修会在内的各种组织,进行各种事业来荣耀基督的受难,信徒还使用无数其他的方式来纪念作为救世主、救赎者的基督和他的十字架、他的受难和他的圣心。

4.

在这里,我要特别地提到一个有关十字架的教义。有的人认为这个教义违背了十字架的本意,①是一种明显的蜕变。我所指的教义是把温和基督的形象介绍给军队的人,并以十字架作为和平的标记,在战争中

---

① Supr. p. 178.

寻求保护。如果光与黑暗、基督与彼列（Belial）没有关联，那么基督与摩洛（Moloch）有什么关联呢？基督甚至不肯降火于他敌人的军队，他来的目的不是为了毁灭而是为了成全。然而这个看起来不正常的做法是发展之原则的体现，乍看起来违背原意的教义实际上是对原意的保护或者诠释。基督在旧约里向先知显现的时候，曾以斗士的形象给敌人造成巨大的创伤。他在波斯拉（Bozrah）显现的时候，身上的袍子溅满了敌人的血迹，被染成了红色（赛63）。但是正义的战争仍然是被基督教教义所允许的。战争中的军人从事的是极其可怕的事业，他们在夺取别人生命的同时把自己的生命置于危险之中。所以他们至少应该有基督同在的支持，并在他神秘力量的支持下战斗，因为基督以自己的鲜血救赎了他的选民，杀戮了他的敌人，掀翻了犹太人，并缓慢地摧毁了异教的帝国。如果基督教国家参与的战争经常是不正义的，那么我们有理由反对参战的人使用宗教标记，因为对宗教标记的滥用，只会进一步加重参战国家的罪恶。

5.

同样地，有关发展的特征也可以从三位一体的教义上看出来。苏西尼学派曾认为三位一体的教义会完全破坏上帝统一性的教义，虽然后者得到了很强烈的坚持。但是正如我们已经看到的，①佩塔维乌认为三位一体的教义是包含了上帝特殊恩典的教义，因为它不但不模糊和损害以前的关于上帝统一性的教义，反而对它起支持的作用。

6.

即使在新教徒视为明显蜕变的天主教教义上，我们也可以证明天主教会的教义与基督教源头的一致性。比如，有人说，天主教会对圣像的尊崇直接违背了圣经的诫命和早期教会的传统。关于早期教会，我们已

---

① Supr. p. 179.

经在圣像尊崇方面作了足够的论述,我在这里只分析来自圣经的论断。

新教徒声称,禁止对圣像的尊崇是以摩西十诫为依据的。那么我们可以合理地提出以下问题:摩西的诫命是否应该从字义理解,还是仅是一个局限在旧约时代的、暂时性的诫命。我们可以肯定,后期的犹太人坚持从字义理解诫命,但是对字义的坚持不能把他们从违背精义的罪中拯救出来。如果真是这样,对十诫字义的坚持是与福音的精神不相符的。

7.

受上帝启示的先知说:"你们的后代,就是以后兴起来的子孙,和远方来的外人,看见这地的灾殃,并耶和华所降与这地的疾病,又看见遍地有硫磺,有盐卤,有火迹,没有耕种,没有出产,连草都不生长……所看见的人,连万国人,都必问说:'耶和华为何向此地这样行呢?这样大发烈怒是什么意思呢?'人必回答说:'是因这地的人离弃了耶和华他们列祖的神,领他们出埃及地的时候与他们所立的约,去侍奉敬拜素不相识的别神,是耶和华所未曾给他们安排的。'"(申29:22—26)当基督生活在地上时,犹太人没有守与上帝立的约,因而受到了惩罚。但是他们严格地遵守了这约的字义,并因为他们对"他们列祖的、带他们出埃及地的神"的崇拜和对"耶和华所未曾给他们安排的"憎恶而在异邦中声名远扬。如果死守字义不能保证犹太人的救赎,那么离开字义也不是基督徒的过错。

另外,我们可以很确切地看到新约和旧约对全能上帝所使用象征的不同。在旧约里,把上帝"换为吃草之牛的像"(诗106:20)是亵渎上帝的行为。而在新约里,三位一体的第三位神却以鸽子的形象来显示自己的临在,第二位格的上帝为了表示他的人性,允许人以羔羊为名崇拜他。

8.

因此,如果仅一部分十诫对基督徒有约束力,那么当我们向基督徒讲述教义时,有权力忽略不适用于他们的部分,就像我们在讲道的时候,如果涉及摩西五经,我们略过那些暂时性的期许或者关于祭祀礼仪的规定。这是我们对待旧约的一贯的做法,但是我们丝毫没有轻视它的意思。

第二节 对圣母马利亚的尊崇

曾有人充满焦虑地问,对圣母马利亚的尊崇,虽然是对全能上帝和圣子的崇拜的延伸,但这是否有可能在事实上削弱对前者的崇拜呢?或者,从其性质来看,这是否有可能在不减少对创造者爱戴的情况下尊崇一个创造物?

关于这个话题,除了我在前几章已经说过的以外,我在这里还要指出:这是一个有关事实而不是关于假设或者猜测的问题。我们已经在抽象的意义上阐明了尊崇马利亚是合理的,并且阐明了其在理论上与不可传达的对上帝的崇拜的区别。在本章中,我们要考虑它的可操作性,即对圣母的尊崇在实际经验中是否为一种可行的、有效的崇拜上帝的方式。

1.

首先,我要指出的是,对于那些承认以弗所会议之权威的人来说,这个问题已经在很大程度上得到了回答,因为以弗所会议的教父们认可了马利亚是"上帝之母"的说法,其目的是保护道成肉身的教义,以保护大公教会的信仰不受一种似是而非之博爱主义的污染。如果我们对欧洲作一个概览,至少我们会发现不是那些尊崇马利亚的团体,而是那些否定对马利亚的尊崇的团体,(在法律允许的情况下)停止了对圣子的崇拜。对圣子的荣耀没有在弃绝尊崇马利亚的行动中得到任何帮助。那些被控诉不崇拜上帝转而崇拜一个受造物的人仍然崇拜基督;那些控诉他们的人,虽然希望能对圣子保持"纯洁"的信仰,却在他们的原则发展不受阻碍的地方,也一并停止了对圣子的崇拜。

2.

接下来,我们必须允许别人对天主教的教礼进行审查。必须指出的是，对圣母的尊崇和对她的儿子——永恒的圣子，以及对三位一体的崇拜格调是完全不同的。对全能上帝的敬拜是严肃的、深邃的、令人敬畏的，同时也是亲切的、充满信赖的、恭顺的。在仪式中，道成肉身的基督被当作真正的神来敬拜。他虽然是最慈爱、温柔和仁慈的，我们仍然把他当作世界的创造者和审判者来崇拜。另一方面，用于对马利亚表示尊崇的语言是亲切的和热情的，就像对亚当的孩子说话一样。虽然上帝免除了她的罪，但她仍然是我们这些罪人的宗亲。比如，"震怒之日"（*Dies Irae*）和"圣母悼歌"（*Stabat Mater*）这两首圣诗的格调是多么的不同。在"何等痛苦忧伤，独一圣子之母"、"童贞女中的童贞女，我的心意勿拒绝，让我与你共哀伤"、"叫我与你同哀哭"这三个诗句中①，我们表达感情的对象仅是一个受造物和一个人。而在"以恩典救世的伟大君王，救恩的源泉，救我"、"那日勿让我毁灭"、"复仇的、公义的审判者，赦免我"、"我匍匐在你的面前祈祷，我心痛悔如灰烬"，以及"仁慈的天主耶稣，赐他们平安"②等诗句中，我们听见的是受造物的声音，他们虽然在盼望和爱中被高举，但是仍然深深地敬畏他们的创造者、无限的施恩者和审判者。

另外，五旬节和纪念三位一体的圣日所用的祷词和圣母受孕日用的祷词是多么的不同！"降临吧，创造者圣灵"、"至高神的恩赐是火，是爱"、"独一的、真正的三位一体，独一和至高的神，神圣的独一之神"、"我们的希望，我们的救赎，我们的荣耀，啊，是荣耀的三位一体"、"慈爱的父，仁慈的圣子，传递爱的圣灵，啊，伟大的三位一体"、"释放我

---

① 以上三个诗句拉丁文原文分别是："Tristis et afflicta Mater Unigeniti," "Virgo virginum præclara Mihi jam non sis amara, Pœnas mecum divide," "Fac me vere tecum flere"。——译者注
② 以上诗句的拉丁原文分别是："Rex tremendae majestatis qui salvandos salvas gratis, salva me Fons pietatis", "Ne me perdas illa die", "Juste Judex ultionis, donum fac remissionis", "Oro supplex et acclinis, cor contritum quasi cinis", "Pie Jesu Domine, Dona eis requiem"。——译者注

们，救赎我们，使我们复活，啊，伟大的三位一体！"①——这些诗句是多么的庄严、肃穆而不失慰藉。相反，在圣母受孕日献给圣母的诗句是多么的欢快，充满同情和爱戴，多么的振奋人心！比如，"充满智慧的童贞女，你是怎样像闪亮的晨曦一样地走向前？锡安的女儿，你是多么的悦目，多么的甜美，你像月光一样美丽，像太阳一样夺目"，又如"春天用玫瑰的花瓣和山谷的百合围绕着你"，"童贞女马利亚被接到天上，上帝为她设宝座"，"天使欢呼，祝福圣主"。②另外，圣诗的吟咏部分是"我们是被放逐的夏娃的儿女，我们向你呼求；在这流泪谷，我们叹息哭泣，向你呼求"，"啊，你是我们的守护者，请你用慈爱的双眼看着我们"，以及"啊，慈爱、圣洁、甜美的童贞女马利亚"。③另外，还有圣诗"万福，大海的星辰，崇高的上帝之母"，"唯一的圣母马利亚，你是万物中的温存，求你把我们从罪中拯救，使我们成为温存与纯洁"。④

3.

有人会反驳说，因为人性的软弱，在把尊崇马利亚和崇拜上帝作对比的过程中，人的意愿会取代上帝的意愿。这种说法是站不住脚的。因为，我再重复一遍，我们在这里讨论的是事实问题，关注的是对马利亚的尊崇是否有在事实上取代对上帝的崇拜。然后我要问的是，新教徒所

---

① 以上诗句的拉丁文原文分别是："Veni Creator Spiritus", "Altissimi donum Dei, Fons vivus, ignis, charitas", "Vera et una Trinitas, una et summa Deitas, sancta et una Unitas", "Spes nostra, salus nostra, honor noster, O beata Trinitas", "Charitas Pater, gratia Filius, Communicatio Spiritus Sanctus, O beata Trinitas", "Libera nos, salva nos, vivifica nos, O beata Trinitas!" ——译者注
② 本句中引用的诗句的拉丁文原文是："Virgo prudentissima, quo progrederis, quasi aurora valde rutilans? Filia Sion, tota Formosa et suavis es, pulchra ut luna, electa ut sol", "Sicut dies verni circumdabant eam flores rosarum, et lilia convallium", "Maria virgo assumpta est ad aethereum thalamum in quo Rex regum stellato sedet solio", "Gaudent Angeli, laudantes benedicunt Dominum"。——译者注
③ 本句中引用的诗句的拉丁文原文是："Ad te clamamus exules filii Hevae, ad te suspiramus gementes et flentes in hac lacrymarum valle", "Eia ergo, advocate nostra, illos tuos misericordes oculos ad nos converte", "O clemens, O pia, O dulcis Virgo Maria"。——译者注
④ 本句中引用的诗句的拉丁文原文是："Ave Maris stella, Dei Mater alma", "Virgo singularis, inter omnes mitis, nos culpis solutes, mites fac et castos"。——译者注

使用的对上帝的崇拜能否称得上真正的崇拜；有的甚至于还不如我们天主教徒对马利亚的尊崇纯洁和优美，因为新教徒的语言常常是冒昧的、粗鄙的、世俗的。世俗的头脑自然会为自己创造一种世俗的崇拜，禁止他们尊崇圣徒不能教会他们崇拜上帝。

另外，还有很重要的一点，天主教徒献给圣母马利亚的尊崇有一个特殊的范围用，比起严格的个人基本信仰，它与公众崇拜、基督教的庆典活动以及马利亚的某些特殊职分关系要紧密得多。

我们可以举两个例子来说明这一点，虽然它们仅是众多例子中的冰山一角①。

4.

（1）比如，罗耀拉的伊格纳修的《神操》一书是现代天主教会认可度最高的关于灵修方法的小册子。这本书出自罗马天主教会最著名的圣徒之一，并受到教宗以及最著名的灵修大师的赞扬。教宗保罗三世（Paul the Third）"认可并赞扬了里面所有的内容"；另外，教宗保罗三世、亚历山大七世、本笃十四世都认可了对此书具体内容的操练。卡洛·波罗密欧（Carlo Borromeo, St.）说，他在这本书上学到的东西超过了所有其他书的总和；方济各沙雷氏（Francis de Sales, St.）把此书称为"改变人生的圣洁方法"，他认为该书是所有的信徒和信徒团体以及所有的布道人都应学习的模范。如果现代的天主教会拿出一部权威著作，来指导信徒与他们的上帝和救主之间内在的交流，就应该是这本书。

《神操》旨在消除灵魂在领受和受益于上帝恩典的过程中遇到的障碍。《神操》给出了达到这个目的的三个途径。首先要消除这个世界上所

---

① 比如，"De Imitatione," "Introduction à la Vie Dévote," "Spiritual Combat," "Anima Divota," "Paradisus Animæ," "Regula Cleri," "Garden of the Soul," 等等。［另外，罗马天主教会为教区的教育所编纂的《罗马天主教会教义问答》几乎有 600 页，其中，提到圣母马利亚的仅有五六条，但是没有任何轻视圣母马利亚的特殊地位的意思。］

有事物的诱惑，使灵魂到达"上帝对心灵说话的孤独之地"。下一步，是让灵魂看到人的终极目标、人从终极目标的事实上的偏离、神圣的美丽和基督的样式。最后，给出具体的改正办法，包括一系列的祷告、默想、自省及类似的做法，一般来说要持续三十天。这三十天的精神操练又可以分成三个阶段：第一阶段是净化的道路（*Via Purgativa*），怎样摆脱罪的束缚是这一阶段的主要考虑；第二阶段是启示的道路（*Via Illuminativa*），用于思索耶稣基督的救赎，并认清天主对我们的呼召；第三阶段是合一的道路（*Via Unitiva*），主题是思索天主的复活和升天。

5.

我们没有必要对这些灵性操练作进一步的介绍；在一本得到如此赞誉的、被如此广泛接受的、如此贴切地讲述个人经历上帝的著作中，作者几乎没有提到对圣母马利亚的尊崇。作者在开头的序言和准备阶段曾简短提及圣母——开始的时候，默想的人设想他面前有一个教会，或者基督所在的其他地方，圣母马利亚，或者其他任何适合默想的主题。另一处提到马利亚的地方是在操练的第三个阶段，其中一个祷告的对象是基督的母亲，祷告者恳切地祈求她向她的圣子代祷，并加上了"万福马利亚"的祷告词。另外，在第二个星期开始的时候，有一个仪式，是在"上帝无限的恩慈"中，在基督的"荣耀圣母马利亚和全部天使"的见证下，把自己献给上帝。在默想天使加百列向马利亚传递神圣信息的结束部分，有一个对三位一体的每一位上帝的祷告，以及对"道成肉身之基督和他的圣母"的祷告。在对两个标准的默想中，有一个对圣母的祷告，祈求她向她的圣子代祷，以祈求他的恩典，之后接着又是"万福马利亚"的祷告词。

从第三周开始，如果有一个独立的祷告，就是献给基督的；如果有三个连在一起的祷告，就是献给圣母、圣子和圣父的。在对三种祷告的描述中，《神操》一书告诉我们，如果我们要效仿圣母，我们必须把我们自己献给她，因为她在她的儿子那里有特殊的权柄；接下来，《神操》向我们推荐"万福马利亚"和"天后诵"（Salve Regina），以及其他的祷告词，所有祷告结尾的部分一般都有类似的祷告词。这就是《神操》这本书的大致内容，在一百五十篇默想结尾的部分，以及对经文中记述的耶稣基督一生中的主要事件之默想的结尾部分，都指明要献给圣母。由此可见，在大公教会中，不论与圣母和圣徒相关的教义是什么，这些教义至少不会妨碍或者模糊对上帝、对基督的崇拜和任何宗教感情。

6.

（2）我要讲的第二个例子属于另一类，但是仍然适合在这里提及。我在罗马还没有被按立的时候，得到了一套有四十卷的丛书，用于在我们自己中间流通并解答基督教知识协会出版物的细节问题。这些小册子几乎是随机从一些著作中抽取的，长度也各不相同，有的有二三百页长，有的只有十几页。我们可以把这套丛书大约分成三个部分：第一部分是关于实际操作问题的；第二部分是关于道成肉身和耶稣受难的，第三部分是关于圣礼的，尤其是圣餐礼，这一部分中有两三节是关于宣教的内容，但更多的是关于圣母的内容。

关于实际操作问题的部分有以下主题："对病人的告慰"（La Consolazione degl'Infermi）、"关于当代妇女服饰的一些考虑"（Pensieri di una donna sul vestire modern）、"被（基督）打开的地狱"（L'Inferno Aperto）、"被（基督）打开的炼狱"（Il Purgatorio Aperto）、圣阿方索·利果里的"永恒的丰盛"（Massime eterne）、方济各沙雷氏的每日箴言、"忏悔和顺畅的交流"（Pratica per ben confessarsi e communicarsi），等等。

有关道成肉身和耶稣受难的部分包括以下主题，"基督为罪人死在十字架上"（Gesu dalla Croce al cuore del peccatore）、"关于基督降临的九天祷告"（Novena del Ss. Natale di G. C.）、"对基督圣心的永远的崇拜"（Associazione pel culto perpetuo del divin cuore）、"耶稣受难的概述"

(*Compendio della Passione*)，等等。

第三部分的主题是"关于圣餐礼"(*Il Mese Eucaristico*)、"对马利亚的尊崇"(*Il divoto di Maria*)、献给童贞女马利亚的庆典，等等。

7.

从各章节的题目就可以看出，这本由三部分组成的书，很大程度上由默想的内容构成，比如克拉赛特（P. Crasset）的"简短的默想"(*Breve e pie Meditazioni*)、"对耶稣受难的每日默想"(*Meditazioni per ciascun giorno del mese sulla Passione*)、"对圣餐礼祷告词的默想"(*Meditazioni per l'ora Eucaristica*)。从总体来看，几乎没有出现专门对圣母马利亚的默想。比如，在长达270页的关于耶稣受难的默想中，一次也没提到过马利亚。在弥撒的祷告部分曾简短地提到过马利亚，"我祈求童贞女、天使、使徒和天上所有的圣徒为我代祷"，等等。在有关如何忏悔的部分，也曾提到马利亚一次，在提到耶稣基督之后，马利亚和其他的圣徒以及天使加百列一起，被当作罪人的避难所。灵修部分的结尾处有一个类似四行的祷告，祈求马利亚、天使和天上的圣徒的代祷。在有关圣餐礼的部分，有一个献给基督的祷告，"我唯一的、无尽的善、我的财富、我的生命、我的天堂、我的一切"，在这个祷告之后提到了圣徒的价值，"尤其是圣母马利亚"。她与天使和圣徒一起在祷告结束的部分被提到。

《心灵颂歌》(*Spiritual Lauds*) 部分由三十六首圣诗组成，其中有十一首是献给马利亚的，其中包括《万福，大海之星》和《圣母悼歌》，以及《天后诵》的意大利文翻译，还有一篇是关于"罪人对马利亚的依靠"。但是，关于忏悔的部分中，有五篇是专门思索主耶稣基督和罪的，其中两首在结尾部分提到了马利亚。还有另外七篇关于罪、十字架受难和最后的四件圣事的诗歌，没有提到马利亚的名字。

有一手册谈及对耶稣圣心的永恒崇拜，在其结尾也有一章讲到不受原罪玷污之受孕。

8.

这套丛书中最重要的一本是法语的《认真思考》(*Pensez-y bien*)。看起来这本书也是最受欢迎的,因为这本书有两个译本,一个译本印到了第十五版,它用于布道中。这些默想几乎没有提到马利亚。结尾的部分,有一个背诵"圣母马利亚七彩冠冕"的方法,由献给她的七篇祷告组成,紧接着是《圣母悼歌》。

这部著作中最长的一卷,主要由对圣餐礼的默想组成,题目是"圣餐月"。在这些"准备"、"盼望"等章节中,仅有一次提到了马利亚,另外一次是在献给耶稣基督的祷告中。这篇祷告词旨在使人联想起《雅歌》的风格,内容有"啊,我最甜美的弟兄,你为了拯救我成了肉身,吮吸着永恒之圣母的乳汁,她是我恩典的母亲"等等。在一篇关于儿童第一次圣餐礼的简短介绍中,有以下问答:"圣母在圣体中吗?不在。天使和圣徒在圣体中吗?不在。为什么不在?因为那里没有他们的位置。"

9.

第三部分直接与马利亚有关,如"心中荣耀马利亚"(*Esercizio ad Onore dell'addolorato cuore di Maria*)、"庆祝圣灵感孕的九天祈祷"(*Novena di Preparazione alla festa dell'Assunzione*)、"玫瑰经的十五个奥秘"(*Li Quindici Misteri del Santo Rosario*),主要的一篇是赛格耐利神父(Fr. Segneri)的"对马利亚的尊崇"(*Il divoto di Maria*)。这篇祷告词应该引起我们特别的注意。这些祷告词的用意绝不是否认童贞女马利亚在天主教徒信仰中的崇高地位。我在这里引用它们的目的是为了证明,对马利亚的尊崇,并不妨碍受造物和创造者之间不可言说的关系。如果前面举的例子说明了对马利亚的尊崇,不违背对上帝的崇拜,那么本章中举的例子将帮助我们认清,对上帝的崇拜和对一个受造物的尊崇之间存在着明显的区别,这一点与前面的话题相一致。

10.

赛格耐利的用意是批评那些在尊崇圣母之借口的掩盖下继续犯罪的人，并由此引出了她在好的天主教徒生活中应该占有什么地位。他的论点是，她在所有的受造物中占据绝对的、首要的位置。因此，文中说："上帝能够很容易地再造一个更加美丽的苍穹，一个更加葱翠的地球，但是不可能创造一个比童贞女马利亚更伟大的圣母。她始终是受造物，但是她身上凝聚着一个受造物所能承受的所有荣耀。"（34 页）因为她有属于受造物的所有的完美，她有阿里乌派和其他异端认为我们的天主拥有的属性——低于至高者荣耀的荣耀。因此，她是"上帝创造世界时的构思"（12 页），"是与道成肉身最接近的受造物，她被用作其他受造物的样式"（21 页）。因此，她是"从天上而来的首生的母亲"，因为在永生上帝的计划里，她与道成肉身同时命定。但是，唯有基督是道成肉身的智慧（25 页）。基督是首生的，他是在神性中首生的；但童贞女是在一个低于神性的等级中，也就是在被上帝接纳的行列中首生的。如果说她是全能的，她的全能是"分享"之意义上的全能（她和所有圣徒都分享子女的身份、神圣性、荣耀和崇拜）。这一点可以用这句话来解释："圣母啊！上帝命令我们的，您可以祈求获得。"（Quod Deus imperio, tu prece, Virgo, potes）

11.

另外，童贞女马利亚有其他圣徒所不具有的特殊职能，但是天主教传统仍然把她的职能与天主的职能作了精细的区分。因此，她被称为"来自上帝慈爱的所有职能的主宰"。因为她是上帝之母，人类的救赎"是与她的祷告对等的"（de congruo），但是这种对等"来自于天主救赎的鲜血"（113 页）。善功是献给基督的，唯有祷告是可以给圣母的（162 页）。最后，整本书可以用一句话来概括："耶稣是我唯一的希望，耶稣之后方有童贞女马利亚，阿们。"

特殊的尊崇献给了圣母马利亚，但她受尊崇的原因是她圣子的荣耀。"圣母配得其他任何圣徒之上的荣耀，因为她的尊贵属于三位一体，是不可避免地与之联系在一起的。"（41页）"她作为上帝之母的荣耀是所有她所配得之荣耀的根源。"（35页）

值得注意的是，"Monstra te esse Matrem"在本书中被翻译成"作为我们的母亲显现"①。我在这套丛书的另一个地方也找到了相同的翻译；使用这种翻译的还有在修士中间广为流传的一本书，叫作《默想期刊》，还有其他地方。②

我们应该注意的是，我在这里的目标不是要证明这些读物中关于尊崇圣母的部分在教义上的准确性，而是为了说明对圣母的尊崇不会模糊圣子的荣耀。如果有人对我们提出如此严重的一个控诉，那么他们必须提供更确切的证据。关于天主教教义发展的第六个标准就写到这里。

---

① 这句话的意思有两种可能，一是"作为上帝的母亲显现"，二是"作为我们的母亲显现"。——译者注

② Vid. Via Med, vol. ii. pp. 121–122.

第十二章　真正发展的第七个标准的应用：历时持久的活力

1.

我们最后要讲的是把真正的发展从腐化和蜕变区分出来的第七个，也是最后一个检验标准。蜕变即便有活力，也必然是短暂的，它的生命很快就会走向尽头，以死亡告终。另一方面，如果蜕变能历时长久的话，它的活力必然要消耗殆尽，它的历程是缓慢地走向衰败的过程。在证实被称为天主教的基督教教义是真正发展的努力中，这条普遍的原则给了我们额外的支持。

2.

当我们考虑天主教体系所经历的悠久岁月时，涌入脑海的是它所经历的无数次的严峻考验、教内和教外的突变和奇迹般的变更、其支持者永不停息的思考和才能的展现、它所点燃的热情、起争议时它所激起的各方的愤怒、它所经历的无数次的猛烈攻击以及对维持其教义之连续发展的不断增加的责任感。基于这些事实，如果说它不是真正的发展而是蜕变，能够拥有如此丰富的经历却没有遗失，简直是不可想象的。但是它仍然活着——如果世界上存在一种活生生的宗教或者哲学的话。它有活力、精力充沛、有说服力、有前进的势头。它持续生长却从未生长过快，它向外扩张却没有因此被削弱，它一直发芽生长，却始终保持了自己的身份。当然，我们可以发现一些处在沉睡或者潜伏状态的腐化，我们称之为"蜕变"，但是天主教绝不是在蜕变。它没有沉睡，即使在现在也不是静止的，如果说它的一系列发展是蜕变的话，那么它就成了一个持久的错误——如此的新奇，如此的令人费解，如此的反自然，甚至于成了一个奇迹，来抵挡为基督教作见证的神圣力量——这种力量的彰显构成了基督教的证据。我们有时候以惊奇和敬佩的心情来看待一个人在不屈服的情况下所经历的痛苦和混乱，但是最后始终会有结束的时候。比如，发烧的人会出现危机，不论是致命的还是对人有利的。但如果说天主教是蜕变的话，那么这个蜕变每每接近死亡，却从来没有死去过，由于它所经历的危机，它没有被削弱，反而变得更加强大。

3.

比如，罗马帝国皈依基督教的时候，帝国的臣民有很多仅是部分地出于宗教目的而加入了教会，他们虽然仪式性地弃绝了异教，但是还保留着很多异教崇拜时养成的习惯和形成的观点。历史告诉我们，基督教的领导者曾经受了多少焦虑，付出了多少努力，才最终把异教的影响清除出教会。除了在教义上被异教同化的趋势以外，还有仪式上的风险，尤其是为纪念圣徒和殉道者而举行的公共庆典、对他们的遗物的正式尊崇，以及具体操作中形成的习俗。在祈求天上的圣徒和天使代祷的做法逐渐兴盛起来的时候，如何才能阻止经过改良的一种泛神论的兴起呢？如果所谓的"对圣徒的崇拜"在形式上与它所取代的多神论相类似，并且是一种蜕变，那么教义体系如何维持呢？教义体系是一种宗教在与其他宗教相比时，对自己身份的宣告；但是泛神论者都是自由主义者，认为一种宗教与另一种宗教一样都有可取之处。尽管，就像新教徒所说的，教会的礼仪与前一个时代的异教相类似，但是神学体系一直在发展和增强，强烈反对泛神论的修道院体系也逐渐地建立起来。

4.

当时所出现的教义神学的发展不是一个沉默和自发的过程，而是通过一系列最激烈的争端和最可怕的风险而产生的。大公教会的信仰处在接连的危险之中，就像大海中的一叶孤舟一样起伏跌宕。教会的很大一部分领地先后陷入异端和分裂；起领导作用的教会和最权威的学派一次又一次地陷入严重的错误；三位教宗——利伯里乌（Liberius）、维吉里乌（Vigilius）、霍诺里乌（Honorius）把为他们辩护的负担留给了后人。但是所有的这些混乱都未能阻断神学体系从潜在的信念到正式宣告的持续、稳定的发展。教义发展的标志是教会作出的一系列决定，在有争议的问题上常常是对立的两派互相妥协的产物。阿波利拿里引起的混淆或者否认基督神人二性的争端被教宗达马苏判为异端。接下来，作为对阿波利拿里派的反应，摩普绥提亚的西奥多认为在基督里有两个位格。聂斯脱利把争议带到公众的视野以后，争议促使第三次教会公会议颁布了一系列的绝罚，争议再次转移了方向。后来又出现了欧迪奇，认为基督只有一性，他被卡尔西顿会议判为异端。但是教会中希望推翻聂斯脱利派的两个位格的力量保留了下来，第五次公会议正式批判了西奥多及其学派的学说。接下来又出现了基督一志论（Monotheletism）①，从本质上说，一志论是对基督一性论的复活，这种学说在第六次公会议上被定为异端。最后，聂斯脱利主义又在西班牙的嗣子论（adoptionism）②中再次出现，并成了召开伟大的法兰克福会议（Council of Frankfurt）的契机。在这个过程中，任何一个环节的错误都会使整个教会的理论陷入无法恢

---

① 简单地说，基督一志论者认为基督只有一个意志，这个学说出自对基督是一个位格的坚持，基督是一个位格，所以只能有一个意志。以马克西姆为代表的正统教会认为，基督在道成肉身之前，已经有了神的意志，道成肉身之后，又有了人的意志，虽然人的意志是完全与神的意志相符的，但是基督仍有不可混淆的两个意志。——译者注

② 二三世纪兴起的教派，认为基督实际上是人，在洗礼时被上帝立为子嗣（《基督宗教外语汉语神学词典》）。——译者注

复的混乱状态，但是仿佛有一个卓越的头脑在自始至终地主导着整个神学讨论的过程。在长达几个世纪的争论中，虽然教会在细节上有过失败，虽然最有才能的圣徒和教父也犯过错误，但是关于基督神人二性的伟大教义，教会仍然制定出了唯一可行、前后一致的理论。教会证明了这个理论是清晰的、简单的和准确的。但是她证明的远远不止这些。虽然教会在崇拜的方面犯了一些严重的错误，甚至不能完全地认清上帝和中保，然而，她却能在人的理性所及的范围之内，用如此清晰的理智来揣摩这样伟大的一个奥秘，这难道不能称得上是一个奥秘吗？

5.

天主教会发展的真实性与历史上其他教义体系相比更加明显。世界上的哲学和宗教都曾有它们的兴盛期，有一个交替的过程。它们取代了以前的哲学和宗教，自己又被后来的所取代。唯有大公教会没有界限。唯有她没有自生自灭，在这一点上，她已然做到了别的哲学和宗教派别所做不到的。如果大公教会的教义体系像其他的人造体系一样，是虚假的、腐化的，它就会像它们一样脆弱。但是它不但能给予它们一些其本身所不具备的力量，还把它们为己所用，在自己的领域内为它们找到恰当的位置。教会能够从邪恶中获得美好，或者能够免受邪恶的损害。教会是上帝对使徒之许诺的继承人，使徒能够拿起蛇，如果他们喝了有毒的东西，他们可以不受侵害（徒28:3 5）。当邪恶的蛇附在教会身上的时候，外邦人要么带着好奇、要么带着幸灾乐祸的心态看着她，希望看见她突然肿胀或者倒下，但是她早已把那毒物投入火中，不受任何伤害。

6.

优西比乌用他的《教会史》向我们表明了天主教的这一特点。说到教会的敌人进行的破坏行动时，他说："这些企图都不能得逞。相反，真理却不断地得以巩固，并随着时间的发展，在更广阔的道路上闪亮。因为敌人的伎俩一下子因为他们自己的急躁和鲁莽而自行消解——异端一个接着一个地展示它们的新奇，并迅速地分解成多种样式、多种形态，最终土崩瓦解。天主教的光亮和唯一真正的教会不断地扩展和增长，但是始终保持着最初教义的精神，沿着同样的路径生长。天主教以神圣的组织和哲学在全部希腊人和外邦人中闪耀着她的庄严、简练、高贵、明智和纯洁。虽然过去我们的敌人经常使用卑下的言辞或诽谤攻击我们的信仰，今天却没有人再敢这样做。"①

7.

《诗篇》上说："我们经过水火。"（诗66:12）天主教经历了如此残酷和繁多的试炼却毫发未伤，简直是不可想象的——就像以色列人穿过红海和巴比伦的火炉一样。先是有前几个世纪信异教的皇帝对大公教会的迫害，罗马帝国从整体上皈依以后，教会的体系突然吸纳了基督教崇拜的自由、对圣徒的尊崇和隐修制度的建立。之后又有了外邦人对罗马帝国的入侵，他们从北部攻陷并占领了罗马帝国，而萨拉森人（Saracens）则从南部进攻。同时，关于道成肉身的长期、令人不安的争议像一个久治不愈的疾病一样困扰着教会的信仰。教会紧接着进入了黑暗时期。后来经历了两个斗争，一个是与世俗物质权力的斗争，另一个是与世俗才智的斗争。这两场斗争以基督教王国的建立和多个基督教神学学派的出现而告终。最后又有了16世纪的争议。曾困扰教会的任何异端，就算它们只经受大公教会所受试炼的百分之一，也是不可能存活下来的。像阿里乌主义这样的神学能经得住斯多葛神学的考验吗？孟他努主义能在不经历危机、不失败的情况下占据整个世界吗？像摩尼教这样愚蠢的体系，如果与帝国的外邦人或者整个封建体系发生了冲突，能够经得住众人的检验吗？

---

① Euseb. Hist. iv. 7, *ap.* Church of the Fathers[Historical Sketches, vol. i. p. 408].

8.

类似的对比也能够从被吸纳到大公教会体系内部的某些有影响力的原则和做法上看出来。如果一个体系在事实上是腐化的，如果这个体系获得了强大的执行者，那么执行者的强大只能加剧体系的腐化，并更快地促成整个体系的死亡。执行者的力量会使体系的进程加速，使它在某个引人注意的事件中死去。当天主教与某种可畏的影响力结合时，进程是完全不同的。有些原则或者教义，虽然在别的宗教体系中很快地蜕变为狂热或者遭到背弃，但是天主教的体系仍然能够承载它们的分量。亚里士多德的哲学、隐修制度和神秘主义在教会内和教会外之命运的对比最为明显。并不是说这些强大的要素进入神圣的体系时不曾引起过争议，而是说这些争议最后都以天主教的胜利而告终。早期的教父曾把亚里士多德的哲学批判为所有错误信仰的源头——尤其是阿里乌异端和基督一性论异端；然而到了托马斯·阿奎那的时代，教会的神学正是建立在亚里士多德哲学的基础上的。禁欲主义曾在安东尼那里如此丰盛地充满恩典，在巴西尔那里如此地感人，在格尔马努（Germanus, St.）那里如此地肃穆，然而一旦从大公教会分割出来以后，即使在最虔诚的人那里也成了令人沮丧的、黯淡的迷信。另外，教徒高度的尊崇充满神秘主义的色彩，默想曾经是一些最受尊敬之圣徒的标志，然而我们看当代教会的教派时，那些所谓的神秘主义者要么行为过度，要么持有的教义错误，他们都为自己拥有"更正了的"信仰洋洋自得，却弃绝了他们所认为的天主教的"蜕变"（corruption）。

9.

的确，由于内部或外部的原因，天主教会也曾陷入近乎荒凉的境地，然而当世界似乎要战胜她时，她奇迹般的复苏恰恰证明，她的教义体系没有蜕变，也证实了她发展出完美的崇拜体系。如果说蜕变是瓦解的开始，那么一段时间的低谷之后的复苏更是不可想象的。我所说的复苏是这样的，正如人在辛苦劳动之后，气力耗尽，沉入睡眠，但是经过短暂休息又恢复了以前的体力。教会的睡眠和复苏正是如此。有的时候她暂停采取强烈的行动，几乎暂缓了她所有的职能，然而一段时间以后她又恢复自己的活力，所有的职能都恢复了，为采取行动做好了准备。教义、做法、原则、政策都随之恢复了。或许会有变化，但是变化是对传统的巩固或改进。一切都是明显的、确定的，她的身份不容辩驳。事实上，当前对天主教会最广泛的一个控诉，即她是"难以改变"的。如果我们听从阿塔那修或者利奥的话，她当然不会"改变"。只有制造争端和杞人忧天的人，才会为她的"不改变"而烦恼。

结　论

　　以上是上帝的仆人关于"蒙福之平安异象"的一些想法。他长久以来祷告，最慈爱的上帝不要厌弃他的工作，也不要丢弃他。他的眼神黯淡，胸部低垂，他所能做的只是在信仰方面运用自己的理性。亲爱的读者，时间短暂，永恒长流。如果你在本书中有所获得，就不要丢弃它。请你不要从一开始就带着要反驳它的心态阅读，并不要为如何反驳而费尽心机。你可能会幻想这书是作者出于失望、或厌恶、或不安、或受伤、或过度的敏感、或其他的弱点而写成的，那么你不要用这样的幻想烦扰自己。请你不要用过去形成的观点作茧自缚，也不要以你自己的愿望决定什么是真理，更不要让你心爱的期许成为你的偶像。时间短暂，永恒长流。

　　主啊，你的仆人现在完成了这件工作，
　　我做这件工作的时候，身处你的平安之中，依照的是你的话语，
　　因为我的眼睛看到了你的祝福。

人名与主题索引[1]

亚伦（Aaron）337, 360

亚伯拉罕（Abraham）119, 147

赦罪，宽赦（Absolution）92

亚当（Adam）359

    物质的堕落（corruption of Matter）378

    ~的堕落（fall of）139, 390

    ~的罪（sin of）46, 47

对圣体的崇拜（Adoration of the Host）110, 122

埃斯库罗斯（Aeschylus）117

非洲的观点：关于原罪（African opinion: on Original Sin）47

    关于炼狱（on Purgatory）46

圣亚历山大（Alexander, St., ）155

亚历山大城（Alexandria）42

亚历山大的教父（Alexandrian Fathers）332

祭坛（Altars）52

圣安波罗修（Ambrose, St.）46, 108, 113, 141, 143, 155, 175, 196

安波罗修斯特（Ambroisiaster）168

天使（Angels）147—148, 321

    对~的尊崇（cultus of, ）385—390

    ~的罪（doctrinal sin of）358

    对~的崇拜（worship of）150

英国国教会（Anglican Church）163

秘传教规（*disciplina arcani*）52

英国国教会的信徒（Anglicans）46

    基督教的假设（hypothesis of Christianity）37—38

    ~神学（theology）39

圣安瑟伦（Anselm, St.）117

前因概率（Antecedent probability）126, 128

尼西亚会议之前的教会（Antenicene Church）40, 163

    ~的主教（bishops of）42

尼西亚会议之前的教父（Antenicene Fa-

---

[1] 条目后面的数字为英文原书页码，即中译本的边码。

thers）44—45, 147, 324

亦见早期教父（See also Fathers, early）

尼西亚会议之前的时期（Antenicene period）35, 42, 52, 131

~的作者（authors of）43

~的教义发展（doctrinal development）379

尼西亚会议之前的神学（Antenicene theolgy）149

敌基督（Antichrist）108, 186

观念上的预见（Anticipation in ideas）197—200

安提阿（Antioch）42

~教会的混乱（church disorders）246

~会议（Council of）147

同一实质（Homoousion）347

~学派（School of）155, 327, 346

安提阿学派的学者及追随者（Antiochenes）185

阿波利拿里派（Apollinarians）244, 245, 246

护教者（Apologists）52

使徒（Apostles）32—33, 39, 79, 81, 85, 86, 103, 158, 322

~的教义（doctrines of）82, 115

~无谬误（infallibility）99

~的按立（ordination）48

真理与~（truth and）331, 332

《使徒信经》（Apostles' Creed）37, 47, 88, 96, 103, 109, 115

使徒的教导（Apostolic teaching）88, 134

大公教会的教义（Catholic doctrine）175

使徒统绪（Apostolic succession）39, 48, 259, 260

托马斯·阿奎那（Aquinas, Thomas）

~论信仰（on faith）317—318

阿拉伯的沙漠（Arabian desert）65

亚略巴古（Areopagite）54

阿里乌主义（Arianism）42, 149, 153, 154, 200, 303

~的早期庇护人（early patronage）265

~和欧诺米主义（and Eunomianism）180

~异端（heresies）158

~在意大利（in Italy）269ff.

长老会（Presbyterianism）192

阿里乌主义者（Arians）44, 148, 154, 185

君士坦丁堡（Constantinople）245, 247

哥特族的~（of Gothic race）266—275

阿里斯托芬（Aristophanes）117

亚里士多德（Aristotle）70—71, 73, 128, 416

语言和~（language and）348

"柔韧原则"（"Lesbian Rule"）46

阿里乌（Arius）42, 43

~论三位一体（on Trinity）180

阿诺比乌（Arnobius）52

禁欲，禁欲主义（Asceticism）221

大公教会的~（Catholic）416

~的原则（principle of）311

同化：教义真理的（Assimilation: dogmatic

truth)

~的力量（power of）338—348

《阿塔那修信经》（Athanasian Creed）40，41，43，45，54，75，290，347

圣阿塔那修（Athanatius, St.）38，44，45，113，114，150—152，154，155，194—195，196，322

~的预见（anticipations）198

阿萨纳戈拉斯（Athanagoras）42n，43，44

大西洋（Atlantic Ocean）65

补赎；赎罪（Atonement）110，122

~的教义（doctrine of）203

圣奥古斯丁（Augustine, St.）46，47，117，122，141，147—148，175，263，322

为基督教辩护（defense of Christianity）241

《论信心的功用》（De Utilitate credendi）315—316，336

摩尼教徒（Manichee）247

~论门派（on sects）258

奥古斯都（Augustus）65，181，182，185，216

~的统治（rule of）188

权威（Authority）80，107

宗教的本质（essence of religion）103

亦见无谬误和教宗的至高权威（See also Infallibility and Papal supremacy）

巴兰（Balaam）119

洗礼，受洗（Baptism）82，110，348，358

~和当今教会（and Church today）82

~的教义（doctrine of）74，83—84

异端举行的~仪式（by heretics）50

婴儿~（infant）139—141，358，367

~之后（post）83，370，371

原始教会的~（primitive Church）362

救赎和~（salvation and）141

洗礼之后的罪（sin after）361，363，370，371

艾萨克·巴罗（Barrow, Isaac）

《论教宗的至高权威》（Treatise on Pope's Supremacy）124

圣巴西尔（Basil, St.）42，44，46，87，140—141，143，144，175，196

修道生活与~（Monachism and）199，372

半阿里乌主义者（Semi-Arians）247

登山宝训（Bestitudes, the）87

信念，信条（Beliefs）96

罗伯特·贝拉明（Bellarmine, Robert）104，195，326

本笃修会（Benedictine Order）373

耶利米·边沁（Bentham, Jeremy）191

贝伦加里乌斯（Berengarius）132

圣伯尔纳（Bernard, St.）38，113

圣经（Bible）35，80，105

~发展的原则（principle of development）86

~启示的来源（revelation source）34

主教的权力（Bishop, power of）160

威廉·布莱克斯通爵士（Blackstone, Sir

William）204

圣母马利亚（Blessed Mary）132，154

童贞女马利亚（Blessed Virgin）155—158

 对~的尊崇，保守主义的示例（devotion to example of Conservatism）400—410

 ~的特殊地位（office of）390—393

佛教（Buddhism）32

布尔主教（Bull, Bishop）40，43，43n，145，146，387

伯顿博士（Burton, Dr.）44，45，386，387，389

 基督教对律法的违背（Christian violation of law）234

 ~论诺斯替主义（on Gnosticism）220—221，221n）

巴特勒主教（Butler, Bishop）69，70，84，91—92，102，121，123

 ~论基督教的证据（on evidence for Christianity）119—120

 ~论自然（on Nature）93—94

约翰·加尔文（Calvin, John）112

 对~的否认（denials of）200

加尔文主义（Calvinism）74

 苏西尼主义和~（Socinianism and）200

 神体一位论和~（Unitarianism and）180，186

迦南，迦南地（Cannan）89

坎特伯雷的主教宗座（Canterbury, See of）163—164

大公教会，天主教会（Catholic Church）52

 ~的信义（Creed）202

 对"难以改变"的控诉（charge of "incorrigible"）417

 ~内无蜕变（corruption in, absence of）417

 纪律；惩戒（discipline）362—363，371

 ~的排他性（exclusiveness）261

 对中世纪~的指控（medieval, charges against）334

 当代~（modern）335

 对~的指控（charges against）334

 新教和~（Protestantism and）186

 ~对炼狱的理解（on Purgatory）46

 罗马帝国的~（under Roman Empire）160ff

 ~的教导（teaching）334

 ~神学，见"神学"（theology, see under Theology）

 ~传统（tradition）335—336

 有生命的~（living）192

 ~的至高权威（supremacy of）332

 ~的统一（性）（unity of）257ff

 ~大学（university）258

 ~的活力，生命力（vigour of）411—418

公教教义，天主教教义：系统性（Catholicism: consistency of system）399

 ~的神圣权威（divine authority）175

 ~的无谬误性（infallibility）105

 ~无限性（limitlessness of）414

 现代~（modern）175

~的一致性（oneness of）113

~对古代信仰的代表（representative of ancient faith）175

~的标志，反对阿里乌（symbol of, against Arius）42

独身（制）（Celibacy）110，111，122，285

~的教义起源（doctrinal origin）358

确定性（Certainty）99，100n

卡尔西顿大公会议（Chalcedon, Ecumenical Council of）170，295ff.，304

背弃，放弃（abandonment）305

有关变化的假设（Change: hypothesis of）36—37

查理一世，英国国王（Charles I, King of England）65，66

杰弗雷·乔叟（Chaucer, Geoffrey）178

威廉·奇林沃思（Chillingworth, William）34，36，134

基督（Christ）32，33，49

~的降临（comings of）83

~的教导（teachings）87

基督教教义：发展（Christian doctrine: growth）88

~的本质（nature of）93

~的不蜕变（non-corruptness of）360

论~的来源（origins, Essays）358—360

~在政治意义上的发展（political developments）88

启示的~（revealed）109

亦见发展，基督教教义（See also Developments, in Christian doctrine）

基督教：古代文献中的（Christianity: ancient writings on）129—130

英国国教会的假设（Anglican hypothesis）37—38

~的论证（argument for）123

~的基础（basis of）81

~的显著不同（cardinal distinction of）338

~随着时代的变迁而发展（changes in time）51

~的教义（creed）84

~发展的种类（development, kinds of）74—75

~的区别（differences of）79

~的神圣性（divinity of）175

~教条主义（dogmatism）183

~最初的几个世纪（early centuries）341

~的证据（evidence for）119—120

五六世纪的~（fifth and sixth centuries）265—308

最初几个世纪的~（first centuries）210—243

4世纪的~（fourth century）33，244—265

异教作者论~（heathen writers on）224ff.

历史的~（Historical）32—33，34，35

~与新教的不一致（incongruity with Protestantism）35

~的反对者（opponents of）36

~历史实质（historical substance）31—32

~的假设（hypotheses on）32，36—37

~中的不完美（Imperfections）78—79

~的无谬误（Infallibility）98，107

~的理性原则，见教条；与犹太教的联系（intellectual principles of，See Dogma；judaism connexion）118

~的"主导思想"（"leading idea"）59

战斗的~（Militant）178

~在伦理上的发展（moral developments）96

~中的观点（opinion in）190

~与异教的冲突（paganism conflict）339

~的政治原则（political principles）188

~的原则（principles of）309—312

作为公共财产的~（as public property）31

~中的启示（revelation in）98

~特征的突现（rise, characteristics of）337

~的圣事原则（sacramental principle）311

对非~仪式的圣化（sanctification of pagan rites）353

2世纪的~（second century）33

7世纪的~（seventh century）33

16世纪的~（sixteenth century）33，415

~的超自然属性（supernatural claims）37

~的教导（teaching of）51—53

12世纪的~（twelfth century）33

~模式的保持（type, preservation of）209—308

基督徒（Christians：）

~的义务（duty of）331

早期~（Early）175，242—243

历史的~（Historical）33—34

圣克里索斯托（Chrysostom, St.）46，139

~的布道（Homilies）364

英国国教会（Church of England）107

~的教义（Doctrines）39，81

罗马教会（Church of Rome）

亦见大公教会，天主教会（See also Catholic Church）

教父的教会（Church of the Fathers）36n，113

西塞罗（Cicero）117

罗马的宗教（Roman Religion）231—232

情形，情况（Circumstances）139

基督教崛起之前的~（Before rise of Christianity）219

~的影响（Influence of）132

~对炼狱教义的准备（Preparatory to Purgatory doctrine）367—368

圣克莱门（Clement, St.）43，44，46，49，121，132

折衷主义（Eclectic element）343

同永恒的教义（Coeternity, doctrine of）40

亦见(圣子和圣父)的同一实质（See also Homoüsion）

领圣体一形（Communion, in One Kind）142—145

坚振礼，坚信礼（Confirmation）110

是非之心，良心（Conscience）104

~例证（Instance of）342

~现象（Phenomenon of）70

圣化，祝圣（Consecration）48

教会发展中的保守主义：对童贞女马利亚的尊崇（Conservatism, in church development: devotion to Blessed virgin）400—410

~的实例（Instances of）396—400

康士坦斯大公会议（Constance, Council of）142

君士坦丁（Constantine）130, 178

君士坦丁堡信经（Constantinople, Creed of）298

（圣子和圣父）的同实体性（Consubstantiality, doctrine of）40, 49

亦见同一实质（See also Homoüsion）

蜕变：腐化和~（Corruption: decay and）205, 206, 412

确定的~（defined）176, 188—189

发展（development）201, 204

教义的~（doctrinal）360

形式上的~（forms）205

中世纪教会的~（medieval Church）190

教区神父（parish priest）178

政治上的~（In politics）181—182

宗教上的~（In religion）182

当~在观念上不存在时（when not present in ideas）177

公会议制定的教义（Councils, doctrine of）112

乔治·科拉博（Crabbe, George）69 n

创造（Creation）103

~中动物的不同种类（animal, variations in）179

~中的设计（design in）84

基利司布（Crispus）130

十字架（Cross, the）349—350

~的教义（doctrine of）397—398

物质, 材质（matter）378

~的记号（sign of the）358, 397

尊崇（Cultus）

对天使的~（angels）385—390

对马利亚的~（mary）409

对圣徒的~（saints）385—390

库柏勒（Cybele）

~崇拜的祭司（priests）215

~崇拜的仪式（rites）214

圣西普里安（Cyprian, St.）42, 44, 46, 48, 50—51, 121, 132, 143, 144, 175

~论圣餐（Coena, Domini）54

塞西拉（地名）（Cythera）65

圣达马苏（Damasus, St.）167—168

但以理（Daniel）150

多瑙河（Danube）65

黑暗时代（Dark Ages）190

大卫（David）119, 151, 182, 195, 255

~时代（age of）180

戴维森先生（Davidson, Mr.）123—124

摩西十诫（Decalogue）88

民主（Democracy）61

发展, 基督教教义中的~: 先存的论证（Developments, in Christian doctrine: antecedent argument）77—114

天主教与其他教义体系的比较（Catholic contrasted with other doctrinal systems）414

蜕变（corruptions）175

亦见真正的发展与蜕变（see under genuine vs. corruptions）

表现（exhibition）74

真正的发展与蜕变：对未来的预见（genuine vs. corruptions: anticipation of future）197—200，277—293

同化力（assimilative power）189—192，337—360

对其过去的保守（conservative action on its past）200—204，395—410，

原则的连续性（continuity of principles）183—189，309—336，

逻辑连贯性（logical sequence）192—197，361—375

模式的保持（preservation of type）177—183，209—308

~的活力，生命力（vigours of）204—207，411—418

异端和~（heresies and）336

亦见异端（See also Heresies）

历史方面的论证（historical argument）115—134

实例，例证（illustrations）135—172

证明的方法（method of proof）115—124

证据的状态（state of evidence）125—134

对~的检验（tests for）96—97

对真实性的检验（tests of fidelity）

真正的发展~（true）20

亦见观念的发展（See also Ideas, development of）

戴克里先（Diocletian）52，182，185，234

大数的狄奥多鲁斯（Diodorus of Tarsus）196—197

圣狄奥尼修斯（Dionysii SS.）43，44

圣狄奥尼修斯（Dionysius, St.）42，43，54，132，143

天命（Dispensation）368

上帝的作为~（Divine）112

国王的神圣权利（Divine right of kings）60

神圣的计划（Divine scheme）97

神圣性的教义（Divinity, doctrine of）40

教义的发展（Doctrinal development）

观念的种类（ideas: kinds of）63—75

~的过程（process of）57—63

从教义发展的自身看~（viewed in themselves）29—172

与蜕变相对照看~（viewed relatively to corruptions）173—418

教义（Doctrines）25-26，40

使徒的~（Apostolic）115

天主教~（Catholic）184

~的发展（development of）184

真正的~（true）197

异端~（heretical）111，186

~中的矛盾（inconsistencies in）36

~的生命（life of）183ff

~与原则之间的差异（principles, differences between）183

~的统一（性）（unity of）107

教义，教条（Dogma）329—335

~的原则（principle of）311

原则或教义上的教条主义（Dogmatism, principle or doctrine）183

多明我会会士（Dominicans）374

多纳徒主义者（Donatists）244, 245, 256, 263,

教义和~（doctrine and）345

二元论的教义（Dualism, doctrine of）221

东方基督教世界（Eastern Christendom）175, 294

教会的统一（Ecclesiastical unity）133

《传道书》（Ecclesiasticus, book of）85

基督教中的折衷主义（Eclectic element, in Christianity）343

基督教大公会议（Ecumenical Council）196, 197

普世基督教修会（Ecumenical Order）374

埃及（Egypt）88, 89—90, 237

亚伦（Aaron）337

基督徒和~（Christians and）218

《出埃及记》（Exodus）88—90

平信徒（laity）143

神话，神话学（mythology）222

以利亚（Elijah）116, 143

对巴力的抵制（Resistance to Baal）330

伊丽莎白一世，英国女王（Elizabeth I, Queen of England）67

英格兰，英国（England）38, 114, 259

~教会（church）35

见英国国教会（See Church of England）

~教会历史（ecclesiastical history）35

~和教宗（and Holy See）180

长期议会（Long Parliament）65, 204

宗教改革（Reformation）67

宗派（sects）107

以弗所会议（Ephesus, Council of）155, 290, 291, 303

爱比克泰德（Epictetus）129

伊壁鸠鲁（Epicurus）60

圣伊比芬尼（Epiphanius, St.）155

主教制度的教义（Episcopacy, doctrine of）88

（使徒保罗）写给希伯来人的信（《希伯来书》）（Epistle to the Hebrews）85

《论文》，关于基督教的同化力的引文（Essays, quote on assimilative power of Christianity）358—360

艾赛尼教义（Essenism）32

伦理上的发展（Ethical developments）69—73

伦理：先在的可能性（Ethics: antecedent probability）127

~中的证据（Evidence in）125—126

埃塞俄比亚人（Ethiopian, the）85, 105

气质，精神特质（Ethos）116

圣餐礼（Eucharist）48，49，75，110，142，358

 英国国教会关于~的教义（Anglican doctrine of）50

 新教徒和~（Protestants and）139，140

欧诺米主义和阿里乌主义（Eunomianism, and Arianism）180

欧诺米论三位一体（Eunomius, on Trinity）180

幼发拉底河（Euphrates）65

欧洲（Europe）65

 ~文明（civilization of）71

优西比乌（Eusebius）43，49，129—130，137，155，178，

 ~论信仰（on faith）315

 ~论异端（on heretics）332

 关于异教仪式的圣化（on sanctification of pagan rites）353—354

 天主教教义的检验（trials of Catholicism）414—415

欧迪奇（Eutyches）286 ff.，300，302，

 ~异端（Heresy of）303

君士坦丁堡的主教欧提奇乌（Eutychius, Patriarch of Constantinople）179

夏娃（Eve）130，155，390

 教父关于~的（作品，论述）（Fathers on）390

 教义的~（Evidence; of doctrines）122

 有关~的伦理（ethics）125—126

 ~的状态（state of）125—134

教义的演化，亦见教义，教条（Evolution, of dogma. See under Dogma）

进化论（Evolution, theory of）11

表现，显示（Exhibitions）74

巴特勒论存在（Existence, Butler on）93—94

出埃及（Exodus, from Egypt）88—89，90，180

临终膏油（Extreme Unction）92

信仰（Faith）

 福音的特点（characteristics of Gospel）330

 确定的~（defined）297ff.

 ~的原则（principle of）311

 ~的法则（rule of）88

 ~的至高无上性（supremacy of）312—320

早期教父（Fathers, early）41，42，43

 教义和~（doctrine and）256，346—348

 补赎和~（penance and）364—365

 ~论炼狱（on Purgatory）46

圣文森特·费勒（Ferrer, St. Vincent）116

菲尔米里安（Firmilian）50—51，166

法国（France）65

 阿里乌主义（Arianism）269—270

 本笃会修士（Benedictines）199

 ~和教宗（and Holy See）180

方济各会会士（Franciscans）374

法国大革命（French Revolution）191

圣富尔根蒂乌（Fulgentius, St.）157

日内瓦（Geneva）107
地质学，火成派的理论（Geology, Plutonian theory in）54
日耳曼学，日耳曼主义（Germanism）184
德国（Germany）107
爱德华·吉本（Gibbon, Edward）35, 66, 108, 188, 233, 261, 269, 286
　～论诺斯替主义者（Gnostics）345
　～论帝国统治（on Imperial rule）181—182
　～论忏悔（on penances）363—364
诺斯替主义（Gnosticism）57—58, 219ff., 244
　～名称的含义（implication of name）221
　～学派（schools）220
　～的传播（spread of）220
诺斯替派（Gnostics）40, 162, 200, 223,
　亚历山大的～（Alexandrian）184
　对天使的崇拜（angel worship）390
　与基督教的冲突（Christianity conflict）339—340
　道成肉身（Incarnation）379
　上帝：永恒的圣子（God：Eternal Sonship）42
　关于～的教导（teachings）87
　福音的教义（Gospel：doctrines of）91
　神恩，恩典：分配（Grace：dispensation of）357

圣事的同化力（sacramental, assimilating power）348—360
重力理论（Gravitation, theory of）54
希腊人（Greeks）111
　教会论原罪（church：on Original Sin）47
　教会论炼狱（on Purgatory）46
　～哲学（philosophy）85
纳西盎的圣格列高利（Gregory of Nazianzus, St.）38, 46, 121, 140, 155, 196, 245
尼撒的圣格列高利（Gregory Nyssen, St.）155
行神迹者圣格列高利论殉道者（Gregory Thaumaturgus, St. on martyrs）354—355
　～法则（Rule of）351—352, 353
基佐（Guizot, Francois）71, 73n, 96, 210, 210n, 334
　～论早期基督教（on Early Christianity）341, 342

哈德良（Hadrian）180
亨利·哈兰（Hallam, Henry）65n
哈丁先生（Harding, Mr.）180
异教徒，非基督教教徒（Heathens）97
《合一信条》（*Henoticon*）305, 307
异端（Heresies）41, 155, 158
阿里乌主义（Arianism）158
　～的进程（course of）205
　基督教教义的发展（development of

Christian doctrine) 336

教义（doctrines）111

~对教会的憎恨（hatred of Church）248

~的原则（principle of）339

异端（Heresy）43，88，333

~的历史（history of）247

原则和~（principle and）185

异端（Heretics）101，108

~论三位一体（on trinity）179

~原则（principles）185

异端（Heterodoxy）45

圣希拉利（Hilary, St.）46，196

希坡律陀（Hippolytus）42，42n，43，44

~的神学（Theology）322

历史的基督教（Historical Christianity）

见基督教（*See* under Christianity）

历史（History）34

教会的~（of the Church）

见基督教（*see* under Christianity）

发展（development）68—69，75

证据（evidence）125—126，127—128

基督教的语言（language on Christianity）229

早期~的模糊（obscurity of early time）133

新教和~（Protestantism and）35

研究（research）9，10

~被写下来的时候（when written）69

圣事（Holy Sacrament）82

教宗，宗座（Holy See）50，161

英国和~（England and）180

法国和~（France and）180

亦见圣彼得（*See also* under St. Peter）

神圣的三位一体，见三位一体（Holy Trinity, See Trinity）

（圣父和圣子的）同一实质（Homoüsion）42，145—146

安提阿会议（Council of Antioch）347

荣耀（Honour）92

理查德·胡克（Hooker, Richard）47

教会和国家的理论（Church and State theory）67

贺拉斯（Horace）117

何西阿（Hosea）86

理查德·胡德（Hurd, Richard）108

观念（Ideas）

~的发展（development of）59—62

~的预见（anticipations）197—200

~的方面（aspects of）58

~变化的必然性（change, necessity of）63

保守的趋势（conservative tendency）200—204

原则的连续性（continuity of principles）183—189

持续的时间作为检验标准（duration as test）204—207

~的种类（kinds of）63—75

有生命力的~（living）77—78

逻辑连贯性（logical sequence）192—197

模式的保持（preservation of type）177—183

~的过程（process of）57—63

~的力量和蜕变（strength of, and corruption）192

统一的力量（unitive power）189—192

~的战争（warfare of）62

~没有蜕变的时候（when not corrupt）177

偶像崇拜（Idolatry）195

对~的推翻（overthrow of）330

圣伊格纳修（Ignatius, St.）40, 43, 48, 75, 88, 113, 158, 160, 194

书信（Epistles）131, 322

灵修（Spiritual exercises）403—405

对圣像的介绍（Images, introduction of）355—356

无染原罪受孕说（Immaculate Conception）122

按手礼（Imposition of hands）357—358

归罪的教义（Imputation, doctrine of）47

道成肉身（Incarnation）40, 42, 59, 75, 110, 115, 146—158, 305

关于~的争议（controversy over）415

~的教义起源（doctrinal origin of）358

~的教义（doctrine of）74, 102, 203, 310, 390

诺斯替主义者（Gnostics）379

~的奥秘（mystery of）397

~中的原则（principles in）311

独立派（Independents）163

特赦, 赎罪券（Indulgences）110, 358

印度河谷（Indus, valley of）64

无谬误（Infallibility）

使徒~（Apostles）99

确定性和~（certitude and）100n

~的教义（doctrine of）97, 98—99 ff., 107 ff., 183

教宗~（Pope）104

经文~（Scripture）99

启发, 启示（Inspiration）102

请求圣徒代祷（Invocation of Saints）122

爱尔兰（Ireland）64, 66

圣爱任纽（Irenaeus, St.）40, 42, 44, 48, 132, 194

~论圣波利卡普（on St. Polycarp）330—331, 333

~论神学（on theology）322

以赛亚（Isaiah）86

伊希斯（Isis）

~的祭司（priests of）215

对~的崇拜（worship of）214

伊斯兰主义（Islamism）187

以色列人（Israelites）

伦理的变迁（ethical vicissitudes）180—181

出埃及（Exodus from Egypt）88, 89—90, 180

狂热, 狂信（fanaticism）180

偶像崇拜（idolatry）195

旧约（Old Covenant）355

雅各（Jacob）148，149，165

詹姆士一世（James I）198

圣雅各的书信（James, St., Epistle）137

哥尼流·詹森（Jansenius, Cornelius）47

耶利米（Jeremiah）116

耶利哥（Jericho）147

耶罗波安（Jeroboam）195

哲罗姆（Jerome）46，141，143，155，156

    修道生活与~（Monachism and）199

耶西（Jesse）182

耶稣会士（Jesuits）374—375

    基佐论~（Guizot on）334

犹太人（Jews）68，216

    对天使的崇拜（angel worship）390

    诫命和~（commandments and）399—400

    驱散（dispersion）118

    早期基督徒（early Christians）217—218

    诺斯替主义（Gnosticism）221

    弥赛亚的概念（Messianic idea）85

    物质和~（Matter and）380，381

圣约翰（John, St.）35，86，120

    对真理的否认（denial of "Truth"）330

    道成肉身（Incarnation）310

    《约翰福音》（Gospel）85

    《约翰福音》6章（John vi.）49

    优西比乌论~（Eusebius）49

    奥利金论~（Origen）49

    德尔图良论~（Tertullian on）49

约拿（Jonah）119

约帕（Joppa）88

约旦（Jordan）90

约瑟（Joseph）90

约瑟夫（Josephus）130

约书亚（Joshua）147

犹大（Judah）85，165

犹太教（Judaism）57—58，98，118，129，181，244，338

    ~的基础（basis of）81

    发展（development）188

    天国（divine kingdom）358

    弥赛亚~（Messiah）189

    芝诺比亚的（Zenobia's）218

判断（Judgment）

    个人~（personal）36

    个人~（private）57，59，74

审判之日（Judgment, Day of）83

圣犹流（Julius, St.）166

称义（Justification）

    ~的教义（doctrine of）82，82n，110

    新教关于~的观点（Protestant view of）132

圣查士丁（Justin, St.）42n，43，45，49，49n，87，146—147，194

    对天使的崇拜（Angel worship）386—390

尤维纳利乌（Juvenal）117

伊曼努尔·康德（Kant, Immanuel）

~思想中的路德主义（Lutheranism in）
196

凯主教（Kaye, Bishop）49

天国（Kingdom of Heaven）82, 92, 259 ff

拉克坦修（Lactantius）

语言（Language）186—187

斯蒂文·勒·莫因（Le Moyne, Stephen）
388

勒·努里（Le Nourry）49

利奥, 罗马主教（Leo, Bishop of Rome）
294 ff.

利奥, 圣（Leo, St.）169—170, 202,
290—291

信件（Tome）297, 300

利奥八世（Leo XIII, Pope）14

生命的证据（Life, proof of）190

圣阿方索·利古力（Liguori, St. Alphonso）
116

基督教作为文学（Literature：Christianity
as）32

约翰·洛克（Locke, John）67

~论教义（on doctrines）313—314

逻辑连贯性（Logical sequence）192—197

例子（example）75

作为忠实性的检验标准：修道原则（as
test of fidelity：Monastic rule）

善工（meritorious works）370—371

赦罪（pardons）362—363

补赎, 赎罪（penances）363—364

炼狱（Purgatory）365—370

长期议会（Long Parliament）65, 204

主祷文（Lord's Prayer）88

卢奇安（Lucian）129, 158

路加（Luke）142

马丁·路德（Luther, Martin）79, 112,
117, 195—196

~的驳斥（rejections of）200

路德主义（Lutheranism）59, 163

发展（development）195—196, 200

穆罕默德（Mohamet）31

穆罕默德主义（Mahometanism）188, 206

的有生命力的概念（living idea of）190

约瑟·德·迈斯特（Maistre, Joseph de）53

玛拉基（Malachi）86

玛拿西支派（Manasseh, tribe of）90

摩尼教（Manicheanism）32, 244

马西昂主义者（Marcionites）245, 246

禁欲主义（asceticism）221

禁欲主义和马科斯派（Marcosians, asceticism and）221

马尔库斯, 皇帝（Marcus, Emperor）129,
218

圣马可（Mark, St.）92

《马可福音》（Gospel）194

婚姻（Marriage）

诺斯替派系对~的态度（Gnostic
sects）221

殉道的教义（Martyrdom, doctrine of）382,

383

殉道者（Martyrs）351, 353, 354, 396, 412
　～的事迹（acts of）366
　～的尸体（bodies of）380, 381—382
　～的圣骨、圣物（relics of）382
　亦见基督教、最初的几个世纪、罗马帝国（See also under Christianity, early centuries and Roman Empire）
对马利亚的尊崇（Mary, cultus）203, 409
弥撒（Mass, the）110, 133
物质的发展（Material developments）64
数学（Mathematics）
　～中明确的结论（apodictic conclusion in）19
　发展（developments）64
关于物质的教义（Matter, doctrine of）378—379
圣马太（Matthew, St.,）
《马太福音》（Gospel）122
关于中保的教义（Mediation, doctrine of）102, 110
中世纪的教会（Medieval Church）111, 113
　对～的指控（charges against）334
　～中的腐败（corruption in）190
麦基洗德（Melchizedek）119, 143
善工，逻辑连贯性（Meritorious works, logical sequence in）370—371
弥赛亚的观念（Messianic idea）85, 188, 189
形而上的发展（Metaphysical developments）73—74,
《阿塔那修信经》（Athanasian Creed）75
布道和卫理公会（Methodists, preaching and）188
圣美多迪乌（Methodius, St.）42, 44, 47, 130
米莱维斯公会议（Milevis, Council of）169
弥尔曼先生（Milman, Mr.）358, 359
米努西乌（Minucius）52
神迹，奇迹（Miracles）102, 122, 132, 246
密特拉神（Mithras）215
对现代教会的控诉（Modern Church, charges against）334
约翰·穆勒（Möhler, Johann）53
修道主义（Monachism）111, 132, 415
　～悔改的特征（penitential character）371, 372—375
　～的原则（principles of）372—375
修道院（Monasteries）372—375
修道院的规则，逻辑连贯性（Monastic rule, logical sequence in）371—375
修士（Monks）396
基督一性论者（Monophysites）185, 206, 286 ff.,
　严格、朴素、朴实（austerities）303
　～异端（heresies）158
塞维鲁（Severus）304
一神论（Monotheism）58
孟他努主义（Montanism）43, 244
禁欲主义（asceticism）221

纪律，处罚（discipline）362

教义（doctrine）343—344

~的特点，特性（peculiarities）344

孟他努异端（Montanus, heresy of）59

伦理上的发展，道义上的发展（Moral development）96

圣餐礼（Holy Eucharist）75

摩西（Moses）86, 89—90, 147, 149, 360

燃烧的荆棘（burning bush）88—89

~论创世（on Creation）240

~的毫不妥协的律法（unbending rule of）182

西奈山（Mount Sinai）87, 148

奥秘（Mystery）87

拿破仑（Napoleon）187

（使徒）拿但业（Nathanael）130

自然界的类比（Nature, analogy of）101, 103

必然性（Necessity）99

尼禄，罗马大火（Nero, burning of Rome）210

聂斯脱利主义（Nestorianism）200, 206, 303, 413

~的著者（authors of）197

~异端（heresies）40, 158

聂斯脱利主义者（Nestorians）154, 155, 163, 185, 275—286

新约（New Testament）41, 80

~正典（Canon of）69, 88, 136—139

~的书信（letter of）78

艾萨克·牛顿（Newton, Isaac）53, 108, 117

万有引力定律（theory of gravitation）187

尼西亚公会议（Nicaea, Council of）35, 290, 291

同一实质（Homoüsion）347

尼西亚公会议（Nicene Council）50, 153, 282

尼西亚信经（Nicene Creed）47, 145, 148, 273, 305

加尔文和~（Calvin and）200

尼科夫鲁斯（Nicephorus）144, 144n

尼布尔（Niebuhr）127

圣尼鲁斯（Nilus, St.）155, 156

启示和非天主教徒（Non-Catholics, revelation and）16

诺瓦替安派（Novatianism）84

服从，顺从（Obedience）92

宗教的本质（essence of religion）103

圣油（Oil）358

旧约（Old Testament）118, 150

疏漏，简略（Omissions）130 ff.

授予神职，授予圣职（Ordination）48

东方主义，启示（Orientalism, revelation）220

奥利金（Origen）43, 44, 46, 49, 121, 137, 155, 273, 332

~被批判（condemnation of）196, 197

（圣餐中）基督真实临在（Real presence）51

奥利金主义者（Origenists）245, 247

 巴勒斯坦（Palestine）246

原罪（Original Sin）110, 139, 194

 ~的教义（doctrine of）46, 47

 有关~的观点（opinion on）46—47

东正教，早期神学家（Orthodoxy, early divines）44

聪明过头（Overwisdom）201

异教，非基督教（Paganism）241, 223

 与基督教的冲突（Christianity conflict）339

 基督教区分~的原则（Christian principle of, distinction and, ）350

 ~对其追随者的腐蚀（corruption of own worshippers）356

 希腊的~（Grecian）330

 ~的语言（language of）241

异教徒，非基督教徒（Pagans）52

威廉·佩利（Paley, William）132, 229

教宗的至高无上（Papal supremacy）48—49, 105, 158—172

酵的比喻（Parable of the Leaven）93

赦罪，逻辑连贯性（Pardons, logical sequence in）362—363

教区神父的腐败（Parish priest, corruption of）178

布莱斯·帕斯卡尔（Pascal, Blaise）117

帕特尔库鲁斯（Paterculus）129

圣保罗（Paul, St.）27, 35, 47, 54, 95, 116, 118, 119, 142—143, 150

 对天使的崇拜（angel worship）390

 对"真理"的否认（denial of "truth"）330

 ~书信（Epistles）82, 85, 88

 异端（heresy）250

 道成肉身（Incarnation）310

 朱利安论~（Julian on）228

 东方主义（orientalism）191

 ~论圣事（on Sacraments）348—349

圣保利努斯（Paulinus, St.）46

补赎（Penance）84, 110

 ~的教义（doctrine of）74, 83

 教父和~（Fathers and）364—365

忏悔和补赎（Penances）

 ~的等级（degrees of）363

 ~的长短（length of）363

 ~体现出的逻辑连贯性（logical sequence in）363—364

五旬节（Pentecost, Day of）88

伯里克利,《葬礼演说》（Pericles, "Funeral Oration"）188

佩尔培图阿（Perpetua）46, 130

波斯学派（Persian School）283 ff.

佩尔西乌斯（Persius）117

佩塔维乌（Petavius）47, 179—180

圣彼得（Peter, St.）39, 86, 88, 106, 164, 181, 297

~的宗座（See of）50, 104, 160, 164

圣克里索罗古斯（Peter Chrysologus, St.）157

（埃及）法老（Pharoah）89—90

圣腓力（Philip, St.）105

（古）希腊的哲学家（Philosophers, Greek）336

哲学（Philosophy）187

    作为~的基督教（Christianity as）32

    希腊（Greece）85, 231

    东方~（Oriental）108

    ~的原则（principle of）339

    毕达哥拉斯派~（Pythagorean）215

    ~上的承继（succession in）414

物理意义上的发展（Physical developments）64

《庇护四世信条》（Pius, IV, Creed of）38

瘟疫（Plagues）89—90

柏拉图（Plato）117

柏拉图哲学（Platonic philosophy）59

柏拉图主义（Platonism）121

普林尼（Pliny）129, 210, 210n, 227, 242

    魔咒（carmen）228

    ~论基督教（on Christianity）224, 230—231

    早期基督教（early Christianity）210—212

    给图拉真的信（letter to Trajan）211

    修道生活（Monachism）372

普罗提诺（Plotinus）117

普鲁塔克（Plutarch）129, 158

魔术，巫术（magic）217

    ~论迷信（on superstition）225—227

政治上的发展（Political development）65—67

主教团（Episcopate）75

政治，政治学（Politics）

    ~中对观念的吸纳（incorporation of ideas in）191

    ~中的逻辑发展（logical development in）195

圣波利卡普（Polycarp, St）

    圣爱任纽论~（St. Irenaeus on）330—331

以弗所的波利克拉底（Polycrates of Ephesus）50

教宗（Pope）38

    ~无谬误（infallibility）104

    ~至高无上（supremacy）48—49, 105, 158—172

教宗（复数）（Popes）103

    关于~的教义（doctrines of）112

尼西亚会议以后的教会（Postnicene Church）163

尼西亚会议以后的教父（Postnicene Fathers）146, 147

三位一体教义确立以后的时期（Posttridentine period）35

自愿贫穷（Poverty, voluntary）92

长老派，发展（Presbyterianism, development）192

假定，假设（Presumption）128, 129

神父（的总称）(Priesthood) 111

神父，祭司 (Priests) 48

    早期的~(early) 215

早期教会，原始教会 (Primitive Church) 40

区分的原则 (Principle, of distinction) 350

原则 (Principles)

    基督教的红衣主教 (cardinal of Christianity) 338

    大公教会的~(Catholic) 184

    基督教的~(of Christianity) 309—312

    教会的~(of Church) 335—336

        ~的连续性 (continuity of) 183—189

    教义之间的区别 (doctrines, differences between) 183

    教义的 (dogmatical) 338—339

    思想和~(thought and) 190

普利西安 (Priscian) 129

普利西里安主义 (Priscillianism) 245, 246

个人判断的原则 (Private judgment, principle of) 185, 186

验证 (Probation) 101, 103

圣普罗克鲁斯 (Proclus, St.) 156

应许之地 (Promised Land) 90

证据的基础 (Proof, basis of) 128

预言 (Prophecy) 85, 118, 121, 198

    孟他努 (Montanus) 222

预言的传统 (Prophetical tradition) 95

先知 (Prophets, the) 85, 86, 95, 116

    对巴力的抵制 (resistance of Baal) 330

基督教新教 (Protestantism) 34—35, 38, 52, 59, 113, 187

崇拜 (adoration) 403

罗马的教会和~(Church of Rome and) 186

~与历史的基督教的不相符 (historical Christianity, incongruity of) 35

历史和~(history and) 35

天主教神学的原则 (principles of Catholic theology) 336

宗派 (sects) 185

新教徒，更正教徒 (Protestants)

对天主教的控诉 (charges against Catholicism) 399

对罗马的不满 (complaint against Rome) 80

摩西十诫 (Decalogue) 399, 400

圣经和~(Scripture and) 82

普鲁士 (Prussia) 65, 163, 259

托勒密 (Ptolemy) 53

炼狱 (Purgatory) 83, 84, 92, 110—111, 121, 122, 132, 194, 326

~的教义 (doctrine of) 46, 367

希腊思想关于~的观点 (Greek opinion on) 46

~上的逻辑连贯性 (logical sequence in) 365—370

关于~的观点 (opinions on) 46

洗礼以后的罪 (post-baptismal sin) 370, 371

皮由兹博士 (Pusey, Dr.) 50n

德国理性主义（German rationalism）195n

理性主义（Rationalism）194

　德国（German）195n

　（耶稣圣体的）真实临在（Real Presence）92，110

　～的教义（doctrine of）50，51

　奥利金（Origen）51

　德尔图良（Tertullian）51

红海（Red Sea）90

宗教改革（Reformation）105

　基佐论～的弱点（Guizot on weaknesses of）334—335

圣物、遗物、遗迹（Relics）377—383

　～的道德价值（Virtue of）

宗教（Religion）

　～中腐化的原因（cause of corruption in）182

　教义，教条（dogma）329—335

　～中的怀疑（doubt in）105

　基佐论～（Guizot on）71ff

　自然的与启示的（natural vs. revealed）103—104

　启示的～（revealed）54

　～中的承接（succession in）414

　真正的～（true）202

宗教上的探索（Religious investigation）184—185

宗教团体（Religious society）72—73

复活（Resurrection）83，110，377—383

流便（Reuben）90

启示（Revelation）33，59，78

　圣经作为～的来源（Bible as source of）34

　～的发展（developments of）88

　上帝的～（of God）36

　对～的阐释（interpretation of）360

　～的方法（method of）85

　东方主义（orientalism）220

　"理性的原则"（"principle of reason"）84

　先知的～（prophetic）85

　～的问题（question of）16

　对～的接受（reception of）100

　～的体系（system of）104

莱茵河（Rhine）65

仪式，教礼（Rites）216

　种类繁多的宗教～（family of）219

　异教的～（heretical）223

　东方的～（oriental）233

　迷信的～（superstitious）224ff

罗马天主教会，见大公教会，天主教会（Roman Catholic Church，See Catholic Church）

罗马教会（Roman Church）46

亦见大公教会，天主教会（See also Catholic Church）

罗马帝国（Roman Empire）65，158，259

　～对于基督教的态度（attitude towards Christians）210—213ff.

　～统治下的教会（Church under）160ff.

　对待臣民的态度（dealings with subjects) 230

诗人(poets) 189

罗马主义(Romanism) 105

罗马主义者(Romanists) 39

 无谬误(infallibility) 99

罗马人的宗教(Romans, religion of) 231—232

罗马(Rome) 7, 14, 38, 141

 ~的权威(authority of) 50—51

 酒神节礼仪(Bacchic rites) 215

 ~大火(burning of) 210—211

 从共和国到帝国的改变(change from republic to empire) 181—182

 ~的腐败(corruption in) 204

 东方的~(of the East) 285

 ~的历史(history) 127, 129

 ~的教区(See of) 41

 亦见圣彼得(See also under St. Peter)

 ~的神学(theology of) 328

俄国,俄罗斯(Russia) 187

撒伯里乌主义者(Sabellians) 154, 185

圣事恩佑的同化作用(Sacramental grace, assimilating power of) 348—360

圣事的原则(Sacramental principle) 110

圣事(Sacraments) 51, 110, 122

献祭的仪式(Sacrifice, rite of) 86

以色列人的献祭(Sacrifices, of Israelites) 89—90

圣徒(Saints) 412

对圣徒的尊崇(cultus) 203, 385—390

对~遗体的敬意(reverence to the bodies of) 381

对~的尊敬(veneration of) 110

救赎和洗礼(Salvation, baptism and) 141

撒母耳(Samuel) 86, 182

圣化(Sanctification) 311

圣化,逻辑连贯性(Sanctifications, logical sequence) 364—365

圣萨提鲁斯(Satyrus, St.) 141

怀疑主义(Scepticism) 124

分裂(Schism) 43

分裂派(Schismatics) 101

瓦尔特·司各特(Scott, Walter) 73

圣经,经文(Scripture) 25, 36

 对基督教的发展的预期(anticipation of Christianity's development) 92

 神学的开始(beginnings of theology) 325 ff.

 ~的正典(Canon of) 81

 从~而来的信条(creed from) 333

 ~的教义(doctrines of) 79

 ~的无谬误(infallibility) 99

 ~的文字(letter of) 80

 ~的神秘主义阐释(mystical interpretation) 322—339

 ~的神秘意义(mystical sense of) 311

信仰准则(rule of faith) 82

 ~的结构(structure) 90

 ~的风格(style) 90

~的主题（subject matter）81

未解释的疏漏（unexplained omissions）130

派系，4世纪的（Sects, fourth century）244 ff.

圣彼得的宗座（See of St. Peter）50, 104, 160, 164

半阿里乌主义者（Semi-Arians）154, 191, 245

塞涅卡（Seneca）129, 158

登山宝训（Sermon on the Mount）86, 87, 188, 369

威廉·莎士比亚（Shakespeare, William）73

细罗（Shiloh）85, 165

西宏（Sihon）90

西门（Simon）220

有关洗礼之后所犯之罪的教义（Sin, post-baptismal, doctrine of）370

圣西里西乌（Siricius, St.）168

苏西尼（Socinus）112, 113, 154

苏格拉底（Socrates）167, 199

 圣查士丁论~（St. Justin on）340

所罗门圣殿（Solomon, temple of）161

索福克勒斯（Sophocles）117

斯巴达（Sparta）65

斯巴达的体制（Spartan institutions）31

菲利普·施本尔（Spener, Philipp）195—196

对精神权威的需要（Spiritual supremacy, need of）106

苏亚雷斯（Suarez）318—320

苏维托尼乌斯（Suetonius）117, 227, 242

 ~论基督教（on Christianity）219, 224

 早期基督教（early Christianity）210, 211, 212, 216—217

基督教关于超自然事物的断言（Supernatural claims, of Christianity）37

迷信（Superstitions）356—357

 普鲁塔克论~（Plutarch on）225—227

至高无上：天主教传统（Supremacy: Catholic tradition）332

 信仰的~（of faith）312—320

 罗马的~（of Rome）122

 亦见教宗的至高无上（See also Papal supremacy）

叙利亚学派（Syrian School）42, 277 ff.

塔西佗（Tacitus）117, 227, 241

 ~论基督教（on Christianity）224, 229

 早期基督教（early Christianity）210—211, 212, 216

塔提安（Tatian）42 n

塔提安派，禁欲主义（Tatianites, asceticism of）221

泰勒，主教（Taylor, Bishop）47

教师，教会的（Teachers, of the Church）346—348

教导，教诲：使徒的（Teaching: apostolic）88, 134, 175

基督教的～（of Christianity）51—53

教会的～（Church）334

神圣的～（divine）102—103

神庙（Temples）52

（摩西）十诫（Ten Commandments）87

德尔图良（Tertullian）40，42 n，43，44，45，46，49，52，108，121，235

论教义（on dogma）333

教义成分（dogmatic element）343—344

殉道者（martyrs）382

真实临在（Real Presence）51

～论派别（on sects）223

～的神学（theology）322

行奇迹者圣格列高利（Thaumaturgus, St. Gregory）42，130

～的信义（Creed of）131

赫拉克利亚的西奥多（Theodore of Heraclea）276 ff.

摩普绥提亚的西奥多（Theodore of Mopsuestia）197，328

（基督）二位格的教义（doctrine of Two Persons）413

《狄奥多西法典》（Theodosian Code）244

狄奥多西（Theodosius）66

西奥多图斯（Theodotus）157

神学（Theology）321—322

英国国教会的（Anglican）39

先在的可能性（antecedent probability）126

尼西亚会议之前的～（Antenicene）145

～作者（authors）43

天主教～（Catholic）16

～的指导（direction of）16

教会的～（of Church）346

教义～（dogmatic）413

观念，当前的问题（ideas, current questions of）16

研究，探讨（investigation）321

～的原则（principle of）311

叙利亚～（Syrian）278

提阿非罗（Theophilus, St.）42 n，44

教义发展的理论（Theory of Development of Doctrine）53

《三十九条信纲》（Thirty-nine Articles）38，108

圣托马斯（Thomas, St.）38，117

修昔底德（Thucydides）117

提比略的统治（Tiberius, rule of）188

提勒蒙特（Tillemont）196

提摩太（Timothy）95

提多（Titus）180

圣托里比奥（Toribio, St.）116

小册（Tract）90

化质说（Transubstantiation）122

～的教义（doctrine of）49

特兰托，公会议（Trent, Council of）35，79，323n，326

～的决议（decrees of）111

～的教义（doctrine）335

特里尔（Treves）114

《特兰托信经》（Tridentine Creed）111

三位一体（Trinity）326

　　尼西亚会议之前关于~的理论（Antenicene theory）43—44

　　~教义的发展（doctrinal development）398

　　~教义的起源（doctrinal origina）358

　　~的教义（doctrine of）40, 44—45, 74, 179

真理（Truth）99, 101

　　使徒和~（Apostles and）331

　　教义~的同化作用（dogmatic, assimilative power of）338—348

　　对~的歪曲（perversion）

　　见启示~的蜕变（See Corruption; revealed）37

模式（Type）

　　对~的忠实（fidelity to）177—183

　　对~的保持，在基督教中的应用（preservation of, application to Christianity）209—308

马克西姆·泰罗斯（Tyrius, Maximus）129

圣体无处不在说（Ubiquists）132

教宗绝对权力主义者（Ultramontanes）108

神体一位论（Unitarianism）74

　　圣奥古斯丁与~（St. Augustine）346

　　加尔文主义与~（Calvinism and）180

　　长老会信仰与~（Presbyterianism）192

神体一位论者（Unitarian）45

　　加尔文主义者与~（Calvinists and）186

美国（United States）64, 187, 259

普世教会（Universal Church）41

教会的大学（University, of Church）258—259

　　亦见使徒统绪（See also apostolic succession）

瓦伦廷派（Valentinians）162

瓦斯奎兹（Vasquez）319, 322

维多利亚，英国女王（Victoria, Queen of England）100n

文森特（Vincentius）51, 54

　　~论教义（on doctrine）202

　　~论对模式的保持（on preservation of type）177

　　~原则（rule of）44, 169

勒林的文森特（Vincent of Lerins）37, 46, 169

　　~典章（Canon）39

　　~原则（rule of）38

　　~与三位一体的教义（Trinitarian dogma）41

贞洁（Virginity）383—385

《贞女的集会》（Convivium Virginium）384

有形教会（Visible Church）36

伏尔泰（Voltaire）117

罗伯特·华尔普爵士（Walpole, Sir Robert）198

威廉·瓦伯顿（Warburton, William）

《教会与国家的结盟》(*Alliance between Church and State*) 67

丹尼尔·沃特兰(Waterland, Daniel) 42n, 49

约翰·卫斯理的原则(Wesley, John, principle of) 188

崇拜上的不统一(Worship, inconsistencies in) 36

圣方济各·沙勿略(Xavier, St. Francis) 116